Science Fiction

Ulrich Suerbaum · Ulrich Broich · Raimund Borgmeier

Science Fiction

Theorie und Geschichte, Themen und Typen,
Form und Weltbild

Philipp Reclam jun. Stuttgart

CIP-Kurztitelaufnahme der Deutschen Bibliothek

Suerbaum, Ulrich:
Science fiction: Theorie u. Geschichte, Themen u. Typen,
Form u. Weltbild / Ulrich Suerbaum; Ulrich Broich;
Raimund Borgmeier. – Stuttgart: Reclam, 1981.
  ISBN 3-15-010304-5
NE: Broich, Ulrich:; Borgmeier, Raimund:

Inhalt

1 Theorie

1.1 Definitionsdebatten

> The yellow star, of which Torang was the second planet, shone hotly down
> on the group of men viewing the half-built dam from the heights above. At a
> range of eighty million miles the effect was quite Terran, the star being
> somewhat smaller than Sol.
> For Jeff Otis, fresh from a hop through space from the extra-bright star that
> was the other component of the binary system, the heat was enervating. The
> shorts and light shirt supplied him by the planet coordinator were soaked
> with perspiration.
>
> H. B. Fyfe, »Protected Species«[1]

Jedermann weiß, was das ist: Science Fiction. Ob man sie schätzt oder verachtet,
regelmäßig liest oder nicht, man ist auf jeden Fall mit dem Phänomen vertraut und
hat kaum jemals Probleme mit der Identifizierung und Zuordnung von Texten dieser
Art. Man sollte erwarten, daß die Definition von Science Fiction weder besonders
schwierig noch besonders strittig wäre.

Dennoch liest man bis in die jüngste Zeit immer wieder, Science Fiction zu definieren
sei ein kontroverses, schwieriges, vielleicht sogar unmögliches Unterfangen. So stellt
Franz Rottensteiner 1975 fest: »[...] it is by no means clear what science fiction is.
Definitions are legion, and [...] trying to get two enthusiasts to agree on a definition
of sf leads to bloody knuckles.«[2] In der Tat kreist die gesamte Diskussion über Science
Fiction von den Anfängen um 1930 bis in die sechziger Jahre um die Frage nach der
rechten Begriffsbestimmung. Die Science-Fiction-Theorie beginnt als endlose Definitionsdebatte, von Autoren, Herausgebern und Anhängern der Gattung streitbar
geführt.[3]

Die Schwierigkeiten und Differenzen innerhalb der schier uferlosen Reihe dieser
Definitionsversuche resultieren zum größten Teil aus der Zielsetzung. Es geht den
meisten Verfassern nicht darum zu umschreiben, was Science Fiction ist, also welche
gemeinsamen Merkmale die unter dieser Sammelbezeichnung tatsächlich existierenden Werke aufweisen. Die Definitionen wollen vielmehr in erster Linie zum Ausdruck bringen, was Science Fiction sein soll, welche Eigenschaften, Vorzüge und
Funktionen sie im Idealfalle hat. Die Definitionen sind also nicht analytisch und
pragmatisch, sondern normativ gedacht. Sie wollen Maßstäbe verbindlich vorschrei-
ben. Dabei setzt man, um die Gattung Science Fiction vom Ruch der Minderwertigkeit zu befreien, die Normen so hoch und edel wie möglich an und distanziert sich *per
definitionem* von geringgeschätzten Spielformen.

Zur Erreichung dieses Zieles werden zwei verschiedenartige, meist im Widerstreit
liegende Strategien angewandt, deren Vertreter wir als Puristen auf der einen und
Universalisten auf der anderen Seite bezeichnen können. Die Puristen betonen das
Kriterium *science* und bestehen auf der Wissenschaftlichkeit von Science Fiction. Die
Werke sind Fiktionen, aber ihre Erfindungen verstoßen nicht gegen die bekannten
Naturgesetze; sie sind vielmehr wissenschaftlich vertretbare Extrapolationen, die
vom jüngsten Stand der Forschung und Technik ausgehen.

Eine klassische Version dieses Definitionstyps ist die des Science-Fiction-Altmeisters Robert Heinlein:

>»A realistic speculation about possible future events, based solidly on adequate knowledge of the real world, past and present, and on a thorough understanding of the nature and significance of the scientific method.«[4]

Bei jüngeren Vertretern dieser Richtung ist der Purismus oft gemildert. David Kyle, Autor, Herausgeber und Chronist von Science Fiction, läßt neben der streng wissenschaftlichen und logischen Komponente auch eine romantisch-erzählende zu:

>»Science fiction [...] relates man to science and technology, for good or for evil [...]. In its most rigid form, it attempts to be uncompromising in its hard facts and irrefutable logic, even to the extent of making unimportant or even unnecessary the role of man in the story. Yet it is still romantic story-telling.«[5]

Zu *science*-bezogenen Definitionen gehört als Konsequenz die scharfe Abgrenzung von anderen, wissenschaftsfremden Formen der Fiktion. Die Stoßrichtung geht dabei vor allem gegen *fantasy* (oder *science fantasy*), jene Art von Literatur, die – für die meisten Leser fast ununterscheidbar – auch als Science Fiction auf dem Markt ist und in der die bekannten Naturgesetze überstiegen werden (etwa durch übersinnliche Psi-Kräfte) oder außer Kraft gesetzt sind (etwa durch Magie). Heinlein erklärt:

>»Science fiction [...] is not fantasy; it is legitimate – and often very tightly reasoned – speculation about the possibilities of the real world.«[6]

Kyle ordnet zwar – charakteristisch für neuere Sichtweisen – auch Science Fiction dem Oberbegriff *fantasy fiction* unter, beharrt aber auf einer unverwischten Grenze:

>»Science fiction is fantasy fiction under the strict, new rules of science. Thus, although science fiction is fantasy fiction, the inverse is not true.«[7]

Viele Befürworter einer puristischen Definition sprechen der Gattung einen hohen prognostischen Wert zu: Science Fiction von heute als Realität von morgen.
Die andere Definitionsstrategie, die wir als universalistisch bezeichnet haben, läuft darauf hinaus, Science Fiction durch die Zuweisung einer umfassenden und weitreichenden Aufgabe zu adeln. Die Gattung wird hier primär durch Merkmale bestimmt, die auch der hohen und anerkannten Literatur eigen sind; die Bezugnahme auf *science* kommt als sekundäres Kriterium hinzu. Die meistzitierte Definition dieser Art stammt von Theodore Sturgeon, einem der wegweisenden Autoren der vierziger und fünfziger Jahre:

>»A science fiction story is a story built around human beings, with a human problem and a human solution, which would not have happened at all without its scientific content.«[8]

Die humanistische Tendenz – Science Fiction als Darstellungsweise des Exempla-

risch-Menschlichen – kommt auf eine noch anspruchsvollere Art in der jüngeren
Definition von Brian Aldiss, dem namhaften englischen Science-Fiction-Autor und
Verfasser einer der ersten Gattungsgeschichten, zum Ausdruck:

> »Science fiction is the search for a definition of man and his status in the universe
> which will stand in our advanced but confused state of knowledge (science) [...].«[9]

Universalistische Definitionen bedürfen weder der rigorosen Distanzierung der *pure
science fiction* (oder *hard-core science fiction*) von *fantasy* noch der Betonung des
Elements der Zukunftsprognose.
Seit gut zwanzig Jahren kommen in der Science-Fiction-Kritik und -Theorie nicht
mehr ausschließlich Insider – Autoren und Herausgeber der Gattung – zu Wort.
Seither gibt es auch Bemühungen um die Ablösung der normativen Definitionen
durch andere, die nüchterner sind und darauf abzielen, Tatbestände zu erfassen und
zu analysieren. Gemeinsam ist diesen modernen Definitionen das Zurückschrauben
überhöhter Ansprüche, die Minderbetonung der Komponente *science* und die
Gewichtsverlagerung auf die Komponente *change*, also auf die grundsätzliche Veränderung der fiktiven Welt gegenüber der Erfahrungswelt.
Grundlegenden Einfluß hatte die Definition von Edmund Crispin, der mit seiner
Serie von Science-Fiction-Anthologien, die bei dem auf seriöse moderne Literatur
spezialisierten Verlag Faber & Faber erschienen, viel dazu beitrug, Science Fiction
aus dem Ghetto zu befreien. Crispin, der den Begriff *science* gar nicht mehr bemüht,
unterstreicht auf der einen Seite die innovative Komponente von Science Fiction und
auf der anderen die Zugehörigkeit zu einer alten und breiten Tradition:

> »A science-fiction story is one which presupposes a technology, or an effect of
> technology, or a disturbance in the natural order, such as humanity, up to the time
> of writing, has not in actual fact experienced [...] it is a distinctive, restricted
> variety of the Tale of Wonder, the age-old voluminous literature of ›If‹.«[10]

Kingsley Amis, der das erste Buch von Rang über die Gattung schrieb (*New Maps of
Hell*, London 1961), baut den ersten Teil dieser Definition aus:

> »Science Fiction is that class of prose narrative treating of a situation that could not
> arise in the world we know, but which is hypothesised on the basis of some
> innovation in science or technology, or pseudo-science or pseudo-technology,
> whether human or extraterrestrial in origin.«[11]

Heute kann man, vom gegenwärtigen Stand der Gattungsentwicklung ausgehend,
Science Fiction so definieren:
Die Gattung Science Fiction ist die Gesamtheit jener fiktiven Geschichten, in denen
Zustände und Handlungen geschildert werden, die unter den gegenwärtigen Verhält-
nissen nicht möglich und daher nicht glaubhaft darstellbar wären, weil sie Verände-
rungen und Entwicklungen der Wissenschaft, der Technik, der politischen und
gesellschaftlichen Strukturen oder gar des Menschen selbst voraussetzen. Die
Geschichten spielen in der Regel, aber nicht mit Notwendigkeit, in der Zukunft.
(Trotz der Möglichkeit von Ausnahmen ist die alte deutsche Bezeichnung ›Zukunfts-

literatur‹ eigentlich treffender als ›Science Fiction‹, da naturwissenschaftliche Themen in einem großen Teil der neueren Texte keine Rolle mehr spielen.)

Definitionen wie diese stoßen nicht nur bei der Kritik auf weitgehenden Konsens,
sondern sie entsprechen auch der Erfahrung des normalen Lesers. Wenn man
beispielsweise den eingangs zitierten Anfang einer *short story* ohne weiteres als
Science Fiction einordnet, so tut man das aufgrund von zwei Kriterien des Textes:
Erstens wird etwas als Geschichte erzählt (eine Person erlebt etwas, offenbar etwas
Besonderes und Erzählenswertes) und zweitens setzt diese Geschichte eine Weltveränderung als gegeben voraus (Menschen betreiben Raumfahrt zu anderen Sonnen-
systemen und kolonisieren fremde Planeten).

Normative Definitionen – puristische und universalistische – sind auch in der neueren
Literatur noch immer im Schwange. Sie sind jedoch als Definitionen überholt, wenn
sie auch als Aussagen über das Selbstbild der Gattung und als Verkündung von
Idealen und Programmen weiterhin Beachtung verdienen.

1.1.1 Science Fiction als Literatur

Die heutige Diskussion über Science Fiction befaßt sich vor allem mit Inhalten. Die
Texte werden, wie die vorliegende Sekundärliteratur zeigt, unter soziologischen,
staatswissenschaftlichen, futurologischen, ideologiekritischen und zahlreichen anderen Aspekten untersucht, fast so, als habe man es mit Sachbüchern zu tun.[12] Als das,
was die Gattung ihrem Wesen und ihrem Namen nach ist, als *fiction*, als eine
bestimmte Art erfundener Erzählungen, wird sie selten ernsthaft betrachtet. Meist
rücken die literarischen Bedingungen, denen die konstruierten Zukunftswelten unter-
liegen, an den Rand des Blickfeldes. Das entspricht der Sichtweise der Leserschaft,
für die die Attraktion auch eher von den Inhalten als vom Kunstcharakter ausgeht. –
Auch unsere Definition erweckt auf den ersten Blick den Eindruck, sie sei mehr auf
inhaltliche als auf literarische Merkmale abgestellt.

Dennoch: Science Fiction ist Literatur, nicht auch und nebenher, sondern in erster
Linie. Literatur nicht im Sinne eines auszeichnenden Ranges noch einer eingeschränkten, minderen Qualifikation, sondern im Sinne der vollen strukturellen und
historischen Zugehörigkeit. Es läßt sich sogar behaupten, daß es kaum eine andere
Gruppe von Texten gibt, bei denen die Inhalte in solchem Maße von sprachlichen und
literarischen Gegebenheiten und Techniken geprägt werden.

Bei unserer Definition – wie bei den meisten anderen aus jüngerer Zeit – ist das in
erster Linie konstitutive Moment die Fiktion der Weltveränderung. Damit wird die
Gattung nicht nur durch ein inhaltlich-thematisches Kriterium, sondern auch durch
ein literarisch-strukturelles bestimmt. Es handelt sich um einen Extremfall der
erdichtenden, Realität vorspiegelnden Literatur: Es wird etwas sprachlich verwirklicht, was ausschließlich unter den künstlichen, dem Wahrheitsbegriff der Empirie
entzogenen Bedingungen der Gattung realisierbar ist. Außerhalb von Science Fiction
sind Zukunft und Weltveränderung noch nicht existent.

Ein zweites, sehr stark prägendes literarisches Element liegt in der Tatsache, daß
Science-Fiction-Texte erzählte Geschichten sind. Jedes Science-Fiction-Werk enthält
den (eigenständigen oder als Klischee übernommenen) Entwurf einer veränderten

Welt. Dieser Weltentwurf kann aber nicht nach seinen eigenen Erfordernissen und Gegebenheiten dargeboten werden, er muß vielmehr in eine Geschichte umgesetzt werden und sich den Gesetzen und Bedingungen narrativer Texte unterwerfen.

Eine dritte Art der literarischen Prägung geht schließlich von der Gattungshaftigkeit der Science Fiction aus.

Fast alle literarischen Werke stehen im Zusammenhang einer Gattung, einer Gruppe von Texten mit gemeinsamen Merkmalen, einem Untersystem im System der Literatur.[13] Die Zugehörigkeit des Werks zu einer Gattung wirkt sich beim Autor dadurch aus, daß er bei der Entstehung des Textes – sich anpassend oder abweichend – auf Regeln, Konventionen und Erwartungen Bezug nimmt. Für den Leser oder Kritiker bilden die Kenntnis anderer Werke der Gruppe und die Vorstellungen über die Eigenarten und Anforderungen der Gattung die Grundlage für das Verständnis und die Beurteilung des Einzelwerks.

Die Prägung der Werke durch ihre Gattung ist in den einzelnen Epochen unterschiedlich. Im 20. Jahrhundert ist der Gattungscharakter der meisten literarischen Texte relativ schwach ausgebildet.

Science Fiction ist im Gesamtfeld der modernen Literatur eine markante Erscheinung, fast eine Rarität: eine ganz klar profilierte Gattung in einer Epoche, in der sonst die Gattungsunterschiede eingeebnet sind und sogar die Grenzen zwischen Vers und Prosa, *fiction* und *non-fiction*, Literatur und Nicht-Literatur zerfließen. Science Fiction bildet ein weitgehend geschlossenes System, in dem von der Textproduktion über den Vertrieb bis zur Rezeption jede Phase des Kommunikationsvorganges eigenen Bedingungen unterliegt.

Auch von der inneren Struktur her geben sich Science-Fiction-Texte als Teile eines Regelsystems zu erkennen. Neben der elementaren Als-ob-Bedingung, wonach die Vorwegnahme der Weltveränderung als Wahrheit zu akzeptieren ist, hat eine Reihe weiterer Konventionen Spielgeltung, von interstellaren Beförderungsarten, die im Widerspruch zu Naturgesetzen stehen, bis zu einer internen Terminologie. Bei Science Fiction ist das Aufbauschema der Erzählung nicht vorgegeben (wie z. B. bei der Detektivgeschichte oder beim Spionageroman), aber die meisten Werke orientieren sich an einem der gattungstypischen Strukturmodelle. Charakteristisch für die Gattung ist eine fast zwanghafte Tendenz zu ständiger Abwechslung und echter oder scheinbarer Innovation innerhalb überlieferter, wiedererkennbarer Schemata.

Das Publikum ist gattungsspezifisch, besteht vorwiegend aus eingeweihten, mehr oder weniger regelmäßigen Lesern, auch wenn es sich aus verschiedenen, nach dem Anspruchsniveau geschichteten Gruppen zusammensetzt. Dieses Publikum, teilweise in Klubs organisiert und durch eigene Zeitschriften (*fanzines*) über die Branchenneuheiten informiert,[14] stabilisiert die Gattung, macht sie aber auch von tatsächlichen oder vermeintlichen Lesererwartungen abhängig und mindert die Experimentierfreude der Autoren.

Entwicklungsgeschichtlich hat die Gattung in den wenigen Jahrzehnten ihrer Existenz eine erstaunliche Dynamik bewiesen. Wenn wir, wie es seit den Formalisten üblich ist, eine Gattung als ein evolutionierendes System begreifen, das in einem fortlaufenden Wandlungsprozeß das ihm innewohnende Potential entfaltet,[15] dann erscheint die Geschichte von Science Fiction als ein besonders klares Beispiel für einen solchen Vorgang.

1.1.2 Das Selbstverständnis von Science Fiction

Die Dynamik der Gattung schlägt sich auch in einem Hang zur Selbstdarstellung und zur Propaganda für die eigene Sache nieder. Die Vorliebe für anspruchsvolle Definitionen ist nur ein Aspekt einer allgemeinen Manie für das Manifest. Während normale Romane und Erzählungen (die noch im 18. Jahrhundert oft mit programmatischem Vorwort erschienen) sich heute im allgemeinen unvermittelt an den Leser wenden, fällt Science Fiction durch die Vielzahl von erklärenden Begleittexten auf: Vorworten zu Sammlungen und Einzelwerken, Leitartikeln in Science-Fiction-Zeitschriften, Essays in gattungsfremden Publikationen.[16]
In den Grundsatzerklärungen über Ziele und Bedeutung ihres Metiers weisen die Autoren immer wieder auf das Besondere, Andere, Neuartige von Science Fiction hin. Erstaunlich selten wird die Anerkennung als Literatur durch Einschluß in den Kreis der kanonisierten literarischen Formen gefordert. Häufiger beteuert man – analog zu der rigorosen Distanzierung von *fantasy* in den puristischen Definitionen – den Eigenwert durch aggressive Abgrenzung von den traditionsgebundenen Formen der Literatur, verbunden mit der These, Science Fiction wurzele ausschließlich in der Gegenwart. In manchen Äußerungen tritt auch eine generelle Frontstellung gegen die einseitig humanistisch und historisch ausgerichtete Kultur- und Bildungstradition zutage.
Science Fiction, so wird argumentiert, sei den (oft pauschal als *mainstream literature* bezeichneten) konventionellen Gattungen an Relevanz und Realitätsnähe überlegen, fuße auf dem Boden neuester gesellschafts- und naturwissenschaftlicher Erkenntnisse, habe durch die Zukunftsfiktion ein nahezu unbegrenztes Feld von Möglichkeiten. Science Fiction sei – wie Robert Heinlein es ausdrückt – die einzige Romanform, die eine Chance habe, den Geist unserer Zeit zu deuten.
Auch die Wirkungsabsichten von Science Fiction werden ohne Zuhilfenahme ästhetischer oder belletristischer Kategorien formuliert. Science Fiction will unterhalten. Niemand verleugnet dieses Ziel. Aber die Gattung will mehr. Sie will dem Leser Belehrung und Erkenntnisse vermitteln, will ihn herausfordern, über sich selbst und seine Umwelt nachzudenken und Lehren aus den erfundenen Geschichten zu ziehen, die sich aus der wirklichen Historie nicht ableiten lassen. Science Fiction will didaktische Literatur sein.
Die Botschaft vom Wert der Science Fiction wird oft mit missionarischer Inbrunst wie eine Heilslehre verkündet. So sagt Isaac Asimov, wie Heinlein einer der Altmeister der Gattung:

>»Science fiction is relevant; it is important; it has something to do with the world; it gives meaning to life; and it enlightens the readers. And it has all these characteristics as no other form of literature has!«[17]

Während die Repräsentanten anderer literarischer Gattungen die Rolle des *vates*, des begnadeten Dichter-Sehers, längst aufgegeben haben, meist zugunsten einer nüchternen Selbstauffassung als Schriftsteller oder Textproduzent, sehen sich viele Science-Fiction-Autoren als menschheitsfördernde Denker – der alte Gattungsname wird mit Vorliebe zu *speculative fiction* veredelt – und als Wächter und Warner. Der Funktionsanspruch ist so universalistisch wie viele der Definitionen:

»It is the duty of science fiction writers to look at all our problems and warn against the obvious defects.«[18]
»[Science fiction stories carry] a massive [...] load of religious, political, ethical and sociological implication, and so, at their best, provide intellectual stimulation of a generalized variety which mainstream fiction is incapable of embodying in any tolerable form.«[19]

Vorbereitung auf die Zukunft – z. B. »by giving the needed flexibility to our way of seeing the world«[20] – wird als wichtigste Aufgabe angesehen, aber obenan steht die Betonung des Gegenwartsbezuges, durch den die Gattung sich selbst übersteigt: Science Fiction ist mehr als nur Science Fiction. So sagt Judith Merril im Vorwort zu einem Band der Serie *The Year's Best S-F*:

»This is not a collection of science-fiction stories. [...] What this book *is*, is a collection of imaginative speculative writing reflecting, I believe, clearly and sharply the problems and conflicts of civilized man today, and his hopes and apprehensions for the future.«[21]

Wir brauchen das nicht alles zu glauben. Intention und Wirklichkeit klaffen offensichtlich auseinander. Wir nehmen aber zur Kenntnis, ein wie mächtiger Drang nach Anerkennung und nach Zuweisung seriöser Funktionen hinter diesen Äußerungen steht.
Das Phänomen der aggressiven Rechtfertigung einer jungen Gattung ist nicht neu. Viele Kunstformen, die inzwischen längst etabliert sind, haben ursprünglich mit einer ähnlich offensiven und oft überzogenen Apologie um Anerkennung als eigene Disziplin gekämpft.
In den Plädoyers für Science Fiction, die im Kontext der heutigen Literaturdiskussion fremdartig wirken, werden Argumentationsmuster der vorromantischen Epochen wiederbelebt, und zwar ohne direkten und bewußten Rückgriff. Während sich heute nur wenige Literaturformen offen zu didaktischen oder unterhaltenden Zwecken bekennen, herrschte bis zum 18. Jahrhundert Einigkeit darüber, daß man das höchste Ziel der Literatur am besten durch die Formel *docere* (oder *prodesse*) *et delectare*, belehren und erfreuen, umschreiben könne.
Auffällig ist die Analogie zu den literaturtheoretischen Schriften der Renaissance, die – wie beispielsweise Sidneys *Apologie for Poetrie* – für die Poesie einen höheren Rang unter den *artes* beanspruchten. Auch dort wurde der Autor als Schöpfer ›neuer Welten‹ (*alter deus*) aufgefaßt; es wurde behauptet, daß die Dichtung sowohl der Philosophie mit ihren abstrakten Lehren als auch der an das tatsächlich Vorgefallene gebundenen Historie an Unterhaltsamkeit und Erkenntniswert überlegen sei und daß sie gerade durch ihren Fiktionscharakter zur Vermittlung von Einsichten befähigt sei, weil sie in ihren erfundenen Geschichten die in der erfahrbaren Wirklichkeit verborgenen Strukturprinzipien der Welt sichtbar machen könne – wobei damals natürlich nicht an naturwissenschaftliche Gesetze, sondern an die gottgegebene Ordnung des Kosmos gedacht war.[22]
Die Parallele verdeutlicht, in welchem für moderne Begriffe ungewöhnlichen Maße die Vertreter von Science Fiction ihrer Gattung den Charakter von Weltbild-Literatur

zuschreiben, d. h. von Texten, in denen die Axiome und Richtungen des zeitgenössischen Denkens in faßbarer Form dargestellt werden.

Wir sehen auch, daß die Gattung, die sich selbst für einen weitgehend geschichtsunabhängigen Ausdruck der Moderne hält, doch geschichts- und traditionsgebunden ist, wobei die Nähe zu älteren, längst überholt geglaubten Epochen besonders bemerkenswert ist.

1.2   Zukunft aus Sprache: Der Kommunikationsvorgang bei Science Fiction

Nicht nur in der theoretischen Selbstdarstellung, sondern auch in der Erzählstruktur, in der sprachlich-literarischen Machart der Texte, ist Science Fiction traditionsverhafteter und eingeschränkter in der Neuartigkeit, als manche Autoren und Kritiker glauben. Die Zukunft ist dadurch charakterisiert, daß sie eine Vielzahl an Möglichkeiten enthält und Erfahrungen und Erwartungen übersteigen kann. Für die Zukunftsfiktion gilt das nicht. Sie hat mehr mit den Kategorien Gegenwart und Vergangenheit zu tun als mit der Zukunft. Science Fiction erzählt Zukunft als Vergangenheit, als Geschichte. Die innere Zeitstruktur ist, bis auf die Daten, die eines normalen Erzählwerks. Es wird in einer oft unbestimmten Gegenwart etwas erzählt, was bereits geschehen ist, festliegt. Die Blickrichtung ist also rückwärtsgewandt.

Ungewöhnlich ist die angenommene Kommunikationssituation der Science-Fiction-Geschichte. Der Autor katapultiert sich selbst und den Leser in eine in der Zukunft liegende fiktive Erzählergegenwart. Er gibt vor, im Jahre 2000 oder 3000 zu schreiben und sich in der Sprache dieser Ära an ein Publikum von Zeitgenossen zu wenden. In schematischer Darstellung sieht die fiktive Kommunikationssituation etwa so aus:

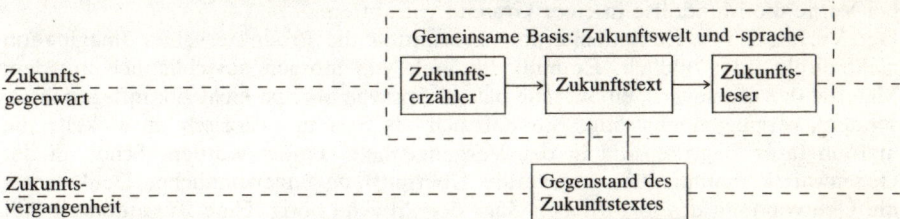

In der Erzählergegenwart der Zukunft produziert ein Zukunftserzähler einen Text, der von einem Zukunftsleser rezipiert wird. Der Text bildet ein Stück der Zukunftsvergangenheit sprachlich ab. Die (einseitige) Kommunikation Erzähler → Leser kann zustandekommen, weil beide Personen ein bestimmtes geistiges Repertoire gemeinsam haben: sie kennen, mindestens in den Grundzügen, die Welt der Erzählergegenwart, also beispielsweise die Beschaffenheit ihres Heimatplaneten, den allgemeinen Stand der Wissenschaft und Technik; sie kennen vor allem den Code ihrer Gegenwart, die Sprache, die diese Welt kommunizierbar macht.

In Wirklichkeit existiert diese Kommunikationssituation natürlich nicht; sie ist eine der Grundfiktionen der Gattung. Alle konstituierenden Faktoren sind vielmehr an die echte, jetzige Gegenwart gebunden. Ein Schema der tatsächlichen Kommunikationssituation:

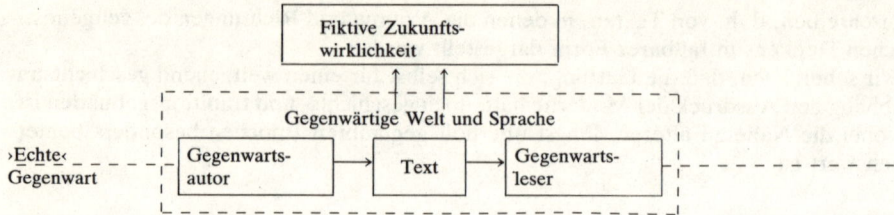

Auf der Ebene der Gegenwart denkt sich ein Autor eine Geschichte aus, die von hier aus gesehen in der Zukunft spielt; er faßt sie sprachlich als Text. Der Leser entschlüsselt sie mit Hilfe seines Welt- und Sprachverständnisses.

1.2.1   Prinzipielle Konstruktionsprobleme von Science Fiction

Bei dem Vorhaben, mit diesen Faktoren die Fiktion einer in der Zukunft stattfindenden Kommunikation herzustellen, sind einige Gegenwartsbedingungen besonders hinderlich: die der Phantasie des Autors, die der Sprache und die der Glaubwürdigkeitsansprüche des Lesers.

Schon die Phantasie hat nur begrenzte Möglichkeiten, sich Zukünftiges vorzustellen. Sie operiert mit vertrauten, meist althergebrachten Vorstellungsmodellen, die sie vergrößert, verkleinert und kombiniert. Zukunftsvisionen vom Fliegen des Menschen beispielsweise konzentrierten sich ursprünglich auf den künstlichen Riesenvogel oder das Zusammenspannen wirklicher Vögel. Im Zeitalter der Montgolfiere sah man gigantische Luftballons mit Fregatten als Gondeln voraus. In der Kanonenära geht bei Verne die Mondreise in einer Granate vonstatten.

Der Verfasser von Zukunftsliteratur übermittelt die Produkte seiner Imagination nicht direkt oder bildlich. Er muß die Welt von morgen ausschließlich mit dem Material der gegenwärtigen Sprache bauen. Sprache aber ist nicht zukunftsgerichtet, sondern vergangenheitslastig. Sie hat sich als System historisch entwickelt; die meisten ihrer Begriffe sind in der Vergangenheit geprägt worden. Schon in der Gegenwartskommunikation macht die Übermittlung ungewöhnlicher Denkmuster die Überwindung des historischen Sogs der Sprache nötig. Eine Zukunftswelt läßt sich nicht darstellen, ohne daß heutige und gestrige Strukturen und Wertmaßstäbe hereingetragen werden. Eine sprachliche Extrapolation, eine Vorwegnahme der Sprache von morgen, ist praktisch unmöglich.

Ein klassisches Beispiel ist Orwells *Newspeak*, jenes neue Englisch, das ganz auf die Konzepte des Regimes von *1984* eingestellt ist und schon das Denken häretischer Ideen unmöglich macht. Diese Sprache wird bezeichnenderweise nicht im Roman selbst verwendet, sondern nur in einem Anhang beschrieben, so daß der Leser das Jahr 1984 anachronistisch aus der Sicht der Gegenwart erlebt.

Jede Fiktion stellt den Anspruch, wahr zu sein, auch dann, wenn sie sich – beispielsweise durch die Bezeichnung ›Roman‹ – durchaus als Erfindung zu erkennen gibt. Um diesen Anspruch aufrechterhalten zu können, muß auch der Autor von Science Fiction, selbst wenn ihm durch die Gattungskonventionen bestimmte Abweichungen vom gegenwärtig Möglichen zugestanden werden, auf seine Glaubwürdigkeit bedacht sein. Des Lesers »willing suspension of disbelief« funktioniert nur, wenn ihm neben Fremdartigem auch genügend Vertrautes vorgesetzt wird.

Die Zukunftsfiktion ist also von vornherein ein Feld begrenzter Möglichkeiten, eine Kunst des Behelfs. Die Autoren müssen unter Berücksichtigung der Gegenwarts- und Vergangenheitsbindung ihrer Gestaltungsmedien Wege finden, eine Zukunftskommunikation zu simulieren.

1.2.2 Elementare Verfahren

Mit welchen Mitteln stellen Science-Fiction-Autoren ihre Veränderungsgeschichten dar? Wir betrachten zunächst das Verfahren bei den kleinsten Erzähleinheiten, bei einzelnen Stellen oder Szenen.

The Space Merchants, ein Roman von Frederik Pohl und C. M. Kornbluth, fängt so an:

> »As I dressed that morning I ran over in my mind the long list of statistics, evasions, and exaggerations that they would expect in my report. My section – Production – had been plagued with a long series of illnesses and resignations, and you can't get work done without people to do it. But the Board wasn't likely to take that as an excuse.
> I rubbed depilatory soap over my face and rinsed it with the trickle from the freshwater tap. Wasteful, of course, but I pay taxes and salt water always leaves my face itchy. Before the last of the greasy stubble was quite washed away the trickle stopped and didn't start again. I swore a little and finished rinsing with salt. It had been happening lately; some people blamed Consie saboteurs. Loyalty raids were being held throughout the New York Water Supply Corporation; so far they hadn't done any good.
> The morning newscast above the shaving mirror caught me for a moment [. . .] the President's speech of last night, a brief glimpse of the Venus rocket squat and silvery on the Arizona sand, rioting in Panama [. . .]. I switched it off when the quarter-hour time signal chimed over the audio band.
> It looked as though I was going to be late again. Which certainly would not help mollify the Board.
> I saved five minutes by wearing yesterday's shirt instead of studding a clean one and by leaving my breakfast juice to grow warm and sticky on the table.«[23]

Bei diesem Romananfang ist die Grundschicht der Darstellung eine jedem Leser vertraute und daher glaubwürdige Szene: ein Mann steht verspätet auf, denkt an den vor ihm liegenden Arbeitstag in der Firma, zieht sich an, rasiert sich, läßt das Frühstück aus, um Zeit zu sparen.

Der Vorgang wäre für die meisten Romantypen zu banal, als daß er eine Darstellung lohnen würde. Auch hier hat das Geschilderte keine Funktion als Teil der Handlung oder als Mittel der Charaktererhellung. Die Darstellung der Allerweltsszene dient vielmehr als Trägerschicht für eine Reihe von erfahrungsübersteigenden Elementen, die den Eindruck einer veränderten Welt erzeugen.

Diese Elemente werden in vorsichtiger Dosierung als Einschübe in den Kontext des

Vertrauten eingefügt: die Seife, die den Bart abnimmt, *Consie*-Saboteure, Loyalitäts-razzien, der Fernseher über dem Rasierspiegel, die Venusrakete.

Alle Novitäten lehnen sich als Phantasiegebilde und vor allem in ihrer sprachlichen Gestaltung an Bekanntes an. Die Wunderseife, technisch unwahrscheinlich, kombi-niert die Vorstellungen und die Begriffe von *shaving soap* und *depilatory cream*; der Wandfernseher im Badezimmer ist der tatsächlichen Entwicklung nur einen Schritt voraus; die Venusrakete ist leicht vorstellbar; sie wird bei der nächsten Erwähnung ausdrücklich als vergrößerter Abkömmling bekannter Gegenstände beschrieben: »a thousand-foot monster, the bloated child of the slim v-2s and stubby Moon rockets of the past«.[24] Selbst Begriffe wie *Consie* und *loyalty raids* lassen den Leser von 1953 nicht ganz ohne Vorstellung von dem Gemeinten. Für den Zeitgenossen der McCar-thy-Ära erinnern die *Consies* an die bösen, sabotageverdächtigen *Commies* und die *loyalty raids* an den *loyalty oath* und die Schnüffelei nach ›unamerikanischen Aktivi-täten‹.

Während sich die Autoren einerseits darum bemühen, die Veränderungskomponen-ten an Bekanntes anzuschließen und plausibel erscheinen zu lassen, nutzen sie doch andererseits die Besonderheiten der Zukunftswelt zu spannungserzeugenden Rätsel-effekten. Dies geschieht unter Ausnutzung der fiktiven Kommunikationssituation von Science Fiction: da der Zukunftserzähler sich an seine Zeitgenossen wendet, braucht er nicht zu erklären, was in seiner Epoche alle kennen. Der Gegenwartsleser wird – darin liegt einer der Hauptreize von Science Fiction – zu einem Detektiv, der die fremde Welt enträtselt, wobei ihm der Autor die Aufgabe meist leicht macht.

Dabei richtet sich die Rätselspannung weniger auf die einzelnen Novitäten als auf den Systemzusammenhang der anderen Welt. In unserem Falle sind es gar nicht die Elemente, die nicht im Erfahrungsbereich des Lesers liegen, welche die größte Spannung erzeugen, sondern Gruppen von an sich bekannten Phänomenen, zwischen denen in diesem Text – nach heutigen Begriffen – eine Diskrepanz besteht.

Die Welt, die hier vorgestellt wird, ist der unseren offensichtlich in mancher Hinsicht technisch voraus. Wie verträgt sich das mit der Tatsache, daß in der Wohnung des Erzählers, Vorstandsmitglied seiner Firma, Salz- und Süßwasserhähne installiert sind wie auf einem altmodischen Dampfer, daß das Süßwasser rar ist und schließlich ganz versiegt?

Die Umrisse der Zukunftswelt klären sich schrittweise, wobei im Idealfall jedes gelöste Rätsel eine neue, größere Frage aufwirft. Das Nichtfunktionieren des Süß-wasserhahns beispielsweise entpuppt sich als typisches Symptom einer durchgehen-den Diskrepanz zwischen Fortschritt und einer Dürftigkeit, die den Zukunftsmen-schen merkwürdigerweise als Gipfel des Reichtums erscheint.

Das an der vorliegenden Stelle beobachtete Verfahren – erfahrungskonforme Gegen-wartsszenerie als Trägerschicht, erfahrungsübersteigende Veränderungskomponen-ten mit Anschluß an Vertrautes, Ausnutzung der Veränderungsstruktur zu spannen-den Rätseleffekten – wird im Prinzip in jeder Science-Fiction-Geschichte ange-wandt.

Dabei braucht die erfahrungskonforme Trägerschicht keineswegs immer aus Elemen-ten der zeitgenössischen Realität zusammengesetzt zu sein. Ebensogut lassen sich Materialien aus der sprachlich-literarischen Erfahrung der Leserschaft verarbeiten. Eine Fiktion stützt sich auf eine andere.

Als Beispiel der Anfang des Romans *Deathworld 1* von Harry Harrison:

»With a gentle sigh the service tube dropped a message capsule into the receiving cup. The attention bell chimed once and was silent. Jason dinAlt stared at the harmless capsule as though it were a ticking bomb.
Something was going wrong. He felt a hard knot of tension form inside of him. This was no routine service memo or hotel communication, but a sealed personal message. Yet he knew no one on this planet, having arrived by spacer less than eight hours earlier. Since even his name was new – dating back to the last time he had changed ships – there could be no personal messages. Yet here one was.
Stripping the seal with his thumbnail, he took the top off. The recorder in the pencil-sized capsule gave the taped voice a tinny sound with no clues as to the speaker.
›Kerk Pyrrus would like to see Jason dinAlt. I'm waiting in the lobby.‹
It was wrong, yet it couldn't be avoided. Chances were that the man was harmless. A salesman perhaps or a case of mistaken identity. Nevertheless Jason carefully positioned his gun behind a pillow on the couch, with the safety off.«[25]

Hier wird, dem außerirdischen Schauplatz entsprechend, der zentrale Vorgang – ein Fremder, der in der Hotelhalle wartet, bittet um eine Unterredung – durch allerlei auf Zukunft verweisende Einzelheiten (meist Science-Fiction-Nippes, funktionsloses Detail) oberflächlich verfremdet.
Die Grundsituation ist dem Leser auch hier vertraut, selbst wenn er sie nicht bewußt wiedererkennen sollte. Es ist eine beliebte Ausgangslage aus der Tradition des Spannungsromans. Die Stereotype kommt in Variationen sowohl im Western als auch im Kriminalroman der ›hartgesottenen‹ Schule mit seinem *private eye* vor. Der Held, ein Abenteurer, Außenseiter und Einzelgänger, zeitweise ohne Aufgabe und in der Anonymität untergetaucht, erhält die Herausforderung zu einem neuen gefährlichen Fall.
Das Beispiel läßt erkennen, daß Science Fiction über ein fast unerschöpfliches Reservoir an Materialien verfügt. Fast alle literarischen Muster, die es gibt, darunter auch solche, die in der Originalform veraltet und kaum noch verwendungsfähig sind, lassen sich als Science Fiction neu verwenden.
Dabei kann es zu tiefergreifenden Erneuerungen und Modernisierungen kommen. Häufiger jedoch werden Verhältnisse und Wertsysteme, die unwiderruflich vergangen sind, in oberflächlich veränderter Form in die Fiktionswelt transponiert. Das hat problematische Konsequenzen. In unserem Falle beispielsweise werden der *frontier*-Mythos und das romantisch verbrämte Ethos des außergesetzlich Ordnung schaffenden Einzelgängers unreflektiert in der Zukunftswelt wiederbelebt.
Neben literarischen Stereotypen lassen sich auch Materialien aus Geschichte und Vorgeschichte, die jedem bekannt sind – die Saurierzeit, die Kreuzigung Christi oder der amerikanische Bürgerkrieg – in die Zukunft transponieren und als Grundschicht der Darstellung verwenden. Unter Umständen genügt eine Collage aus historischen Elementen verschiedener Epochen, um die Fiktion einer veränderten Welt zu errichten.[26]

1.2.2.1   Technik der Zukunft

Besonders problematisch bei der Zukunftsfiktion sind naturwissenschaftlich-techni-
sche Phänomene. Während der Autor sonst in der Regel von einer Gegenwartsschicht ausgeht, erlaubt es ihm die Sprache auf diesem für die Gattung so wichtigen
Gebiet nicht einmal, den Gegenwartsstand der Entwicklung als Basis für seine
Extrapolation zu benutzen. Selbst die Fachsprachen der Spezialisten hinken ja hinter
den jüngsten Entwicklungen her und sind außerdem stets auf die Hilfe außersprachli-
cher Mittel (Diagramme, Abbildungen) angewiesen. Die Übermittlung technischer
Informationen an Laien ist noch schwieriger; sie bedingt radikale Vereinfachungen
und den Rückgriff auf überholte *science*.

Die Autoren verfahren in der Regel so, daß sie vom derzeitigen Stand der Technik
zurückgehen bis auf eine Entwicklungsphase, die von der Normalsprache voll bewältigt ist, so daß sie ein genügend großes Begriffsfeld und leicht übermittelbare
Vorstellungsmodelle bietet. Auf der Basis dieses sprachgeeigneten Grundzustandes
erhält die Technik dann durch sekundäre Veränderungen – Vergrößerung, Verklei-
nerung, Kombination, technische Details oder sprachliche Tricks – den Anschein des
Zukünftigen und Niedagewesenen. So ist beispielsweise die technische Apparatur,
die in *Deathworld 1* dem Helden die ominöse Botschaft übermittelt, aus vertrauten
Vorstellungsmodellen zusammengebastelt: Rohrpost, Kugelschreiber mit Schraub-
kappe, verkleinertes Bandgerät.

Die Zeitreisemaschine, bei H. G. Wells wie ein aufgebocktes Fahrrad beschrieben, ist
in neueren Geschichten nur bis zu einer Variante des Aufzugs oder der Luftschleuse
weiterentwickelt. Bei der Konzeption und Darstellung der superschnellen intergalak-
tischen Fahrzeuge orientieren sich die meisten Autoren auch heute noch nicht an den
Raumkapseln der Amerikaner und Russen, sondern am Flugzeug und vor allem am
Schiff.

Auch wenn die Raumfahrzeuge in Science Fiction mit Protonenantrieb, internem
Schwerefeld und ähnlichen Errungenschaften ausgestattet sind, wirken sie im übrigen
oft wie Relikte aus der Dampferzeit und verfügen über Brücke und Kartenhaus,
Messe und Gefechtsstationen.[27]

Daß die Science-Fiction-Technik an die Sprache gebunden und für echte Innovationen ungeeignet ist, bringt nun freilich nicht nur Handicaps, sondern auch erhebliche
Vorteile mit sich. Die fiktiven Geräte und Fahrzeuge brauchen nicht bis ins letzte
durchdacht zu sein; sie brauchen weder vollständig noch funktionsfähig zu sein.
Science Fiction benötigt nur Attrappen aus Sprache. Funktionieren muß nur das
sprachliche Instrumentarium zur Erzeugung der Wirklichkeitsillusion.

Als sprachliche Artefakte sind die Erfindungen der Science-Fiction-Technik oft in
bemerkenswertem Maße einsatzfähig und wirkungsvoll. Die besten von ihnen können
sich als Fiktionen noch behaupten, wenn der imaginierte technische Vorgang schon
von der Realität überholt ist.

»The Windows of Heaven« von John Brunner beispielsweise ist eine Kurzgeschichte,
in der – unter anderem – die erste Landung eines Menschen auf dem Mond dargestellt
wird; die Geschichte wurde 1956, also noch vor dem Start des ersten unbemannten
Satelliten (1957), zuerst veröffentlicht.[28]

Die Geschichte hat durch die wirklichen Mondfahrten der NASA nicht an Lesbarkeit

verloren. Viele Abschnitte wirken auch auf den heutigen Leser noch ›echt‹ und könnten fast aus einem der vielen Sachbücher über das Apollo-Projekt stammen. Anderes erscheint im Rückblick als falsch, aber nicht absurd.
Die Dauerhaftigkeit der Fiktion beruht nicht in erster Linie auf der Treffsicherheit der Prognose, sondern auf der Beherrschung sprachlicher Illusionsverfahren. Der Autor hat sich zunächst einmal nach Kräften den Umstand zunutze gemacht, daß er nur ausgewählte Phasen des Unternehmens zu erzählen braucht und übergehen kann, was sich schwer vorhersagen läßt, z. B. den Startmodus.
Ein weiterer wichtiger Aspekt des Darstellungsverfahrens besteht darin, daß der Autor in der Regel nicht die Maschinerie selbst beschreibt, sondern den Menschen bei der Handhabung der Geräte schildert. Wie schon Defoes *circumstantial method* die Vortäuschung von Realität hauptsächlich durch die Beschreibung von Figuren, die mit Werkzeugen hantieren, erreicht, so verdankt auch Science Fiction einen beträchtlichen Teil ihrer Überzeugungskraft der Tatsache, daß die Bedienung selbst des fremdartigsten Instruments als erfahrungskonforme Handlung erscheint.
So gelingt Brunner die Vorspiegelung einer alles Gegenwärtige hinter sich lassenden Zukunftstechnik mit einem Minimum an konkreter technischer Vorhersage. Wenn eine Maschinerie und ihr Funktionieren aus der Nahperspektive geschildert werden sollen, sorgt er dafür, daß die sprachliche Plausibilität Vorrang vor der technischen hat. Die Vorstellungskraft wird angeregt, gelenkt und begrenzt. Rhetorische Mittel – Metaphern, Personifizierungen – fördern auf emotionalem Wege Vertrauen und Glauben.[29]

1.3 Der Spielraum von Science Fiction: Möglichkeiten und Grenzen der Gattung

Science Fiction ist, wie sich gezeigt hat, eine Gattung, bei der sprachliche und literarische Bedingungen den Spielraum abstecken und Problematik und Chancen bestimmen. Die Veränderungsfiktion wird durch Sprache ermöglicht und gehemmt. Die Gattung wird zu einem beträchtlichen Teil durch literaturgeschichtliche Rückgriffe und Wiederaufnahmen geprägt.
Da die Zukunftserzählung an Gegenwart und Vergangenheit gebunden ist und nur eine Pseudo-Zukunft liefern kann, vermag sie gerade auf jenem Felde am wenigsten zu leisten, in dem man zeitweise ihre besondere Stärke sehen wollte: auf dem Gebiet der ernstzunehmenden Prognose und Extrapolation. Science Fiction ist keine romanhafte Futurologie. Sie will es inzwischen in der Regel auch nicht mehr sein.
Isaac Asimov drückt die vorherrschende Meinung aus, wenn er 1973 sagt:

> »It is not the function of science fiction to predict the actual future, but rather to present alternate futures of any degree of probability from one hundred to zero, and to do so as intricately as possible.«[30]

Vielleicht sollte man besser von *alternate presents* reden, denn das Feld, auf dem das eigentliche Potential der Gattung liegt, ist die Konstruktion von Alternativen zur heutigen Realität, ist das gegenwartsbezogene Modellspiel im Rahmen und mit den

Mitteln einer fiktiven Geschichte der Zukunft. Der Fragentyp, für dessen Beantwortung Science Fiction kompetent ist, heißt nicht »Was wird?«, sondern »Was würde sein, wenn ...?« – »Wie würde es sich auswirken, wenn sich in der Welt, wie wir sie kennen, dieses oder jenes neue Faktum ergäbe, wenn diese oder jene gegenwärtige Tendenz sich verstärkte, wenn dieser oder jener Plan verwirklicht würde?«

Die Aussagemöglichkeiten eines Science-Fiction-Werks sind dann am größten, wenn der Autor nicht ein Maximum an Zukunft bietet und seinen Erzählraum mit Zukunftseffekten vollpackt, sondern ein kontrolliertes und genau durchdachtes Faktorenspiel mit Konstanten und Variablen durchführt. Sofern nicht gerade ein technologischer Aspekt das Thema des Werks ist, ist in einer guten Science-Fiction-Geschichte die Technik mit ihren Raketen, Robotern und Supercomputern nur Bedingung der Möglichkeit des Modellspiels. Sie schafft die rechten, vom Autor gewünschten Voraussetzungen für die erzählerische Gestaltung des Themas der veränderten Welt.

1.3.1   Weltentwürfe

Bei einem normalen Erzähltext wird als Ereignisraum der Erzählung die reale gegenwärtige oder historische Welt angenommen, der in der Regel ein fiktiver Bereich eingefügt wird. Der Science-Fiction-Autor braucht für jede Erzählung einen eigenen Weltentwurf, den er in ausführlicher oder skizzenhafter Form mitteilt. Mit diesem Weltentwurf wird eine Geschichte kombiniert, in der Personen agieren.

Weltentwurf und Geschichte sind füreinander gemacht oder mindestens aufeinander bezogen. Wir wollen sie jedoch, um bei der Gattungsanalyse die Bestandteile möglichst klar zu unterscheiden, gesondert behandeln und zunächst die Verfahren betrachten, mit deren Hilfe eine Zukunftswelt als Gesamtheit konstruiert wird.

Wie allen Einzelstellen, so liegt auch der bunten Fülle verschiedenartiger Science-Fiction-Welten ein sehr kleines Arsenal von Konstruktionsprinzipien zugrunde.

(1) *Reduktion* der Erfahrungswelt auf wenige, überschaubare Komponenten. Wenn die aus der Gegenwart beibehaltenen Elemente zu zahlreich und zu komplex sind, läßt sich auch die Wirkung von Veränderungsfaktoren schwer transparent machen. Die Reduktion kann durch Aussparung oder durch Vereinfachung von Wirklichkeitsbereichen erfolgen.

(2) Das komplementäre Verfahren ist die planmäßige Einsetzung von *Konstanten*. Während bestimmte Sektoren der empirischen Welt eliminiert werden (z. B. Bücher, Bildung, Kunst), werden andere (z. B. Technik, Armee, Verwaltung) als invariant betrachtet und erhalten dadurch größeres Gewicht. Viele Zukunftswelten enthalten keinerlei neue Elemente, sondern werden ausschließlich durch die Kombination von Aussparung, Vereinfachung und Beibehaltung produziert.

Ein besonderes Problem bilden die *heimlichen Konstanten*: in einer Zukunftswelt werden oft als Anachronismen Gegenwartselemente (besonders menschliche Einstellungen, unausgesprochene Glaubenssätze und unreflektierte Verhaltensweisen) beibehalten, die eigentlich, d. h. bei konsequenter Verwirklichung der Veränderungsstruktur, eliminiert werden müßten.

(3) Die Zahl der *Variablen* ist meist gering. Oft genügt eine einzige Veränderung.

Selbst eine so neu und fremdartig wirkende Welt wie die in Huxleys *Brave New World* beruht im Grunde auf nur drei Veränderungsfaktoren: *Community, Identity, Stability*. Eigentlich neue Elemente kommen selten vor. Die Weltveränderungen entstehen dadurch, daß Gegebenheiten oder Tendenzen der Gegenwart entweder durch nicht-essentielle Zutaten verfremdet oder ins Extrem gesteigert werden.

(4) Eine sehr oft angewandte Kompositionstechnik ist die *Polarisierung*. Was in der Realität in komplexem Zusammenhang steht, wird in Science Fiction in der Regel zu antithetischen Positionen umgeformt: Gut gegen Böse, Terraner kontra *aliens*, rigide Zweiklassengesellschaften und Zweiparteiensysteme, Orthodoxie und Opposition. Auch die Erörterung von Gegenwartsproblemen in der Zukunftsfiktion geschieht meist in der Form des Pro-und-Kontra-Spiels.

(5) Eine Variante der Polarisierung ist die *Umkehrung* der dem Leser vertrauten Verhältnisse: die Frauen, die Insekten oder die Affen beherrschen die Welt; Amerika ist Entwicklungsland; Arbeit ist Privileg und Freizeitbeschäftigung harte Fron. Die Verkehrte Welt ist eine Form der Polarisierung, bei der der Gegenpol – die Vorstellung der normalen Welt – nicht im Text liegt, sondern vom Leser eingebracht wird.

Die beiden Romane, auf deren Anfangspassagen wir uns schon bezogen haben, können auch als Beispiele für die Verfahren des Weltentwurfs dienen. In *The Space Merchants* ist die Schicht der Konstanten (wie oft in Geschichten mit irdischen Schauplätzen) relativ dicht. Wie das Ritual des Aufstehens verläuft auch die Arbeitsroutine in der Werbeagentur, der die Hauptfigur angehört, recht normal. Szenerie und Lebensbereiche der gegenwärtigen USA sind reduziert, aber mit bemerkenswerter Vollständigkeit vorhanden. Unter den Varianten ist die Technik am wenigsten auffällig. Sie ist nur eben genügend weiterentwickelt, um den gattungsüblichen Minimalkomfort – wie etwa Mahlzeiten auf Knopfdruck – zu gewähren und die Raumfahrt zur Venus zu ermöglichen, von der die Handlung abhängt.

Die wichtigste Variable besteht in einer Extremisierung einer Gegenwartstendenz: Die Werbung hat sich (in einer überbevölkerten und ausgepowerten Welt) so ausgedehnt, daß sie die Vorherrschaft angetreten hat. Die Wirtschaft ist ein Anhängsel der Werbung: sie produziert, was die Werbeabteilung befiehlt, beispielsweise einen Kaffee, der süchtig macht. Die industrielle Anthropologie paßt den Menschen den Bedürfnissen des Kommerzes an. Die Raumfahrt dient der Marktausweitung: Die unwirtliche Venus wird von einem Werbekartell mit Kolonisten besiedelt, die fortan noch mehr Konsumbedürfnisse haben als Erdbewohner.

Als Folge dieser Entwicklung ist der alte Pluralismus verschwunden. Die Welt ist jetzt konsequent nach einem Prinzip ausgerichtet, nach dem des Kommerzes. Die Autoren bieten Witz und Phantasie auf, um immer neue, den Gegenwartsleser frappierende Formen der Kommerzialisierung zu schildern und dabei stets an Entwicklungen anzuknüpfen, die es bereits in den fünfziger Jahren gab. Die Extremisierung wird bis zur Umkehrung der Normalität vorangetrieben. Nicht nur das Verhältnis von Werbung und Industrie ist verkehrt, sondern beispielsweise auch das von Lobby und Parlament. Die Kongreßabgeordneten sind Repräsentanten der Wirtschaft, der Senator von Du Pont Chemicals hat 45, der von Nash-Kelvinator nur 6 Stimmen. Die Regierung ist nur noch »clearing-house for pressures« (S. 13), der Präsident eine Marionette.

Die Struktur der Romanwelt wird durch ein System von Polarisierungen geformt. Es existieren zwei große Werbeagenturen, die sich erbittert bekämpfen. Die Gesellschaft zerfällt in zwei Klassen. Auf der einen Seite stehen *executives* und *staff* der Wirtschaft, die Privilegierten, die Tret-Cadillacs fahren und sich im *country club* an Golf- und Tennisflippern vergnügen. Auf der anderen Seite, ohne jeden sozialen Kontakt mit ihnen, leben die *consumers*, »the submerged fifteen-sixteenths of the population« (S. 116).

Die Mehrheit der Oberschicht und der Verbraucher bilden zusammen das orthodoxe System, dem die oppositionelle Untergrundbewegung der *Consies* gegenübersteht. Die *Consies* sind zugleich konservative Umweltschützer – ihr Name ist die Kurzform von *conservationists* – und kommunistenähnliche Verschwörer und Märtyrer.[31]

Eine Aufspaltung in eine orthodoxe Hauptwelt und eine heterodoxe Gegenwelt findet sich in Zukunftswelten, die vom Leser negativ bewertet werden sollen, außerordentlich häufig, so zum Beispiel in Samjatins *Wir*, Huxleys *Brave New World* und Bradburys *Fahrenheit 451*. Die Gegenwelten bilden Enklaven der Gegenwart und Vertretungen des Autors in der Zukunft. Ihre Ansichten sollen die wahre Orthodoxie verkörpern.

Meist bilden die Gegenwelten den schwächsten Punkt im Weltentwurf. Als Konstruktionselemente sind sie den Hauptwelten nachgeordnet, so daß oft kein rechter Platz für sie bleibt. Vor allem: die geistigen Positionen der Opposition sind selten so konsequent durchdacht wie die der Hauptwelt. Ihre Standpunkte sind mindestens zum Teil heimliche Konstanten, aus der Gegenwart verpflanzte Ansichten, die in der veränderten Welt nicht gelten.

Das gilt auch für die *Consies*. Sie zeigen zwar die Schwächen der Orthodoxen auf, aber in einer Welt wie der in *The Space Merchants* geschilderten ist die Forderung nach Rückkehr zur Natur und zu den einfacheren Verhältnissen von früher keine vertretbare und in eine weltverbessernde Handlung umsetzbare Alternative zur Kommerz-Ideologie.

Extraterrestrische Welten, bei denen der Zwang zu sprechender Ähnlichkeit mit der heutigen Erde entfällt, zeichnen sich meist durch besondere Einheitlichkeit und Funktionalität aus. Der Planet Pyrrus, Hauptschauplatz von *Deathworld 1*, ist für eine einzige Aufgabe konstruiert: Bedingungen zu bieten, unter denen das Leben für die Bewohner »unending war for survival« darstellt. Bei der Darstellung des Planeten erreicht Harrison die Reduktion auf eine Weltfunktion durch Extremisierung aller von der Erde her bekannten Gefahren.[32] Die ›Todeswelt‹ wird dadurch zur Verkehrten Welt:

> »It is everything that a humanoid world should not be. The gravity is nearly twice earth normal. The temperature can vary daily from arctic to tropic.«[33]

Die extreme Neigung der Planetenachse hat enorme Unterschiede zwischen den Jahreszeiten zur Folge; die beiden Monde bewirken einen Tidenhub von dreißig Metern. Die Natur ist ein mit üppiger Phantasie ausgestaltetes perverses Paradies, ein *garden of horror*. Die Tierwelt mit ihren *stingwings* und *horndevils* besteht aus Fabeltieren, bei denen die furchterregenden Elemente verschiedener wirklich existierender Tiere – Klauen, Rachen, Rüssel – kombiniert, vergrößert und vervielfacht werden; die Pflanzen beißen und spritzen Gift. Um die Vorstellungskraft des Lesers nicht zu überfordern, erhält der Planet, der nach der geographischen Beschreibung etwa so groß wie die Erde sein müßte, als Erzählschauplatz ein überschaubares Kleinformat. Pyrrus hat nur 30 000 Einwohner und besteht praktisch aus einer Stadt und deren Umland.

Auch die Menschen sind Züchtungen der Imagination und der Sprache, bei denen zwei Muster gekreuzt worden sind. Sie sind auf der einen Seite Nachbildungen der *frontiersmen*, ein ganzes Volk von Westernhelden,»tough, ruthless, unbeatable, fast on the draw«.[34] Auf der anderen Seite geht diesen Grenzern jede Liebe zum *great outdoors* ab. Sie sind eingefleischte Städter, die das Land, auch wenn es friedlich ist, hassen. Der polare Gegensatz zwischen Mensch und Natur wird in Orgien von Nahkämpfen mit einem Arsenal von Wildwest-, Kriegs- und Phantasiewaffen ausgetragen. Neben der Polarität Pyrraner/Natur gibt es auch hier eine Opposition zwischen der kriegerischen Hauptwelt und einer idealisierten Gegenwelt, in der ein pastorales Landvolk im Frieden mit der Natur seine Äcker pflügt und sein exotisches Vieh hütet.

1.3.2 Die doppelte Geschichtsbindung von Science Fiction

Die Autoren und Herausgeber der Gattung stehen der Geschichte nicht eben freundlich gegenüber. In den vielen Aufzählungen, was Science Fiction alles ist und kann, ist von einer historischen Komponente nie die Rede. Es herrscht die Meinung vor, daß Zukunft und Vergangenheit einander ausschlössen. In erstaunlich vielen Zukunftswelten ist das Studium der Geschichte verboten oder wird durch Vernichtung der Unterlagen unmöglich gemacht. Diese antihistorische Tendenz weist darauf hin, daß die Gattung ihre Existenz und ihre Popularität nicht zuletzt dem verbreiteten modernen Mißvergnügen an der Geschichte und an historischen Deutungsweisen der individuellen und gesellschaftlichen Gegenwart verdankt.

Bei dieser Einstellung ist es geradezu eine Ironie der Literaturgeschichte, daß Science Fiction zwangsläufig so viele historische Momente enthält wie keine andere erzählende Gattung. Die Zukunftsfiktion wird nicht nur durch Sprache und Vorstellungsmodelle geschichtlich belastet, auch die Weltentwürfe, die Science-Fiction-Texten zugrundeliegen, sind in zweifacher Hinsicht geschichtsgebunden und geschichtsvermittelt:

Erstens läßt sich die erdachte Fiktion nicht einfach ahistorisch als Weltzustand zu einem bestimmten zukünftigen Zeitpunkt schildern. Sie bedarf einer geschichtlichen Dimension, die mindestens die Entstehungs- und Veränderungsgeschichte der Welt umfaßt. In der Regel hat auch der erzählte Vorgang selbst überpersönliche historische Bedeutung.

Zweitens kann die Weltfiktion nur im Rahmen einer Geschichte im Sinne von *story* präsentiert werden. Sie bedarf einer zusammenhängenden Handlung, deren Träger einzelne Personen sind.

Die beiden Bedeutungen von ›Geschichte‹ stehen in engem Zusammenhang. Jede Geschichte im Sinne von ›Erzählwerk‹ enthält auch Elemente von Geschichte im Sinne von ›Historie‹. Ein Komplex von Ereignissen wird aus der Rückschau rekonstruiert, und eine Auswahl von Einzelheiten, die aus dieser Sicht bedeutsam erscheinen, wird so zusammengestellt, daß ein chronologisch und kausal verknüpfter Gesamtablauf sichtbar wird. Bei der Entwicklung des englischen Romans war die Geschichtsschreibung – wie das Beispiel Fieldings zeigt – eines der Modelle, an die man sich anlehnte und mit denen man konkurrierte.[35]

Im Prinzip gilt die doppelte Geschichtsbindung für alle narrativen Texte. Ein völlig geschichtsfreier Erzählgegenstand ist ebensowenig denkbar wie eine handlungs- und personenlose Erzählung. Die Besonderheit von Science Fiction liegt darin, daß hier alle Faktoren – Weltentwurf, Geschichtsdarstellung und Handlungs-Personen-Komplex – ungewöhnlich starke Ansprüche stellen und sich gegenseitig an der Entfaltung hindern.

1.3.2.1 Vorgeschichte der Zukunft

Zu den Elementen, die der Gattung den Charakter einer Historienliteratur wider Willen geben, gehört die entstehungsgeschichtliche Komponente der Weltfiktion. Science Fiction präsentiert eine veränderte, nicht mehr mit den Erfahrungen des Lesers zu vereinbarende Welt. Diese Veränderungen verlangen nach einem Begründungszusammenhang. Wenn der Leser die Zukunftswelt glaubhaft finden soll, muß er erklärt bekommen, warum sie sich so verändert hat. Fast alle Werke der Gattung enthalten daher – in der Form eingestreuter Informationen oder breiterer Exkurse – ein massives Substrat an Vorgeschichte, wobei der Fluchtpunkt, auf den die historische Perspektive zuläuft, die Gegenwart oder die angenommene Zeit der ersten wesentlichen Veränderung ist.

The Space Merchants beispielsweise ist ein relativ gegenwartsnaher Roman mit einer Veränderungsstruktur, deren Entwicklung aus heutigen Verhältnissen unmittelbar einsichtig ist. Dennoch sorgt eine Serie von geschichtsreferierenden Textelementen dafür, daß die Verbindung zwischen Gegenwart und Zukunft verstärkt wird: der Ich-Erzähler ergeht sich in historischen Reminiszenzen, Museen illustrieren den historischen Siegeszug der Werbung, selbst die *Consies* treiben einen Geschichtskult mit Vorbildern aus unserer Ära.[36]

In *Deathworld 1* ist die Erforschung der Geschichte ein wesentlicher Teil der Handlung. Jason dinAlt löst die Frage, warum die Natur auf Pyrrus so menschenfeindlich ist, einerseits mittels naturwissenschaftlicher Methoden durch eine Analyse der zeitgenössischen Verhältnisse und durch *trial and error*, andererseits durch die Suche nach Geschichtsquellen in den rattenverseuchten Kellern der Bibliothek, die nur technische Gegenwartsliteratur verfügbar hält.

Die Lösung wird in der Form einer vollständigen Geschichtsrekonstruktion dargeboten (S. 146–150). Pyrrus war ursprünglich ein normaler, erdähnlicher Planet ohne menschenhassende Natur. Erst die historischen Umstände der ersten Besiedlung vor 300 Jahren haben den Kampf zwischen Mensch und Natur begründet. Diesem Roman liegen also, wie einem Großteil der Gattung, zwei Axiome zugrunde:
– Auch die Menschen der Zukunft sind Erben und Gefangene der Geschichte.
– Wer die Zukunft erklären will, muß (auch) als Historiker arbeiten.

1.3.2.2 Spannung zwischen Welt und Geschichte

Ideal – jedenfalls im Sinne des stimmigen, geschlossenen Systems, das von der Gattung angestrebt wird – wären Science-Fiction-Werke, in denen ein Weltentwurf ganz und gar als erzählte Handlung dargestellt würde. Diese Handlung müßte außer der Weltdarbietung zwei Funktionen integrieren:
– einen ›weltgeschichtlichen‹ Ereigniszusammenhang, der die Vorgeschichte fortsetzt und die Struktur der Welt zum Problem macht, und
– die Interaktion einer Gruppe von Figuren, deren Charakter, Verhaltensweise und Motivation zu den Verhältnissen in ihrer Welt paßt.
Annäherungen an eine solche ideale Kombination kommen bisweilen vor. Meist jedoch bestehen zwischen den Funktionen, die der Erzähltext wahrnehmen soll, erhebliche Spannungen. Es gehört zu den Hauptproblemen des Science-Fiction-Autors, die im Wesen der Gattung liegenden Diskrepanzen abzuschwächen und eine brauchbare Synthese zu erreichen.
Die Grundspannung zwischen der Präsentation einer imaginären Welt, deren Teile einen gleichzeitig existierenden Komplex bilden, und dem linearen Erzählen einer Ereignisfolge, deren Träger fiktive Personen sind, führt zu mehreren gattungstypischen Problemzonen:
– *Informationsfülle und Handlung.* Der Leser muß mit vielen Informationen über die Beschaffenheit der Welt versorgt werden, von denen die meisten bereits in die Exposition gehören. Diese Informationen lassen sich schwer in die Form des Handlungsbestandteils kleiden. Auch bei geschickter Anwendung der einschlägigen Erzähltricks – es finden Informationsveranstaltungen statt und Neulinge werden eingeführt – läßt sich die Gefahr der Kopflastigkeit kaum bannen: informationsreicher, aber handlungsarmer Anfangsteil, dann Verblassen des Neuheitsreizes und Verlagerung des Interesses auf die Handlung.
– *Unmotivierte Weltgeschichte.* Mancher Weltentwurf ist an sich statisch, nicht auf schnelle Veränderung angelegt. Dennoch muß wegen des Handlungspostulats mit dieser Welt etwas geschehen. Das führt manchmal zu unmotivierten Weltkrisen oder zur Tätigkeit einer hektisch aktiven, aber irrelevanten Opposition.
– *Bruch zwischen Weltzustand und privater Handlung, neuer Welt und konventionellen Figuren.* Oft wird die Präsentation einer gesellschaftlich-politisch determinierten Welt mit einer privaten Handlung, beispielsweise einer banalen Liebesgeschichte verbunden. Klischeehafte Allerweltsfiguren bevölkern die veränderte Welt und stehen oft wie Pappfiguren in ihr herum.
– *Das geschichtsmächtige Individuum.* Meist wird die Science-Fiction-Geschichte so konstruiert, daß der Protagonist der Handlung – Held oder Antiheld – die Geschichte der Welt bestimmt, indem er ihre Probleme löst oder indem er sie in seine Gewalt zu bringen versucht. Der Protagonist ist in der Regel kein Angehöriger der gesellschaftlich-politischen Spitze, sondern der Inhaber einer minder bedeutenden Funktion – Pilot, Ingenieur, Expeditionsmitglied –, die durch besondere Umstände geschichtsentscheidend wird.
Eine solche Lösung des Welt-Handlung-Personen-Problems ist erzähltechnisch die einfachste und nächstliegende. Sie impliziert aber ein Geschichtsbild, das wegen seiner Rückständigkeit und übermäßigen Vereinfachung problematisch ist.

Das Individuum erhält eine Rolle zugewiesen, die es längst nicht mehr hat und die auch als eine der Als-ob-Bedingungen einer Fiktion schwer zu akzeptieren ist.

1.4   Der Ort von Science Fiction: Science Fiction und Sachliteratur

Im folgenden soll versucht werden, den Ort von Science Fiction auf der systematisch-synchronischen und auf der historischen Ebene zu bestimmen. Die endgültige Ortsbestimmung setzt eine Betrachtung der Vorgeschichte und der Gattungsentwicklung voraus. Vorweg aber stellen sich einige Fragen zum Platz von Science Fiction im Gesamtsystem der außerliterarischen und literarischen Texte und nach dem Verhältnis der Gattung zur zeitgenössischen Realität:
– In welchem Verhältnis steht Science Fiction zur außerliterarischen Diskussion über
  Probleme der Veränderung und Entwicklung?
– Welche Funktion erfüllt Science Fiction gegenüber dem Bereich *science*?
– Welche Weltbilder vermittelt die Gattung?
– Läßt sich die Gattung wertend einstufen, etwa als ›Trivialliteratur‹?
Science Fiction ist Literatur; sie ist Erzählfiktion in ihrer extremsten und reinsten Form. Science Fiction konkurriert auf dem Markt mit anderen Arten von Literatur, insbesondere mit unterhaltungsbetonenden Gattungen. Da Science Fiction aber – im Gegensatz zum Gros der Literatur – fast alle Themen der allgemeinen Diskussion aufgreift und als Material benutzt, konkurriert die Gattung auch mit Sachtexten, insbesondere mit informierenden und meinungsbeeinflussenden Problemdarstellungen, die für ein nicht-fachmännisches Publikum geschrieben sind, also beispielsweise mit Aufsätzen über die Auswüchse der Werbung oder die Unbewohnbarkeit der Städte. Die Vergleichbarkeit ist eingeschränkt, da der Sachtext im allgemeinen nicht unterhalten will. Beide Textarten verfolgen aber unter anderem doch gleiche Ziele: Bewußtmachung eines Problems und Vertretung eines Standpunktes. Ein Vergleich der Leistungsfähigkeit beider Textarten im Hinblick auf diese Ziele erhellt die besondere Verfahrensweise narrativer Fiktionen.[37]
In einem Science-Fiction-Text wird die Sachfrage in ein sprachliches Erzählspiel umgesetzt. In einer Welt *a* lebt eine Person *b*, die das Problem *x* am eigenen Leibe erfährt. Dieses Verfahren hat den Vorzug, daß das Problem *x* von allen unerwünschten Verflechtungen mit anderen befreit und rein dargestellt werden kann. Es ist völlig konkretisiert. Während der Autor eines Sachtextes repräsentative Beispiele suchen und mit der abstrakten Darlegung verbinden muß, bewegt sich der Science-Fiction-Autor ganz im Anwendungsbereich. Die Personalisierung gibt ihm die Möglichkeit, durch den Einsatz sympathischer oder unsympathischer Figuren den Leser für oder gegen Argumente einzunehmen. Die Sachdiskussion in der Form der erzählenden Fiktion hat jedoch gegenüber der *non-fiction* auch unvermeidbare Nachteile, von denen zwei besonders gravierend sind:
Zunächst einmal deformiert das Erzählspiel das Sachproblem. Die Erscheinungsweisen dieser Entstellung kennen wir bereits: Vereinfachung, Aufspaltung in polare Gegensätze, Umwandlung genereller Probleme in individuelle, Verfremdung durch den Zukunftskontext. Auch in Sachtexten treten natürlich Verluste an Genauigkeit

und Differenzierung durch Vereinfachung, Polarisierung usw. auf, aber längst nicht im gleichen Maße.

Ein zweiter Verlust tritt auf, wenn der Leser die im Bereich der Erzählfiktion gewonnenen Informationen, Argumente und Ergebnisse in die Realität rücküberträgt. Er hat die Wirkung bestimmter Werbemethoden auf willenlose *consumers* im 21. Jahrhundert erlebt. Welche der Erfahrungen gelten in seiner eigenen Zeit? Jason dinAlt hat die Entstehung der Aggression auf Pyrrus geklärt. Bleibt das als Parabel gültig, wenn man es auf irdische Lebewesen überträgt, die nicht über Psi-Kräfte verfügen und die nicht so schnell mutieren?

Es dürfte klar sein, daß Science Fiction in mancher Hinsicht keine echte Konkurrenz für den Sachtext ist, der bessere Möglichkeiten der Differenzierung, der überprüfbaren und geschlossenen Argumentation und der Realitätsbezogenheit hat. Genau gesteuerte, spezifische Erkenntnisprozesse kann eine Science-Fiction-Geschichte ebensowenig bewirken, wie das Monopoly-Spiel das Immobiliengeschäft lehren kann.

Als Bereich der potentiellen Überlegenheit bleibt das Gebiet der unspezifischen kognitiven und affektiven Wirkungen: allgemeine Problematisierung bestimmter Themen, Verdeutlichung möglicher Konsequenzen für den Einzelmenschen, Beeinflussung durch emotionale, unüberprüfbare Plädoyers, Befestigung oder Erschütterung von Haltungen, z. B. der Selbstgewißheit als Mensch, Weißer oder Mann. Wir wissen wenig über solche unspezifischen Wirkungen von Sprachspielen. Es wäre aber sicherlich falsch, ihre Bedeutung für unerheblich zu halten. Spätestens seit der Rezeption der *Holocaust*-Serie ist klargeworden, zu welch immenser Wirkung ein Problemkomplex durch die Vermittlung über das Medium der literarischen Fiktion kommen kann.

1.4.1 Science Fiction und Science

Auch wenn Science Fiction sich schon längst nicht mehr ausschließlich mit *science* befaßt, so gehören doch die Naturwissenschaften und die Technik (die meist bei *science* mitgemeint ist) noch heute zu den wichtigsten Realitätsbereichen, auf welche die Gattung bezogen ist.

Obwohl die Sprache der Darstellung wissenschaftlich-technischer Phänomene enge Grenzen setzt und die Produkte der Zukunftstechnik sich, wie der fliegende Teppich im Märchen, nur als Requisiten im kosmischen Fuhrpark eignen, haben die Autoren doch den Ehrgeiz, ihrem Publikum entscheidende Einsichten in das Wesen der Wissenschaft zu vermitteln.[38]

Diese Absicht steckt nicht nur hinter den vielen in die Geschichten eingebauten Lehrvorträgen, in denen Teile des heutigen Wissens dargelegt werden. Sie zeigt sich besonders darin, daß ein Aspekt von *science* immer wieder zum Gegenstand gemacht wird: der Prozeß des Forschens. Die Forschung ist in der Gegenwart, die sich als wissenschaftlich-technisches Zeitalter versteht, ein für den Nicht-Spezialisten intransparenter Wirklichkeitsbereich. Science Fiction will hier Aufklärung bewirken, indem sie den undurchschaubaren Prozeß des Forschens in erzählbare und leicht nachvollziehbare Handlungsabläufe übersetzt. Die erzählten einfachen Aktionen – Reisen,

Überwindung von Hindernissen, Aufklärung von Rätseln – werden damit zu Metaphern für komplexe Erkenntnisverfahren.

Typisches Beispiel einer solchen Forschungsmetaphorik ist »Grandpa« von James H. Schmitz. Cord, der Held, ist ein fünfzehnjähriger »junior colonial student« an einer Forschungsstation auf dem Planeten Sutang, dessen Flora und Fauna noch nicht vollständig klassifiziert und auf ihre biologischen Zyklen hin untersucht ist. Der Junge unternimmt mit einigen anderen Leuten eine Fahrt durch sumpfige Küstengewässer. Als Fahrzeug dient »Opa«, ein Prachtexemplar eines einheimischen *plant animal*, das wie ein Seerosenblatt mit einer ananasförmigen Erhebung in der Mitte aussieht. Das Wesen hat sich verändert und wird, während die Erwachsenen sich auf die offizielle Einstufung der Art als harmlos verlassen, für Cord von vornherein zum Problem:

> »[...] Grandpa with one unknown factor added wasn't Grandpa any more. He was an unpredictable, oversized life form, to be investigated with cautious thoroughness till you knew what the unknown factor meant.«[39]

Während der Fahrt wird das Verhalten des Lebewesens, das sonst leicht lenkbar dahinpaddelt, immer merkwürdiger und gefährlicher: es gehorcht der steuernden Hitzepistole nicht, nimmt Kurs auf die hohe See, fesselt die Mitreisenden mit neuentwickelten Fangarmen. Cord sucht verzweifelt, aber methodisch nach dem auslösenden Faktor. Er registriert jede Veränderung des Wesens, beobachtet die Umwelt, experimentiert, sucht nach analogen Phänomenen, bis ihm plötzlich die Erleuchtung kommt: »Opas« Veränderung geht auf die Symbiose mit einem Parasiten zurück, einem bösartig-intelligenten Wesen. Cord tötet den Parasiten im Ananasbuckel. Rettung im letzten Moment.

Was der Junge tut, mag eher einem vorwissenschaftlichen Beobachten und Bestimmen von Flora und Fauna als einem Forschungsprojekt ähneln: auf jeden Fall gelingt es dem Autor, einen intellektuellen Prozeß, der ein für Naturwissenschaftler relevantes Muster aufweist, als spannende Abenteuerhandlung darzustellen. Die Analogie zwischen echter Wissenschaft und Forschungsmetaphorik ist allerdings auch bei diesem Beispiel nicht vollständig; in anderen Geschichten des gleichen Typs ist sie kaum vorhanden.

Auch bei der Darstellung von Forschungsprozessen als Handlungen werden die Verfahren der Wissenschaft so verändert, vereinfacht und deformiert, daß die aufklärerische Absicht oft zur Propagierung eines überholten Wissenschaftsbildes und eines fragwürdigen Forschungsethos führt. Forschung wird fast stets zur Sache des Individuums erklärt. Der Forscher ist ein begabter Außenseiter. (Cord gehört zwar einem Team an, aber er löst seine Aufgabe allein und unter Durchbrechung der Forschungsregeln seines Instituts.)

Auch die Frage, ob Forschung richtig oder falsch, gut oder böse sei, wird zu einem Problem der Individualethik gemacht. Bei einem Menschen von hoher moralischer Qualität sind die Ergebnisse richtig und nützen unmittelbar dem Fortbestand des Lebens. Böse Menschen forschen Böses. Forschung ist ferner stets angewandte Forschung; sie besteht in der Erfüllung eines bestimmten Auftrages, in der Enträtselung eines gegebenen Problems; sie führt nicht vom Bekannten ins Ungewisse. Da der Forschungsprozeß mit Hilfe einer Erzählform dargestellt wird, an deren Ende eine harmonisierende, alles Wesentliche klärende Lösung stehen muß, wird die prinzipielle Lösbarkeit aller Wissenschaftsprobleme impliziert: Bei jedem mit dem detektivischen Forscherdrang ausgestatteten Menschen erfolgt irgendwann die blitzartige Erhellung.

Das Wissenschaftskredo von Science Fiction, beim Gros der Gattung recht einheitlich, kommt in seiner pursten und anspruchsvollsten Form in einer Geschichte zum Ausdruck, in der die Erschaffung der Welt neu erzählt wird: »Sole Solution« von Eric Frank Russell.[40]

Der Urzustand ist hier die unerträgliche Einsamkeit des ersten Wesens. Das Schöpferwesen ist der Inbegriff eines Wissenschaftlers und glaubt daher an die Lösbarkeit aller Probleme:

> »No problem is beyond solution. By that thesis science lives. Without it, science dies. He was the ultimate scientist. As such, he could not refuse this challenge to his capabilities.«[41]

Der Schöpfer löst das Problem, indem er die Welt erdenkt. Er will sich selbst in zahllose Kreaturen aufteilen, die sich in einem Kampfspiel gegen Unwissenheit, Umwelt und das Böse bewähren müssen – für den Schöpfer »adventure, mental exercise, entertainment«. Letztes Ziel des Weltspiels soll die Rückkehr zum Urzustand sein: »[...] his parts must fight back to unity and himself« (S. 17). Das Experiment kann beginnen. Der Schöpfer spricht sein »Es werde Licht«.

Eine wissenschaftliche Herausforderung als Existenzgrund der Welt. Spiel und Abenteuer, ständiger Kampf und schließlich Rückkehr zur Einheit in der Wissenschaft als Ziele der Menschheit: der Autor trägt mehr als nur eine Wissenschaftskonzeption vor; er predigt ein Weltbild, das auf einer Wissenschaftsmystik und auf einer Apotheose des selbstherrlichen Forschers beruht.

1.4.2 Science Fiction und Weltbild

Jede Science-Fiction-Geschichte enthält nicht nur eine materiell veränderte Welt, sondern auch ein Weltbild: eine ausdrückliche oder implizierte Weltdeutung, zu der insbesondere die Darlegung der Grundsätze, auf denen das Funktionieren der Welt beruht, und der in ihr geltenden Normen für menschliches Verhalten gehört.[42]

Tragende Bestandteile der von Science Fiction vermittelten Weltbilder sind meist eine Wissenschaftskonzeption von der eben untersuchten Art und eine Geschichtskonzeption, die dem Einzelnen eine geschichtsentscheidende Rolle zuspricht.

Science-Fiction-Texte präsentieren ihre Weltbilder in der Form von Geschichten, in denen elementare Zusammenhänge und Situationen des Lebens in der Fiktionswelt exemplarisch dargestellt werden. Sie stehen daher ihrem Wesen nach mythischen Erzählungen nahe. Nicht ganz zu Unrecht hat man für die ganze Gattung Science Fiction Schlagwörter wie ›moderne Form des Mythos‹ (oder ›Märchen der Neuzeit‹) benutzt.

Als Beispiel für die Problematik von Science-Fiction-Weltbildern wird eine Geschichte benutzt, die – ähnlich wie »Sole Solution« – einen älteren Mythos zitiert

und neu und anders nachvollzieht: John Brunners bereits mehrfach erwähnte Kurzgeschichte »The Windows of Heaven«, in der nicht nur die erste Mondlandung, sondern
auch der Untergang der Menschheit und der Neubeginn des Lebens auf der Erde
erzählt werden. »The Windows of Heaven« ist eine Sintflutgeschichte. Die Paralleli-
sierung von Zukunftsgeschichte und biblischer Geschichte wird mit allen Mitteln der
Erzählkunst durchgeführt.

Der Erzählung ist ein Bibelzitat (Gen 7,11–12) vorangestellt, das zunächst nur die
Herkunft des Titels erklärt und allenfalls unbestimmte Erwartungen einer Parallelität
der Ereignisse weckt:

> »*The same day were all the fountains of the great deep broken up, and the windows
> of heaven were opened. And the rain was upon the earth forty days and forty
> nights.*«[43]

Im ersten Teil, der das Thema der Mondfahrt behandelt, wird das biblische Motiv
durch Flut- und Unwettermetaphern entwickelt. Im zweiten Teil wird bei der
Beschreibung der Erdkatastrophe – ohne ausdrücklichen Verweis – die Ähnlichkeit
mit der Sintflut suggeriert. Erst im dritten und letzten Erzählabschnitt werden die
Beziehungen zur biblischen Urgeschichte offengelegt. Arkwright, der Astronaut, hat
nach seiner Rückkehr zur Erde – deren wüster Zustand in einer Mischung aus
alttestamentarisch-feierlichen und technisch-nüchternen Stilelementen beschrieben
wird – durch Tests festgestellt, daß es keine Existenzmöglichkeiten mehr für animali-
sches oder pflanzliches Leben gibt. Zitatfetzen kommen ihm in den Sinn:

> »›And the waters prevailed upon the Earth,‹ he murmured. It must have been like
> this in the Beginning – the air full of carbon dioxide from the dying volcanoes and
> steam from the cooling oceans. And both continents and oceans alike barren of
> life.
> ›This has all happened before,‹ he told the world. ›And every living substance
> which was upon the face of the ground was destroyed –‹
> Where did that come from, anyway? He thought a moment, and remembered. Of
> course: from the description of Noah's flood.«[44]

Er erinnert sich an die Flutmythen anderer Kulturen und kommt zu der Erkenntnis,
daß zwischen der vielfach bezeugten Ur-Sintflut und dieser neuen ein entscheidender
Unterschied besteht:

> »Yes, that had been a great flood – but this was a more final one. Noah had carried
> with him his family and representatives of every species of bird and beast and
> insect. He was ready to start over.
> Whereas he himself – and he looked at the culture plates to find them barren – was
> alone.«[45]

Aber dennoch ist Arkwright, wie sich in der Schlußwendung des Erzählverlaufs zeigt,
ein ›Archenmacher‹ und zweiter Noah. Er stellt überrascht fest, daß sich auf einem
der Objektträger in seinem Bordlabor eine Bakterienkultur gebildet hat, die den

harten Bedingungen der Außenwelt gewachsen sein dürfte. Zwar muß er selbst sterben, aber von seiner ›Arche‹ aus und mit seiner Hilfe kann die Entwicklung der Arten neu beginnen:

»And out there things were as they had been in the Beginning, when life appeared on Earth: the sea sterile, the air unbreathable, the land bare – but waiting.
Smiling, certain now of what he must do, Arkwright got to his feet and opened the airlock.
And Noah went forth, and his sons, and his wife, and his sons' wives with him.
Every beast, every creeping thing, and every fowl, and whatsoever creepeth upon the Earth, after their kinds, went forth out of the Ark.«[46]

Brunners Version ist moderner als die des Alten Testaments. Auf den ersten Blick wirkt sie sogar völlig säkularisiert und dem wissenschaftlichen Denken der Gegenwart angepaßt: die Naturgesetze werden nicht verletzt; die Sintflut ist durch eine Sonnenexplosion ersetzt, die aufgrund der zeitgenössischen Theorien über die Entstehung einer Nova dargestellt wird; es gibt keinen Gott, keine Wunder und scheinbar auch keinerlei Transzendenz. Aber hinter der Darstellung stehen in Wirklichkeit doch die Dogmen einer Ersatzreligion, deren Wurzeln im frühen 19. Jahrhundert liegen. Der biblische Mythos ist nur bis zu den Romantikern und zu Darwin umdatiert worden. An die Stelle der metaphysischen Heilserwartung ist der Glaube an den unabänderlichen Triumph der Evolution und an die Notwendigkeit und Ewigkeit des Lebens getreten. Der Mensch bleibt nicht nur bis zuletzt das Wesen, auf das die Schöpfung zugeordnet ist, er tritt sogar in die Rolle Gottes ein. Arkwright, kein dem Himmel vertrauender Noah, sondern eher ein undämonischer Nachfahre des romantischen Forscherkünstlers *Frankenstein, or the Modern Prometheus*, läßt die zweite Genesis beginnen, an deren Ende ein neues Menschengeschlecht stehen wird. Die Geschichte kann ohne inneren Widerspruch in den biblischen Bericht einmünden. Der neue Mythos ähnelt dem alten.

Wenn eine Gattung Weltbilder vermittelt, so bedeutet das nicht ohne weiteres, daß sie deshalb eine Sonder- oder gar Abseitsstellung einnimmt. Fast alle fiktiven Texte machen auch Aussagen über den Zusammenhang und die Normen der in ihnen dargestellten Welt. Sie fußen dabei entweder auf dem allgemeinen Weltbild der Zeit, wie beispielsweise das elisabethanische Drama,[47] oder auf der Weltsicht einer bestimmten gesellschaftlichen Gruppe, wie beispielsweise Defoes Romane, in denen die Welt den Vorstellungen des kaufmännischen Mittelstandes unterworfen ist.[48]

Es ist auch nicht außergewöhnlich, wenn literarische Weltbilder in eine konservative oder historische Richtung tendieren. Die Gesellschaft weist der Literatur nicht nur die Aufgabe des Experimentierens mit neuem Gedankengut zu, sondern nutzt die Fiktion auch, um sich ihrer überkommenen Grundlagen wiederholend und prüfend zu vergewissern und um traditionelle Werte im Spiel weiterzugeben und einzuüben. Altmodische Weltbilder können im übrigen sehr wohl als Basis für eine auch in späteren Generationen noch als relevant empfundene Diskussion von Problemen oder für eine scharfe Gesellschaftskritik dienen. Beispiele bieten Shakespeares Dramen, die von einem absterbenden universalistischen Weltbild ausgehen, und die satirischen Werke Swifts, der sich auf erzkonservative Normen bezieht.

Aber bei Science Fiction fällt doch manches aus dem Rahmen des in der Literatur Üblichen. Wenn wir die Gattung strukturell als extreme, übertreibende Literatur bezeichnen können, weil Eigenarten, die sich auch anderswo finden, hier krasser auftreten, so gilt das auch für die Propagierung oder Implizierung von Weltbildern.[49]

Die Moderne hat, wie jedermann weiß, kein geschlossenes, für alle verbindliches Weltbild. Ein großer Teil der Literatur verweist gerade auf diese Tatsache, indem er z. B. die Absurdität und Normenlosigkeit der Welt zum Thema macht. In Science-Fiction-Geschichten aber wird die Uhr oft weit zurückgestellt. Man verfährt in Analogie zu der bei der Zukunftstechnik üblichen Methode des Zurückgreifens auf ältere Vorstellungsmodelle. Da es kein modernes Weltbild gibt, über das Konsens herrschte, wird mit früheren, nicht mehr kontroversen und im allgemeinen Bewußtsein eingeschliffenen Denkformen und Weltdeutungen operiert.

Das Weltbild mit den Zügen der guten alten Zeit ist nicht die einzige Möglichkeit. Die häufigste Alternative ist das negativ gewertete Weltbild. Eine kritikwürdige Auffassung von heute beherrscht in der Zukunftswelt das ganze Denken, wie der Kult des »God of Sales« in *The Space Merchants*. Weltbilder mit negativer Bewertung sind meist plausibler als die positiven. Probleme macht in Werken dieser Art, wie an den *Consies* zu sehen war, das Weltbild der oppositionellen Repräsentanten der echten, vom Autor unterstützten Norm.

Es fehlt in der Gattung keineswegs an Versuchen, den zukünftigen Gesellschaften oder wenigstens ihren Helden Weltbilder zuzuschreiben, die im Vergleich zu den heute vorherrschenden Auffassungen vorbildlich und fortschrittlich sind. Erstaunlich ist jedoch, wie selten das widerspruchsfrei gelingt und wie häufig die explizit propagierte Weltsicht und die implizierte, die den Haltungen und Meinungen der Figuren oder auch den Kommentaren des Erzählers zugrundeliegt, in einem Spannungsverhältnis zueinander stehen.

So predigt Jason dinAlt in *Deathworld 1* gegen den pyrranischen Glauben an die Notwendigkeit des Hasses und des Überlebenskampfes und setzt sich schließlich durch. Aber der Autor hat den Roman als Kriegs- und Schießspektakel angelegt, der Held ist selbst eine Kämpfernatur, und aus manchen seiner Äußerungen spricht eine eingefleischte Überzeugung von der letztlich wohltätigen Macht des »battle for survival«.[50]

Es wäre falsch, den Autoren zu unterstellen, daß sie an ihr offizielles, verbessertes Weltbild nicht glaubten und in Wirklichkeit ›systemstabilisierende‹ Propaganda für die Welt von gestern im Schilde führten. Aber die Lauterkeit der Absichten schützt nicht vor einer Ambivalenz der Weltsicht.

Bei vielen Autoren ist das Mißverhältnis zwischen der Bereitschaft zu gutgemeinten Grundsatzpredigten und der Qualität der Reflexion auffällig. Selten hat es in fiktiven Texten so viele kaum verborgene Widersprüche und ein solches Ausmaß an ungeplanten, implizierten Weltbildelementen gegeben. Auch das deutet darauf hin, daß Science Fiction eine Gattung ist, die das ihr innewohnende Potential noch längst nicht ausgeschöpft hat.

1.5   Science Fiction und literarische Wertung: Trivialliteratur?

Gehört Science Fiction in den Bereich der Trivialliteratur (– was immer das sein mag)?[51] Kann man die Zukunftsgeschichten insgesamt wertend einstufen?[52] Gibt es innerhalb der Gattung Grenzmarkierungen zwischen ›hoch‹ und ›niedrig‹?
Jede Lektüre oder Analyse von Texten führt zu Wertungen. Auch in diesem Buch werden immer wieder Werturteile über Science-Fiction-Werke gefällt. Die Kriterien sind dabei teils textimmanenter, teils gattungsinterner, teils außerliterarischer Art. Man kann z. B. feststellen, daß bei einem Werk ein Maximum an Veränderungen durch sprachlich-technisches Dekor nur vorgetäuscht wird, während ein anderes Werk höherrangig ist, weil der Autor die Möglichkeiten der Gattung besser nutzt, ein Thema stärker ausschöpft oder die Kombination von Erzählgerüst und Weltentwurf effektiver vornimmt. Man kann, wie wir gesehen haben, fiktionale und nicht-fiktionale Behandlungen eines Themas vergleichend werten.
Man kann die Feststellung treffen, daß die Gattung in sich nach Zielgruppen und Anspruchsniveau gestuft ist. Sie richtet sich teils an Erwachsene, teils an Jugendliche und bietet alles von platter Massenware bis zu komplexen Texten mit avantgardisti-schem und elitärem Anstrich. Es findet sich dagegen keine Handhabe, die ganze Gattung als ›niedere‹ oder ›höhere‹ Form der Literatur einzustufen oder innerhalb ihrer Grenzen eine scharfe Trennungslinie zu ziehen. Science Fiction bietet den Autoren fast immer die Möglichkeit, das gleiche Thema trivial oder nicht-trivial abzuhandeln – um diese unscharfe Unterscheidung einmal zu akzeptieren. Mängel der Wirklichkeit können in verstärkter und verdeutlichter Form zur Debatte gestellt werden oder durch den Entwurf einer kompensierenden Wunschwelt eine billige Heilung finden. Bei jedem Motiv konnten wir feststellen, daß es sich sowohl für billige als auch für anspruchsvolle Verwendungszwecke eignet. Ein fremder Planet kann eine Abenteuerarena oder eine Versuchsanordnung für ein gesellschaftliches Experiment sein. *Aliens* können als Schießscheiben oder als Ebenbilder des Menschen dienen.
Auch die einzelnen Texte sind, obwohl sie durch ihre Machart verschiedenen Ebenen zugeordnet werden, meist bis zu einem gewissen Grade ambivalent. Der Leser hat die Wahl, ob er das Werk als Spielerei, als literarischen Jux aufnehmen oder Denkan-stöße von ihm beziehen will. Er kann beispielsweise bei der Lektüre von Harrisons *Deathworld 1* das Schwergewicht seiner Rezeption auf die schlichte Westernebene oder auf die – ebenso durchgehende – Behandlung des Problems der Aggressivität legen.
Nun nimmt zwar fast jedes Werk der Literatur auch sogenannte triviale Funktionen wie Unterhaltung, Ablenkung, Wunschbefriedigung wahr. Gerade klassische Werke haben das ursprünglich oft in stärkerem Maße getan, als wir heute vermuten. Shakespeares Tragödien etwa galten in ihrer Epoche vornehmlich als populäre Unterhaltungsstücke – was sie, unbeschadet der darüber hinausgehenden Aussage-ebenen, tatsächlich auch sind. Selten jedoch tritt diese Ambivalenz so deutlich zutage wie bei Science Fiction. Das dürfte daran liegen, daß hier die jedem literarischen Text eigene Komponente des Spiels nach künstlichen, teils vorgegebenen, teils selbstge-setzten Regeln vorherrscht. Es werden Möglichkeiten durchgespielt, und Spiele dieser Art lassen sich immer auf zweierlei Weise betreiben: als Modell- oder Lehr-

spiele, die durch Nachahmung der Wirklichkeit in reduziertem Maßstab und durch Regularisierung sonst unberechenbarer Verläufe erkenntnisvermittelnden Zielen dienen, oder aber als unernste, unterhaltende oder eskapistische Spiele, die durch Manipulation der Spielbedingungen die verschiedensten Formen annehmen können: idyllische Heile-Welt-Spiele, wohliges Gruseln erzeugende Katastrophenspiele, verbotene Spiele, bei denen das in der Wirklichkeit Tabuierte – Rassenhaß, Krieg, Kolonisation – erlaubt wird.

Es läßt sich freilich nicht übersehen, daß die Gewichte zwischen den beiden Wirkungsmöglichkeiten zur Zeit ungleich verteilt sind. Während in allen programmatischen Verlautbarungen die erkenntnisvermittelnde Funktion von Science Fiction vor der unterhaltenden rangiert, ist es in Wirklichkeit in den allermeisten Fällen umgekehrt. Zwar trifft es zu, daß Science Fiction belehrt, erbaut, predigt, Probleme diskutiert und Lösungen vorschlägt. Aber der Schwerpunkt liegt auf der Unterhaltung; sie erhält im Konfliktfall fast immer die Priorität. Daß dem so ist, liegt vor allem in der historischen Situation von Science Fiction begründet – und zwar sowohl in ihrer Gattungsentwicklung als auch in ihrem Platz in der modernen Literatur.

2 Geschichte

2.1 Zugriffe auf die Geschichte

Wo fängt die Geschichte von Science Fiction an? – Auf diese Frage gibt es zwei gängige Antworten, die grundsätzliche Unterschiede in der Auffassung der Gattung erkennen lassen.

Die eine heißt: in der griechischen Spätantike bei Lukian von Samosate. Lukian (um 120–185 n. Chr.), ein witziger Satiriker und Vielschreiber, schuf mit seinen *Wahren Geschichten* ein Werk von üppiger Phantasie, das eine Reihe von Themen und Motiven der heutigen Science Fiction vorwegnimmt: die Reise zum Mond, zur Sonne und zu anderen Gestirnen; Abenteuer, Kriege und Kolonisation im Weltraum; Begegnungen mit *aliens* von vielerlei Art, sowohl menschenähnlichen wie den Seleniten und Helioten als auch exotischen und monströsen wie den Geierdragonern, Lampenwesen, Korkfüßlern und Bullenköpflern.

Die andere Antwort: am 5. April 1926, dem Erscheinungsdatum der ersten Nummer von *Amazing Stories*, der ersten Zeitschrift, die ausschließlich der Veröffentlichung von *scientific fiction* (oder *scientifiction*) gewidmet war. Herausgeber war der legendäre ›Vater‹ und Namengeber der Gattung, Hugo Gernsback, »the undisputed founder of modern science fiction«.[1] Gernsback (1884–1967), ein aus Luxemburg in die USA eingewanderter Erfinder und Technikpublizist, gab dem Markt für Science-Fiction-Magazine, der sich dann schnell vergrößerte, sein erstes Zentrum und drängte Autoren und Publikum auf den Weg der ernstgemeinten wissenschaftlich-technischen Extrapolation und Prognose.

Hinter den konträren Antworten auf die Frage nach dem Gattungsanfang stehen Differenzen der Gattungskonzeption, die den Meinungsverschiedenheiten zwischen den Vertretern universalistischer Definitionen und den Anhängern einer ›reinen‹ Science Fiction und einer scharfen Abgrenzung von allen anderen Formen entsprechen.

Wer mit Lukian (oder Plato oder Homer) beginnt, der will Science Fiction als Fortsetzung und Krönung einer kontinuierlichen abendländischen Tradition betrachtet wissen. Fast stets spricht auch die Absicht mit, das oftmals verachtete Stiefkind der Literatur durch den Nachweis einer eindrucksvollen Ahnenreihe zu adeln. Neben den Autoren halbvergessener früher Beispiele für Mondfahrten und Reisen ins Erdinnere umfassen solche Stammbäume eindrucksvolle Namen: Ariost und Kepler, Morus und seine Nachfolger, Defoe und Swift, Edgar Allan Poe und E. T. A. Hoffmann, Lewis Carroll und Franz Kafka.[2]

Wer mit Gernsback und den *Amazing Stories* beginnt, der will die Modernität und Autonomie der Gattung betonen: Science Fiction geht unvermittelt und fertig aus dem Geist des Technischen Zeitalters hervor, gegründet von einem wissenschafts- und zukunftsgläubigen Tüftler ohne jede Beziehung zur herkömmlichen Literatur.

Jeder der beiden historischen Zugriffe, so unvereinbar sie auch scheinen und so tendenziös sie auch manchmal dargestellt werden, hat manches für sich. Auf der einen Seite ist Science Fiction als Gattung ohne Frage jung, im wesentlichen eine

Erscheinung des 20. Jahrhunderts. Konstitutiv für eine Gattung ist es, daß Autoren und Publikum die Texte bewußt als zusammengehörig und aufeinander bezogen, als Teile eines gemeinsamen Feldes, betrachten. Das ist frühestens gegen Ende des 19. Jahrhunderts der Fall. Mag auch die Festlegung der Geburt der Gattung auf ein bestimmtes Datum ein Mythos sein: die Magazinphase, die in den zwanziger Jahren beginnt, hat die Konsolidierung als Gattung bewirkt. Der Terminus ›Science Fiction‹ wird bezeichnenderweise erst 1929 geprägt und setzt sich dann über den Zeitschriftenbereich durch.[3]

Auf der anderen Seite ist Science Fiction nicht nur strukturell eine Form der Historienliteratur, sondern auch so voll von offensichtlichen Anknüpfungen (oder unbewußten Anklängen) an ältere literarische Traditionen, daß man sie nicht allein aus dem Kontext der Gegenwart erklären kann, sondern weiter in die Historie zurückgreifen muß.

2.2   Historische Funktionsanalyse statt Stammbaum

Dabei genügt es nicht, ›genealogisch‹ zu verfahren und eine Linie von direkten Vorläufern zu ermitteln, wie es manche Geschichten der Gattung tun. Die Werke in diesen Ahnenlisten bilden in ihrer Mehrzahl keine historische Reihe, deren Glieder miteinander verbunden sind und die zur Gegenwart hinführt. In ihrem eigenen historischen Kontext haben sie oft einen Platz, der dem von Science-Fiction-Texten nicht im mindesten entspricht. Sie gehören entweder in ganz andere Systemzusammenhänge oder sie stehen als Kuriositäten abseits von den zeitgenössischen Ordnungen.

Deshalb geht man besser davon aus, daß in jeder Epoche die vorhandenen Textgattungen – literarische und nicht-literarische – ein Verbundsystem bilden und in bestimmter Aufgabenverteilung die Bedürfnisse der zeitgenössischen Gesellschaft abdecken. Es ist dann zu fragen, welche mit Science Fiction strukturverwandten Literaturformen früher vergleichbare Funktionen wahrgenommen haben und welche Veränderungen des Gattungssystems und seiner Voraussetzungen dann zur Entstehung des neuen Typs Science Fiction geführt haben.

Bei einer solchen Fragestellung zeigt sich, daß Science Fiction nicht nur auf die alte Utopie zurückweist, in deren Nachfolge sie natürlich steht, sondern daß auch Funktionsanalogien zu anderen historischen Literaturformen existieren, die inhaltlich (scheinbar) wenig mit Science Fiction zu tun haben.

2.2.1   Science Fiction und Reisebuch

Wohl die engste Verwandtschaft der Werkstrukturen und der ausgeübten Funktionen verbindet Science Fiction mit der Reiseliteratur, und zwar keineswegs nur mit den Fiktionen imaginärer Reisen. Die Reiseberichte haben in der späten Antike, im Mittelalter und in den ersten Jahrhunderten der Neuzeit einen Großteil des Leserinteresses auf sich gezogen; sie bilden eine Gattung, die fast immer ein breiteres, nicht im engeren Sinne literaturkundiges Publikum angezogen hat.[4]

Wie Science Fiction sind die älteren Reiseberichte eine ambivalente Gattung, mit einer Verbindung belehrender und unterhaltender Komponenten, mit einem engen und betonten Bezug auf die Wirklichkeit einerseits und einer ständigen Tendenz zur Fiktionalisierung andererseits. Bis zum 18. Jahrhundert ist der Reisebericht für den Leser ein wichtiges Mittel, sein Wissen um die Welt zu erweitern. Die Reise ist ein Lebensbereich, der jeden angeht und bei dem man auf den Rat und die Erfahrung anderer angewiesen ist. Das Publikum erwartet vom Reisebuch in aller Regel aber zugleich auch das Besondere, das Hinausgehen über die eigene reale oder literarische Erfahrung ins Unbekannte oder Wundersame. Auch der Leser eines auf Fakten beruhenden Reiseberichts ist ein *armchair traveller*, der eine imaginäre Reise tut. Bis gegen Ende des 17. Jahrhunderts sind die Grenzen zwischen Fakten und Fiktion ohnehin fließend. In der Rückschau lassen sich bei jeder historischen Fahrtbeschreibung fiktionale Elemente nachweisen. Charakteristisch ist ein vom 14. bis zum 17. Jahrhundert vielgelesenes, in französischen, englischen und lateinischen Versionen verbreitetes Reisebuch, *Mandeville's Travels*, eine Kompilation, die unbefangen einen praxisnahen Typus, die Beschreibung der Pilgerrouten zum Heiligen Land, mit einer traditionellen Märchentour zu den Wundern und Fabelwesen des Orients verbindet und das ganze als nützlich, »plesant to here«, und vom Heiligen Vater geprüft und gutgeheißen ausgibt.[5]

Die Nähe der Reiseschilderungen zur Fiktion ist einer der Gründe, warum diese Gattung mehrfach in der Literaturgeschichte zum Ausgangspunkt und Modell für Formen der erzählenden Dichtung wird. Schon die hellenistischen Romanzen sind vorwiegend als Reiseberichte angelegt. Der englische Roman beginnt bei Defoe (wie bei manchen seiner Vorläufer) als Reisebericht. *Robinson Crusoe* (1719) gehört dabei zum Typus der getarnten Fiktion, die ihren Fiktionscharakter nicht zugibt und als Sachbuch aufgenommen werden will.

Innerhalb der erdichteten Reiseliteratur kommt es aber auch schon sehr früh zu Werken, die sich zu ihrem Fiktionscharakter bekennen. Schon Lukians *Wahre Geschichten* sind erklärte Lügengeschichten. Der Ich-Erzähler bekennt schon zu Anfang des Werks: »Ich erzähle lauter Lügen. [. . .] Ich schreibe über Dinge, die ich weder gesehen noch von anderen erfahren habe, – Dinge, die gar nicht existieren und die gar nicht existieren können.«[6] Zu diesem Typus der offenkundig unmöglichen Erfindung gehören die meisten imaginären Reisen, die in Science-Fiction-Geschichten als Vorläufer aufgeführt werden, beispielsweise die Berichte über Mondreisen, die es vom Ende des Mittelalters an zu Dutzenden gibt.[7] Die Lügengeschichte offeriert nicht nur eskapistisches Vergnügen – Reisen ins Nirgendwo –, sondern sie erlaubt dem Autor durch ihre Unverbindlichkeit und Distanzierung von der Realität auch die Durchführung kritischer Intentionen. Lukian parodiert die Übertreibungen und Flunkereien griechischer Dichter und Reiseschriftsteller. Cyrano de Bergerac, dessen *Komische Geschichte von den Staaten und Reichen auf dem Mond* (1650) das interessanteste Werk in einer langen Reihe früher Mondreisefiktionen ist, nützt die Lügengeschichte zur Kritik am zeitgenössischen Welt- und Menschenbild.

Die Einwirkung der Reiseliteratur auf die narrative Dichtung wird dadurch begünstigt, daß sich hier einfache Aufbau- und Erzählmuster anbieten, die einer Geschichte Form geben können: das Schema Vorbereitung – Reise – Ziel – Heimweg, der Erlebnisbericht in der Ich-Form als Erzähl- und Beglaubigungstechnik, die Verknüp-

fung von Episoden durch das Motiv des Weges. Weil der Reisebericht so literaturge-
eignet ist, sondert sich aus der Grundform eine Reihe spezieller Formen ab, die sich
zu eigenen Gattungen entwickeln:

– Die U t o p i e ist in die Form des Reiseberichts gekleidet. Der ›utopische Reisende‹
  berichtet über den unbekannten Staat, in den er unterwegs verschlagen wurde.[8]
– Die R o b i n s o n a d e ist ein Sonderfall der Reise. *Robinson Crusoe*, der Prototyp
  der Gattung, besteht aus einer Stufenleiter von Reisen, die immer abenteuerlicher
  werden.[9]
– Im p i k a r e s k e n R o m a n treibt der Protagonist, ein armer Schlucker und
  Vagabund, von Station zu Station auf einem Wege, der den Leser die Gesellschaft
  aus der Froschperspektive sehen läßt.[10]

Die Analogie zwischen Reiseliteratur – wahrheitsbeanspruchender und fiktionaler –
und Science Fiction zeigt sich einmal in der ambivalenten Position zwischen Realitäts-
bindung und extremer Fiktion und in dem doppelten Ethos: Lebenshilfe zu bieten
und in Welten der Phantasie zu entführen. Sie zeigt sich zum anderen in der
Allgegenwart der Reise als Thema und des Reiseberichts als Strukturmodell. Fast alle
auf extraterrestrischen Schauplätzen spielenden Science-Fiction-Geschichten sind
Reiseerzählungen, von Berichten über eine Zwischenlandung auf einem Planeten in
Kurzgeschichten bis zu episodenreichen Dauerreisen in Serien wie *Star Trek* (*Raumschiff Enterprise*). Auch bei irdischem Schauplatz dient oft das Motiv der Reise als
Mittel, verschiedene Regionen der Zukunftswelt zu verbinden. Von den Sondergat-
tungen der fiktiven Reiseliteratur ist die utopische (und antiutopische) Tradition ganz
von der Gattung Science Fiction übernommen worden. Die Robinsonade – in der
Gegenwartsliteratur auch sonst noch lebendig – existiert in der Science Fiction als
Weltraumrobinsonade.[11] Lediglich pikareske Geschichten sind in der Gattung relativ
selten, vielleicht deshalb, weil es der Gattung noch an dem Selbstbewußtsein fehlt,
sich zu einem Herumtreiber als Helden zu bekennen.

2.2.2   Science Fiction und die klassische Utopie

Science Fiction hat mit der Utopie – einer Gattung, die in starkem Maße durch ihren
Prototyp, die *Utopia* des Thomas Morus (1516), geprägt wurde – einen Teil der
Gattungsstrukturen und damit des Aussagepotentials gemein. Neben der Funktions-
analogie bestehen auch historische Verbindungen, hauptsächlich über die Antiutopie
(Samjatin, Huxley, Orwell), deren Gattungtradition inzwischen mit der von Science
Fiction verschmolzen ist. Ein Vergleich der Gattungsmerkmale ergibt folgendes
Bild:[12]

Das imaginäre Staatswesen ist in der echten Utopie in der Regel ein *Idealgebilde*.
Allerdings hat es auch schon früh negative Staatsromane gegeben, wie z. B. Swifts
Gulliver's Travels (1726), wo die Reiche der Liliputaner und Riesen, der Laputaner
und der Pferdemenschen nicht Vorbilder, sondern satirische Zerrbilder menschlicher
Ordnung sind.

Der utopische Staat ist *isoliert*. Er liegt abseits der bekannten Staaten, meist auf einer
Insel, ohne dauernde Verbindung mit der Außenwelt. Der Staat der Utopia ist nicht
nur imaginär, sondern er hat eine fiktive Existenz, und das unterscheidet ihn

grundlegend von einem theoretischen Staatsentwurf oder einem Reformplan. Im Erzählbericht – auch wenn er auf die Grundelemente einer Reiseschilderung beschränkt bleibt – ist das erdachte Gemeinwesen erlebte Wirklichkeit, es ist bevölkert, funktioniert. Dieser Test findet unter idealen Bedingungen statt. Der utopische Inselstaat ist isoliert von hemmenden Einflüssen der Umwelt, er ist vor allem isoliert von der Geschichte. Er braucht nicht einmal eine eigene Geschichte zu haben; er kann einfach da sein. Auf jeden Fall steht er außerhalb der Geschichtsverflechtung der realen Welt. Die historischen Vorbedingungen, die für die Mängel der wirklichen Gesellschaft verantwortlich sind, existieren hier nicht, und es besteht für den Autor auch keine Verpflichtung aufzuzeigen, wie der historische Prozeß aussehen müßte, der den wirklichen Staat zum utopischen Vorbild hinführt. Ihre Unabhängigkeit von der realen Geschichte macht die Utopie unverbindlich.

Der Autor hat also in der utopischen Erzählung die Möglichkeit, eine Alternative zur Wirklichkeit zu liefern und eine Welt zu schildern, die von der empirischen Realität ganz unabhängig und verschieden ist und doch als fiktives Gegenbild eng auf sie bezogen bleibt. Diese Möglichkeit war wohl der Hauptgrund, warum Staatstheoretiker, Politiker, Philosophen wie Morus, Bacon und Campanella sich des ihnen ungewohnten Mediums der Erzähldichtung bedienten, zumal ein solches Planspiel für die Leser wesentlich unterhaltsamer ist als eine abstrakt-theoretische Darlegung. Es ist daher nicht verwunderlich, daß die Utopien fast in allen Fällen die meistgelesenen Werke ihrer Autoren waren. Morus' *Utopia* zum Beispiel wurde schon auf dem Titelblatt als »libellus [. . .] nec minus salutaris quam festivus«, »a fruteful and plesaunt worke«[13], angepriesen, und selbst Swifts gallige Menschheitssatire wurde von Zeitgenossen als lustige Geschichte aufgefaßt.

Die wichtigsten Ähnlichkeiten von Utopie und Science Fiction liegen auf der Hand: verkappte Gegenwartsalternative; Weltentwurf als Erzählbericht; Mischung von Belehrung und Unterhaltung. Aber auch die Unterschiede springen ins Auge. Sie bestehen in der stärkeren Geschichtsbindung von Science Fiction, in der nicht mehr vorhandenen oder nicht mehr verbindlichen Idealität und vor allem in der Art der Distanz zwischen Gegenwartsrealität und fiktiver Welt: statt räumlicher Distanz die zeitliche Trennung (Gegenwart – Zukunft).

Auffällig ist die unterschiedliche Einstellung zu den erzählerischen Komponenten Handlung und Charaktere. Die Utopien, meist noch vor der Entstehung des Romans geschrieben, sind als Erzählung ohne große Ambitionen. Die Handlung wird auf eine Reise und Besichtigung beschränkt; der Augenzeuge und Berichter ist ein Mensch ohne besondere Eigenschaften und Schicksale. Die narrative Komponente hat nur die Funktion, den breit entfalteten Staatsentwurf als real existierend und von Menschen gesehen und erlebt erscheinen zu lassen. In der Gattung Science Fiction dagegen ist der Primat der narrativen Seite in der Praxis unangefochten, obwohl programmatische Begriffe wie *new worlds* und *speculative fiction* eine Reduzierung der Erzählelemente konsequent erscheinen lassen. Es geht nicht ohne einen Helden und ohne eine wechselvolle Handlung mit knalligem Ende.

2.2.3   Science Fiction und die religiöse Literatur

Im 19. Jahrhundert wandelt sich der alte Typus der Utopie. Das Inselreich wird zunächst in das Erdinnere und dann in die Zukunft verlegt, und die utopische Welt wird stärker technisiert. Diese Entwicklungen sind zum Teil zwangsläufige Anpassungen an neue Verhältnisse. Die Erde ist so weitgehend erforscht, daß die Fiktion eines unbekannten und unabhängigen Inselstaates nicht mehr mit der nötigen Glaubwürdigkeit auftreten könnte, und die Technik gehört seit der industriellen Revolution zu den wichtigsten Gegebenheiten jedes Staates. Aber der Übergang zur utopisch-technischen Zukunftsliteratur ist nicht nur eine Anpassung, sondern ein grundsätzlicher Schritt, der eine gewandelte Auffassung von der Zukunft und von der Technik voraussetzt und weitreichende Folgen hat. Wenn die ältere Utopie die gleichzeitige Alternative bevorzugte und die Zukunftsvision nicht kannte – im Gegensatz zur Antike übrigens –, so letztlich deshalb, weil die Kategorie der Menschheitszukunft damals noch nicht in den Bereich des weltlich-gesellschaftlichen Denkens, sondern in den der Religion fiel. Die Zukunftsliteratur – viel umfangreicher als das utopische Schrifttum – und die Zukunftskunst bestanden aus Darstellungen des himmlischen Jerusalem (der wahren Utopia), des Paradieses, der Hölle, des Jüngsten Gerichts.

Wichtigstes Werk der älteren Zukunftsliteratur und echter Funktionsvorläufer von Science Fiction ist ein Buch, das das Thema der Reise in die Zukunft schon im Titel ankündigt, John Bunyans *The Pilgrim's Progress from this World to That which is to come* (1678). Bunyans Buch, das bis ins 19. Jahrhundert alle anderen englischen Erzählwerke an Wirkung und Verbreitung übertraf, setzt die Wahrheiten der Bibel in eine allegorisch-imaginäre Reise um: Christian, der heilsuchende Jedermann, nimmt seinen Weg von der sündigen Stadt der Zerstörung durch mancherlei Fährnisse wie den Sumpf der Verzweiflung und den Jahrmarkt der Eitelkeit bis vor die Tore der Himmlischen Stadt.

Erst die Säkularisierung des Denkens löste die Zukunft aus dem Bereich der Heilsgeschichte und gab sie für die Fiktion frei, der damit im Gesamtbereich der Literatur eine Funktion zufiel, die früher ausschließlich von Predigt, Erbauungsbuch oder von allegorischen Darstellungen des Pilgerweges zum Ende der Zeit wahrgenommen wurde. Daß Science Fiction für diese populär-religiösen Gattungen die Funktion der Nachfolge oder des Ersatzes übernommen hat, prägt ihr Gesicht fast deutlicher als die Utopie-Nachfolge. Zwar gibt es in den Zukunftswelten kaum Kirchen oder Religionen, aber es wimmelt von quasi-religiösen Elementen:[14] Predigten, Missionierungsreisen, Diskussionen über kosmische Ethik und Weltraumgebote (»Du sollst kein intelligentes Lebewesen töten«), Unheilsprophetien und Heilserwartungen. Geradezu besessen werden immer wieder verweltlichte Visionen der Letzten Dinge geschildert: Weltkatastrophe als Gericht, Zukunftshöllen und -paradiese, Wiederauferstehung der Menschheit nach strafendem und reinigendem Ende.

2.2.4   Science Fiction und das 19. Jahrhundert

Die Entstehung einer säkularisierten Zukunftsliteratur setzt eine Denkweise voraus, bei der die Erwartung zukünftiger Veränderungen der Umwelt, des Menschen oder der Gesellschaft eine Rolle spielt, die also Kategorien wie Evolution und Fortschritt betont. Solche Kategorien bestimmen das Denken seit dem 18. Jahrhundert, sie führen aber nicht sofort zur Ausbildung einer breiteren Zukunftsliteratur. Ein stärkeres Bedürfnis nach einer Vorwegnahme der Zukunft durch die Fiktion tritt erst dann auf, wenn die Gesellschaft zwar noch von der Bedeutung der Evolution und des technisch-wissenschaftlichen Fortschritts überzeugt ist, aber nicht mehr naiv glaubt, daß diese Entwicklung bislang Gutes gebracht hätte und automatisch zu einer besseren Zukunft weiterführen würde. Die Wurzeln der Erdichtung von Zukunftsge-schichte liegen also in gegenwärtigem Zweifeln. Dieses Stadium ist gegen Mitte des 19. Jahrhunderts allgemein erreicht. Von da an kann man in der utopischen Literatur die Verbindung zwischen Zukunftsfiktion und Zweifel erkennen. In dem Moment, in dem die Utopie ihren Schauplatz von der Insel in die Zukunft verlagert, hört sie auf, der real existierenden Welt eine ideale, als zeitlos gedachte Norm entgegenzusetzen und beginnt, nach Richtung und Sinn des Fortschritts zu fragen. Die Antworten fallen im späten 19. Jahrhundert teils pessimistisch, teils aber auch ermunternd aus: auch die Vergewisserung ist eine Form der Auseinandersetzung mit dem Zweifel. Erst im 20. Jahrhundert geht die Utopie endgültig in die Antiutopie über.

Gibt es im 19. Jahrhundert außer Zukunftsliteratur in der Traditionslinie des utopi-schen Staatsromans auch ein Korpus von Geschichten, die man mit Fug und Recht als Science Fiction bezeichnen kann? Manche Kenner der Literatur des 19. Jahrhunderts unter den Historikern von Science Fiction bejahen die Frage entschieden, jedenfalls für den Bereich der englischsprachigen Literatur, die vom 19. Jahrhundert an für die Entwicklung der Zukunftsfiktion maßgebend ist.

Brian Aldiss datiert den Beginn der Gattung auf das Jahr 1818:

> »The central contention of my book, supported by evidence, is that science fiction was born in the heart and crucible of the English Romantic movement in exile in Switzerland, when the wife of the poet Percy Bysshe Shelley wrote *Frankenstein: or, The Modern Prometheus.*«[15]

H. Bruce Franklin vertritt für die amerikanische Literatur die weitreichende These:

> »There was no major nin[e]teenth-century American writer of fiction, and indeed few in the second rank, who did not write some science fiction or at least one utopian romance.«[16]

Man kann über diesen Standpunkt streiten. Wenn die Kriterien für die Existenz einer Gattung das Vorhandensein eines Gattungsbewußtseins bei Autoren und Leserschaft und der historische und systematische Zusammenhang der Texte sind, dann spricht manches gegen das Konzept einer Gattung Science Fiction im 19. Jahrhundert: ein einheitlicher Begriff fehlt, der Systemcharakter ist erst schwach entwickelt, viele der Texte lassen sich nur mit einiger Gewaltsamkeit als Science Fiction einordnen.

Aber auch wenn man es vorzieht – wie wir es tun –, erst für das 20. Jahrhundert von einer Gattung Science Fiction zu sprechen, so wäre es kleinlich zu übersehen, daß Aldiss und Franklin gute Argumente für ihre Auffassung vorbringen können. Es gibt im 19. Jahrhundert zum ersten Male durchgehende Entwicklungslinien: Edgar Allan Poe bezieht sich in seinen Schreckensgeschichten auf den englischen Schauerroman, Jules Verne knüpft an Geschichten und Motive Poes an, H. G. Wells setzt sich mit Verne (und Verne mit Wells) auseinander, die Autoren und Herausgeber der Gernsback-Ära greifen auf Verne und Wells zurück. Ein Gattungsbewußtsein ist mindestens in Ansätzen vorhanden: gegen Ende des 19. Jahrhunderts ist für die meisten Leser eine Geschichte über eine veränderte Welt, in der wissenschaftlich-technische Neuerungen eine wichtige Rolle spielen, ein vertrautes Phänomen.

Sicher ist, daß die Entwicklungen des 19. Jahrhunderts für die Ausrichtung der Gattungsgeschichte in unserem Jahrhundert von entscheidender Bedeutung gewesen sind. Man kann sogar behaupten, daß Science Fiction bis heute stärker durch Züge des 19. Jahrhunderts als durch Gegenwartstendenzen geprägt wird, und zwar nicht nur hinsichtlich der Weltbilder.

Der wichtigste Einfluß des 19. Jahrhunderts ist die negative Prägung durch den Ausschluß vom literarischen *mainstream*. Die heutige Sonderstellung von Science Fiction, die bei allen Erfolgen im Grunde doch eine Position im Abseits ist, resultiert aus Entwicklungen im frühen und mittleren 19. Jahrhundert. In einer Gattungsgeschichte nimmt sich die Reihe der Autoren und Werke, die sich mit Science Fiction in Verbindung bringen lassen, stattlich genug aus. In einer allgemeinen Literaturgeschichte ist dieses Textkorpus aber – von wenigen Ausnahmen abgesehen – so bedeutungslos, daß es kaum auszumachen ist: Nebenwerke bekannter Autoren, Hauptwerke von Unbekannten, zumeist Bücher ohne nennenswerte zeitgenössische Resonanz oder allgemein-literarische Nachwirkung. Während es in der aufgesplitterten Gegenwartsliteratur eigentlich keinen *mainstream* gibt – nur Science-Fiction-Leute reden davon –, läßt sich im 18. und 19. Jahrhundert sehr wohl eine Hauptströmung der englischsprachigen Erzählliteratur ausmachen. Es ist die Tradition des Romans, die von den Begründern Defoe, Richardson und Fielding bis zu Thomas Hardy, Joseph Conrad und Henry James reicht.

In dieser Tradition bleiben einige Merkmale konstant: die Glaubwürdigkeit und die Nähe der Fiktion zur Empirie der Leser werden betont, die Welt wird im kleinen Ausschnitt gezeigt – ein Individuum in seiner nächsten Umwelt, Stationen von Lebenswegen, alltägliche Besonderheiten –, das Geschehen spielt in der Gegenwart oder in der Zeit, die jüngst vergangen und noch erinnerlich ist. Die Entwicklung des Romans, den man trotz der Undeutlichkeit des Begriffs als realistisch bezeichnen kann, führt zu immer stärkerer Versenkung in die Psyche der Charaktere, zur weiteren Verengung des Weltausschnitts, meist auch zur Reduzierung der Handlung. Mit den Themen entwickelt sich gerade innerhalb dieser Tradition die Technik des Erzählens (die dann im 20. Jahrhundert, beispielsweise bei James Joyce und Virginia Woolf, weitere Stationen durchläuft: Präzisierung und Multiplizierung der perspektivischen Punkte, von denen aus das Romangeschehen gesehen wird, analytische Bewußtseinsschilderung, Formen des Gesprächs und des inneren Monologs).

Von diesem Traditionsstrom bleibt Science Fiction bis in die Mitte des 20. Jahrhunderts nahezu unberührt – thematisch, in der Gewichtung der Komponenten, erzähltechnisch. Stattdessen nimmt die Zukunftsfiktion die meisten historischen Impulse von einer Alternativströmung auf, die im 18. Jahrhundert relativ einheitlich und klar erkennbar ist und sich im 19. Jahrhundert verästelt: von der Romanze. Die Romanze – viel älter als der Roman – ist abenteuerlich, ihre Handlungen führen durch exotische Gefilde, unerhörte Begebenheiten ereignen sich, das Phantastische und Wunderbare wird vom Leser als innerhalb der Fiktion glaubwürdig akzeptiert. Nachdem die Auseinandersetzung zwischen *romance* und *novel* schon vom Roman gewonnen schien,[17] entstand als Gegenbewegung gegen den Realismus und die angebliche Phantasiearmut der neueren Erzählkunst eine neue Form der Romanze, die Gothic Novel. Der Schauerroman spielt im Mittelalter in fremdländischer und geheimnisvoller Umgebung, unter wundergläubigen Personen. Seine Ziele werden vom Begründer der Gattung, Horace Walpole, im Vorwort zu *The Castle of Otranto* (1764) aufgeführt: auf Kosten der *probability* einen Rahmen zu schaffen, innerhalb dessen jene elementaren Gefühle und Leidenschaften darstellbar werden, die dem neueren Roman mit seiner Alltäglichkeit abgehen. Gruseln, Terror, Mitleid sind für den Leser »ein ständiges Wechselbad interessanter Gefühle«, ein Medium der Unterhaltung und Entspannung durch literarisch induzierte Emotionen und zugleich ein Einblick in die wahre Menschennatur, die sich in der Extremsituation des Schreckens zeigt.[18]

Der Weg von der Gothic Novel zu Science Fiction führt vor allem über Mary Shelleys *Frankenstein* (1818), ein spätes und nicht mehr in jeder Hinsicht typisches Hauptwerk der Gattung, dessen Wirkung im 20. Jahrhundert zum Teil auf Verfilmungen, Bearbeitungen und Fortsetzungen beruht. *Frankenstein* ist sicher nicht als »first great myth of the industrial age«[19] von Bedeutung. Victor Frankenstein, dessen Imagination durch Cornelius Agrippa, Paracelsus und Albertus Magnus beflügelt wird, der in Ingolstadt Naturphilosophie studiert und in seinem »workshop of filthy creation« dem aus Leichenteilen geformten Monstrum mit seinen Händen Leben gibt, ist ein Repräsentant des alten Faust-Mythos und ein Ebenbild des romantischen Schöpfer-Poeten. Das Werk vermittelt der späteren Science Fiction einmal die allgemeine Schauerroman-Technik des Ausgriffs auf eine von der Gegenwart ganz verschiedene Epoche zum Zweck der Intensivierung der Effekte und der Vergrößerung (oder Vergröberung) menschlicher Zustände und Verhaltensweisen. Diese gattungstypische Extremisierung durch Verfremdung wird durch das Monstrum – Vorläufer der *aliens* – noch einmal gesteigert: dem Menschen wird ein Zerrspiegel vorgehalten, in dem er erkennt, wer er ist und was er anrichten kann.

2.2.4.1   Edgar Allan Poe

Poe (1809–49) hat bisweilen über Themen geschrieben, die denen späterer Science-Fiction-Erzählungen ähneln. Diese Texte – wie etwa die drei Geschichten über phantastische Ballonfahrten, »Hans Pfaall«, »The Balloon Hoax« und »Mellonta Tauta« – gehören aber fast alle zu seinen schwächeren Werken. Dennoch ist Poe eine der entscheidenden Figuren in der Vorgeschichte von Science Fiction.
Eine der Gefahren aller phantastisch-romanzenhaften Erzählweisen besteht im Abgleiten ins Vergröberte, Knallige, Unglaubwürdige. Poe hebt in seinen subtilen

Schreckensgeschichten die Verbindung von *fantasy* und Plausibilität auf eine höhere Stufe. Er kommt ohne Magie und Aberglauben, ohne den Reiz des fremden Landes aus (»my terror is not of Germany, but of the soul«[20]), er kann normale Landschaften und Interieurs beängstigend machen, Symbole und Stilnuancen zur Erzielung befremdender Wirkungen einsetzen. Poe ist ferner einer der wenigen Autoren bis zur Mitte des 19. Jahrhunderts, der sich für technische Phänomene und ihre sprachliche Darstellung interessiert. Er beschreibt, analysiert und enträtselt Maelzels ›Schachautomaten‹.[21] Bei seinen fiktiven Ballonfahrten werden Gerät und Handhabung so detailliert-technisch beschrieben, daß er eine von ihnen als ›wahre‹ Reportage publizieren konnte.[22] Das Henkerpendel der Inquisition ist kein undeutlich zu sehendes Terrorrequisit, sondern eine Konstruktion, deren Funktionieren man genau begreift und sich visuell vorstellt:

> »I now observed – with what horror it is needless to say – that its nether extremity was formed of a crescent of glittering steel, about a foot in length from horn to horn; the horns upward, and the under edge evidently as keen as that of a razor. Like a razor also, it seemed massy and heavy, tapering from the edge into a solid and broad structure above. It was appended to a weighty rod of brass, and the whole *hissed* as it swung through the air.«[23]

Poe, einer der wenigen Autoren außerhalb des Roman-*mainstreams*, die Wesentliches zur Weiterentwicklung der Erzählkunst beigetragen haben, hat schließlich Theorie und Praxis der *short story* mitbegründet, jene Form des für die Publikation in Zeitschriften und für die Lektüre *at one sitting* geeigneten Erzählens, die später zur Standardform der Gattung Science Fiction wird.

2.2.4.2 Jules Verne

Jules Verne (1828–1905) schrieb zwischen 1863 und den ersten Jahren des 20. Jahrhunderts etwa 80 Romane. Dieses riesige Werk ist von solcher Geschlossenheit – die einzelnen Titel erschienen allesamt unter der Gruppenbezeichnung *voyages extraordinaires* – und von solch universaler Bekanntheit – inzwischen gibt es Übersetzungen in über 100 Sprachen –, daß man es als Gattung eigenen Rechts ansehen kann, wie es auch Verne selbst tat.

Verne ist sicher sowohl nach seinem Selbstverständnis als auch nach den Maßstäben einer modernen Definition kein Science-Fiction-Autor. Dennoch dient seine Art von Roman als Vor-Begriff für Science Fiction, und bis in die dreißiger Jahre des 20. Jahrhunderts, also bis in die Zeit nach Etablierung der Gattung, identifizieren sich Science-Fiction-Publikationen als Geschichten à la Verne.

Vernes Romane sind Reiseliteratur und stehen ganz in der Tradition dieser Gattung, vor allem in der Verbindung von Sachliteratur und Fiktion und im Doppelziel der Belehrung und Unterhaltung. Die Romane, die in Fortsetzungen im *Magasin d'Éducation et de Récréation* erschienen, sind mit Informationen über Fakten vollgepackt wie Realienbücher (denen sie auch in der reichen Bebilderung ähneln). Das meiste ist neues, dem Leser von der Schulbildung her noch nicht bekanntes Wissen: die

Geographie Sibiriens, Innerafrikas, Innerasiens, die wunderbaren Wirkungen der Elektrizität, Propellermechanik, Flora und Fauna der Tiefsee. Verne ist einer der ersten Autoren, die (wie es heute nicht nur Science-Fiction-Schriftsteller tun) von der Vermittlung unzugänglichen Spezialwissens in fiktionalisierter, erleichterter und angewandter Form leben.

Was Handlung und Figuren angeht, fiktionalisiert Verne ganz unbefangen und ohne großen Ehrgeiz bezüglich Glaubwürdigkeit und Realitätsnähe: Engländer, Käuze ohnehin, schließen absonderliche Wetten ab, Amerikaner liefern sich Duelle, bei denen nur das Vieh auf der Weide zu Schaden kommt, jenseits des Ural geschieht dauernd Unglaubliches.

Hinsichtlich der Technik jedoch erlegt er seiner Phantasie Beschränkungen auf. Er steht zwar in der Tradition der imaginären Reise, aber er überträgt sie in ein wissenschaftlich-technisches Zeitalter. Das bedeutet eine Einschränkung ihrer Möglichkeiten auf all das, was im Prinzip schon geht, wenn es auch in der Praxis noch nicht vorgekommen ist. Verne imaginiert keine neue Wissenschaft und Technik; seine Fiktion »findet [. . .] ihre Rechtfertigung in erzielten Resultaten und greift allein ihrer Anwendungsmöglichkeit vor«.[24] Verne ist stolz darauf, nicht zu erfinden. Er wirft dem jüngeren Konkurrenten Wells in einem Interview vor, unwissenschaftlich zu fabulieren:

> »No, there is no *rapport* between his work and mine. I make use of physics. He invents. I go to the moon in a cannonball, discharged from a cannon. Here there is no invention. He goes to Mars in an airship, which he constructs of a metal which does away with the law of gravitation. ›Ça c'est très joli,‹ cried Monsieur Verne in an animated way, ›but show me this metal. Let him produce it.‹«[25]

Es ist nur konsequent, wenn Verne für seine Reisegeschichten (von einer Ausnahme abgesehen) nicht die damals schon existierende Form der Zukunftsgeschichte wählt. Nur bei einer genauen, der intendierten Leseweise nicht entsprechenden Untersuchung kann man Reisen, die damals technisch tatsächlich möglich sind – wie z. B. *Fünf Wochen im Ballon, In 80 Tagen um die Welt, Der Kurier des Zaren* –, von solchen trennen, die nicht gehen, wie denen in *20 000 Meilen unter dem Meer* und *Robur der Eroberer* oder die Mond- und Raumfahrtgeschichten.

Wenn die Urteile über die Qualität von Vernes wissenschaftlicher Extrapolation schwanken, so vor allem deshalb, weil er – technologiegeschichtlich gesehen – bald ins Schwarze trifft, bald meilenweit fehlt. Die Mondfahrt in einer Supergranate hat sich als absurd erwiesen (er hätte es schon wissen können), die Luftfahrt im Hubschrauber erscheint in der Rückschau prophetisch.

Für die Romane – auch für ihre heutige Lesbarkeit – spielt das überhaupt keine Rolle. Vernes Apparate und Fahrzeuge sind als Fiktionen solide konstruiert. Bei Verne ist die Technik der Darstellung neuer Geräte durch Rückgriff auf alte Vorstellungsmodelle bereits voll ausgebildet. Die Mondgranate, die innen wie ein Eisenbahncoupé aussieht, ist genauso glaubwürdig wie Roburs *Albatross*, ein Schiff mit einigen Zutaten:

> »Über dem Deck ragen siebenunddreißig Achsen senkrecht auf, fünfzehn an jeder Bordseite und noch höher sieben in der Mitte. Man möchte von einem Schiff mit

siebenunddreißig Masten sprechen. Nur tragen diese Masten statt Segeln je zwei horizontal liegende Schrauben mit ziemlich geringer Steigung und schmalen Flügeln, die sich freilich in rasende Rotation bringen lassen.«[26]

Selbst die Ausstattung von Kapitän Nemos Unterseeboot im Stile eines vornehmen Palasts des Zweiten Kaiserreichs mit Speisesaal (Eiche mit Ebenholz), Bibliothek (12 000 Bände, Palisander) und Salon (»streng gemusterte Tapete«, Ritterrüstungen, Alte Meister) trägt zur Familiarisierung bei.[27] Die Nautilus erscheint nicht exotischer als der Elefant, auf dem Passepartout reitet, oder als Strogoffs Troikas.

Die Verbindung von Neuzeitlichkeit und Rückweg in das Gestern tritt (wie in der neueren Science Fiction) auch in den implizierten Weltbildern zutage: Handlungen und Figuren sind international, die Technik verbindet Länder und Völker, aber in dieser globalen Umgebung tauchen neue Feudalherren wie Robur und Nemo auf. Die bereiste Welt ist weit und komplex, aber die Handlung reduziert sie immer wieder auf eine kleine, isolierte, meist ausschließlich männliche Gruppe: die Besatzung, die Reisegesellschaft, die Gemeinschaft der Schiffbrüchigen.

2.2.4.3 H. G. Wells

In dem Riesenwerk von H. G. Wells machen die *scientific romances* nur einen Teil aus: etwa ein Dutzend Romane und eine Reihe von Kurzgeschichten. Aber das ist immerhin ein ins Auge fallender Komplex, und da die bekanntesten dieser Werke innerhalb weniger Jahre erschienen – *The Time Machine*, 1895, *The Island of Dr Moreau*, 1896, *The Invisible Man*, 1897, *The War of the Worlds*, 1898, *The First Men in the Moon*, 1901, und *A Modern Utopia*, 1905 –, wurden sie, ähnlich den Geschichten Vernes, schon von den Zeitgenossen als geschlossene Gruppe, als eine Art persönlicher Gattung, angesehen.

In der Kritik wird Wells weit über Verne gestellt. Die Historiker von Science Fiction sprechen ihm, dem »Shakespeare of science fiction«[28], eine riesige Bedeutung zu. So sagt Donald A. Wollheim, selbst Science-Fiction-Autor:

»One can go through the works of Wells and pick out the original concepts that seem to be »firsts« in the foundations of modern science fiction. [...]
Going over the short stories of H. G. Wells strictly for Remarkable Inventions we encounter first after first in the realm of s-f basics: rivalry of insect »civilization« with humanity, war tanks, man-eating plants, diamond making, collision with another star, superacceleration of life, the shop of marvels, the man with psi talents, worship of science, germ development, travel beyond this dimension, and on and on. And if one adds the novels, we find aerial warfare, the bedlam of the overcrowded future city, size-changing foods, and atomic power.
For Remarkable Inventions, Wells had it all over Verne. For Imaginary Voyages, he was moderately deficient, but in the other two categories [= Future Predictions and Social Satire] he soared. Therein lay the talent that put H. G. Wells into his permanent position in the world of great literature.«[29]

Die ersten Generationen von Science-Fiction-Autoren haben sich – solchen Beifallsstürmen zum Trotz – mit Wells schwerer getan als mit Verne. Zwar haben sie sein Werk als Steinbruch für Motive und Einfälle benutzt, aber sie haben bis in die Jahrhundertmitte gebraucht, um seine literarischen Modelle zu verarbeiten und seine theoretischen Positionen zu akzeptieren. (Auch für das an Science Fiction gewöhnte Publikum ist Wells nicht so problemlos zugänglich wie Verne. Außer *The Time Machine* sind die Werke von Wells hauptsächlich über Verfilmungen und Bearbeitungen präsent. Die berühmteste Bearbeitung, Orson Welles' aktualisierende Radiofassung des *War of the Worlds* von 1938, inzwischen selbst verfilmt und romanhaft kolportiert, ist bekanneter als das Original.)

Wenn Wells in der Vorgeschichte von Science Fiction deutlich aus der historischen Reihe fällt, so liegt das zunächst einmal an Unterschieden des Niveaus. Verglichen mit Verne sowohl wie mit den Autoren nach ihm ist er der bessere Literat. Er erkämpft sich neben populärem Erfolg die Anerkennung der ›normalen‹ Literaturkritik und des Publikums für ›höhere‹ Literatur (auch wenn seine Position später, als er sein Können vielschreibend verplempert, angefochten wird). Er ist auch der bessere Wissenschaftler. Er kann nicht nur Resultate in der Fiktion anwenden, sondern die Diskussion über naturwissenschaftliche Theorien im Roman weiterführen.

Hauptsächlich aber differiert er von Vorgängern und Nachfolgern durch seine Einstellung zur technischen Zukunftsfiktion. Er verwahrt sich dagegen, als »englischer Jules Verne« bezeichnet und als Autor »antizipatorischer Erdichtungen« betrachtet zu werden. Er nennt seine Geschichten *fantasies* und bekennt sich mit seinen *scientific romances* zur Tradition der unglaublichen Geschichte:

»[...] these stories of mine [...] do not pretend to deal with possible things; they are exercises of the imagination in a quite different field. They belong to a class of writing which includes the *Golden Ass of Apuleius*, the *True Histories of Lucian*, *Peter Schlemil*, and the story of *Frankenstein*.«[30]

Das Bekenntnis zur Romanzentradition erhöht die Möglichkeiten des Fabulierens. Er kann – mit pseudo-wissenschaftlicher Erklärung – Griffin zum unsichtbaren Mann machen, obwohl das seinem Wissen um die Gesetze der Optik widerspricht. Sein gravitationsundurchlässiger Stoff *cavorite* erlaubt die Landung auf dem Mond, den Vernes Raumfahrer in ihrer – im Grunde ebenso unmöglichen – Granatenrakete nur umfahren.

Seine Einstellung erlaubt es ihm vor allem, seine Erfindungen und Fabelwesen nicht als Wissenschaftsprodukte zu präsentieren, die um ihrer selbst willen wichtig sind, sondern als Mittel zum Zweck einer hinter der Zukunftsphantastik liegenden Aussage einzusetzen. Wells nutzt als erster in größerem Ausmaß die Zukunftsgeschichte als Medium von Gegenwartsalternativen: zu Welt- und Gesellschaftsentwürfen und zur Schaffung extremer Bedingungen für den Menschen, beispielsweise Konflikten der ganzen Menschheit mit einem gemeinsamen Gegner oder totaler Isolation und Gesellschaftslosigkeit des einzigen unsichtbaren Individuums. Während Verne vor allem historische Modelle für kleinere Textelemente, für Maschinen und Einzelbegebenheiten etwa, liefert, finden sich bei Wells auch Modelle für die Strukturierung ganzer Welten: Reduzierung, Konstanten und Variablen, Polarisierung, Umkehrung.

Die gedanklichen Konstrukte werden bei ihm mit Hilfe der einfachen, abwechslungsreichen, leicht formbaren Handlungsmuster der Romanze erzählbar gemacht, und zwar einerseits als abenteuerliche und spannende Reihe von Begebenheiten und andererseits als sinnhaltige Geschichte – als Mythos oder Parabel.

In *The Time Machine* beispielsweise weist der *plot* der Binnenerzählung ein vertrautes Muster der abenteuerlichen Reise auf: der Zeitreisende kommt in die ferne Welt von 802701 (die zugleich vertraut ist: sie liegt im Themsetal), er lernt die sanften, verspielten und dekadenten Eloi kennen, knüpft eine harmlos-romantische Beziehung zu der schönen Weena an, entdeckt die Unterwelt der Maschinen und der düsteren und dämonischen Morlocks, steigt hinab. Es kommt zu Kämpfen mit den Morlocks; er verliert Weena, kann sich selbst retten.

Dieses Erzählgerüst transportiert das Gedankengebäude, einen komplexen, aber klaren, nahezu geometrischen Welt- und Geschichtsentwurf. Die Welt ist auf ein paar Quadratmeilen reduziert. Historisch konstant sind der Klassengegensatz und die Evolution, variabel ist nur das Ausmaß des Abstandes zwischen den beiden evolutionierenden Klassen. Hauptmerkmal der Welt ist die Polarisierung: der Zeitreisende steht den Daheimgebliebenen (darunter dem Erzähler) gegenüber, die Gegenwart der Zukunft, die Oberwelt der Unterwelt. Die Kontrastierung der beiden Rassen bringt mehrere Gegensätze zum Ausdruck, historische, gedankliche, symbolische:

> »The opposition of Eloi and Morlocks can be interpreted in terms of the late nineteenth-century class-struggle, but it also reflects an opposition between aestheticism and utilitarianism, pastoralism and technology, contemplation and action, and ultimately, and least specifically, between beauty and ugliness, and light and darkness.«[31]

Die Polarisierung führt zu einer Verkehrten Welt: die höchstentwickelten Wesen sind die schwächsten, die unterdrückte Unterwelt beherrscht die Oberwelt.

Die Romanzengeschichte dient nicht nur der Umsetzung des Gedankenkomplexes in einen linearen Erzählbericht und der Hinzufügung von Spannung, sie wird auch zum Medium eines Argumentations- und Erkenntnisprozesses. Der Zeitreisende bleibt nach Art der Romanze ganz undifferenziert; er hat ja nicht einmal einen Namen. Als Intellekt dagegen wird er profiliert. Je nach dem Stande seiner Kenntnisse über die fremde Welt trägt er eine Reihe von Deutungen vor. Er sieht und erklärt zunächst nur die positive, dann auch die negative Seite der Eloi, bezieht dann die Morlocks in seine Welterklärung ein, merkt aber erst zum Schluß, daß die schönen Wesen der Oberwelt das Vieh sind, von dem sich die fleischfressenden Morlocks ernähren.

Im Laufe dieses Erkenntnisprozesses werden fast alle Entwicklungs- und Geschichtskonzeptionen, die um 1900 in der Diskussion sind, vorgetragen und durch die Ereignisse bestätigt oder überholt: Darwins Evolutionstheorie, Disraelis Konzept der *Two Nations*, die marxistische Klassenkampfhypothese und die damals modische Deszendenztheorie.

Mit zunehmender Komplexität und Richtigkeit der Welterklärung wächst auch das historische Verständnis. Der Zeitreisende enträtselt die Geschichte. Die Welt von 802701 ist der Gegenwart nicht so fern, wie es anfangs schien; sie geht vielmehr in allen Einzelheiten auf sie zurück.

2.2.5 Die Gernsback-Phase

Hugo Gernsback ist ein Denkmal, dem es nicht an Kränzen fehlt. Gattungsgeschichten verkünden den Nachruhm seiner Gründungstat (»The event in science fiction which was equivalent to the first atomic explosion at Alamogordo«[32]); alljährlich hält die Verleihung der Hugos – der Oscars der Science-Fiction-Szene – die Erinnerung an seinen Namen wach.

An diesem Denkmal wird gerüttelt. Seit die Gattung sich von seiner Richtung der *pure science fiction* entfernt hat, trägt der Glaube an die Möglichkeit und Notwendigkeit technologischer Prognosen und der Gründung der Fiktion auf wissenschaftlicher Erkenntnis und wissenschaftlicher Logik das böse Etikett *Gernsback's delusion*. Vereinzelt wird sogar die historische Bedeutung seiner Gründungstat bestritten und das Genre der Science-Fiction-Zeitschrift für ein gattungsgeschichtliches Unglück gehalten. Brian Aldiss wendet sich nur widerstrebend zum Ende eines Kapitels Gernsback und den Magazinen zu und sagt provozierend:

> »It is easy to argue that Hugo Gernsback [...] was one of the worst disasters ever to hit the science fiction field.«

Seine Begründung: die von Gernsback bewirkte »segregation of science fiction into magazines« hemmte die freie Entwicklung der Gattung, schuf hinderliche Orthodoxien, zeitigte schlechte Literatur:

> »Most of the writings in the sf magazines have been unable to endure. They reflect little of the world and a lot more of the tricks of their trade.«[33]

Es ist unbestreitbar, daß Gernsbacks Ideal der wissenschaftlichen Science Fiction theoretisch und praktisch ein Unding ist. Es ist ebenso unbestreitbar, daß die Qualität der frühen Zeitschriften-Science-Fiction unter jedem Aspekt – Originalität, gedankliche Struktur und sprachlich-literarische Ausführung – miserabel war und historisch gesehen einen Rückschritt bedeutete. Aber es ist nun einmal ein entscheidendes Faktum der Geschichte von Science Fiction, daß die Gattung in den Zeitschriften der zwanziger und dreißiger Jahre konstituiert wurde und daß diese Durchgangsphase auch den weiteren Verlauf der Entwicklung bestimmt hat, und zwar durchaus nicht nur zum Schlechten.

Um die Magazinphase in einer angemessenen Perspektive zu sehen, muß man sich eine meist übergangene Seite der Literaturgeschichte des 19. und frühen 20. Jahrhunderts verdeutlichen: die Entwicklung der Fortsetzungs-, Heftchen- und Zeitschriftenfiktion. In England und Amerika sind Zeitschriften schon seit ihrer Entstehung zu Anfang des 18. Jahrhunderts Vorfeld und Ausweitungsgebiet der Literatur. Sie erfassen von dem absolut und proportional wachsenden Lesepublikum jene Gruppen und Schichten, denen das Buch (oder das belletristische Buch) zu teuer oder – häufiger – zu fremd und unangemessen, zu literarisch und zu anspruchsvoll ist: die untere Mittelschicht und Teile der Unterschicht, die Frauen, die Jugendlichen und die Familie als Lesegemeinschaft. Das Feld der Periodika, viel anpassungsfähiger als der Buchmarkt, differenziert sich im 19. Jahrhundert nach Anspruchsniveau, Publikationsformen und Inhalten. Es gibt z. B. die gehobene Zeitschriftenliteratur und das Familienblatt, die Heftreihe mit jeweils abgeschlossener Geschichte, die Fortsetzungszeitschrift, die vorwiegend Romane abdruckt (die Romane von Dickens sind für diese Art von Publikation geschrieben), das gemischte, aus Essays und Erzählungen bestehende Blatt.

Für die Tradition von Science Fiction wichtig sind einmal die Endlos-Serien von Geschichten mit gleichbleibendem Helden (*dime novels* in Amerika, *penny dreadfuls* in England), vorwiegend als Lesefutter für Jugendliche gedacht, teilweise von Verne abgeleitet und mit Zukunftstechnik befaßt: mit Titeln wie *Six Weeks in the Great Whirlpool or Strange Adventures in a Submarine Boat* (in der *Invention, Travel, and Adventure Library* – »Jules Verne outdone!!!« – mit Frank Reade als Serienhelden, Luis Senarens als Autor).[34]

Wichtig ist ferner jener Zeitschriftentyp, dem *Amazing Stories* selbst angehört: die *pulps*, gegen Ende des 19. Jahrhunderts in Amerika entstanden, relativ großformatige, auf Holzpapier gedruckte, mit knallbuntem Umschlag versehene Zeitschriften, die meist durch die Spezialisierung auf einen bestimmten Typ von Geschichten ein Stammpublikum an sich zu binden versuchen. In den *pulps* sowohl wie in den anderen Unterhaltungsmedien dominiert in den ersten Jahrzehnten des 20. Jahrhunderts ein Typus der Romanze, der die herkömmlichen Ingredienzien – Abenteuer, Reise, Exotik, Liebe – dem Zeitgeschmack anpaßt, wobei die Entfernung von der Realität womöglich noch größer ist als in den alten Romanzen des 17. Jahrhunderts. Diese Romanze behindert das Zustandekommen einer Gattung der technisch-utopischen Zukunftsliteratur. Sie hat zwar nichts mit Technik oder mit Weltentwürfen zu tun, aber sie okkupiert auf der Suche nach geeigneten Schauplätzen für ihre wirklichkeitsfernen Fiktionen den Weltraum.

Edgar Rice Burroughs (1875–1950), der erfolgreichste Autor der Romanzenwelle, siedelte eine seiner Romanfolgen, die *Tarzan*-Serie, im tiefsten Afrika an, eine andere, die *Pellucidar*-Serie, im Innern der Erde, eine weitere auf dem Mars (11 Romane, von denen der erste 1912 in Fortsetzungen in *All-Story* erschien), die letzte auf der Venus.

Die Technik bleibt in den Planetenromanen ganz vage. Wir erfahren beispielsweise nicht, wie das *flying leather* funktioniert, mit dem die Marsprinzessin Tara von Helium in *The Chessmen of Mars* durch die Gegend fliegt, wir erfahren nur, daß das Gefährt sie rasend schnell in die Region bringt, in der »Romance, Mystery, and Adventure« heimisch sind.[35] Die wichtigste Erfindung dieses Romans, liebevoll durchdacht und seitenlang beschrieben, ist *jetan*, eine Art Schachspiel, das mit lebenden Figuren und auf Leben und Tod gespielt wird.

Barsoom, wie der Mars bei den Einheimischen heißt, ist von Wesen bevölkert, in denen sich Züge des feudalen Mittelalters und eines dekadenten Römerreiches mit Elementen aus der Ethnologie von Naturvölkern mischen. Die Männer sind Helden oder Schurken, fahren mit dem Raumschiff und kämpfen mit dem Schwert. Zeittypisches Merkmal der Romanzenliteratur nach der Jahrhundertwende ist eine keusche Erotik: die Heldinnen bewahren ihre Unschuld, sind aber ständig sexuell bedroht – Tara soll in das Ehebett des grausamen Jeddak von Manator gezwungen werden. Sie sind züchtig in Benehmen und Kleidung, aber sie wirken provozierend, und die Marsmode ähnelt irdischer Entblößung. – Der Tanz von Barsoom verkörpert »the highest ideals of a world that aspired to grace and beauty and chastity in woman«[36] und ist frei von vulgären oder suggestiven Bewegungen. Dennoch:

>»In the ever-changing figures of the dance the man found himself now with the girl's hand in his and again with an arm about the lithe body that the jeweled harness but inadequately covered, and the girl [. . .] realized for the first time the personal contact of a man's arm against her naked flesh.«[37]

Von den Planetenwelten Burroughs' und seiner Schule führt die Entwicklung in gerader Linie zu den höher entwickelten Reichen und Mythologien der Phantasie bei H. P. Lovecraft und J. R. R. Tolkien. Daß diese Linie, die Phänomene der Moderne wie Naturwissenschaften und Technik überhaupt nicht berührt, nicht die einzige geblieben ist, gehört zu den Verdiensten Gernsbacks und der Science-Fiction-Magazine.

Gernsback kam von einem anderen Teilgebiet der populären Publikationen, von den Technikmagazinen. Seine ersten Zeitschriften, die auch nach dem Erscheinen von *Amazing Stories* weitergeführt wurden, hießen *Modern Electrics* (später bezeichnenderweise umbenannt in *Electrical Experimenter* und dann in *Science and Invention*) und *Radio News*. Sein Publikum, das er zum Teil zu einem mitgliederstarken Verein organisierte, waren Bastler und Technikfans, Jugendliche zumeist. Dieses Publikum hatte nicht nur ein sachliches, sondern auch ein romantisches und zukunftsgläubiges Verhältnis zur Technik. Gernsback mischte daher schon vor 1926 die Sachbeiträge mit *scientific fiction* oder *scientifiction*, wie er es zunächst nannte. Die eigenen Interessen und die des Stammpublikums sowie die Konkurrenz der auf *fantasy*-Romanzen spezialisierten Zeitschriften wie *Argosy All-Story* und *Weird Tales* lassen Gernsback nach der Gründung von *Amazing Stories* eine Strategie der Abgrenzung durch Betonen der Technik- und Wissenschaftsnähe betreiben.

Das Rezept wird durch Erfolg auf dem Markt bestätigt. In den USA werden zwischen 1926 und 1935 elf Science-Fiction-Periodika gegründet. In England erscheint das erste Science-Fiction-Magazin 1934. Manche der Gründungen sind kurzlebig – das Feld der *pulps* ist sehr instabil –, aber der Zeitschriftentypus ist um 1930 mit einem potentiellen Absatz von einigen hunderttausend Exemplaren fest etabliert.[38]

Bis in die dreißiger Jahre finden sich unter den Originalbeiträgen der Science-Fiction-Magazine kaum bemerkenswerte oder gar neuartige Geschichten. Die Bedeutung der Magazine ist vor allem die eines Sammelprismas. Texte verschiedener Epochen und Herkunftsländer werden vereinigt. Leser und Autoren werden gattungskundig gemacht und auf bestimmte Konventionen eingeschworen. Die Zeitschriften leben zunächst, da es noch nicht genügend neue Science Fiction gibt, vom Nachdruck älterer Texte. Gernsback wählt Geschichten von Verne, Wells und Poe, aber auch von Autoren wie Burroughs aus, zerlegt sie in handliche Teile und lockt mit ihnen Leser an, indem er sie neu als Science Fiction präsentiert. Als Kenner der europäischen Verhältnisse besorgt er Texte der französischen und vor allem der deutschen Zukunftsliteratur und übersetzt sie ins Englische. Auf diese Weise kommen zum Beispiel Otfried von Hanstein und Hans Dominik in der angelsächsischen Gattungsgeschichte zur Wirkung.

Den Autoren, die ohnehin ihre Texte an der Linie der Zeitschriften ausrichten müssen, wird vom Herausgeber die reine Lehre verkündet. Gernsback in einer Gardinenpredigt wider die Todsünde der *fantasy*, schon 1932 unter Berufung auf einen Mythos von der Idealität der Gründerzeit:

> »When science fiction first came into being, it was taken most seriously by all authors. In practically all instances, authors laid the basis of their stories upon a solid scientific foundation. If an author made a statement as to certain future instrumentalities, he usually found it advisable to adhere closely to the possibilities of science as it was then known.
>
> Many modern science fiction authors have no such scruples. They do not hesitate to throw scientific plausibility overboard, and embark upon a policy of what I might call scientific magic, in other words, science that is neither plausible, nor possible. Indeed, it overlaps the fairy tale, and often goes the fairy tale one better.
> [...]
> I have gone to this length to preach a sermon in the hope that misguided authors will see the light, and hereafter stick to science as it is known, or as it may reasonably develop in the future.«[39]

Aus einer Leserbriefspalte in *Amazing Stories* und aus einem Korrespondenzklub entwickelte sich jenes einzigartige, bei keiner anderen literarischen Gattung zu findende Phänomen: *fandom*, der organisierte, vielerlei Aktivitäten betreibende Teil der Leserschaft. Die *fans*, die sich ursprünglich in lokalen Grüppchen zwanglos trafen und über ihr Hobby sprachen, sind inzwischen in Klubs und Dachverbänden organisiert. Sie haben einen eigenen Jargon, für den es eigene Glossare gibt, publizieren hausbackene oder auch professionell aufgemachte *fanzines*, führen regionale, nationale und weltweite *cons* (mit bis zu 4000 Teilnehmern) durch und haben schon ihre eigene Geschichtsschreibung, teils memoirenhaft, teils wissenschaftlich. Sie bilden eine starke Lobby und beeinflussen die Gattung auf mancherlei Weise, beispielsweise durch die Vergabe von Preisen – die Hugos etwa werden aufgrund von Abstimmungen innerhalb des *fandom* vergeben – und durch die Tatsache, daß seit etwa 1940 ein großer Teil der Autoren, Herausgeber und Kritiker der Gattung aus dem *fandom* hervorgegangen ist.[40]

2.2.6   Das ›Goldene Zeitalter‹

Science Fiction ist lange Literatur von Insider-Autoren für ein Insider-Publikum, eine Sache für einen Kreis von Engagierten gewesen. Der Gemeindecharakter hat die Entstehung und Verbreitung von Legenden und Mythen gefördert. Dazu gehört die innerhalb des *fandom* entstandene, inzwischen aber von den meisten historischen Darstellungen übernommene Verherrlichung der zweiten, auf die Gernsback-Ära folgenden Phase der Science-Fiction-Magazine als *Golden Age*.

Auch der Mythos vom Goldenen Zeitalter ist mit dem Namen eines Magazins und eines Herausgebers verbunden: *Astounding* (1930 als *Astounding Stories of Super Science* gegründet, dann in *Astounding Science Fiction*, später in *Analog* umbenannt) und John W. Campbell, Jr. (1910–71), der das Magazin von 1937 bis zu seinem Tode herausgab. Als goldene Jahre gelten vor allem die ersten Jahre seiner Herausgeberschaft, von 1937/38 bis zu dem Einschnitt, den die Einberufung der meisten Autoren und Leser zum Militärdienst während des Zweiten Weltkriegs mit sich brachte.

Campbell setzte die Linie der technisch-wissenschaftlichen Ausrichtung und der logischen Fundierung der Zukunftsfiktion fort. Er vollzog aber auch die Wiederannäherung von *science fiction* und *fantasy*. Zeitweilig gab er neben *Astounding* ein *fantasy*-Magazin heraus.[41] Er duldete und förderte vor allem die Aufnahme von *fantasy*-Elementen – von Erzählkonventionen, die für die Erfindung von Geschichten nützlich sind, sich aber nicht mit dem Stand der wissenschaftlichen Erkenntnis vereinbaren lassen – in das Repertoire der ›strengen‹ Science Fiction: Raumfahrt schneller als Lichtgeschwindigkeit (für interstellare Touren unentbehrlich), Telepathie und andere übersinnliche Kräfte. Monströse *aliens*, sogenannte Bug-Eyed Monsters (BEMs), waren Campbell ein Greuel, machten sich aber dennoch in der Gattung breit.

In der Zeit von 1935 bis 1950, die man entwicklungsgeschichtlich als zusammengehörig betrachten kann, konsolidierte sich der Systemcharakter der Gattung: die Spielregeln klärten sich, die ertragreichsten Motivfelder zeichneten sich ab, die einzelnen Geschichten wurden bei einigen Autoren schon zu Zyklen, zu großangelegten Geschichten der Zukunft zusammengestellt. Die Qualität der Entwürfe und der erzählerischen Durchführung stieg, und zwar nicht nur bei den von Campbell betreuten Autoren. Alle Science-Fiction-Magazine bemühten sich um einen größeren Anteil an erwachsenen, einigermaßen kritischen Lesern.

Aber das gestiegene Niveau gibt noch längst keinen Grund, im Ernst von einem Goldenen Zeitalter zu reden, und die in dem Begriff implizierte Bewertung der Folgezeit als eines Abstiegs ist sicher falsch. Der Prozeß des Aufholens gegenüber älteren Zukunftsgeschichten wie denen von Wells ist noch nicht abgeschlossen. Vom heutigen Stand der Gattungsentwicklung gesehen, wirken die Texte des *Golden Age* überholt und rückständig. Sie sind daher in der Unzahl der Nachdrucke, historischen Anthologien und Klassikerserien – bis auf die Serien von E. E. Smith mit ihrem Reiz des naiven Fabulierens – auch kaum repräsentiert.

Daß Science Fiction noch nicht auf der Höhe der allgemeinen literarischen Entwicklung ist, sieht man am deutlichsten daran, daß die wichtigsten, wirklich klassisch gewordenen und später auch für Science Fiction maßgeblichen Werke der Zukunftsliteratur aus diesem Zeitraum ohne jede Beziehung zu den Texten, Autoren und Lesern von Science Fiction erschienen: W. Olaf Stapledons Jahrmillionen umspannende Menschheitsgeschichte der Zukunft, *Last and First Men* (1930), seine Geschichte des Universums, *Star Maker* (1937), Aldous Huxleys satirische Antiutopie *Brave New World* (1932) und die poetisch-allegorische Planetentrilogie von C. S. Lewis, *Out of the Silent Planet* (1938), *Perelandra* (1943) und *That Hideous Strength* (1945).[42]

Nostalgie liefert die eigentliche Begründung für den Mythos. Das *Golden Age* ist der letzte Zeitraum, in dem Science Fiction noch überschaubar war und die Gemeinde sich kannte. Die Jahre nach 1950 waren, wie Robert Heinlein es rückschauend sieht, eine Zeit weiteren Fortschritts, aber doch auch des Verlusts für den Leser und *fan*:

»But then the individual could no longer comprehend the field entire. It grew too large for one to do more than sample, and the Golden Age, when all of science fiction could belong to the reader, was over.«[43]

Die Erinnerung vergoldet die Zeit um 1940 auch deshalb, weil in diesen Jahren die meisten jener Autoren, die dann in den Jahrzehnten nach 1950 das Feld beherrscht haben und die in der Zunft der Science-Fiction-Autoren zum Teil noch heute führend sind, ihre ersten Geschichten in *Amazing, Astounding* oder *Super Science Stories* publizierten, 1939 Isaac Asimov, Robert Heinlein, A. E. van Vogt und Theodore Sturgeon, 1940 Frederik Pohl und James Blish, 1941 Ray Bradbury.[44]

2.2.7   Die Gegenwartsphase: 1950 und später

Um 1950 beginnt für die Gattung die Gegenwartsphase. Das zeigt sich am augenfäl-ligsten daran, daß in der Unmenge der in den letzten Jahren erschienenen Anthologien, soweit sie nicht auf die Publikationen eines Jahres beschränkt sind, fast ausschließlich Texte aus der Zeit seit 1950 abgedruckt werden und daß sich auch bei den Romanen echte Neuerscheinungen und Neuauflagen von Jung-Klassikern der fünfziger und sechziger Jahre mischen. Anders als Texte der vorhergehenden Phase lassen sich Science-Fiction-Geschichten der fünfziger Jahre nicht schon an der Machart oder an der mangelnden Lesbarkeit als veraltet erkennen.

Ein wichtiges Kennzeichen der jüngsten Entwicklungsphase besteht darin, daß Science Fiction zu einem Teil der Bücherwelt geworden ist. Das ist einerseits ein Prozeß des Marktes – des Verlags- und Vertriebswesens und der Käuferschaft – und andererseits ein literarischer Vorgang, der Wandlungen der Kompositionsweise der Texte und der Einstellung und Zusammensetzung des Publikums involviert.

Bis 1940 existiert Science Fiction nicht als Buch, sondern nur als Eintagsliteratur. In der Regel sind nur die letzten Hefte der Zeitschriften allgemein erhältlich; die Produktion des Vorjahres ist nur noch bei Sammlern und Trödlern präsent.

1941 erscheint erstmals eine Auswahl von Magazingeschichten in Buchform. Zwischen 1943 und 1950 treten die ersten der namhaften Anthologieherausgeber auf den Plan, die in der Folge einflußreicher werden als die Zeitschriftenherausgeber: Donald A. Wollheim, Groff Conklin, Judith Merril. Um 1950 erscheint ein neuer Typus, die jährlich erscheinende Anthologie, die zunächst ausgewählten Magazingeschichten des Vorjahres zu größerer Verbreitung und Prominenz verhilft, dann aber – von den sechziger Jahren an – auch zu Erstveröffentlichungen übergeht und den Zeitschriften das Wasser abgräbt.

Ähnlich verläuft die Entwicklung bei den längeren Einzelwerken: zunächst vereinzelte, dann immer häufigere Publikation von Fortsetzungsgeschichten oder ausgeweiteten *short stories* als Roman, dann auch Erstpublikationen in Buchform. Nach kleinen und kurzlebigen Spezialverlagen beteiligen sich seit 1950 auch die großen Häuser – zuerst Simon and Schuster und Faber & Faber – am Science-Fiction-Geschäft.

Die spezialisierten Zeitschriften verlieren in den Jahren nach dem Kriege ihr Monopol für den Erstdruck von Science-Fiction-Geschichten. Die besseren Magazine, die *slicks*, vor allem die Familienzeitschriften wie *Saturday Evening Post* und *Collier's*, aber auch die Blätter für den gehobenen Markt wie *The New Yorker* und *Harper's* nehmen die Publikation von Science Fiction auf. Daran zeigt sich einmal, daß Bekanntheit und Interesse inzwischen beim gesamten Lesepublikum vorausgesetzt werden können und daß Science Fiction den für diese Publikationen verbindlichen höheren Ansprüchen an den erzähltechnischen und stilistischen Professionalismus der Autoren genügt.

Bei den Science-Fiction-Magazinen gibt es noch einmal eine Welle der Neugründungen. Allein 1949/1950 treten 19 neue Zeitschriften auf, unter den neuen Blättern sind in den USA *The Magazine of Fantasy and Science Fiction* und *Galaxy* sowie in England *New Worlds*, die in der Folgezeit zu den wichtigeren Publikationsorganen gehören. In den fünfziger Jahren, in denen der Zeitschriftentyp der *pulps* ausstirbt, schrumpft das Feld. Seit etwa 1960 haben die anderen Publikationsformen die dominierende Rolle übernommen.

Die fünfziger Jahre markieren auch in der inneren Entwicklung der Gattung den Beginn eines neuen Stadiums. Der Prozeß des Aufholens des Rückstandes gegenüber älteren Repräsentanten der Zukunftsfiktion wie Wells und Huxley wird im wesentlichen abgeschlossen. Das Beharren auf technisch-wissenschaftlicher Korrektheit – *Gernsback's delusion* – wird unmodern, und es wird üblich, Science Fiction ohne übertriebene Angst vor *fantasy*-Elementen als Literatur des Als-ob zu begreifen. Die Anregungen und Modelle der Wells-Tradition werden verarbeitet. Die staatlichen und gesellschaftlichen Komponenten der Zukunftswelten werden besser durchdacht und komplexer dargestellt.

Die Traditionen des antiutopischen Staatsromans und der Magazin-Science-Fiction verschmelzen. George Orwells *Nineteen Eighty-Four* (1949) wird noch außerhalb des Science-Fiction-Feldes publiziert und rezipiert, aber immerhin ist Orwell der erste Antiutopist, der Science Fiction gut kennt und Motive der Gattung übernimmt. *Fahrenheit 451* von Ray Bradbury (1953) ist zugleich eine Antiutopie im traditionellen Sinne und das nach Entstehung (Ausweitung einer 1951 in *Galaxy* erschienenen Kurzgeschichte) und Kompositionsweise gattungstypische Produkt eines professionellen Science-Fiction-Autors.[45] In den letzten Jahrzehnten hat es keine von Science Fiction unabhängige Traditionslinie der spekulativen Fiktion und der Zukunftshistorie mehr gegeben. Neuere Sonderentwicklungen wie das aktuelle politische Planspiel in der Form einer gegenwartsnahen Politfiktion nach dem Muster von Burdick-Wheelers *Fail-Safe* (1962) sind Ableger von Science Fiction.

2.3 Science Fiction in anderen Medien

Alle Literaturgattungen strahlen auf nicht-literarische Gattungen und Medien aus, werden illustriert, verfilmt, für das Fernsehen bearbeitet. Bei Science Fiction liegt die Umsetzung ins Bild so nahe, daß die Vorgeschichte und Geschichte der Gattung schon seit dem 19. Jahrhundert von visuellen Adaptationen begleitet wird. Aus den Illustrationen zu Verne entwickelt sich die Gattung der zeichnerischen Zukunftsphantastik mit ihren ernstgemeinten, verspielten und humorvollen Varianten, die dann in den kruden Illustrationen zu den frühen Magazinen und in der anspruchsvolleren, aber über Art Déco nicht hinauskommenden *science fiction art* von Hannes Bok und Virgil Finlay ihre Fortsetzung finden.[46]

Die Geschichte des *comic strip* über Science-Fiction-Themen setzt mit *Buck Rogers* (1929) und *Flash Gordon* (1934) ein. *Comic strip* und Erzählliteratur nehmen selbständige Entwicklungen, wobei die *comic strips* mit ihrem jüngeren Publikum der literarischen Science Fiction Leser zuführen.[47]

Dramatisierungen von Science Fiction in Serienform machte in Amerika das Radio populär, ehe dann das Fernsehen die Tradition aufnahm.

Der Film nimmt schon in seiner Frühzeit Motive der phantastischen und der technisch-utopischen Literatur auf. Das Méliès-Opus *Die Reise zum Mond* (1902) nach Verne war einer der ersten Erfolge des Kintopps. Nach 1920 beginnt die ununterbrochene Traditionslinie des technisch-utopischen und des gruseligen phantastischen Films mit Fritz Langs *Metropolis* (1926) und *Die Frau im Mond* (1928) und mit dem ersten *Frankenstein* (James Whale, 1931). Der amerikanische Film bevorzugt zunächst ältere Vorlagen. Erst um 1945 beginnt die Ära des auf zeitgenössischen Science-Fiction-Texten fußenden Films.[48] Seither besteht zwischen der Entwicklung des Science-Fiction-Films und der Science-Fiction-Literatur eine enge Korrespondenz. Der Übergang von den technischen Visionen in Stanley Kubricks *2001: A Space Odyssey* (1972) zu der Mischung von *gadgetry* mit Raumstationen und Robotern und *fantasy* mit Prinzessinnen, Rüstungen und Laserschwertern in George Lucas' *Star Wars* (1977) spiegelt die Veränderung im Publikumsgeschmack.

2.4   Internationalisierung und *New Wave*

Die visuellen Parallelformen der Science-Fiction-Literatur überwinden die nationalen Grenzen eher als die Texte und bereiten die Entstehung einer internationalen Gattung Science Fiction vor. Die endgültige Internationalisierung der Gattung erfolgt ebenfalls in den Jahren nach dem Zweiten Weltkrieg. Sie ist zunächst und vor allem eine Sache der Rezeption. Science Fiction, der Begriff und die Sache, werden von den USA aus exportiert und in allen westlichen Ländern eingebürgert. In Deutschland beispielsweise ersetzt Science Fiction nach amerikanischem Muster die weitgehend versiegte Traditionslinie der älteren deutschen Zukunftsfiktion, die durch Namen wie Kurd Laßwitz (*Auf zwei Planeten*, 1897), Bernhard Kellermann (*Der Tunnel*, 1913) und Hans Dominik (15 Romane mit Millionenauflagen, von *Die Macht der Drei*, 1922, bis *Treibstoff SR*, 1940) gekennzeichnet ist.[49] Erst nach der Popularisierung der Gattung durch Übersetzungen aus dem Englischen werden die älteren deutschen Werke dann zum Teil als Science Fiction wiederbelebt.

In den meisten Ländern entwickelt sich erst spät und unter Schwierigkeiten eine eigene Science Fiction, deren Rückwirkung auf das internationale Feld und auf das Ursprungsland USA meist gering ist.[50] Der Hauptbeitrag Frankreichs besteht aus den Romanen von Pierre Boulle, der Deutschlands aus der Perry-Rhodan-Serie, in der fast das ganze Repertoire der Science-Fiction-Motive auf einfacher Ebene systematisch durchvariiert wird. Von Belang für die jüngeren Entwicklungen auf dem internationalen Science-Fiction-Feld ist vor allem der britische Beitrag. In England war die amerikanische Magazin-Science-Fiction, teils importiert, teils in englischen

Zeitschriften abgedruckt, eher zugänglich als auf dem Kontinent. In England waren zugleich die meisten anderen Autoren, deren Werke die Weiterentwicklung von Science Fiction fördern konnten, beheimatet und wirksam – von Wells bis zu Stapledon, Tolkien und C. P. Snow.

Zwischen dem Kriegsende und den frühen fünfziger Jahren gelang es einer Gruppe von jüngeren englischen Autoren, in den amerikanischen Zeitschriften Fuß zu fassen, und zwar mit Geschichten, die marktgerecht waren, aber wegen ihrer Offenheit für Anregungen aus Traditionen außerhalb der US-Branche ein erneuerndes, vorwärtstreibendes Moment mitbrachten. Die drei namhaftesten Vertreter der Gruppe sind sehr verschieden: John Wyndham war Spezialist für Katastrophengeschichten, Arthur C. Clarke ist ein moderner Vertreter der mythischen Science Fiction, John Brunner ist ein Allround-Autor mit einem Schwerpunkt auf psychologischen und parapsychologischen Themen. Gemeinsam initiieren sie aber doch so etwas wie eine englische Strömung, die durch das Streben nach Konkurrenzfähigkeit mit dem konventionelleren, nicht-experimentellen Teil der *mainstream*-Erzählliteratur gekennzeichnet ist. Diese Tendenz verstärkt sich bei jüngeren englischen Autoren, die von vornherein nicht mehr primär für den amerikanischen Markt, sondern für die englische Leserschaft und Kritik schreiben. Die ersten Romane von Brian W. Aldiss und dem Idol der Kritiker und akademischen Leser, J. G. Ballard, sind, ohne das Science-Fiction-Feld zu verlassen, nach Stil und Themen innovativ.

In England spielt sich auch die einzige heftige Bewegung in der jüngeren Gattungsgeschichte ab, die sogenannte *New Wave*, die 1964 anrollt und schon nach wenigen Jahren wieder verebbt. 1964 übernimmt Michael Moorcock, ein *fantasy*-Autor, die Redaktion von *New Worlds*. Er sammelt eine Reihe von jungen Autoren um sich, Engländer wie Ballard – die Galionsfigur – und Aldiss, George Langdon und Charles Platt, Amerikaner wie Thomas M. Disch und John Sladek, und unternimmt mit ihnen den Versuch, *Science Fiction* umzukrempeln und die Gattung als *speculative fiction* zur Avantgarde der modernen Literatur zu machen.[51] Man betreibt schrille Eigenpropaganda: »Out of the world of science fiction emerges a totally new literature [...] a fiction truly of the Space Age.«[52] Die etablierte amerikanische Science Fiction wird für überholt erklärt: »British writers are in the vanguard, which maybe only looks like a band waggon – one thing they do is to make much American S. F. look old-fashioned« (Josephine Saxton).[53] Das amerikanische *establishment*, dem die einflußreiche Herausgeberin Judith Merril die von ihr so benannte *New Wave* mit missionarischem Eifer vorstellt, reagiert böse und ablehnend: »I hope that when the New Wave has deposited its froth and receded, the vast and solid shore of science fiction will appear once more« (Isaac Asimov).[54]

Zum Schaden für die Gattungsentwicklung erfüllte sich Asimovs Hoffnung allzu bald. Die Bewegung hatte etwas zugleich Krampfiges und oberflächlich Modisches. Alle Stilexperimente der modernen Literaturgeschichte werden auf einmal importiert und nachgespielt. Viele Texte wirken unfreiwillig wie Parodien auf John Dos Passos und Christopher Isherwood, Samuel Beckett und William Burroughs. *Four-letter words*, außerhalb von Science Fiction längst literaturfähig und fast schon wieder passé, werden trotzig und ohne besonderen Sinn durch den Text gestreut. Der Handlungszusammenhang wird aufgebrochen, ohne daß die dem Leser mit großer Gebärde hingeworfenen Textbrocken sich zu einer neuen Einheit zusammensetzen lassen.

In der ziellosen Bilderstürmerei gehen die potentiell fruchtbaren theoretischen und praktischen Beiträge unter. J. G. Ballard entwickelt eine Konzeption von Science Fiction als prospektiver Literatur, einer Literatur, die bei der Bewältigung der Gegenwart anders verfährt als die übrige Erzählliteratur und die deshalb einer anderen Kompositionsweise bedarf als die normale, retrospektive Literatur:

> »For me, science fiction is above all a prospective form of narrative fiction; it is concerned with seeing the present in terms of the immediate future rather than the past.
> [...]
> The great bulk of fiction still being written is retrospective in character; it's concerned with the origins of experience, behaviour, development of character over a great span of years; it interprets the present in terms of the past, and it uses a narrative technique, by and large the linear narrative, in which events are shown in more-or-less chronological sequence, which is suited to it. But when you turn to the present – and what I feel I've done in these pieces of mine is to rediscover the present for myself – I feel that one needs a non-linear technique, simply because our lives today are not conducted in linear terms. They are much more quantified; a whole stream of random events is taking place.«[55]

Ballard versucht die Verwirklichung dieser Ideen in einer Reihe von *condensed novels* mit einer Abfolge von Bildern und Situationen ohne das Band des »sequential and consequential narrative«, kehrt aber später unzufrieden zu herkömmlichen Erzählweisen zurück.
Die *New Wave* hat ihre Ziele nicht erreicht. Sie hat sich weder beim Publikum noch bei den Professionellen der Gattung durchsetzen können. Franz Rottensteiner urteilt:

> »Although the experiment as a whole has been generally acknowledged as a failure [...] the ›new wave‹ deserves credit for trying to incorporate avantgarde literary techniques into the genre and to make it more aware of literary trends outside the sf ghetto.«[56]

Mir scheint eher, daß die *New Wave* zur Diskriminierung experimenteller Strömungen bei Autoren und Leserschaft beigetragen hat und daß alle Betroffenen erstaunlich unbeeindruckt zur Tagesordnung zurückgekehrt sind. Die Episode zeigt, daß eine Gattung mit so enger Interdependenz zwischen Einzelautor und Gesamtfeld, Marktbedingungen, Publikationsorganen und Lesererwartungen sich nicht ruckweise und radikal, sondern nur auf dem Wege der Evolution weiterentwickeln läßt. Die Trägheitsmomente schließen aus, daß Science Fiction als Avantgarde fungiert.
Die Entwicklungen, die sich seit 1950 in der Gesamtgattung vollzogen haben, sind denn auch langsam und schrittweise vor sich gegangen. Eine vorwiegend der Unterhaltungslektüre dienende Gattung wie Science Fiction ist fast automatisch in einen anhaltenden Prozeß der Evolution eingespannt. Jede Geschichte unterliegt dem Zwang zu einem doppelten Anderssein: sie soll sich sowohl von der Erfahrungswelt des Lesers als auch von den unzähligen Zukunftshistorien anderer Werke so sehr unterscheiden, daß sie originell wirkt. Der von Gattungskonventionen und Leser-

erwartungen ausgehende Innovationszwang bewirkt, daß Science Fiction einen ungeheuren Verbrauch an Einfällen und Themen hat. Jedes Motiv wird solange variiert, bis seine Möglichkeiten erschöpft sind und es nur noch zu Geschichten für Neulinge und Anspruchslose taugt. Manche Themen erledigen sich, weil die Realität die Zukunftsfiktion einholt: Mondfahrt, Computer, Organverpflanzung. Die Suche nach neuen Themen ist die Hauptaktivität der Gattung, die dabei im Grunde wahllos verfährt. Literatur und Geschichte werden nach verwertbarem *story material* durchgeackert; in jeder Wissenschaftsdisziplin wird nach Theorien mit Science-Fiction-Potential gesucht – wobei die Autoren oft Hypothesen aufgreifen, die unter Fachleuten als abwegig oder erledigt gelten; fast alle Gegenstände der öffentlichen Diskussion werden aufgegriffen, oft sogar – wie im Falle der Themen Umweltschutz, Konsumzwang und Meinungsmanipulation – lange bevor sie außerhalb der Literatur populär geworden sind. Da gleichzeitig der Prozeß der Differenzierung nach *juvenile fiction* und *adult fiction* weiterläuft, wird das Bild der Gattung immer bunter.
Dennoch lassen sich bestimmte Trends der Entwicklung einigermaßen deutlich ausmachen:
- Die Akzentverlagerung von Optimismus und Fortschrittsbejahung zu einer kritischen oder negativen Haltung gegenüber der Entwicklung von Technik und Gesellschaft hält an.
- Der Anteil der *fantasy*-Komponente nimmt weiter zu. Besonders seit Lovecraft und Tolkien zu *cult heroes* geworden sind, gewinnt die mittelalterlich-phantastische Zukunftswelt vom Typus *sword and sorcery* an Verbreitung.
- Die Tendenz geht zu vertieften und minutiösen Darstellungen psychologischer und moralischer Probleme des Individuums. Seit den frühen sechziger Jahren ist das Schlagwort von *Inner Space*, dem Weltraum des Bewußtseins, als Hauptgegenstand von Science Fiction im Umlauf. Nicht nur die Menschen, sondern auch die Außermenschlichen haben sich gewandelt. Sowohl die *aliens* als auch die *humanoids* (die Nachfolger der Roboter: künstliche, aber äußerlich und innerlich fast menschengleiche Wesen) treten meist als Alternativen zum normalen Menschen auf, die besser, menschlicher oder noch gefährlicher als der Terraner sein mögen, auf jeden Fall aber mit gleichartigen Problemen konfrontiert sind.
Im Gefolge der thematischen Umstellung ist es in den letzten Jahren auch zu einer markanten Weiterentwicklung des literarischen Verfahrens gekommen: die Techniken des psychologischen Romans – wie der innere Monolog und andere Formen der Bewußtseinsdarstellung – sind eingeführt und adaptiert worden. Damit hat Science Fiction freilich noch nicht den Gegenwartsstand der Erzählliteratur erreicht. Die Auseinandersetzung mit der *New Wave* hat gezeigt, wie fremd Science Fiction und die literarische Moderne einander noch sind. Schließlich ist Ballard, dem die Zunft der Science-Fiction-Autoren mit Unverständnis begegnet, nicht der einzige, der daran zweifelt, ob eine sequenzielle, zielgerichtete, konfliktlösende Handlung noch geeignet ist, das heutige Verständnis des Zusammenhangs (oder des Nicht-Zusammenhängens) von Ereignissen sinnvoll auszudrücken, und der sich fragt, ob der geschlossene, einheitliche, ›runde‹ Charakter noch mit irgendeinem modernen Menschenbild vereinbar ist.
Die meisten Insider der Gattung verhalten sich jedoch so, als sei das Erzählen von Geschichten nicht fast allenthalben problematisch geworden und bestehen ehern auf

den Prinzipien der *well-made story*. Man hält am Postulat der ›historischen‹ Handlung mit festem Kausalnexus aller Begebenheiten und herkömmlichem Schluß mit Auflösung aller Konflikte und Rätsel fest. Auch die Stellung der Charaktere als Handlungsträger und als durchschaubare, Sympathie oder Antipathie erweckende Individuen ist konventionell.

Der konservative Grundzug von Science Fiction ist auch nach den jüngsten Entwicklungen unverkennbar. Noch immer verwenden die Science-Fiction-Autoren fast ausschließlich Erzählmuster und -techniken, die bereits vor dem Aufkommen der Gattung entwickelt waren. Es führt letztlich kein Weg an dem Urteil vorbei, daß Science Fiction zur Zeit eine zwar hochentwickelte, aber noch nicht im vollen Sinne moderne Art von Literatur ist. Dieser Tatbestand braucht nicht ausschließlich negativ bewertet zu werden. Wenn man *Science Fiction* altmodisch nennt, darf man nicht vergessen, daß der Großteil der neueren amerikanischen und englischen Schriftsteller, die dem *mainstream* zugerechnet werden, sich der gleichen Erzählweisen bedienen. Was Iris Murdoch und Saul Bellow recht ist, müßte Harrison und Brunner billig sein.

Man kann auch sehr wohl argumentieren, daß die Erzählkunst, die im 18. und 19. Jahrhundert entwickelt wurde, zu Anfang des 20. Jahrhunderts (etwa mit Henry James) einen Höhepunkt erreicht hatte und daß die Weigerung mancher Vertreter des modernen Romans, handfeste Geschichten als Grundgerüst ihrer Werke zu benutzen, die moderne Erzählfiktion um Leserschaft und Einfluß gebracht habe. Science Fiction kann in einer solchen Perspektive mit einigem Recht als eine Literaturform betrachtet werden, die klassische, auf die Dauer unentbehrliche Erzählweisen am Leben hält. Schließlich: im Gesamtfeld der modernen Literatur nimmt Science Fiction eine elementare Funktion wahr, die von den meisten anderen Formen vernachlässigt wird, die Unterhaltung des Publikums. Es ist eine offene Frage, ob eine Unterhaltungskunst, die auf der Höhe unserer Moderne steht, überhaupt möglich ist.

3   Themen

3.1   Die thematische Spannweite der Science Fiction

Vor allem in älteren Definitionen ist die Thematik der Science Fiction durchweg von
dem Begriff der *science*, den sie in ihrem Namen enthält, abgeleitet worden. So ist
nach James O. Bailey ein Werk der Science Fiction »[...] a narrative of an imaginary
invention or discovery in the natural sciences and consequent adventures and ex-
periences«.[1] Und Reginald Bretnor schreibt: »Science fiction deals with the human
drama, the conflicts and adventures, arising out of scientific discovery in the future.«[2]
Wären diese Definitionen zutreffend, so ergäbe sich eine außerordentlich große, aber
doch überschaubare thematische Spannweite der Science Fiction; und es wäre grundsätzlich sogar möglich, alle ihre Themen zu erfassen, indem man sie den naturwissenschaftlichen Einzeldisziplinen zuzuordnen versuchte.[3]
Wie schon Kapitel 1 gezeigt hat, ist jedoch der thematische Spielraum der Science
Fiction ungleich größer. Dementsprechend haben sich in letzter Zeit Definitionen
durchgesetzt, die der Science Fiction jede fiktionale Gestaltung anderer Welten oder
der Weltveränderung zuweisen. So sieht etwa V. Milo Kaufman in der »presentation
of novel worlds« ihren eigentlichen Gegenstand.[4] Besteht aber das Wesen der Science
Fiction in der Darstellung alternativer Welten, dann ist ihre thematische Spannweite
zumindest theoretisch unbegrenzt. Denn während die *mainstream fiction* sich bei der
Gestaltung von Charakteren, zwischenmenschlichen Beziehungen, Handlungen und
Schauplätzen an das halten muß, was in dieser unserer *einen* Welt als möglich und
plausibel erscheint, gibt es keine Begrenzung für die Zahl der Welten, in denen
Science-Fiction-Erzählungen spielen können, und daher keine Begrenzung der Zahl
ihrer denkbaren Themen.
Wenn hier trotzdem der Versuch unternommen werden soll, einen Überblick über
die Themen der Science Fiction zu geben, so beruht diese Bestandsaufnahme auf der
Voraussetzung, daß die Science Fiction ihre theoretisch vorhandene unbegrenzte
thematische Spannweite nur partiell ausnützt. Dies gilt insbesondere für die populär-
triviale Science Fiction: hier kehren thematische Elemente wie der Konflikt mit
Lebewesen von anderen Sternen, Roboter und Telepathie mit einer Häufigkeit
wieder, welche diesen Erzählungen die gleiche Monotonie verleiht, wie sie die
Trivialliteratur auch im Bereich der *mainstream fiction* aufweist.
Andererseits gibt es vereinzelt auch SF-Erzählungen und Romane, deren Thematik
sich nicht oder nur mit Mühe einem der für die Gattung typischen Themenkomplexe
zuweisen läßt. Als Beispiel diene hier die Kurzgeschichte »Sole Solution« (1956) von
Eric Frank Russell: diese Erzählung von der Erschaffung der Welt aus der Perspektive eines Gottes, für den die Weltschöpfung die einzigmögliche Lösung für das
Problem seiner Einsamkeit und Langeweile ist, stellt einen solchen Grenzfall dar, für
den sich in dem folgenden Überblick über typische Themen der Science Fiction nur
schwer ein Platz finden läßt.[5]

3.2   Reisen in Raum und Zeit

Zu den Vorläufern der Science Fiction zählen neben der Reiseliteratur zwei weitere
Erzählgattungen, in denen der Reise eine wichtige thematische und strukturelle
Funktion zukommt: die *romance* und die Utopie.[6] Die Abkunft der Science Fiction
von diesen Erzählgattungen ist bis in die neueste Zeit in unvermindertem Maße
wirksam geblieben. Zwar verzichten zahlreiche SF-Erzählungen mit utopischem oder
anti-utopischem Charakter neuerdings häufig auf den *utopian traveller* und auf die
Reise nach Utopia und führen den Leser – wie etwa Ray Bradburys *Fahrenheit 451*
(1953), Frederik Pohls und C. M. Kornbluths *The Space Merchants* (1953) oder Tom
Godwins »The Greater Thing« (1954)[7] – gleich *in medias res*. Insgesamt gesehen ist
aber die Reise ein so häufiges Thema in der Science Fiction geblieben, daß James O.
Bailey einer die gesamte Gattung behandelnden Monographie den Titel *Pilgrims
Through Space and Time* geben konnte.

3.2.1   Imaginierte Reisen

Schon in manchen Utopien war die Reise, die den *utopian traveller* nach Utopia
führte, nicht als wirklich, sondern als Reise des Traums, der Vision, der Imagination
dargestellt worden. Beispiele dafür sind etwa William Morris' *News from Nowhere*
(1891) oder H. G. Wells' *A Modern Utopia* (1905). Auch in manchen Werken der
Science Fiction vollzieht sich die Reise des Protagonisten nur in der Imagination. So
er-fährt etwa die Hauptfigur von Olaf Stapledons *Star Maker* (1937) in einer Vision
den gesamten Kosmos, sieht die Vergangenheit und Zukunft des Weltalls und gelangt
schließlich bis zu dem außerhalb von Raum und Zeit lokalisierten Schöpfer der Welt.
In Robert Sheckleys »The Store of the Worlds« (1959)[8] dagegen zahlt der in einer
durch einen Atomkrieg verwüsteten Welt lebende Protagonist mit seiner letzten
Habe für eine Droge, die ihm einen *trip* in die Welt vor der Katastrophe ermöglicht,
wobei er diese Halluzination als real erlebt.
Diese imaginierten Reisen sind jedoch Ausnahmen. Die meisten Reisen der Science
Fiction werden als real vorgestellt; und sie werden dadurch als SF-Reisen gekennzeichnet, daß es sich um (zumindest zur Zeit der Abfassung der Erzählung) real nicht
mögliche, alternative Formen des Reisens handelt.

3.2.2   Raumfahrt

Die Reise zum Mond war schon lange vor dem Einsetzen der eigentlichen Science
Fiction ein beliebtes Thema der Erzählliteratur und läßt sich bis in die Antike
zurückverfolgen.[9] Als dann die Science Fiction dieses Thema aufgriff, bemühte sie
sich keineswegs immer darum, für ihre Reisen zum Mond oder zu anderen Sternen
wissenschaftlich plausible oder zumindest pseudowissenschaftlich begründete Formen
des Reisens zu erfinden. So läßt etwa Edgar Rice Burroughs den Helden seines
Romans *A Princess of Mars* (1912; 1917[10]), John Carter, in einer Felsenhöhle in

Arizona ohnmächtig werden und auf dem Mars erwachen, ohne daß der Autor es für notwendig erachtet, auf irgendeine Weise zu begründen, wie denn John Carter auf den Mars gekommen ist. Und Jules Verne hielt es in seinem 1865 veröffentlichten Roman *Die Reise zum Mond* noch für plausibel genug, seinen Protagonisten mit einer Kanone zum Mond zu schießen.

Spätere Autoren, die wußten, daß ein Mensch die bei einem solchen Kanonenschuß auftretende Beschleunigung nicht überleben würde, suchten dann nach Methoden der Reise zu anderen Sternen, die nicht in direktem Widerspruch zu den Erkenntnissen der Wissenschaft standen. Wells erfand in *The First Men in the Moon* (1901) das die Gravitation neutralisierende Metall *cavorite* als Baumaterial für sein Raumschiff; und schon bevor der erste Mensch den Mond betrat, finden sich in der Science Fiction bereits Mehrstufenraketen, welche Astronauten zum Mond oder zu den Planeten befördern.[11]

Diese Fahrzeuge konnten aber dem Expansionsdrang der SF-Autoren bald nicht mehr genügen, denn mit einem dieser Raumschiffe hätte die Reise selbst zum erdnächsten Fixstern mehr als ein Menschenalter gedauert. Wenig später hielten daher in der Science Fiction lichtschnelle oder überlichtschnelle Raumschiffe ihren Einzug, die nach dem gegenwärtigen Stand wissenschaftlicher Erkenntnis unmöglich sind. Dabei wird zwar gelegentlich versucht, aus neueren wissenschaftlichen Theorien eine Möglichkeit für eine derart hohe Geschwindigkeit abzuleiten. Die meisten Autoren beschränken sich jedoch darauf, ihre Weltraumkreuzer mit einem *overdrive* oder *ion drive* auszustatten bzw. ihnen durch den Eintritt in eine *hyperspace* oder ein *space warp* eine Geschwindigkeit zu geben, die ihre Helden in überschaubaren Zeiträumen zu fernen Sternen gelangen läßt. Ähnliches gilt für die bei zahlreichen Autoren als Transportmittel beliebten *gates*. Diese ›Tore‹, in denen Materie-Transmitter jeden in sie hineingestellten Gegenstand oder Menschen im Bruchteil einer Sekunde in viele Lichtjahre entfernte Welten transportieren, mögen vielleicht ursprünglich aus der Entdeckung des Quantensprungs abgeleitet sein, derzufolge Quanten von einem Ort zu einem anderen ›springen‹, ohne sich durch den dazwischenliegenden Raum zu bewegen.[12] Meist aber werden die *gates* als bloße Versatzstücke verwendet, deren Nennung den Autor jeder Notwendigkeit einer wissenschaftlichen oder pseudowissenschaftlichen Erklärung enthebt.[13]

3.2.3 Zeitreisen[14]

Wie die Raumfahrt findet sich auch die Zeitreise bereits in Texten, die noch nicht im engeren Sinn als Science Fiction bezeichnet werden können. Vor allem als gegen Ende des 19. Jahrhunderts die Verfasser von Utopien ihre fiktionalen Staatsentwürfe in zunehmendem Maße nicht mehr in der räumlichen Ferne – an entlegenen Stellen der Erde oder auf dem Mond –, sondern in zeitlicher Ferne – in der Zukunft – zu lokalisieren begannen, mußten sie ihren *utopian traveller* durch die Zeit reisen lassen, damit er nach Utopia gelangen konnte. Während in Morris' *News from Nowhere* diese Reise nur in der Imagination vollzogen wurde, stellt Edward Bellamy in seiner Utopie *Looking Backward, 2000–1887* (1888) diese Reise in die Zukunft bereits als real vor: sein Protagonist Julian West, der an chronischen Schlafstörungen leidet, wird durch einen Hypnotiseur in einen Tiefschlaf versetzt; es wird versäumt, ihn am nächsten Morgen aufzuwecken; und er erwacht erst im Jahre 2000.

H. G. Wells, bei dem sich bereits nahezu alle Themen der gegenwärtigen Science Fiction finden, stellt dann die Zeitreise als Ergebnis einer wissenschaftlichen Erfindung dar. So läßt er in *The Time Machine* (1895) einen Erfinder eine fahrradähnliche Maschine konstruieren, auf der dieser dann in verschiedene Phasen der Zukunft reist. In *Men Like Gods* (1923) sind es dagegen Wissenschaftler einer utopischen Zukunft, die mit Hilfe einer Zeitreisemaschine den Erzähler, der sich auf einer Urlaubsreise befindet, mitsamt seinem Auto in ihre eigene Welt transportieren.

In der Science Fiction der Gegenwart tritt das Thema der Zeitreise fast ebenso häufig auf wie das der Raumfahrt. Dabei wird die Reise in die Zukunft nicht nur durch eigens zu diesem Zweck erfundene Maschinen ermöglicht, sondern kann auch auf andere Weise begründet werden – wie etwa in Robert A. Heinleins *Farnham's Freehold* (1964), wo der Protagonist mitsamt seiner Familie durch die Explosion einer Atombombe bei einem Atomkrieg in die Zukunft befördert wird.

Im Vergleich zur Reise in die Zukunft erscheint die Reise in die Vergangenheit in der Science Fiction erst später. Beliebt wurden dabei Erzählungen, in denen die Helden zur Dinosaurierjagd in die Vorzeit reisen, wie etwa in Brian W. Aldiss' »Poor Little Warrior!« (1958).[15] Isaac Asimovs *The End of Eternity* (1955) geht noch weiter und stellt eine Welt dar, in der sowohl die Reise in die Zukunft als auch in die Vergangenheit möglich geworden ist und in der Inspektoren ständig von einer Epoche in die andere reisen, um nach dem Rechten zu sehen und Fehlentwicklungen zu verhindern.

Damit ist eine thematische Variante angesprochen, die besonders spiel- und experimentierfreudige Science-Fiction-Autoren immer wieder angezogen hat: die Reise in die Vergangenheit zum Zwecke der Veränderung der Geschichte. In Arthur Porges' »The Rescuer« (1962)[16] kann eine solche Geschichtsveränderung im letzten Augenblick verhindert werden: hier reist ein Wissenschaftler in die Vergangenheit, um die Kreuzigung Christi abzuwenden; und zwei andere Wissenschaftler vereiteln sein Vorhaben, weil sie einen Zusammenbruch der christlich-abendländischen Zivilisation befürchten. In Ward Moores »Bring the Jubilee« (1952; 1953[17]) wird dagegen unsere Geschichte als Ergebnis einer durch einen Zeitreisenden bewirkten Geschichtsveränderung begriffen: ein Militärhistoriker gelangt auf einer Reise in die Vergangenheit aus einer zukünftigen Welt auf das Schlachtfeld von Gettysburg, wo seine Zeitreisemaschine die Truppen General Lees so sehr in Panik versetzt, daß diese die schon fast gewonnene Schlacht – und damit den *Civil War* – verlieren.

Wenn man die Implikationen der Zeitreise konsequent durchspielt, gelangt man schließlich zu einer der apartesten Varianten dieses Themas, der »Zeitschleife«. Durch die Verwendung des *time loop* können die paradoxesten Vorfälle plausibel gemacht werden. Stanislaw Lem führt hierzu u. a. die beiden folgenden extremen Beispiele an: ein Mann reist mit einer Zeitreisemaschine in die Vergangenheit, verliebt sich in seine Mutter – und wird sein eigener Vater; ein anderer reist in die Vergangenheit und tötet seinen Großvater, bevor dieser Vater wird – er kann deshalb logischerweise nicht geboren worden sein![18]

3.3 Konflikte und Katastrophen[19]

Während diese Erzählungen eher eine intellektuelle Leserschaft ansprechen, die ihre Freude an der Logik des Unmöglichen hat, zieht das Gros der Science Fiction handfestere und stärker handlungsorientierte Themen vor. Zu diesen vor allem in der trivialen Science Fiction immer wiederkehrenden Themen gehört der kriegerische Konflikt, sei es ein globaler, interplanetarischer oder intergalaktischer Krieg. So hat der Dritte Weltkrieg hier schon ungezählte Male stattgefunden. Das Thema des globalen Kriegs taucht sogar bereits vor dem Ersten Weltkrieg auf: schon Wells schildert in *The War in the Air* (1908) einen künftigen Krieg zwischen Deutschland und den Westmächten, der mit Zeppelinen ausgetragen wird und an dessen Ende die Welt nahezu völlig verwüstet ist.

Noch größere Dimensionen konnten einem solchen Krieg verliehen werden, wenn man ihn zwischen Menschen und Intelligenzen von anderen Sternen stattfinden ließ, sei es, daß letztere die Erde in kriegerischer Absicht überfallen, sei es, daß die Menschen bei ihrer galaktischen Expansion auf andere intelligente Wesen stoßen, die sich gegen sie zur Wehr setzen. Die erste dieser beiden Möglichkeiten – die Erdinvasion – findet sich wiederum bereits bei Wells,[20] in dessen Roman *The War of the Worlds* (1898) Marsbewohner die Erde mit Waffen angreifen, gegenüber denen die Menschen wehrlos sind. Jüngeren Datums ist dagegen eine thematische Variante, bei der es nicht zu einer offenen kriegerischen Auseinandersetzung kommt, sondern bei der die *aliens* die Erde in einer dem Menschen nicht durchschaubaren Verkleidung ›unterwandern‹. So nehmen sie etwa in der Fernsehfilm-Serie *The Invaders* (1967)[21] oder in Alan E. Nourses Kurzgeschichte »Counterfeit« (1952)[22] die Gestalt von Menschen an, in Clifford Simaks »Skirmish« (1950)[23] – einer originelleren Variante dieses Themas – dagegen die Gestalt von Maschinen.

Während diese Erzählungen meist an überblickbaren Schauplätzen spielen, lokalisieren andere Autoren ihre Science-Fiction-Kriege im gesamten Weltraum. Allerdings zeichnen sich solche Erzählungen – so etwa die Romane der Perry-Rhodan-Serie – oder auch Filme – so z. B. der Film *Star Wars* (1977)[24] – meist eher durch Handlungsreichtum als durch thematische Originalität aus.

Oft sind in diesen Erzählungen das Kriegs- und das Katastrophenthema dadurch miteinander verbunden, daß der Krieg – wie schon in *The War in the Air* – mit einer Katastrophe oder – wie in *The War of the Worlds* – mit einer Beinahe-Katastrophe endet. Vor allem seit dem Zweiten Weltkrieg sind aber in der Science Fiction – wie ja auch in der *mainstream literature* – immer häufiger die Szenarios von Katastrophen durchgespielt worden, die nicht durch kriegerische Auseinandersetzungen verursacht werden. Nicht selten wird eine solche globale Katastrophe durch eine menschliche Erfindung verursacht, deren Folgen nicht hinreichend bedacht wurden. So geht in Kurt Vonneguts *Cat's Cradle* (1963) alles Leben auf der Erde zugrunde, weil das von einem Wissenschaftler erfundene *ice-nine* das Wasser auf der ganzen Erde in Eis verwandelt. In Heinleins »Blowups Happen« (1940)[25] kommt es beinahe zum GAU, zum Größten Angenommenen Unfall eines Atomreaktors, lange bevor diese Gefahr ins Bewußtsein der Öffentlichkeit drang. Häufiger aber wird die Katastrophe durch ein Naturereignis ausgelöst, dessen Ursache nicht weiter hinterfragt wird: in John Brunners »The Windows of Heaven« (1956) durch eine Explosion der Sonne; in J. G.

Ballards Romanen durch eine Vielzahl von Ursachen: in *The Wind from Nowhere* (1962) durch einen unerklärlichen globalen Sturm, in *The Drowned World* (1962) durch ein ständiges Steigen des Wasserspiegels und in *The Crystal World* (1966) durch eine Petrifizierung alles Lebendigen.

Nun besagt das bloße Vorkommen des Konflikt- oder Katastrophenthemas in einer Science-Fiction-Erzählung noch nichts über seinen Stellenwert oder seine Gestaltung. Genauso wie die Raumfahrt und die Zeitreise als zentrales Thema, aber auch nur als Mittel eingesetzt werden können, um die Charaktere an den eigentlichen Schauplatz der Handlung zu bringen, so kann auch das Konflikt- und Katastrophenthema einen ganz verschiedenen Stellenwert besitzen. In Sheckleys »The Store of the Worlds«, William Tenns »Eastward Ho!« (1958)[26] und Godwins »The Greater Thing« gehören Weltkrieg und Weltkatastrophe der Vorgeschichte an und bilden lediglich die Voraussetzung des Geschehens; die oben genannten Romane von Wells und Ballard schildern die Katastrophe als im Verlauf befindlich und als zentrales Thema; in *Cat's Cradle* ereignet sich die Katastrophe dagegen erst am Schluß. Auch über die Originalität oder Trivialität der Gestaltung sagt das bloße Vorkommen des Themas natürlich nichts aus. Der Konflikt mit *aliens* kann nach Perry-Rhodan-Manier mit Laserpistolen, Telepathen und Telekineten ausgetragen werden, während Stanislaw Lems Gestaltung eines Konflikts zwischen menschlichen Astronauten und einer Wolke aggressiver, intelligenter Metallpartikel auf einem neuentdeckten Planeten in seinem Roman *Der Unbesiegbare* (1964) eine brillante Phantasie verrät und auf alle reißerischen Effekte verzichtet. Ganz ähnlich kann das Ende der Welt als bloßes Gruselszenario dargestellt, aber auch auf so originelle Weise begründet werden wie in Arthur C. Clarkes »The Nine Billion Names of God« (1953)[27]: nachdem ein Supercomputer alle Namen Gottes ermittelt hat, hat die Welt ihren Daseinszweck verloren, und die Sterne verlöschen.

3.4   Alternative Welten

Kriege und Katastrophen sind oft nicht die eigentlichen Themen von Science-Fiction-Erzählungen, sondern sollen nur die Darstellung einer anderen oder sich verändernden Welt ermöglichen, wobei die Katastrophe als die radikalste Form der Weltveränderung erscheint. Auch Raumfahrt und Zeitreise sind meist nur Mittel zum Zweck: sie sollen den Protagonisten – und den Leser – in eine andere Welt führen. Es ist daher begründet, wenn neuerdings in der Darstellung alternativer Welten der eigentliche Gegenstand der Science Fiction gesehen wird.

3.4.1   Die veränderte Erde

Häufig wird diese veränderte Welt auf der Erde lokalisiert. Besonders bevorzugt wird dabei – und dies ist symptomatisch gerade für die neuere Science Fiction – die Erde nach einer großen Katastrophe. Neben kosmischen Kataklysmen und neben Desastern, die durch den wissenschaftlichen Fortschritt bewirkt werden, ist der beliebteste Schauplatz eine durch einen Atomkrieg zerstörte Erde.[28]

Auch das andere große Trauma der Menschheit in der zweiten Hälfte des 20. Jahrhunderts, die Angst vor Hunger und Umweltzerstörung in einer übervölkerten Welt, deren Ressourcen an Energie und Nahrungsmitteln zu Ende gehen, ist nach dem Zweiten Weltkrieg zu einem beliebten Thema der Science Fiction geworden. So spielt der Roman *The Space Merchants* von Pohl/Kornbluth in einer Welt, in der die Menschen fast nur noch von künstlicher Nahrung leben, in der es keinen Treibstoff für Autos mehr gibt und in der die Menschen in New York wegen der Luftverschmutzung nur noch mit Gasmasken auf die Straße gehen können. Auch Harry Harrisons *Make Room! Make Room!* (1966) und Aldiss' *Earthworks* (1965) stellen eine übervölkerte und ausgepowerte Erde dar, lange bevor diese Thematik etwa durch die Umweltschutzbewegungen oder den *Club of Rome* politische Relevanz erhielt. Andere Erzählungen beschränken sich hingegen darauf, eine in klimatischer Hinsicht veränderte Erde als Schauplatz zu nehmen – wie etwa Clarkes Kurzgeschichte »The Forgotten Enemy« (1949)[29], welche die Rückkehr der Eiszeit schildert, oder Wells' Vision einer sterbenden Erde, welche er in der letzten Reise seines Zeitreisenden in *The Time Machine* gestaltet.

Schließlich wird auch nicht selten eine in politischer Hinsicht veränderte Erde als Hintergrund oder Gegenstand von Erzählungen gewählt. Damit knüpft die Science Fiction an die utopische Tradition an. Bezeichnend ist dabei für diese Texte zum einen, daß negativ gewertete Staatsformen in der Überzahl sind, und zum anderen, daß die Staaten der Science Fiction meist sehr viel weniger konkretisiert werden als in früheren Utopien und Anti-Utopien und daß meist auch der kritische Bezug zur Gegenwart des Lesers fehlt. So erfahren wir etwa von dem Zukunftsstaat in Godwins »The Greater Thing« nur, daß er ein Polizeistaat ist, in dem Religion und Bücher verboten sind; der Rest ist – *action*.[30]

Fast ebenso oft wie eine veränderte Erde stellt die Science Fiction eine sich verändernde Erde dar. Dies ist vor allem in vielen Romanen der Fall, welche den Ablauf eines globalen oder kosmischen Kriegs oder einer Weltkatastrophe schildern. Die Handlung dieser Romane setzt in der unveränderten Welt des Lesers ein, um dann schrittweise die Veränderung dieser vertrauten in eine unvertraute, unheimliche und lebensfeindliche Welt zu erzählen.

Manche dieser Erzählungen wenden das Veränderungsprinzip auch auf die Geschichte der Menschheit an. So spielt Philip K. Dicks Roman *The Man in the High Castle* (1962) in einem Amerika, das den Krieg gegen Hitler verloren hat. Auf ganz andere Weise verändert dagegen Walter M. Miller in seinem Roman *A Canticle for Leibowitz* (1960) die menschliche Geschichte: die Entwicklung der Menschheit erscheint hier als eine zyklische Abfolge von Nullpunktsituationen, finsteren Mittelaltern, industriellen Revolutionen und Selbstzerstörungen der Menschheit.

3.4.2   Welten auf anderen Sternen

Noch größeren Spielraum bei der Gestaltung alternativer Welten hat der Science-Fiction-Autor, wenn er seine Handlung auf anderen Sternen lokalisiert. Viele haben diesen Spielraum nur unvollkommen ausgenützt. Oft bestehen die Änderungen lediglich darin, daß der ferne Planet einen anderen Tages- und Jahreszeitenrhythmus und eine im Vergleich zur Erde leicht veränderte Gravitation besitzt. Auch die Fabelwesen, die in diesen Erzählungen die Fauna und Flora anderer Planeten bilden, sind oft nur verfremdete Versionen irdischer Pflanzen und Tiere – wie etwa die zehnbeinigen Hunde in Edgar Rice Burroughs' *A Princess of Mars*, die von erschreckender Häßlichkeit, aber ebenso treu wie irdische Hunde sind.

Daß das Ausmaß der Veränderungen oft so gering gehalten wird, dürfte weniger auf einen Mangel an Phantasie zurückzuführen sein als auf die Erfordernisse der meist konventionellen *plots*. Hier liegt wahrscheinlich auch die Ursache dafür, daß die meisten Planeten der Science Fiction eine der Erde ähnliche Atemluft haben und daß Burroughs in *A Princess of Mars* und Ray Bradbury in *The Martian Chronicles* (1950) im Widerspruch zu den Erkenntnissen der Astronomie sogar den Mars mit atembarer Luft ausstatten: eine weitergehende Veränderung hätte die Verwendung herkömmlicher Handlungsmuster wie der des Abenteuerromans erschwert.

Manche Erzählungen gehen bei der Veränderung der Lebensbedingungen auf fremden Sternen allerdings durchaus bis an die Grenze des Vorstellbaren. Dies kann vor allem in spielerischer Absicht geschehen wie etwa in Fredric Browns »Placet is a Crazy Place« (1954)[31], wo eine unkoordinierte Fülle von Veränderungen den Leser verblüffen soll: das Licht bewegt sich langsamer als der Schall, zu bestimmten Tageszeiten verändern alle Gegenstände und Menschen ihr Aussehen völlig, und die Vögel dieses Planeten können zwar nicht durch Luft, wohl aber durch Mauern fliegen und bringen so die von den menschlichen Kolonisten gebauten Häuser immer wieder zum Einsturz.

Während die Verkehrte Welt, welche solche Erzählungen darstellen, eher das Resultat eines unverbindlichen Spiels der Phantasie ist, leiten andere Autoren die Veränderungen auf ihren fernen Welten logisch aus einer zentralen Prämisse ab und machen diese veränderte Welt zugleich zu einer Herausforderung für das Erkenntnisvermögen des menschlichen Geistes – wie z. B. Stanislaw Lem in seinen Romanen *Solaris* (1961) und *Der Unbesiegbare*.

3.4.3   Parallele und imaginierte Welten

Erst relativ spät tauchte in der Science Fiction ein Thema auf, das die Autoren der Mühe enthob, eine in allen Einzelheiten andere Welt zu konstruieren, und das es ihnen erlaubte, die Weltveränderung auf *eine* zentrale Prämisse zu beschränken: das Thema der parallelen Welt. Gemeint ist damit die Existenz einer Welt oder mehrerer Welten, die in fast allen Zügen völlig mit der vertrauten Welt des Lesers übereinstimmen und in denen nur *ein* zentraler Aspekt verändert worden ist.

Schon bald gelangte dieses Thema auch in die triviale Science Fiction. So läßt Clark Darlton in seinem Heftchenroman *Der Sprung nach Luna* (1973) aus der Perry-Rhodan-Serie ein Raumschiff auf eine parallele Erde gelangen, auf der alles genauso ist wie auf unserer Erde, nur mit einem Unterschied: die Menschen, die auf der Erde gut sind, sind auf Terra II böse und umgekehrt. Auf dieser parallelen Erde läuft dann eine ganz konventionelle Abenteuerhandlung ab, die nur dadurch eine besondere Note erhält, daß die ›bösen‹ Gegenspieler der ›guten‹ Astronauten von Terra I rein äußerlich deren Doppelgänger sind.

In anspruchsvolleren Science-Fiction-Erzählungen ermöglicht das Thema der parallelen Welten dagegen oft ein interessantes und originelles Durchspielen von Alternativen – u. a. alternativer historischer Entwicklungen, die eingetreten wären, wenn ein bestimmtes historisches Ereignis anders ausgefallen wäre. So gestaltet Michael Moorcock in *Warlord of the Air* (1971) eine parallele Erde des Jahres 1973, in der die russische Revolution gescheitert ist und das Britische Empire immer noch die Welt beherrscht. Auch Dicks Roman *The Man in the High Castle* spielt in einer parallelen Welt, in der gegenüber unserer Welt *eine* Prämisse verändert ist: hier haben die Westmächte den Zweiten Weltkrieg verloren, und die Vereinigten Staaten sind von deutschen und japanischen Truppen besetzt worden. Dick geht es aber nicht nur darum, eine ›andere‹ Geschichte durchzuspielen, sondern auch um eine Problematisierung des Realitätsbegriffs: in seinem Roman stehen mehrere parallele Realitäten nebeneinander, und sie erhalten innerhalb des Romans den gleichen ontologischen Status.

Eine andere Möglichkeit der Problematisierung des Realitätserlebens ist gerade in der neueren Science Fiction beliebt: Träume oder Phantasievorstellungen, welche die reale Welt verändern, sowie Realitätserlebnisse, die sich schließlich als imaginär herausstellen. So braucht der Held von Ursula K. Le Guins *The Lathe of Heaven* (1971) nur von einer besseren Welt zu träumen, um nach seinem Erwachen festzustellen, daß seine Träume Wirklichkeit geworden sind – und alles viel schlimmer als vorher ist. Umgekehrt erlebt der Protagonist von Frederik Pohls »The Tunnel under the World« (1954)[32] eine immer fremder werdende Welt als real, um dann zum Schluß erkennen zu müssen, daß er gar kein Mensch ist, sondern eine Testfigur in einer Miniaturwelt, die ein Industrieller auf einer Tischplatte aufbauen ließ, um mit neuen Methoden der Werbung experimentieren zu können. Philip K. Dick nimmt in seinem Roman *Ubik* (1969) schließlich eine noch weitergehende Problematisierung des Realitätserlebnisses vor. Hier erlebt der Protagonist eine sich immer weiter in die Vergangenheit zurückentwickelnde Welt als real, bis er schließlich erkennt, daß er längst gestorben ist und sich in einem Tiefkühlschrank befindet, wo man sein Gehirn am Leben erhalten hat. Da sein Gehirn mit den Gehirnen anderer Verstorbener ›verstöpselt‹ ist, ergeben sich ständig Interferenzen zwischen den verschiedenen Phantasiewelten, welche die einzelnen Verstorbenen als real erleben. Zwar scheint bis kurz vor Schluß des Romans außerhalb dieser Tiefkühlschränke noch eine reale Welt zu existieren, aber auch diese wird schließlich problematisiert, so daß die Frage »Was ist wirklich?« am Ende des Romans offen bleibt.

Mit solchen Themen hat man sich weit von den Themen der Pioniere der Science Fiction in ihrer Frühzeit (wie Verne und Wells), aber auch weit von dem wegbewegt, was – selbst bei großzügiger Verwendung des Begriffs – als wissenschaftliche Thematik bezeichnet werden könnte. Andererseits finden sich gerade unter diesen Erzählungen nicht wenige, welche diese Themen nicht nur zum Zweck des intellektuellen Spiels oder als Hintergrund für triviale Handlungen benützen, sondern mit ihnen ein Erlebnis gestalten, das auch in der *mainstream literature* unserer Zeit immer wiederkehrt: die Erfahrung des Realitäts- und Identitätsverlusts. Diese Verdrängung der abenteuerlichen Handlung durch die psychologische Darstellung des Erlebnisses einer problematisch gewordenen Welt und eines problematisch gewordenen Ichs findet sich keineswegs nur in den Erzählungen des sogenannten *Inner Space Movement*, sondern ist generell charakteristisch für die anspruchsvolleren Science-Fiction-Erzählungen der Gegenwart.

3.5   *Homo futurus*[33] und alternative Intelligenzen

3.5.1   Der Übermensch

Wie das Thema der alternativen Welt in der Science Fiction letztlich auf die Utopie zurückgeht, so hat die Science Fiction auch das Thema des Neuen Menschen, des Übermenschen, von dieser übernommen. Während der Neue Mensch in den frühen Utopien meist noch ein Produkt der Erziehung ist, gehen bereits Ende des 19. und Anfang des 20. Jahrhunderts Verfasser von Utopien unter dem Einfluß der Evolutionslehre immer häufiger dazu über, den Neuen Menschen als Ergebnis einer wissenschaftlich gesteuerten Evolution und Selektion darzustellen. So ist schon in einigen Utopien von Wells – etwa in *A Modern Utopia* oder in *Men Like Gods* – der *homo futurus* Resultat einer geplanten Evolution. Sobald die Science Fiction dieses Thema übernimmt, tritt im Gegensatz zur Utopie meist nicht nur der politische Aspekt des Neuen Menschen in den Hintergrund, sondern auch der wissenschaftliche. Obwohl die stürmische Entwicklung der Biochemie und des *genetical engineering* gerade bei diesem Thema einen besonderen Einfluß der wissenschaftlichen Entwicklung erwarten lassen könnte, vollzieht sich in der Science Fiction die Entwicklung des *homo futurus* meist durch Mutationen, auf die der Mensch keinen Einfluß hat.

Eine Ausnahme bildet hier Howard Fasts Kurzgeschichte »The First Men« (1960)[34]. Hier erziehen einige Wissenschaftler eine Gruppe von Kindern mit besonders hohem Intelligenzquotienten in völliger Isolation von der übrigen Gesellschaft. Ihr Experiment gelingt, und ihre Zöglinge werden nicht nur ausnahmslos zu kleinen Einsteins, sondern entwickeln überdies telepathische Fähigkeiten. Typischer ist dagegen ein Roman wie Theodore Sturgeons *More than Human* (1953), wo einige Kinder durch telepathische Fusion ihres Bewußtseins zum *homo gestalt*, einer in der Science Fiction beliebten Form des Übermenschen, werden, der aus dem Zusammenschluß mehrerer Einzelseelen entsteht. Während der Übermensch hier eher durch Zufall zustande kommt, gehen die die Entstehung des Neuen Menschen bewirkenden Mutationen in Clarkes *Childhood's End* (1953) auf die Einwirkung der *overlords*, d. h. überlegener Intelligenzen aus einer anderen Welt, zurück. Noch häufiger aber verzichten die Autoren auf jeden Versuch, die Entstehung des Übermenschen zu erklären oder zu begründen. So gehört etwa in Asimovs *The End of Eternity* die Existenz unsterblicher Übermenschen oder in Millers »Command Performance« (1952)[35] die Existenz von Telepathen zu den Prämissen der Erzählung.

Wenn aber die Verwendung des Themas vom *homo futurus* in der Science Fiction erstaunlich wenig von der Entwicklung der biologischen Wissenschaften beeinflußt worden ist, so erklärt dies auch, warum die Eigenschaften des zukünftigen Menschen selten das Resultat von Extrapolationen des gegenwärtigen Standes wissenschaftlicher Möglichkeiten sind. Bevorzugt werden vielmehr vor allem solche Eigenschaften, die spektakuläre Handlungseffekte ermöglichen. So sind etwa die Fähigkeit zu

Telepathie, Teleportation und Telekinese sowie die Unsterblichkeit mit Abstand die häufigsten Eigenschaften des Übermenschen in der unter dem Etikett ›Science Fiction‹ veröffentlichten Heftchenliteratur.

3.5.2   Der degenerierte Mensch

Es darf wohl als ein typisches Kennzeichen der Science Fiction gelten, daß sie der ›progressiven‹ Variante jedes Themas nahezu ebenso häufig eine ›regressive‹ gegenüberstellt. So erscheint das Thema der Zeitreise gleichermaßen als Reise in die Vergangenheit wie als Reise in die Zukunft. Entsprechend gestaltet sie genauso oft alternative Welten mit einer enorm fortgeschrittenen Zivilisation und Technik wie primitive Zivilisationen und Rückfälle in die Barbarei. Das gleiche gilt für die alternativen Menschen der Science Fiction: neben dem Übermenschen findet sich mit fast gleicher Häufigkeit der degenerierte Mensch.

Auch diese Variante des Themas gibt es bereits bei Wells. In seiner Erzählung *The Time Machine* beschrieb er eine zukünftige Welt, in der die Nachkommen der *leisure class* zu unnützen und kindhaften Geschöpfen degeneriert sind, welche von den unter der Erde lebenden Nachkommen der *working class* als Schlachtvieh gemästet und verspeist werden. Aldous Huxley dagegen gestaltete in *Brave New World* (1932) die Degeneration des Menschen als Resultat bewußter genetischer Planung: hier werden die zukünftigen Arbeiter durch pränatale (und postnatale) Konditionierung zu reduzierten Menschen, welche die stupidesten Arbeiten verrichten und dabei glücklich sind.

In späteren Texten wird der degenerierte Mensch – ebenso wie der Übermensch – nur noch selten als Produkt wissenschaftlicher Planung dargestellt. Oft wird die Degeneration durch einen Zwischenfall oder eine Katastrophe bewirkt: so werden die Astronauten in John Wyndhams »Survival« (1956) durch den Mangel an Lebensmitteln auf ihrem Raumschiff zu Kannibalen, während in zahlreichen anderen Texten die atomare Verseuchung nach einem Atomkrieg eine genetische Degeneration der Überlebenden bewirkt.

Eine besonders interessante Variante dieses Themas ist schließlich Thomas M. Dischs *The Genocides* (1965). Hier wird erzählt, wie Intelligenzen von einem anderen Stern die Erde Schritt für Schritt in eine einzige Plantage für Riesenbäume verwandeln. Parallel dazu wird die Degeneration der überlebenden Menschen als Prozeß geschildert, wobei diese die Entwicklung der Menschheit in umgekehrter Richtung durchlaufen, bis die letzten Menschen eine Entwicklungsstufe erreicht haben, die der Adams und Evas in der Genesis entspricht.

3.5.3   *Aliens*

Alternative Intelligenzen von anderen Sternen treten so häufig auf, daß Dieter Hasselblatt seine Monographie über die gesamte Science Fiction nach diesem Thema benennen konnte: *Grüne Männchen vom Mars*.

Wie beim *homo futurus* finden sich auch hier zwei entgegengesetzte Arten der

Darstellung: der *alien* als Gefahr und Bedrohung und als Verkörperung einer höheren Form der Humanität. Dabei überwiegt, vor allem in der trivialen Science Fiction, durchaus die Darstellung der *aliens* als destruktive Invasoren, welche die Erde für sich erobern möchten oder dem Menschen seine Persönlichkeit rauben. Schon Wells entwarf in *The War of the Worlds* eine solche Schreckensvision aggressiver Marsmenschen; und über die vielen *Bug-Eyed Monsters*, die sogenannten BEMs, der frühen Science Fiction bis zu den trivialen Science-Fiction-Romanen und -Filmen der Gegenwart sind solche an Invasions- und Vampirängste appellierenden Darstellungen außerirdischer Intelligenzen in der Überzahl geblieben. Demgegenüber sind *aliens*, die eine höhere Form der Humanität, wie etwa in Clarkes *Childhood's End*, oder zumindest eine gleichwertige, wenn auch andere Form der Humanität repräsentieren, wie etwa in James Blishs *A Case of Conscience* (1958)[36], eher in der Minderzahl.

Oft beschränken sich die Autoren darauf, ihren *aliens* ein möglichst phantastisches, schreckenerregendes oder groteskes Aussehen zu geben. Während die sich auf riesigen Stelzen bewegenden, alles zerstörenden Invasoren vom Mars in Wells' *The War of the Worlds* zum Vorbild vieler ähnlicher Schreckensvisionen wurden, gibt es natürlich auch harmlosere Varianten, wie z. B. die grünen, mit vier Armen ausgestatteten Marsmenschen in Burroughs' *A Princess of Mars* oder die wie Fässer aussehenden *aliens* in Bertram Chandlers »The Cage« (1957)[37].

Nur wenige Autoren gehen über solche Äußerlichkeiten hinaus und versuchen, die Möglichkeiten einer alternativen Intelligenz konsequent zu Ende zu denken. Ein solcher Versuch liegt etwa in Fred Hoyles *The Black Cloud* (1957) vor: hier schiebt sich eine intelligenzbegabte schwarze Wolke zwischen Sonne und Erde, so daß der Erde der Kältetod droht; aber auch in diesem Roman liegt noch keine radikal alternative Intelligenz vor, da irdische Wissenschaftler imstande sind, mit Hilfe mathematischer Formelsprache eine Kommunikation mit der schwarzen Wolke herzustellen und somit das Schlimmste zu verhindern. Noch extremere Formen alternativer Intelligenz hat dagegen Stanislaw Lem gestaltet. So finden etwa irdische Astronauten in *Der Unbesiegbare* auf einem fernen Planeten eine destruktive Wolke vor, die aus elektrisch geladenen Metallteilen besteht und intelligenzbegabt ist. Es gelingt ihnen zwar, das Geheimnis dieser Wolke zu ergründen, nicht aber mit ihr zu kommunizieren. Nicht einmal ersteres glückt den menschlichen Wissenschaftlern in Lems *Solaris*: diese haben auf einem fernen Planeten einen intelligenzbegabten Ozean entdeckt, der wie ein Weltenschöpfer Landschaften, Städte und Menschen erschaffen kann; aber auch am Ende dieses Romans ist es den Wissenschaftlern nicht gelungen, das Geheimnis dieses Ozeans zu entschlüsseln oder gar mit ihm in Kommunikation zu treten.

Der Science Fiction ist vorgeworfen worden, daß sie die *aliens* meistens als aggressive und daher zu vernichtende Wesen oder als Objekte menschlicher Kolonisation dargestellt habe und daß solche Erzählungen daher von einer militaristischen, faschistischen oder kolonialistischen Ideologie getragen seien.[38] Dieser Vorwurf wird sicher auf nicht wenige Werke der Heftchen-SF zutreffen. Andererseits erklärt sich diese Verwendung des *alien*-Motivs in vielen Fällen aus den Bedürfnissen des *plot*, d. h. der Vorliebe für Konflikthandlungen, die zahlreiche Werke der Science Fiction mit dem Abenteuerroman gemeinsam haben. Darüber hinaus darf nicht übersehen werden, daß eine Reihe von Autoren eine solche Ideologie problematisiert. Schon Wells, der in *The War of the Worlds* seine Invasoren vom Mars als ebenso aggressiv, skrupellos und vernichtenswert wie viele seiner Nachahmer darstellt, will den Leser immerhin nachdenklich machen, wenn er darauf hinweist, daß die *aliens* die Menschen nicht anders behandeln als die Europäer die Eingeborenen in der Zeit der kolonialen Expansion.[39] Und der Wissenschaftler in Lems *Der Unbesiegbare* kommt, nachdem man vergeblich die modernsten Waffen gegen den rätselhaften Gegner eingesetzt hat, zu dem Entschluß, den Planeten ein für allemal zu verlassen: »Nicht überall ist alles für uns bestimmt [...].«[40]

3.5.4 Alternative Formen sozialen, sexuellen und religiösen Verhaltens

Weit weniger Phantasie als bei der Beschreibung des Aussehens alternativer Welten und alternativer Intelligenzen haben SF-Autoren durchweg bei der Beschreibung des sozialen Verhaltens zukünftiger Menschen oder extraterrestrischer Intelligenzen entwickelt. Im Gegenteil: heutige Formen des sozialen Zusammenlebens wie Ehe, Familie sowie die Unterordnung von Untergebenen unter einen Vorgesetzten in Wirtschaft, Militär und Forschung erscheinen meist als Konstanten. Nur in wenigen Fällen werden andere Organisationsformen und Verhaltensweisen durchgespielt. So ist die Zukunftsgesellschaft in Damon Knights »The Country of the Kind« (1956)[41] durch einen Abbau jeglicher menschlicher Aggressivität gekennzeichnet, während sich die Romangesellschaft in Anthony Burgess' *A Clockwork Orange* (1962) durch eine starke Zunahme der Aggressivität und Brutalität insbesondere unter den Jugendlichen auszeichnet. In Erzählungen wie »The First Men« von Howard Fast oder in Heinleins Roman *Stranger in a Strange Land* (1961) leben die Neuen Menschen in telepathischen Kommunen; Isaac Asimov gestaltet dagegen in *The Naked Sun* (1957) das entgegengesetzte Extrem: Menschen, die nicht nur zu einem sozialen Zusammenleben unfähig sind, sondern nicht einmal die physische Nähe eines anderen Menschen ertragen können und daher mit ihren Mitmenschen ausschließlich durch Television verkehren.

Daß die Science Fiction nur selten überzeugende Formen alternativen sexuellen Verhaltens entwickelt hat, ja, daß Sexualität in ihr meist keine größere Rolle spielt als im viktorianischen Roman, ist schon oft konstatiert worden. Ein Beweis dafür ist eine der wenigen Sammlungen erotischer SF-Erzählungen, die unter dem Titel *Liebe 2002*[42] erschien und deren Texte zwar von namhaften Autoren verfaßt wurden, aber nur zum kleineren Teil als geglückt bezeichnet werden können.

Erst seit kurzer Zeit hat sich die Science Fiction in stärkerem Maße für die Darstellung alternativer Liebe und Sexualität interessiert.[43] Ein frühes Beispiel ist der bereits erwähnte Roman *Stranger in a Strange Land*. Hier lebt eine Gruppe von Menschen in einer Kommune, in der nicht nur Polygamie herrscht, sondern in der die Mitglieder kraft ihrer telepathischen Fähigkeiten auch an jedem Liebesakt innerhalb ihrer Gruppe teilhaben, so daß die Sexualität ihren privaten Charakter verliert. Dieses Thema dürfte auch den außerordentlichen Erfolg dieses Romans bei den amerikanischen Hippies Ende der sechziger Jahre bewirkt haben.

Einer der originellsten Romane über das Thema alternativer Sexualität ist schließlich

Ursula K. Le Guins *The Left Hand of Darkness* (1969). Dieser Roman spielt auf einem fernen Planeten, dessen Bewohner den größten Teil ihres Lebens geschlechtslos sind und nur in kurzen Brunstzeiten, den *kemmers*, zum Mann oder zur Frau werden. Dabei kann sich jeder Mensch in aufeinanderfolgenden *kemmers* mal in einen Mann und mal in eine Frau verwandeln, und niemand weiß vor seinem *kemmer*, ob er zum Mann oder zur Frau (und zur Mutter) wird. Dieser Wunschtraum einer weiblichen Autorin von einer Gesellschaft, in der die Frau nicht nur sozial, sondern auch biologisch dem Mann völlig gleichgestellt ist, verzichtet in solchem Maße auf billige und spektakuläre Effekte, daß dieser Roman unter den SF-Texten, die eine alternative Sexualität gestalten, eine Ausnahme bildet.

Auch alternative Formen der Religiosität werden im Gros der Science Fiction nur selten thematisiert. Die Religion wird entweder gar nicht zum Thema, oder das religiöse Verhalten erscheint auf ähnliche Weise als Konstante wie in vielen SF-Erzählungen das soziale oder das sexuelle Verhalten des Menschen. Manche Erzählungen gehen ganz selbstverständlich davon aus, daß nach der Entdeckung anderer von intelligenten Wesen bewohnter Planeten christliche Missionare einen neuen Tätigkeitsbereich erhalten werden; und in Robert F. Youngs »Promised Planet« (1955) liefert die Konstanz des Menschen in seinem religiösen Verhalten sogar die Schlußpointe: die Kolonisten in einer fernen Welt zwingen dem überzeugtesten Atheisten unter ihnen die Rolle des Geistlichen auf, weil sie auch im Zeitalter der Raumfahrt und der Weltraumkolonisation ohne eine institutionalisierte Religion nicht leben können.

Auch hier gibt es allerdings eine interessante Minderheit von Erzählungen, die herkömmliche Verhaltensweisen problematisieren und Alternativen gestalten. So werden in Blishs *A Case of Conscience*, Bradburys »The Fire Balloons« (1951)[44] und Harry Harrisons »An Alien Agony« (1962)[45] christliche Missionare auf von *aliens* bewohnte Planeten geschickt und dort mit intelligenten Wesen konfrontiert, die ohne Religion leben und trotzdem gut sind, die also der Religion nicht bedürfen. Während die Missionare in »The Fire Balloons« zu eben dieser Erkenntnis gelangen, versagt sich der Missionar in »An Alien Agony« dieser Erkenntnis; die *aliens* kreuzigen ihn, weil sie einen Beweis für die neue Religion bekommen wollen, und haben damit ihre paradiesische Unschuld verloren.[46]

Auch wenn solche Erzählungen insgesamt in der Minderzahl sind, so zeigen sie doch, wie weit die Thematik der Science Fiction über den Inhalt des Begriffs *science* hinausgeht und daß sie grundsätzlich jeden Aspekt menschlichen Verhaltens und jeden Bereich der Welt thematisieren und Alternativen dazu gestalten kann.

3.5.5   Künstliche Menschen und Computer

Mit besonderer Häufigkeit treten in der Science Fiction alternative Intelligenzen auf, die vom Menschen geschaffen wurden. Eine der ältesten Varianten dieses Themas ist der künstliche, im Laboratorium von Menschenhand geschaffene Mensch. Dieser findet sich bekanntlich bereits in der Romantik, so etwa der Homunculus in Goethes *Faust II* oder in Mary Shelleys *Frankenstein* (1818). Das Thema wird dann von Wells in *The Island of Dr Moreau* (1896) insofern abgewandelt, als der Wissenschaftler in dieser Erzählung nicht künstliche Menschen, sondern neue Tiere durch die Transplantation von Körperteilen anderer Tiere in seinem Laboratorium erschafft. In der späteren Science Fiction kehrt dann der Kunstmensch als Lebewesen unter der Bezeichnung *android* oder *humanoid* immer wieder.

Noch häufiger ist der Maschinenmensch, der Roboter.[47] Vor allem im Bereich der trivialen Science Fiction gibt es kaum eine Erzählung, die ohne den Roboter auskommt. Aber auch ein Autor wie Isaac Asimov hat in seinen Romanen und Kurzgeschichten immer wieder eine alternative Welt gestaltet, in der Roboter dem Menschen nahezu alle Arbeiten abgenommen haben und in der es eine eigene Psychologie und Ethik für Roboter gibt.

Eine Kombination von Android und Roboter ist der Cyborg. Hier handelt es sich um ein Gebilde, in dem mechanische Bauelemente und Gliedmaßen von Menschen – insbesondere aber das Gehirn – miteinander verbunden werden. Dabei ist es typisch, daß dieser Cyborg, der im Gegensatz zum Roboter eine reine Erfindung von Science-Fiction-Autoren ist, als Versatzstück in den Erzählungen vieler Autoren unter der gleichen Bezeichnung auftaucht, wobei beim Leser die Kenntnis der Bedeutung des Wortes oft ebenso vorausgesetzt wird wie in den Raumfahrt-Erzählungen etwa jene von *space warp* oder *overdrive*.

Eine weitere Form künstlicher Intelligenz in SF-Erzählungen ist schließlich der Computer. Die Science Fiction scheint lange Zeit die Bedeutung, die Computer bereits in unserer Zeit besitzen, nicht vorausgesehen zu haben und hat Androiden und Roboter vorgezogen – vielleicht, weil sie anschaulicher sind und sich besser in herkömmliche *plots* integrieren lassen. Seit einiger Zeit scheint aber der Computer in der Science Fiction den Roboter mehr und mehr zu verdrängen, wobei die Autoren ihre Computer mit immer extremeren Formen von Intelligenz ausstatten.

Wie der *homo futurus* in der Science Fiction als Übermensch oder als degenerierter Mensch, als Gegenstand der Hoffnung oder als Bedrohung erscheinen kann, so werden Androiden, Roboter und Computer ebenso häufig mit einem positiven wie mit einem negativen Vorzeichen versehen. Auch hier werden beide Möglichkeiten durchgespielt, ohne daß man aus der jeweiligen Verwendungsweise dieses Themas ohne weiteres auf einen Fortschrittsoptimismus oder eine Technikfeindschaft des Autors schließen darf.

Dementsprechend treten diese Gebilde gleichermaßen als Helfer wie als Gegenspieler der Menschen auf. In Godwins »The Greater Thing«, das in einem Polizeistaat der Zukunft spielt, wird ein solches Gebilde zum *deus ex machina* und ermöglicht den beiden Hauptfiguren, was den Rebellen gegen einen anti-utopischen Staat in früheren Anti-Utopien durchweg versagt blieb: *happy ending* und Sieg. In Walter M. Millers »I Made You« (1954)[48] wendet sich dagegen ein Roboter auf dem Mond gegen seine eigenen Herren und vernichtet sie. In vielen Erzählungen findet sich auch ein genereller Entwurf einer zukünftigen Welt, die entscheidend von Robotern oder Computern bestimmt wird. Isaac Asimov hat eine solche Welt, die durch eine Symbiose von Menschen und Robotern gekennzeichnet ist, in zahlreichen Romanen und Kurzgeschichten gestaltet[49] und mit einem positiven Vorzeichen versehen. Erheblich seltener sind dagegen Erzählungen über eine zukünftige Welt, in der die Geschöpfe ihre Schöpfer versklavt oder vernichtet haben.

Oft werden Roboter und Computer als bloße Versatzstücke verwendet, als Mittel zur

Herbeiführung eines *happy ending*, zur Erzeugung von Grusel-, aber auch von komischen Effekten.[50] Manchmal werden sie auch zum Gegenstand intellektuellen Spiels, wie etwa in Asimovs »Jokester« (1956),[51] wo »the most complex computer ever built«[52] die Herkunft der Witze ergründen soll, oder in Gordon R. Dicksons »The Monkey Wrench« (1951)[53], wo ein als ebenso unfehlbar und unverwundbar wie Gott geltender Computer dadurch lahmgelegt wird, daß man ihm das berühmte Kreter-Paradoxon zu lösen gibt.

Schließlich kann der Kunstmensch auch benützt werden, um die Problematik des Realitätserlebens und der Identität zu gestalten. Wenn Frederik Pohl in »The Tunnel under the World« und Philip K. Dick in »Impostor« (1955)[54] das Geschehen aus der Perspektive einer Figur erzählen, die sich für einen Menschen hält und am Schluß zu ihrem Entsetzen erkennen muß, daß sie ein Roboter ist, dann liegt hier, wenn auch in effektvoll-reißerischer Verpackung, das gleiche Thema des Ichverlusts vor, das auch zu den bevorzugten Themen der heutigen *mainstream literature* gehört.

3.6   Wissenschaft als Thema

Wenn man die in diesem Versuch einer Bestandsaufnahme genannten Themen Revue passieren läßt, zögert man in den meisten Fällen, ihnen irgendeinen Bezug zur Wissenschaft zuzusprechen. Androiden, unsterbliche Menschen, Telepathie, Telekinese, Teleportation, parallele Welten – diese und andere Themen scheinen nicht das Geringste mit dem zu tun zu haben, was Joseph T. Shipley als *das* Thema der Science Fiction bezeichnet: »advances in science and technology«[55]. Auch wenn man einräumt, daß man heute keineswegs mit Sicherheit sagen kann, welche Dinge zukünftiger Wissenschaft und Technik möglich sein und welche für immer unmöglich bleiben werden, so wird man doch mit Recht daran zweifeln, daß die Mehrzahl der Science-Fiction-Autoren wirklich realisierbare und plausible Entwicklungen zukünftiger Wissenschaft extrapolieren will.

Gewiß wird man in der heute kaum noch übersehbaren Fülle von SF-Erzählungen immer wieder einige finden, die sich auf seriöse Weise und auf der Grundlage der uns bekannten Naturgesetze um eine Extrapolation künftiger wissenschaftlicher Entdeckungen und Erfindungen bemühen. Hier wäre etwa Hugo Gernsbacks Romanfolge *Ralph 124 C 41 +* (1911/12[56]) zu nennen, in der Erfindungen wie Tonbandgeräte und Kunststoffe vorweggenommen werden, Huxleys Roman *Brave New World*, der künftige Methoden der genetischen und psychologischen Konditionierung extrapoliert, um vor ähnlichen Entwicklungen in der realen Welt zu warnen, oder Heinleins Kurzgeschichte »Blowups Happen«, die schon 1940 künftige Atomreaktoren und ihre Probleme antizipiert. Wenn man die Formulierung »advances in science and technology« großzügig auslegt, wird man hier auch Erzählungen anführen, die z. B. einen Dritten Weltkrieg oder eine übervölkerte und in ökologischer Hinsicht ruinierte Erde zum Thema haben.

Aber solche Texte stellen heute eher die Ausnahme dar. Der Versuch von R. Scholes und E. S. Rabkin, die Themen der Science Fiction bestimmten naturwissenschaftlichen Disziplinen zuzuordnen, wobei dann die Zeitreise und die parallelen Welten unter ›Physik‹ sowie Telepathie und Teleportation unter ›Psychologie‹ erscheinen,[57] dürfte daher als verfehlt, zumindest aber als überzogen bezeichnet werden können. Das aber bedeutet, daß eine auf dem Kriterium des Wissenschaftsbezugs basierende Abgrenzung von Science Fiction und *fantasy fiction* entweder nicht möglich ist oder daß das Gros aller unter dem Etikett ›Science Fiction‹ veröffentlichten Texte eigentlich zur *fantasy fiction* gehört.

Sehr viel häufiger erscheint Wissenschaft in der Science Fiction auf eine ganz andere Weise als Thema. Von Jules Verne und H. G. Wells bis zu den Autoren unserer Zeit sind als Protagonisten mit besonderer Vorliebe Wissenschaftler und Erfinder gewählt worden. Zwar sind deren Erfindungen und Entdeckungen nach der heutigen Kenntnis der Naturgesetze meist entweder unmöglich (wie z. B. Unsterblichkeit oder überlichtschnelle Raumschiffe) oder nicht sinnvoll (wie z. B. eine auf der Symbiose von Mensch und Roboter basierende Zivilisation). Aber oft sind nicht wissenschaftliche Erfindungen das eigentliche Thema, sondern die Probleme, mit denen zukünftige Wissenschaftler in den alternativen Welten dieser Texte konfrontiert werden.

Hier handelt es sich in der Tat um ein bevorzugtes Thema der Science Fiction. So geben die Autoren ihren Helden etwa die folgenden Probleme auf: Woran ist die hochentwickelte Zivilisation auf einem fernen Planeten zugrunde gegangen?[58] Warum gibt es auf einem Planeten mit erdähnlichen Lebensbedingungen Lebewesen nur im Wasser, nicht aber auf dem Land?[59] Wie kann man mit einer die Erde bedrohenden extraterrestrischen Intelligenz in Kommunikation treten?[60] Warum werden bislang harmlose Lebewesen auf einem anderen Planeten plötzlich aggressiv?[61] Wie kann man einen unzerstörbaren Computer lahmlegen?[62] In den meisten Fällen sind dies Fragen, die mit unserer Wissenschaft und unserer Welt wenig zu tun haben. Oft handelt es sich um Probleme, die auf Prämissen beruhen und die nach Methoden gelöst werden, die nicht mehr Bezug zu unserer realen Welt haben als etwa die Regeln des Schachspiels. Trotzdem wird man sagen können, daß wissenschaftliches Denken und Handeln in einer alternativen Welt zu den beliebtesten Themen der Science Fiction gehören und daß in Erzählungen mit dieser Thematik ihre Eigenständigkeit gegenüber der *mainstream literature* in besonderem Maße deutlich wird. Unter den zahllosen Texten, die unter der Bezeichnung ›Science Fiction‹ auf den Markt kommen, bilden aber auch diese Erzählungen nur eine Minderheit.

4 Typen

4.1 Themen und Typen der Science Fiction

Science Fiction ist gewiß dann als Gattung zu bezeichnen, wenn wir den Begriff
›Gattung‹ für alle Textgruppen verwenden, »zwischen denen ein deutlicher, den
Autoren und dem Publikum bewußter Zusammenhang besteht«.[1] Ein solches Gattungsbewußtsein ist bei den Verfassern, Verlegern und Lesern von Science Fiction
zweifellos in ähnlichem Maße vorhanden wie z. B. bei der Detektivliteratur. Problematisch wird der Gattungscharakter von Science Fiction jedoch dann, wenn wir
darüber hinaus davon ausgehen, daß alle Texte einer Gattung in wesentlichen
formalen und inhaltlichen Kriterien übereinstimmen.
Ein solches gattungstypisches »Ensemble von formalen wie inhaltlichen Merkmalen«[2]
liegt beispielsweise der Detektivliteratur zugrunde: zum Mord als inhaltlichem Kriterium tritt hier die analytische Struktur – eine Gegenwartshandlung, die primär die
Enthüllung einer Vergangenheitshandlung zum Ziel hat – als formales Kriterium
hinzu.
Science Fiction ist dagegen eine weit proteischere Gattung. Sie ist zwar in ähnlich
hohem Maße konventionalisiert wie die Detektivliteratur; aber fast alle diese Konventionen werden nur in jeweils einem Teil der Gattung verwendet. So findet sich die
wissenschaftliche (oder pseudowissenschaftliche) Thematik, die in dem Begriff
›Science Fiction‹ und in den gängigen Definitionen der Science Fiction – etwa als »a
narrative« of an imaginary invention or discovery in the natural sciences«[3] – zum
Ausdruck kommt, wohl in zahlreichen Werken der Gattung. Aber sie fehlt wiederum
in anderen Erzählungen völlig, obgleich diese von Autoren und Lesern ebenso
eindeutig der Science Fiction zugeordnet werden. Mit anderen Worten: der kleinste
gemeinsame Nenner für sämtliche SF-Erzählungen ist so klein, daß er nur ganz
wenige inhaltliche oder formale Elemente enthält, die für die gesamte Gattung
gelten.[4] In dieser Hinsicht ist die Science Fiction etwa dem historischen Roman
vergleichbar.
Sehr viel leichter als »Ensemble von formalen wie inhaltlichen Merkmalen« lassen
sich dagegen ihre zahlreichen Untergattungen charakterisieren, die wir hier kurz als
›Typen der Science Fiction‹ bezeichnen wollen. Allerdings ist bei der Bestimmung
solcher Typen Vorsicht geboten.
So liegt es z. B. nahe, in den zahlreichen Erzählungen vom Konflikt zwischen
Menschen und *aliens* oder in den seit dem Zweiten Weltkrieg so häufigen Weltkatastrophen-Erzählungen zwei verschiedene Typen zu sehen. Eine genauere Betrachtung zeigt aber, daß es sich bei der Weltkatastrophe oder dem Konflikt zwischen
Mensch und *alien* um Themen handelt, deren bloßes Vorhandensein über die
inhaltliche und formale Ausführung der einzelnen Erzählung und damit über den Typ
von Science Fiction, dem diese Erzählung angehört, kaum etwas aussagt. So kann
z. B. die Weltkatastrophe am Anfang einer Erzählung stehen und mit dem Ende der
Exposition abgeschlossen sein. Die Kernhandlung, die sich im Anschluß daran in
einer verwüsteten Welt abspielt, kann dann inhaltlich und formal auf völlig unter-

schiedliche Weise gestaltet werden. Manche Erzählungen handeln etwa von den Überlebensanstrengungen des oder der letzten Menschen nach der Katastrophe in der Art der Robinsonade.[5] Andere wiederum schildern eine Verkehrte Welt, die sich als Folge der Katastrophe herausbildet – etwa ein Amerika, in dem die Schwarzen die Herren und die Weißen die Sklaven sind,[6] oder ein Amerika, in dem Weiße und Indianer die Rollen getauscht haben[7] –, wobei häufig inhaltliche Konventionen und Strukturmuster der Anti-Utopie übernommen werden.

Ein ganz anderes Handlungsmuster ergibt sich dagegen, wenn die Weltkatastrophe als im Verlauf befindlich dargestellt wird. Diese Erzählungen beginnen meist mit den ersten Anzeichen der drohenden Katastrophe, schildern dann, wie Schritt für Schritt eine Kulturfunktion nach der anderen ausfällt, und enden entweder mit der Vernichtung der menschlichen Zivilisation, des Lebens auf der Erde oder der Erde selbst oder mit einer Rettung der Welt in letzter Minute. Hier haben wir einen klar umrissenen Typus vor uns, und nur dieser Typus soll im folgenden als ›Weltkatastrophen-Erzählung‹ bezeichnet werden.

Auch Erzählungen, die das Motiv des Konflikts zwischen Menschen und Intelligenzen von anderen Sternen thematisieren, können völlig verschiedenartig gestaltet werden und damit auch verschiedenen Typen angehören.

Einer dieser Typen spielt durchweg irgendwo im Weltraum und schildert in episodischer Reihung kriegerische Begegnungen zwischen einem irdischen Super-Helden und *aliens*, wobei diese Episoden oft durch eine Liebesaffäre zwischen dem Helden und einer schönen Außerirdischen zusammengehalten werden. Dies ist im Grunde nichts anderes als der Typ des altbekannten Abenteuerromans, der lediglich durch typische Requisiten der Science Fiction verfremdet wurde. Allerdings wird die Begegnung zwischen Menschen und *aliens* im Weltraum auch von anderen Typen thematisiert.

Das Motiv des Konflikts zwischen Menschen und außerirdischen Intelligenzen kann darüber hinaus auch als Invasion der Erde durch *aliens* gestaltet werden, wobei sich auch diese thematische Variante nicht einem einzigen Typus der Science Fiction zuordnen läßt. Die Erdinvasion kann sich z. B. so abspielen, daß die *aliens* Schritt für Schritt von der Erde Besitz ergreifen und die menschliche Zivilisation Zug um Zug zerstören. Auf diese Weise ergibt sich eine Erzählung, die dem Typ der Weltkatastrophen-Erzählung entspricht. Dabei ist es allerdings für die Struktur einer solchen Erzählung ziemlich gleichgültig, ob diese Katastrophe durch eine Invasion von *aliens*[8] oder z. B. durch einen kosmischen Zwischenfall – wie etwa eine plötzliche Abkühlung der Sonne, eine neue Sintflut oder dergleichen – ausgelöst wird.[9]

Häufig wird die Erdinvasion aber auch als ›Unterwanderung‹ der Erdbevölkerung durch *aliens* dargestellt, die die Gestalt von Erdbewohnern angenommen haben. Da in diesen Erzählungen dem Protagonisten meist die Aufgabe zufällt, einen *alien* von einflußreicher Position in der irdischen Gesellschaft zu entlarven, nähern sie sich dem Typ der Detektivgeschichte an. Dabei ist es allerdings für die Struktur einer solchen Erzählung meist unerheblich, ob die zu entlarvenden Gegenspieler des Helden *aliens*[10] oder z. B. menschliche Mutanten sind, die mit ihren übermenschlichen Kräften die Menschheit bedrohen:[11] in beiden Fällen ist vielmehr der gleiche Typ von Science Fiction gegeben.

Die Zahl der bislang realisierten Typen ist weit geringer, als dies bei einem oberflächlichen Blick auf die Vielfalt von SF-Erzählungen scheinen könnte. Trotzdem kann im folgenden kein vollständiger Überblick, sondern nur eine kurze Charakterisierung einiger weniger Typen gegeben werden, die entweder in der Science Fiction der Gegenwart besonders häufig auftreten oder die sich durch ein besonders ausgeprägtes System von thematischen und strukturellen Konventionen auszeichnen. Nun wurde schon in früheren Kapiteln dieses Buches wiederholt darauf hingewiesen, daß die Science Fiction vor allem von zwei älteren Erzählgattungen abstammt: vom Abenteuerroman, allgemeiner gesprochen: von der *romance*, und von der Utopie. Es sollen daher zunächst die beiden Typen von Science Fiction betrachtet werden, deren Erzählkonventionen sich aus diesen Gattungen herleiten lassen.

4.2   Science Fiction und *romance*[12]

Der Abenteuer- und Liebesroman, der hier der Kürze halber als *romance* bezeichnet werden soll, florierte bereits in der Antike, lebte im mittelalterlichen Ritterroman und im Barockroman weiter und liefert heute – gleichsam als gesunkenes Kulturgut – das Handlungsmuster für einen beträchtlichen Teil der Romane der Trivialliteratur. Seine Konventionen sollen kurz anhand von Heliodors *Aithiopika* aus dem 3. Jahrhundert n. Chr. vorgestellt werden.

Die *Aithiopika* erzählen die Schicksale von Theagenes und Charikleia, zwei jungen Leuten hoher Abstammung. Diese werden ihren Eltern geraubt, treffen sich, verlieben sich ineinander auf den ersten Blick, werden wieder getrennt und müssen zahlreiche Abenteuer bestehen und unendliche Leiden durchmachen, bis sie am Ende des Romans zusammengeführt werden.

Dieses recht simple Handlungsmodell ist seit Heliodor bis zum heutigen Tag unzählige Male rekapituliert und variiert worden. Dabei erscheint der Protagonist mal als heroischer Kämpfer und Held, mal als exemplarischer Leidender; an die Stelle der Liebe und der Wiedervereinigung der Liebenden als Thema und Ziel kann etwa die Wiedererringung der Herrschaft, die Befreiung eines Freundes aus feindlicher Gefangenschaft oder die Suche nach einem Schatz treten; die Abenteuer des Helden können sich in einem halbwegs realistisch geschilderten Milieu, aber auch im Bannkreis von Zauberern, Hexen und Ungeheuern abspielen. Durchweg gemeinsam sind der *romance* jedoch folgende thematischen und formalen Konstanten:

– eine Struktur, die aus einer additiven Reihung von Abenteuern besteht;
– eine diese additive Reihung übergreifende Zielorientierung, die etwa in der Suche des Helden nach seiner verlorenen Geliebten oder nach einem Schatz bestehen kann und die in der englischen Literaturwissenschaft als *quest* bezeichnet wird;
– die Betonung der Handlung gegenüber der Psychologie, der Reise nach außen gegenüber der Reise nach innen (in die menschliche Seele);
– die radikale Aufteilung der Charaktere in Gute und Böse.

In der trivialen Science Fiction dürfte dieses Handlungsmuster seit Jahrzehnten das mit Abstand beliebteste sein. Die in Amerika als *space operas* bezeichneten Romane haben sich immer wieder dieser Konventionen bedient, und auch viele Hefte der Perry-Rhodan-Serie übernehmen diese typischen Merkmale der *romance*. Hier soll exemplarisch nur einer dieser Texte charakterisiert werden, und zwar der 1912 veröffentlichte Roman *A Princess of Mars* des Tarzan-Autors Edgar Rice Burroughs.

Die Handlung des Romans sieht, kurz zusammengefaßt, so aus: Der amerikanische Goldsucher John Carter wird in Arizona von Indianern überfallen und kann sich mit knapper Not in eine Felsenhöhle retten. Die in dieser Höhle aufsteigenden giftigen Dämpfe bewirken, daß er ohnmächtig zusammenbricht. Als er wieder erwacht, befindet er sich – er weiß es sofort – auf dem Mars. Er wird dort von Marsmenschen, grünen, vier Meter großen Wesen mit vier Armen, gefangengenommen. Und bald kommt eine weitere Gefangene hinzu: Dejah Thoris, die Prinzessin von Helium, die ganz wie ein Erdenmädchen aussieht, zudem unwahrscheinlich schön ist und sich von den Erdenmenschen nur dadurch unterscheidet, daß sie eine rote Haut hat und sich als Marsmensch nicht durch Lebendgebären, sondern durch Eier fortpflanzt. Natürlich verliebt sich John Carter auf den ersten Blick in Dejah Thoris, aber die grünen Marsmenschen sehen das nicht gern; und so muß Carter sich in mehreren Zweikämpfen für Dejah Thoris schlagen, wobei er natürlich ausnahmslos gewinnt. Als die Lage für die beiden kritisch wird, fliehen sie mit einer treuen Dienerin und einem ebenso treuen zehnbeinigen Marshund. Bald werden sie aber bei einem Überfall eines anderen Stammes von Marsmenschen voneinander getrennt. John Carter beginnt daraufhin eine lange Suche nach seiner Geliebten, bei der er viele Abenteuer bestehen muß. Als er sie schließlich wiederfindet, ist sie gerade dabei, den Prinzen eines anderen Marsvolkes zu heiraten, da sie Carter für tot gehalten hat. Carter kommt mit einem großen Heer gerade noch rechtzeitig, um diese Hochzeit zu verhindern. Es gibt eine riesige Schlacht, an deren Ende Carter mit seinem Heer siegt und Dejah Thoris befreit und heiratet. Das Glück der beiden erreicht seinen Höhepunkt, als Dejah Thoris eines Tages ihrem Mann ein Ei zeigt, das sie ihm gelegt hat und aus dem der Thronfolger hervorgehen soll. Da bricht plötzlich die Versorgung des Mars mit künstlicher Atemluft zusammen, Carter wird ohnmächtig – und erwacht in seiner Höhle in Arizona.

In diesem Handlungsresümee sind unschwer die typischen Züge der *romance*, und zwar besonders ihrer trivialisierten Form, wiederzuerkennen:

– die Liebeshandlung mit der Liebe auf den ersten Blick, der Trennung und schließlichen Wiedervereinigung der Liebenden;
– die Abenteuerhandlung mit ihrer Fülle von Einzelkämpfen und Schlachten, wobei die additive Reihung von Abenteuern durch die *quest* des Helden nach seiner Geliebten auf ein Ziel hin ausgerichtet wird;
– der Reichtum an äußerer Handlung auf Kosten einer noch so elementaren psychologischen Wahrscheinlichkeit;
– die konsequente Unterteilung der Marsbewohner in Gute und Böse.

Aber der Roman entspricht nicht nur einem überzeitlichen Modell der *romance*; er weist vielmehr darüber hinaus zahlreiche Affinitäten zu einer bestimmten Spielart dieser Gattung, dem Western, auf. Im Grunde kehrt nämlich das Motiv des Indianerkampfes, das ja ganz am Anfang des Romans steht, in der auf dem Mars spielenden Handlung wieder, nur daß die Kontrahenten des Helden jetzt grüne Körper, vier Arme und Fangzähne haben. Ihre Führer werden als »chieftains« bezeichnet, diese Häuptlinge beenden ihre Reden wie im Western mit den Worten »I have spoken«; und wie Old Shatterhand wird John Carter bald zum Ehrenhäuptling eines dieser Stämme ernannt. Die Stämme von Marsmenschen begeben sich ebenso wie die Indianer auf den »warpath«; und sie quälen ihre Kriegsgefangenen auf eine Weise, die an den Marterpfahl der Indianer erinnert. Es bleibt daher nicht aus, daß John Carter selbst schließlich feststellt, was der Leser schon lange bemerkt hat: »[I was] struck with the startling resemblance [they bore to the] red Indians of my own Earth.«[13]

Der Nähe dieses Romans zum Western entspricht seine Ferne zu allem, was man auch bei großzügiger Verwendung des Wortes als ›wissenschaftlich‹ bezeichnen könnte. Gewiß kennt Burroughs einige Ergebnisse der damaligen astronomischen Forschung. Er weiß, daß die Gravitation auf dem Mars geringer ist als auf der Erde – und läßt daher John Carter zum Ergötzen der Marsbewohner riesige Sprünge vollführen. Er hat erfahren, daß Astronomen auf dem Mars parallele Linien entdeckt hatten und diese für Kanäle hielten – und macht daher solche Kanäle zu Hauptverkehrsadern. Ihm ist bekannt, daß die damalige Astronomie allenfalls eine sehr dünne Atmosphäre auf dem Mars annahm – und stattet die Marsbewohner mit einer »atmosphere factory« aus, die ihnen die nötige Atemluft liefert. Aber diese Bezugnahmen auf wissenschaftliche Erkenntnisse sind nur selten, und sie bleiben weitgehend funktionslos. Dies gilt auch für die anderen SF-Elemente des Romans. So verfügen die Marsbewohner über riesige Luftflotten und über Gewehre, die auch auf 200 Meilen Entfernung ihr Ziel nicht verfehlen. Aber John Carter kämpft trotzdem fast nur mit seinen Fäusten und allenfalls mit Schwert und Lanze – und ist dennoch in der Lage, seine Prinzessin und ein Reich zu erobern. Nicht anders ist dies bei John Carters telepathischen Fähigkeiten – ebenfalls einem typischen Element der Science Fiction. Burroughs vergißt diese Fähigkeiten einfach, als John Carter vor einem rührend-altmodischen Liebesproblem steht: Dejah Thoris ist böse auf ihn, weil sie glaubt, er wolle sie lieben, ohne sie zu heiraten; und John Carter leidet sehr unter ihrer ihm unerklärlichen Frostigkeit, ohne auf den Gedanken zu kommen, deren Ursache telepathisch zu ergründen. Hier brauchen wir also nur ein wenig Science-Fiction-Firnis abzukratzen, und ein Roman kommt zum Vorschein, der einem Tarzan-Roman von Burroughs, einem Western oder einem James-Bond-Roman zum Verwechseln ähnlich sieht.

Viele SF-Romane (z. B. in der auflagenstarken Perry-Rhodan-Serie) und -Filme sind diesem anspruchslosen, aber populären Vorbild gefolgt und haben lediglich an die Stelle des Mars als Schauplatz ganze galaktische Imperien gesetzt.

Anspruchsvollere SF-Autoren haben dagegen diesen Typ und seine Merkmale durchweg gemieden. Trotzdem soll wenigstens ein Beispiel dafür gegeben werden, daß auch die bessere Science Fiction hin und wieder die Bauelemente der *romance* nicht verschmäht. Ursula K. Le Guins Roman *The Left Hand of Darkness* (1969) spielt in einer zukünftigen Welt, in der die Weltraumfahrt zur Selbstverständlichkeit geworden ist und zahlreiche von intelligenten Wesen bewohnte Planeten sich zu einer galaktischen Konföderation zusammengeschlossen haben. Der Handlungshöhepunkt des Romans besteht jedoch in der ausführlichen Schilderung einer mehrmonatigen Flucht des Helden und eines *alien* quer über das Polareis eines fernen Planeten, wobei die beiden nur mit Skiern und Schlitten ausgestattet sind. Ebenso wie ihre Ausrüstung haben auch die Abenteuer, die sie auf ihrer Flucht erleben, nur wenig mit Science Fiction zu tun. Mit einer Ausnahme: der Begleiter des Helden ist ein *alien* mit einer alternativen Sexualität;[14] und die psychologischen Probleme, die bei einer solchen Konstellation entstehen könnten, werden zwischen den Abenteuern auf eine Taktgefühl und Phantasie verratende Weise geschildert, welche die in Texten dieses Typs üblichen Liebeshandlungen weit hinter sich läßt.

4.3   Science Fiction und Anti-Utopie

Als weiterer Vorläufer der Science Fiction ist die Utopie genannt worden. Auch hier hat sich diese Abkunft dahingehend ausgewirkt, daß manche SF-Erzählungen – wie z. B. Ursula K. Le Guins Roman *The Dispossessed* (1974) – typische Elemente der Utopie übernehmen. Weitaus häufiger dagegen knüpft die Science Fiction an die Anti-Utopie an – eine Tatsache, die in ideologiekritischen Arbeiten durchweg als Verrat der Science Fiction an ihrem utopischen Erbe beklagt wird.[15]
Die anti-utopische Science Fiction ist jedenfalls zu einem eigenen Typ geworden. Wenn dieser mit besonderer Häufigkeit auftritt, so dürfte dies auch mit einer grundlegenden Affinität von Science Fiction und Utopie bzw. Anti-Utopie zu erklären sein. Und zwar ist beiden Gattungen gemeinsam, daß sie eine andere oder veränderte Welt darstellen, die seit der zweiten Hälfte des 19. Jahrhunderts fast immer in der Zukunft lokalisiert ist.[16]
Nicht ganz so offensichtlich ist ihr Unterschied. Immerhin stimmen zahlreiche Definitionen darin überein, daß sie von einer Aufgabenteilung zwischen beiden Gattungen ausgehen: die Science Fiction – so ist häufig zu lesen – stelle eine zukünftige Welt dar, die in erster Linie durch wissenschaftliche und technische Innovationen gegenüber der gegenwärtigen Welt gekennzeichnet sei, während die Utopie alternative Staats- und Gesellschaftsordnungen in die Zukunft transponiere. Dementsprechend grenzt z. B. Hubertus Schulte Herbrüggen Utopie und Science Fiction auf die folgende Weise voneinander ab (wobei die Anti-Utopie als Variante der Utopie in die Definition miteingeschlossen ist):

> »Mit der *Science fiction* hat die Utopie die Darstellung des erreichten Fortschritts gemeinsam. Die Science fiction sieht ihn – wie der Name anzeigt – mehr partikulär in Wissenschaft und Technik, die Utopie mehr universell in Staat und Gesellschaft.«[17]

Wenn diese und ähnliche Definitionen zutreffen, dann bestünde der Unterschied zwischen Anti-Utopie und Science Fiction vorwiegend in ihrer Thematik. Die Verschmelzung beider Gattungen wäre dann denkbar als eine Füllung der Strukturmuster der Anti-Utopie mit den technologisch-wissenschaftlichen Versatzstücken der Science Fiction. Eine nähere Betrachtung dieses Typs wird zeigen, ob sich diese Vermutung bewahrheitet. Dabei soll von einer Analyse des Romans *The World Inside* (1970) von Robert Silverberg ausgegangen werden.[18]
In der Zukunftswelt des Jahres 2381, in der dieser Roman spielt, hat ein religiös motiviertes Fertilitätsethos dazu geführt, daß 75 Milliarden Menschen auf der Erde leben. Die überwiegende Mehrzahl dieser Menschen wohnt in mehrere Kilometer hohen Wolkenkratzern, den Urbmons, die auf jedem ihrer Stockwerke fast eine

Million Bewohner auf engstem Raum beherbergen. Um in diesen ungeheuren Zusammenballungen von Menschen keine Aggressionen aufkommen zu lassen und das Glück aller zu gewährleisten, sind verschiedene Vorkehrungen getroffen worden. Es herrscht ein starker Konformitätsdruck, der durch eine allgegenwärtige Propaganda noch verstärkt wird. Falls jemand Anpassungsschwierigkeiten hat, greift er zur Droge oder wird von den »Ethikingenieuren« durch eine ausgeklügelte medikamentöse und psychologische Therapie wieder angepaßt. Vor allem aber soll die Abschaffung aller sexueller Tabus das Entstehen von Frustrationen und Aggressionen verhindern: jeder Bewohner eines Urbmon darf nachts jeden anderen Bewohner zum Zwecke des Geschlechtsverkehrs aufsuchen; und niemand darf daher nachts seine Wohnungstüre verschließen, einen nächtlichen Besucher abweisen oder eine bestimmte Form des Geschlechtsverkehrs ablehnen. Mit den Menschen aber, die sich dennoch dem allgemeinen Konformitätsdruck entziehen oder die trotz aller Vorkehrungen Aggressionen entwickeln, wird kurzer Prozeß gemacht: sie werden einen eigens dafür vorgesehenen Schacht hinabgestoßen und verbrannt.

Nur wenige Menschen leben außerhalb dieser Urbmons. Sie kultivieren die riesigen Farmen, auf denen die Lebensmittel für die Bewohner der Urbmons wachsen; und ihre Lebensweise ist der der letzteren diametral entgegengesetzt: sie wohnen in primitiven Dörfern, huldigen einer archaischen Stammesreligion, die auch Menschenopfer fordert, und reglementieren ihr Geschlechtsleben und die Kinderzeugung durch strenge Askese und zahlreiche Tabus.

Diese Zukunftswelt wird dadurch fiktionalisiert, daß sie aus der Perspektive einiger Urbmon-Bewohner dargestellt wird, die sich in ihrer Mehrzahl ihrer Individualität bewußt sind und die gegen den Konformitätsdruck ihrer Welt rebellieren. So wird geschildert, wie bei einem dieser Menschen die Opposition gegen die Reglementierung und Naturwidrigkeit seines Lebens so stark wird, daß er aus seinem Urbmon in die naturhafte Welt der Farmen flieht, während bei einem anderen seine ihm selbst unbewußte Opposition zuerst zur Neurose und schließlich zum Selbstmord führt.

Aus diesem Überblick geht hervor, daß sich die Struktur des Romans auf zwei grundlegende Oppositionen zurückführen läßt:

– die Welt der Urbmons und die Gegenwelt der Farmen,
– die konformistische Mehrheit und eine nonkonformistische Minderheit von Romanfiguren.

Aus diesen Oppositionen ergibt sich auch – zumindest teilweise – die Romanhandlung: eine Minderheit wird sich ihrer Opposition gegen die sie umgebende Welt bewußt, rebelliert und nimmt Kontakt zur Gegenwelt auf.

Die gleichen Strukturmuster finden sich aber nun nicht nur in Werken des gleichen Typs von Science Fiction – wie z. B. Kurt Vonneguts *Player Piano* (1952), Frederik Pohls und C. M. Kornbluths *The Space Merchants* (1953), Ray Bradburys *Fahrenheit 451* (1953), Herbert W. Frankes *Der Elfenbeinturm* (1965) oder Ira Levins *This Perfect Day* (1970) –, sondern auch in solchen Werken, die in der bisherigen Forschung nahezu einhellig der Anti-Utopie zugeordnet wurden.[19] Dafür nur einige Beispiele:

In E. M. Forsters Kurzgeschichte »The Machine Stops« (1928) lebt die Mehrzahl der Menschen in unterirdischen Wohnsilos, in denen eine Supermaschine einen hohen Lebensstandard garantiert, während eine Minderheit auf der Erdoberfläche frei von den Segnungen, aber auch von den Zwängen der Maschine lebt. In Jewgenij Samjatins Roman *Wir* (1924) haben wir den gleichen Gegensatz zweier Handlungsräume: die hochtechnisierte Superstadt des »Einzigen Staates« und die Welt jenseits der »Grünen Mauer«, in der einige wenige Menschen noch gleichsam im Naturzustand leben. Entsprechend besteht auch die Topographie von Aldous Huxleys *Brave New World* (1932) aus der Opposition zweier Bereiche: des Weltstaates, in dem sogar Zeugung, Geburt und Erziehung automatisiert worden sind, und der primitivistischen Gegenwelt eines Indianerreservats.

Ebenso findet sich auch in den üblicherweise als Anti-Utopien bezeichneten Werken die gleiche Opposition von Figurengruppen, die in eine Rebellionshandlung umgesetzt wird. In »The Machine Stops« widersetzt sich Kuno der unnatürlichen Lebensweise der Mehrheit, in *Wir* rebellieren D 503 und I 330 gegen die Unfreiheit und Gleichmacherei im Einzigen Staat, in *Brave New World* lehnen sich Bernard Marx, Helmholtz Watson und »Mr. Savage« gegen das materialistische Glücksethos des Weltstaates auf, und in George Orwells *Nineteen Eighty-Four* (1949) kämpfen Winston Smith und Julia gegen den Totalitarismus des Zukunftsstaates Oceania.

Die anti-utopische Science Fiction hat also die grundlegenden Strukturmuster der klassischen Anti-Utopie nahezu unverändert übernommen. Noch wichtiger ist aber, daß sich auch bei der inhaltlichen Füllung dieser Strukturmuster zumindest bei einer summarischen Betrachtung keine wesentlichen Unterschiede erkennen lassen.

So ist der Haupthandlungsschauplatz in fast allen Werken beider Formen eine zukünftige Superstadt in einem zukünftigen Superstaat, der in wissenschaftlichtechnischer Hinsicht durch enorme Fortschritte, in politisch-sozialer Hinsicht durch strenge Reglementierung und Unfreiheit gekennzeichnet ist. Dabei kann durchweg nicht davon die Rede sein, daß die Anti-Utopien mehr an den politisch-gesellschaftlichen und die Werke der Science Fiction mehr an den wissenschaftlich-technischen Aspekten des Zukunftsstaates interessiert sind: in allen Texten dienen die wissenschaftlichen und technischen Erfindungen vielmehr vor allem dazu, einen Zukunftsstaat darzustellen, in dem die Menschen in politischer und gesellschaftlicher Hinsicht völlig ›gleichgeschaltet‹ und inhumanen Zwängen unterworfen sind.

Wenn auch die Grundstruktur des Zukunftsstaates – totale Unfreiheit und Reglementierung – gleich bleibt, so sind einzelne Aspekte dieses Staates natürlich durchaus der Variation fähig. Entscheidend ist jedoch, daß wir die gleichen Variationen sowohl in der Anti-Utopie als auch in der Science Fiction finden. So kann der Zukunftsstaat eine absolute Gleichheit anstreben, wie etwa in der Anti-Utopie *Wir* und in den SF-Romanen *Fahrenheit 451* und *This Perfect Day*, oder die Bürger nur innerhalb von hierarchisch voneinander abgegrenzten Klassen gleichschalten, wie in den Anti-Utopien *Brave New World* und *Nineteen Eighty-Four* sowie in den SF-Romanen *Player Piano* und *The World Inside*. Ebenfalls kann ein Aspekt der totalen Unfreiheit im Zukunftstaat die restriktive Reglementierung des Geschlechtslebens sein, wie z. B. in der Anti-Utopie *Nineteen Eighty-Four* sowie in den SF-Romanen *This Perfect Day* oder *The Wanting Seed* (1962) von Anthony Burgess; er kann aber auch in der totalen Freigabe des Sex und im Zwang zur Libertinage bestehen, wie in *Brave New World* (Anti-Utopie) oder *The World Inside* (Science Fiction).[20]

Eine weitere Variationsmöglichkeit besteht darin, die Zukunftswelt nicht durch technisch-wissenschaftlichen Fortschritt, sondern durch den Regreß in frühere Entwicklungsstufen der Menschheit zu charakterisieren; und auch diese Variante findet sich sowohl in üblicherweise als Anti-Utopien klassifizierten Werken als auch in SF-Erzählungen. So gelangt der Zeitreisende in *The Time Machine* (1895) von H. G. Wells, die meist zu den Anti-Utopien gerechnet wird, in eine zukünftige Welt, in der nur noch die Ruine eines Technik-Museums an den früher einmal von der Menschheit erreichten technischen Fortschritt erinnert und in der die Menschheit wieder auf die Stufe des Kannibalismus zurückgefallen ist. Ganz ähnlich charakterisieren auch einige neuere SF-Romane ihre anti-utopischen Zukunftswelten nicht durch den Progreß, sondern durch den Regreß. So gelangen die Hauptfiguren im zweiten Teil von Robert A. Heinleins *Farnham's Freehold* in eine Zukunftswelt, die sich von der gegenwärtigen Welt nicht durch technischen oder wissenschaftlichen Fortschritt unterscheidet, sondern durch den Rückfall in Feudalismus und Kannibalismus: in dem zukünftigen Amerika dieses Romans sind die Neger zur herrschenden Rasse geworden; sie leben in einer mittelalterlich anmutenden Feudalgesellschaft, während die Weißen – mit Ausnahme weniger *studs* – kastriert, gemästet und geschlachtet werden. In dem Roman *A Far Sunset* (1967) des SF-Autors Edmund Cooper gelangt ein Raumfahrer sogar in einen Zukunftsstaat, in dessen primitiver Kultur noch nicht einmal das Rad erfunden ist und dessen Religion durch Priesterkönigtum und Menschenopfer gekennzeichnet ist.

Auch die inhaltliche Füllung der Gegenwelt ist in Anti-Utopien und anti-utopischen Science-Fiction-Erzählungen ganz ähnlich. Dabei besteht der Gegensatz der Gegenwelt zum anti-utopischen Zukunftsstaat nur in einem Teil der Texte darin, daß diese als Welt der Freiheit und Humanität dargestellt wird. In mindestens ebenso vielen Texten ist die Gegenwelt vielmehr genauso durch inhumane Zwänge – wenn auch anderer Art – charakterisiert wie der anti-utopische Staat. Typisch ist hier z. B. die Ausgestaltung der Gegenwelt in der Anti-Utopie *Brave New World* und in dem SF-Roman *The World Inside*: in beiden Fällen herrscht in der Gegenwelt eine primitivistische Stammesreligion, die dem Einzelnen einen ebenso geringen Freiheitsraum beläßt wie die Welt des Zukunftsstaates, obgleich die Restriktionen andere sind. In beiden Romanen – und auch in mehreren anderen Texten dieser Art – wird die Gegenwelt daher auch nicht als positive Alternative zum Zukunftsstaat gewertet.[21] In allen Fällen jedoch – und dies ist wiederum bezeichnend – wird die Gegenwelt durch den wissenschaftlichen und technischen Regreß charakterisiert. Natürlich sind auch hier verschiedene Variationen denkbar. Die wenig attraktive, auf der Insel Mallorca lokalisierte Gegenwelt in *This Perfect Day* entspricht in ihrem Grad der Technisierung etwa der Welt in der Mitte dieses Jahrhunderts, so daß sie nur in bezug auf den Zukunftsstaat des Romans als rückschrittlich erscheint. In vielen anderen Texten dagegen wird die Gegenwelt durch das völlige Fehlen von Technik und Wissenschaft gekennzeichnet, wie z. B. in der Welt jenseits der »Grünen Mauer« in Samjatins *Wir*, wo die Menschen im Naturzustand leben und im Laufe der Jahrhunderte sogar eine fellähnliche Behaarung entwickelt haben, oder in *Brave New World* und *The World Inside*, wo die Bewohner der Gegenwelten mehr oder weniger auf die Kulturstufe primitiver Völker zurückgefallen sind.

Schließlich ähneln sich in der klassischen Anti-Utopie und in der anti-utopischen Science Fiction auch die inhaltliche Füllung des Gegensatzes zwischen konformistischer Mehrheit und nonkonformistischer Minderheit sowie die Ausgestaltung der aus diesem Gegensatz resultierenden Handlung. Die Andersartigkeit des nonkonformistischen Helden wird meist schon durch äußere Kennzeichen angedeutet (wie z. B. die affenartig behaarten Hände von D 503 in *Wir* oder Chips verschiedenfarbige Augen in *This Perfect Day*); seine Rebellion entwickelt sich oft erst in einem längeren Bewußtwerdungsprozeß, der den Autoren auch die Gelegenheit bietet, die Grundlagen des anti-utopischen Staates zwanglos in den Roman einzuführen; die Entwicklung des Helden zum Nonkonformisten wird oft durch den Kontakt mit einer weiblichen Nonkonformistin beschleunigt[22] und führt in vielen Fällen zum Kontakt mit einer Untergrundorganisation.

Auch bei der Gestaltung der mit der Rebellionshandlung meist verbundenen Liebeshandlung weisen signifikante Ähnlichkeiten auf einen gleichbleibenden Bestand von thematischen Konventionen hin. Zunächst einige Beispiele. In *Brave New World* gibt es eine groteske Szene, in der Lenina »Mr. Savage« zu verführen sucht und dieser sie mit allen Zeichen des Ekels – und mit einer Fülle von Shakespeare-Zitaten – brutal zurückweist. In *Nineteen Eighty-Four* reagiert Winston Smith auf die Eröffnung seiner Geliebten, daß sie schon mit vielen Männern geschlafen hat, mit den Worten:

>»The more men you've had, the more I love you [...]. I hate purity, I hate goodness! I don't want any virtue to exist anywhere. I want everyone to be corrupt to the bones.‹«[23]

In *The World Inside* und *This Perfect Day* schließlich ist die Liebesbegegnung zwischen den Nonkonformisten Michael Statler bzw. Chip und ihren Partnerinnen (zunächst) nur in der Form der Vergewaltigung möglich. Die Liebesbeziehungen der Nonkonformisten in den klassischen Anti-Utopien und in der anti-utopischen Science Fiction sind also häufig nicht wie im herkömmlichen Roman gestaltet und können nicht nach herkömmlichen psychologischen oder sexualethischen Kriterien beurteilt werden. Vielmehr soll in ihnen deutlich werden, daß selbst in der Liebe die durch den anti-utopischen Staat bewirkte Perversion von Sexualität und Humanität noch wirksam ist.

Von solchen Ausnahmen abgesehen, sind es aber in der veränderten Welt dieser Werke nur die nonkonformistischen Helden, die in bezug auf den Leser als unverändert dargestellt werden und die daher als die Bezugspersonen des Lesers, als Träger der Perspektive, der Sympathielenkung und der Leseridentifikation fungieren. Dementsprechend sind sie zugleich Träger der ideologischen Aussage dieser Werke. Und auch diese Aussage stimmt in den meisten Texten – ganz gleich, ob sie bislang zur Anti-Utopie oder zur Science Fiction gerechnet wurden – überein: die Protagonisten verkörpern durchweg den Wert der Individualität im Gegensatz zur Kollektivität, die Freiheit im Gegensatz zur Gleichheit, die Geschichtlichkeit im Gegensatz zur Weltveränderung. Wenn also die Nonkonformisten in *Brave New World* charakterisiert werden durch »[...] the knowledge that they were individuals«[24] und in *The World Inside* durch die Erkenntnis »Wir [sind] Rückfälle in ein früheres Zeitalter«[25], so könnten diese Sätze nicht nur in jedem der besprochenen Texte stehen; vielmehr verdeutlichen sie zugleich die Affinität der Hauptfiguren nicht zu der veränderten Zukunftswelt, sondern zur gegenwärtigen Welt des Lesers. Das heißt aber auch, daß die Hauptfiguren eben das zentrale Prinzip der fiktionalen Welt, die Weltveränderung, durch die sich diese Texte von der *mainstream literature* unterscheiden, negieren.

Die Schlußfolgerung aus diesen zahlreichen strukturellen und thematischen Parallelen liegt auf der Hand. Anti-Utopie und Science Fiction mögen vor Jahrzehnten von Autoren und Lesern noch als separate Gattungen empfunden worden sein, als sich die Science Fiction noch vorwiegend auf die wissenschaftlich-technische Extrapolation beschränkte und als die Anti-Utopien durchweg von Verfassern geschrieben wurden, deren übrige Werke – wie im Falle von Forster, Huxley oder Orwell – eindeutig dem *main stream* der Literatur zuzuordnen sind. Seit sich aber zu Beginn der fünfziger Jahre professionelle SF-Autoren der Anti-Utopie bemächtigten, läßt sich zumindest bei summarischer Betrachtung kein grundlegender Unterschied zwischen Anti-Utopie und Science Fiction (bzw. dem anti-utopischen Typ von Science Fiction) mehr feststellen. Dem entspricht, daß die klassischen Anti-Utopien – wie z. B. *Wir* – heute im nachhinein von der Science Fiction reklamiert und in SF-Reihen publiziert worden sind.[26] Das bedeutet aber zugleich, daß die Relation zwischen der Anti-Utopie und dem aus ihr hervorgegangenen Typ von Science Fiction eine andere ist als die zwischen der *romance* und dem an sie anknüpfenden Typ.

Zum einen ist auch nach Herausbildung einer SF-*romance* die *romance* als Gattung der *mainstream literature* voll erhalten geblieben. Die Anti-Utopie – und auch die Utopie – als eigenständige Formen der *mainstream literature* existieren dagegen heute praktisch nicht mehr. Ihre Tradition wird nahezu ausschließlich von professionellen SF-Autoren in SF-Romanen mit gelegentlich utopischem, meist aber anti-utopischem Charakter fortgesetzt. Zum anderen ist auch der Vorgang der Assimilation ein anderer als bei der *romance*. Bei der *romance* mußte die Science Fiction die Themen der adaptierten Gattung immerhin in ihre eigenen Konventionen übersetzen, indem sie etwa den Schauplatz der Abenteuer des Helden aus dem Wilden Westen auf den Mars verlegte. Während also bei diesem Typ noch eine – wenn auch meist oberflächliche – Transformierung vorgenommen wurde, entfiel diese bei der anti-utopischen Science Fiction völlig: die Anti-Utopie wurde von der Science Fiction in einer thematisch und strukturell kaum veränderten Form und nur unter einem neuen Firmenschild weitergeführt.

Trotzdem lassen sich bei einer genaueren Betrachtung seit etwa Mitte des Jahrhunderts, seit der Übernahme der Gattung durch professionelle SF-Autoren also, durchaus gewisse Unterschiede im Vergleich zur klassischen Anti-Utopie feststellen. Diese Unterschiede sind für die Funktionsbestimmung und Wertung der anti-utopischen SF-Erzählungen nicht unwichtig; aber sie sind eben nicht Indizien für eine gattungstheoretische Differenz zwischen Utopie und Science Fiction, sondern lediglich Ausdruck des gattungsgeschichtlichen Veränderungsprozesses, den die anti-utopische Erzählung vor allem seit etwa 1950 durchgemacht hat. Diese Unterschiede bestehen vor allem in der Zielsetzung.

Die Anti-Utopie war entstanden, als die positive Utopie zumindest in quantitativer Hinsicht ihren Höhepunkt erreicht hatte. Sie wollte die Wunschvorstellungen der positiven Utopie des ausgehenden 19. und des beginnenden 20. Jahrhunderts ad absurdum führen, ihren Fortschrittsmythos entmythologisieren und ihre Gleichheitsideologie einer Ideologiekritik unterziehen. Indem sich die klassische Anti-Utopie also kritisch gegen eine literarische Gattung – und oft auch konkret gegen einzelne

Autoren[27] – richtete, stellte sie sich als eine Form der Literaturkritik oder genauer: der Literatursatire dar. Diese satirische Stoßrichtung mußte notwendig in den Hintergrund treten, als die positive Utopie als literarische Gattung weitgehend ausstarb. Dementsprechend kann schon in *Nineteen Eighty-Four* von einer in diesem Sinne ›anti-utopischen‹ Satire kaum noch die Rede sein. Vielmehr erwähnt Orwell zwar wiederholt die sozialistischen Ideale der positiven Utopien, aber nicht um sie in Frage zu stellen, sondern um deutlich zu machen, wie sehr der reale Kommunismus diese Ideale verraten hat. In *Fahrenheit 451* ist ein direkter Bezug auf die positive Utopie als literarische Gattung in noch geringerem Maße gegeben. Aber auch dieser Roman ist in gewissem Sinne noch ›anti-utopisch‹ und zwar insofern, als er sich kritisch auf das utopische Gleichheitsideal des *American Dream* bezieht und die in diesem Ideal latente Bildungsfeindlichkeit extrapoliert.

In den meisten seit 1950 erschienenen Erzählungen dieses Typs fehlt jedoch eine ernst zu nehmende Kritik an utopischen Wunschvorstellungen völlig. Wenn etwa Silverberg in *The World Inside*, Burgess in *The Wanting Seed* oder Brian W. Aldiss in *Earthworks* (1965) Visionen einer auf kaum vorstellbare Weise übervölkerten Erde gestalten, so mag sich hier Warnung und Kritik in bezug auf reale bevölkerungspolitische und ökologische Entwicklungstendenzen äußern, aber gewiß keine im eigentlichen Sinne ›anti-utopische‹ Satire auf utopische Wunschvorstellungen.

Damit kommen wir zu einem zweiten Unterschied, der ebenfalls die Zielsetzung betrifft. In der klassischen Anti-Utopie richtete sich die Satire durchweg gegen einen zweifachen Gegenstand: sie verstand sich nicht nur als gegen die positive Utopie gerichtete Satire, sondern wollte zugleich auch politisch-gesellschaftliche Entwicklungstendenzen kritisieren sowie vor dem Mißbrauch von Wissenschaft und Technik warnen. Diese Satire konnte sich sowohl gegen den Kommunismus wenden – wie etwa in *Wir* und dann in sehr viel spezifischerer und direkterer Form in *Nineteen Eighty-Four* – als auch gegen Entwicklungstendenzen in der westlichen Welt – wie z. B. in *Brave New World* mit seiner Satire auf den *American Way of Life* und auf das materialistische Glücksethos des Westens.

Auch einige seit den fünfziger Jahren veröffentlichten Texte von SF-Autoren enthalten noch eine ernsthafte satirisch-didaktische Zielsetzung. Hier wäre etwa die Satire auf den Konsumterror und den Machtmißbrauch durch die Werbung in *The Space Merchants* zu nennen, ferner die Warnung vor einer unkontrollierten Automation mit Massenarbeitslosigkeit und vor der Machtergreifung durch die Manager als ihren Folgen in *Player Piano* oder die Satire auf eine Entwicklung, die die völlige Verdrängung des Buches durch das Fernsehen zum Ziel haben könnte, in *Fahrenheit 451*.

Eben diese ernsthafte satirisch-didaktische Intention wird jedoch in den neueren Erzählungen dieses Typs immer seltener. Wenn z. B. Silverberg im Jahre 1970 in *The World Inside* eine total übervölkerte Zukunftswelt darstellt, so könnte man hier zunächst eine ernsthafte satirische Extrapolation vermuten. Da es aber in der Welt dieses Romans die *Pflicht* eines jeden ist, möglichst viele Kinder in die Welt zu setzen, und da die aus der Übervölkerung resultierenden Probleme der Ernährung und Ökologie anscheinend gemeistert sind, so erhebt sich die Frage, ob man hier überhaupt noch von einer Satire auf konkrete Entwicklungstendenzen oder Vorurteile in der gegenwärtigen Welt sprechen kann. Erst recht fragt sich der Leser, ob die obligatorische Promiskuität in Silverbergs Roman satirischen Zielen dienen oder nicht vielmehr lediglich eine Vielzahl von Sex-Szenen ermöglichen soll. Überdies spricht schließlich gegen eine satirische Intention des Autors die Inkompatibilität der Elemente seiner anti-utopischen Welt: Libertinage bzw. sexuelle Emanzipation und religiös motivierter Fertilitätskult, verbunden mit dem Verbot der Geburtenkontrolle, sind eben völlig entgegengesetzten ideologischen Lagern in der gegenwärtigen Welt zuzuordnen. Die Frage nach der eigentlichen Zielscheibe einer eventuell in *The World Inside* vorhandenen Satire kann daher nicht beantwortet werden.

Bei anderen anti-utopischen SF-Erzählungen stellt sich die Frage nach Gegenstand und Ziel der Satire dagegen oft überhaupt nicht. Wenn Heinlein die Zukunftswelt im zweiten Teil von *Farnham's Freehold* durch Feudalismus und Kannibalismus charakterisiert, erst recht aber, wenn Cooper die anti-utopische Zukunftsgesellschaft in *A Far Sunset* als prähistorische Stammesgesellschaft darstellt, dann sollen hier nicht Entwicklungstendenzen in der gegenwärtigen Realität extrapoliert und angegriffen, sondern nur möglichst exotische Schauplätze für abenteuerliche Handlungen geschaffen werden.

Manche Erzählungen dieses Typs gehen dann auch so weit, daß sie auf eine konkrete Beschreibung des anti-utopischen Staates überhaupt verzichten. Ein Beispiel dafür ist Tom Godwins Kurzgeschichte »The Greater Thing« (1954): hier erfahren wir vom Zukunftsstaat nur noch, daß er nonkonformistische Minderheiten mit Polizeistaatmethoden unterdrückt (und daß – wie in so vielen früheren Anti-Utopien – die Bücher verboten sind). Diese Elemente der anti-utopischen Tradition sind zu Leerformeln geworden und treten völlig zurück hinter der spannenden Handlung: der Verfolgung zweier Nonkonformisten durch die Polizei des anti-utopischen Staates und ihrer Rettung durch ein mit ihnen sympathisierendes nicht-humanes intelligentes Wesen.

Dieser Verzicht der meisten SF-Erzählungen mit anti-utopischem Charakter auf die doppelte satirische Zielsetzung der Anti-Utopie hat gewiß auch eine positive Seite. In der klassischen Anti-Utopie hatte die Totalität der satirisch dargestellten Zukunftswelt meist den Vorrang gegenüber der Fiktionalisierung. Daher finden sich in diesen Werken immer wieder längere Passagen, in denen die epische Integration der anti-utopischen Welt nicht voll gelungen ist – wie z. B. in *Nineteen Eighty-Four* in dem fiktiven Buch des Oppositionsführers Immanuel Goldstein über die Grundlagen des totalitären Staates und in dem Anhang über *Newspeak* als Beispiel für eine total manipulierte Sprache. In den anti-utopischen SF-Erzählungen fehlt dagegen durchweg dieser Stoffüberhang, und die fiktionale Welt wird in sehr viel stärkerem Maße in die narrativen Strukturen integriert.

Allerdings hatte der dadurch erzielte Gewinn auch einen Verlust zur Folge. Die klassische Anti-Utopie war ein Ausdruck der damals aktuellen Auseinandersetzung über Veränderung oder Bewahrung gewesen; in dieser Hinsicht war sie ungeachtet ihrer eher konservativen Wertvorstellungen ganz auf der Höhe ihrer Zeit. Die anti-utopische Science Fiction der Gegenwart dagegen hat in die seit dem Ende der sechziger Jahre wieder aktuelle Auseinandersetzung über die Notwendigkeit der Utopie und der Veränderung von Mensch und Gesellschaft kaum noch eingegriffen; und sie hat diese Diskussion weitgehend anderen, nichtfiktionalen Textsorten – z. B. politisch-soziologischen Schriften, Parteiprogrammen oder dem futurologischen Sachbuch – überlassen.[28] Dieser Typ der Science Fiction scheint heute also weitgehend ›verbraucht‹ zu sein; und die meisten der anspruchsvolleren Autoren haben daher neuerdings die Gattungskonventionen der Anti-Utopie ebenso gemieden wie schon seit längerer Zeit die der *romance*.

4.4 Science Fiction und Robinsonade[29]

Die Verbindung von Utopie bzw. Anti-Utopie und Science Fiction erschien deshalb als besonders naheliegend, weil beide Gattungen eine starke Affinität aufweisen. Bei der SF-Robinsonade scheint dagegen auf den ersten Blick keine Affinität der hier miteinander verbundenen Gattungen gegeben zu sein. Die Robinsonade spielt auf einer von der übrigen Welt völlig abgeschnittenen Insel, die Lebensweise Robinsons zeichnet sich – zumindest zunächst – durch das völlige Fehlen von Zivilisation und durch den Regreß in den totalen Naturzustand aus. Die Science Fiction spielt dagegen – wenigstens nach landläufiger Ansicht – in einer Welt, deren Zivilisation und insbesondere deren Wissenschaft und Technik weit über den gegenwärtigen Stand hinaus entwickelt sind, deren Merkmal also der Progreß ist.

Dennoch gibt es zwischen beiden literarischen Formen grundlegende Affinitäten. Ähnlich wie die Science Fiction spielt auch die Robinsonade in einer durch die Andersartigkeit von Klima, Fauna und Flora gekennzeichneten Welt.[30] Der einzige wesentliche Unterschied zwischen den typischen Schauplätzen beider Gattungen besteht darin, daß die andere Welt der Robinsonade zwar in räumlicher Hinsicht weit von der Alltagswelt des Lesers entfernt, letztlich aber doch in seiner gegenwärtigen Welt lokalisiert ist, während die andere Welt der Science Fiction Elemente enthält, welche in der wissenschaftlich-technischen, politisch-sozialen oder ökologischen Struktur der gegenwärtigen Welt nicht vorhanden sind.

Einer der ersten Autoren, die Erzählungen dieses Typs geschrieben haben, ist Robert A. Heinlein. Eine Episode in seinem Roman *Starman Jones* (1953) und sein Roman *Tunnel in the Sky* (1955) stellen zugleich die einfachste Art der Verschmelzung von Robinsonade und Science Fiction dar. In *Starman Jones*, einem wohl in erster Linie für jugendliche Leser geschriebenen Astronautenroman, muß ein Raumschiff auf einem fernen Planeten notlanden und kann erst nach einiger Zeit wieder starten. *Tunnel in the Sky*, ebenfalls ein Jugendroman, schildert dagegen die Erlebnisse einer Gruppe von Jugendlichen, die zwei ganze Jahre auf einem fernen Planeten isoliert sind; hier nimmt die Robinsonade nahezu den gesamten Roman ein.

Interessant ist nun, daß in beiden Fällen der Schauplatz der Isolation weit eher die andere Welt der traditionellen Robinsonade als die andere Welt der Science Fiction ist. Zwar ist in beiden Romanen an die Stelle der herkömmlichen Insel im Weltmeer der Planet im Weltraum getreten. Dennoch sind die Lebensbedingungen auf beiden Planeten im Vergleich zur Erde kaum verändert: das Klima ist ähnlich, und die Robinsone haben keine Schwierigkeiten, die gewohnte Nahrung zu finden. Nur in ganz wenigen Details wird deutlich, daß es doch nicht die altvertraute Weltmeer-Insel ist, auf der sie um ihr Überleben kämpfen müssen – so etwa der andersartige Sternhimmel in *Tunnel in the Sky* oder exotische Tierarten wie die kentaurenähnlichen Wesen in *Starman Jones*, die vorübergehend zwei Astronauten verschleppen, oder die *stobor* in *Tunnel in the Sky*, bei denen es sich um so etwas wie phlegmatische

Löwen handelt. Aber auch bei diesen Science-Fiction-Wesen ist die Verfremdung nur oberflächlich, und der Leser erkennt unschwer in ihnen eine Mischung aus irdischen Tierarten bzw. eine Kombination der exotischen Tiere mancher Inseln in den Weltmeer-Robinsonaden mit den Wilden, die in so vielen herkömmlichen Robinsonaden die Weltmeer-Inseln heimsuchen. Und in der Robinsonade im ersten Teil von Heinleins *Farnham's Freehold*, in der eine amerikanische Familie durch die Explosion einer Atombombe per Zeitsprung in den Urwald eines zukünftigen Amerika versetzt wird, fehlen dem Schauplatz alle Science-Fiction-Attribute sogar völlig.

Allerdings sind keineswegs alle SF-Robinsonaden in Handlungsräumen lokalisiert, die lediglich geringfügig verfremdete Versionen der paradiesischen Südsee-Inseln der traditionellen Robinsonade darstellen. So ist etwa der Schauplatz von Bertram Chandlers Kurzgeschichte »The Cage« (1957) ein Planet, auf dem die gestrandeten Astronauten zwar Nahrung im Überfluß vorfinden, dessen Atmosphäre aber eine so hohe Luftfeuchtigkeit aufweist, daß ihre Kleidung zerfällt, die mitgebrachten Kulturgeräte verrotten und Feuermachen unmöglich ist. Noch schwieriger ist die Situation der Robinsone in Charles Eric Maines Roman *High Vacuum* (1956): hier müssen einige Astronauten unter den extremen klimatischen Bedingungen des Mondes und angesichts eines zur Neige gehenden Sauerstoffvorrats um ihr Überleben kämpfen.

Auch in anderen Erzählungen dieses Typs, in denen der Schauplatz nicht ein ferner Planet ist, werden die Robinsone der Science Fiction mitunter Überlebensbedingungen ausgesetzt, die im Vergleich zur konventionellen Südsee-Robinsonade erheblich erschwert sind. Hier wäre etwa John Wyndhams Kurzgeschichte »Survival« (1956) zu nennen, wo der Schauplatz der Isolation ein führerlos im Weltraum treibendes Raumschiff ist, auf dem die Lebensmittelvorräte zu Ende gehen; oder die Kurzgeschichte »The Bliss of Solitude« von J. T. McIntosh (ca. 1958/59),[31] wo ein Astronaut auf einer Raumstation im All überleben muß, die für lange Zeit jeden Funkkontakt zur Erde verloren hat.

Aber auch bei den Schauplätzen dieser Erzählungen lassen sich unschwer Vorbilder im Bereich der herkömmlichen Weltmeer-Robinsonade nachweisen. Schon Herman Melville schloß in seiner Sammlung von Kurzgeschichten mit dem Titel *The Encantadas* (1854) einige Robinsonaden ein, die zwar auf Südsee-Inseln lokalisiert sind, deren Schauplätze aber als öde und lebensfeindlich beschrieben werden.[32] Noch extremer sind die Schauplätze in zwei zeitgenössischen Texten: in William Goldings Roman *Pincher Martin* (1956), wo der Protagonist auf eine vegetationslose Felseninsel im Nordatlantik verschlagen wird, oder in Georg Kaisers Drama *Das Floß der Medusa* (1945), wo – nach der Versenkung eines Passagierschiffs durch ein Unterseeboot im Zweiten Weltkrieg – ein auf dem Weltmeer treibendes Floß einen ebenso stark reduzierten Handlungsschauplatz darstellt wie die ohne Funkkontakt mit der Erde im Weltraum dahingleitenden Raumschiffe und Raumstationen der Science Fiction.

Nur in einer einzigen Variante ist der Science-Fiction-Robinsonade eine wirkliche Innovation des Schauplatzes gelungen. Während die meisten Robinsonaden sich des Motivs der gescheiterten Reise bedienen, um ihre Protagonisten in die Isolation einer anderen Welt zu versetzen, stellen diese Erzählungen die gattungstypische Isolation nicht durch eine Ortsveränderung, sondern durch eine Weltveränderung her: eine Weltkatastrophe, der die meisten Menschen und die gesamte menschliche Zivilisation zum Opfer fallen, transponiert die Hauptfiguren auf dem Boden ihrer heimatlichen Welt in eine Robinson-Existenz. Besonders beliebt als Schauplatz ist hier die moderne Großstadt nach einer Weltkatastrophe: die äußerlich intakten, aber menschenleer gewordenen Hochhäuser geben eine gespenstische Kulisse für die Überlebenshandlung der Protagonisten ab, die sehr viel eher der für die Science Fiction typischen anderen Welt entspricht als die nur oberflächlich als Science-Fiction-Planeten getarnten Weltmeer-Inseln der meisten Erzählungen dieses Typs. So handelt Alfred Besters Kurzgeschichte »They Don't Make Life Like They Used To« (1963) von den Überlebensbemühungen eines Mannes und eines Mädchens in der scheinbar vertrauten Szenerie New Yorks, die aber dadurch verfremdet und zum Robinson-Schauplatz wird, daß es fast keine anderen Menschen mehr gibt. John Wyndhams Roman *The Day of the Triffids* dagegen spielt diese Variante gleich an zwei Schauplätzen durch: zunächst in einem London, in dem nach einer Weltkatastrophe alle Kulturfunktionen ausgefallen sind, und dann in der Landschaft Südenglands, bei der die Verfremdung dadurch erreicht wird, daß sie der Autor mit fleischfressenden und der Fortbewegung fähigen Pflanzen, den *triffids*, bevölkert, die Jagd auf die wenigen noch überlebenden Menschen machen.[33]

Was für die Schauplätze gilt, das läßt sich erst recht von der zentralen Überlebenshandlung der Science-Fiction-Robinsonade sagen: die vertrauten Handlungsmuster der konventionellen Robinsonade werden durchweg nur oberflächlich an die neue Gattung angepaßt. Besonders offensichtlich ist dies wiederum bei Heinlein. So durchlaufen etwa die Jugendlichen in *Tunnel in the Sky* die gleichen Phasen wie die Charaktere in zahlreichen herkömmlichen Robinsonaden: sie beginnen mit dem Jagen und Sammeln, gehen dann zum Hüttenbau über, stellen Werkzeuge her und bilden überdies eine demokratische Gemeinschaft mit einem gewählten Führer. Auch andere Erzählungen dieses Typs – einige Weltkatastrophen-Robinsonaden eingeschlossen – stellen ihre Handlung ganz in der herkömmlichen Weise als den allmählichen und erfolgreichen Aufbau einer neuen Zivilisation unter widrigen Umständen und gleichsam aus dem Nichts dar.

Allerdings gibt es auch in dieser Hinsicht Ausnahmen. So versuchen die Robinsone in Chandlers »The Cage« zwar auch den Aufbau eines zivilisatorischen Überlebensarrangements, aber bald beginnt ihre Gemeinschaft mehr und mehr zu verwildern. In »Mars«[34] und »The Bliss of Solitude« werden die Robinsone wahnsinnig. Einige Science-Fiction-Robinsonaden schildern schließlich, wie unter den Charakteren ein Kampf aller gegen alle ausbricht, der in *High Vacuum*, wo die Sauerstoffvorräte nicht mehr für alle auf dem Mond Gestrandeten ausreichen, zum Mord führt, und in »Survival«, wo die Lebensmittelvorräte im Raumschiff zu Ende gehen, Mord und Kannibalismus zur Folge hat. Aber auch diese Varianten sind in der Robinsonade der *mainstream literature* ausnahmslos vorgebildet, vor allem im 20. Jahrhundert. So wird der Titelheld in Goldings *Pincher Martin* wahnsinnig, bei den Robinsonen in *Lord of the Flies* (1954) kommt es schließlich zu Totschlag und Mord; und das Motiv des Kannibalismus findet sich andeutungsweise bereits in der Robinson-Episode des Kapitels XIV von Joseph Conrads Roman *Lord Jim* (1900).

Es ist schon interessant genug, in wie starkem Maße eine nach ihrem eigenen Selbstverständnis vom *main stream* der Literatur geschiedene Gattung wie die Science

Fiction in dem hier beschriebenen Typ auf die vertrauten Erzählmuster eben dieser *mainstream literature* zurückgreift. Erst recht aufschlußreich ist es, daß die meisten Erzählungen dieses Typs darauf verzichten, ihren Robinsonen jene »[...] innovation[s] in science or technology [...]«,[35] die so oft als gattungstypisch für die Science Fiction angesehen wurden, als Überlebenshilfe zur Verfügung zu stellen. Während Defoes Robinson Crusoe noch eine große Zahl von Waffen und Werkzeugen aus seinem Wrack bergen konnte, werden etwa den Robinsonen in Heinleins *Tunnel in the Sky* sämtliche Hilfsmittel der hochtechnisierten Zukunftswelt, aus der sie stammen, vorenthalten, so daß sie zunächst praktisch mit bloßen Händen um ihr Überleben kämpfen müssen. Chandler stellt in »The Cage« die gleiche ›Nullpunktsituation‹ her, indem er das gestrandete Raumschiff explodieren und alle geretteten Kulturgeräte der hohen Luftfeuchtigkeit auf dem fernen Planeten zum Opfer fallen läßt. Und in den Weltkatastrophen-Robinsonaden finden die Überlebenden in den entvölkerten Metropolen zunächst zwar häufig noch mit Waren und Lebensmitteln gefüllte Schaufenster und Geschäfte; aber mit der Zerstörung der Zivilisation sind die technischen Hilfsmittel der Zivilisation unbrauchbar geworden.

Eine Ausnahme bildet hier – neben wenigen anderen Erzählungen – allenfalls Charles Logans Roman *Shipwreck* (1975), wo dem allein auf einem fernen Planeten gestrandeten Astronauten immerhin ein Landefahrzeug mit einem hochintelligenten Computer zur Verfügung steht. Aber diese Ausnahmen sind so selten, daß folgende Verallgemeinerung zulässig ist: die Autoren gehen offensichtlich davon aus, daß die Faszination eines Lebens im Naturzustand größer ist als die Faszination einer zukünftigen Welt mit allen denkbaren wissenschaftlichen und technischen Erfindungen.

Dementsprechend scheinen auch die meisten Erzählungen dieses Typs die Möglichkeit, zumindest in der Rahmenhandlung eine Zukunftswelt mit ihrem wissenschaftlichen und technologischen Fortschritt darzustellen, bewußt ungenutzt zu lassen. Zwar wird häufig erwähnt, daß die Raumschiffe der zu Robinsonen gewordenen Astronauten mit Hilfe besonderer raumfahrttechnischer Innovationen (z. B. *overdrive, Ehrenhaft generators*), deren Wirkungsweise meist ebenso unerklärt bleibt wie die des Zauberstabs im Märchen, zum Handlungsschauplatz gelangt sind. Aber die hochtechnisierte Zukunftswelt, die diese Raumschiffe gebaut hat und aus der die Robinsone der Science Fiction stammen, wird nur ganz selten eingehender beschrieben. Und selbst dort, wo sie beschrieben wird – wie in den Science-Fiction-Robinsonaden von Heinlein – geschieht dies auf eine Weise, die unser bisheriges Ergebnis bestätigt. Die Robinsone in *Starman Jones* und *Tunnel in the Sky* stammen aus einer hoffnungslos übervölkerten und streng reglementierten Zukunftswelt, in *Farnham's Freehold* aus einer Zukunftswelt, die – wie der Titelheld beklagt – dem Tüchtigen und Starken keine angemessenen Entfaltungsmöglichkeiten gibt. Das einfache Leben eines Science-Fiction-Robinson stellt sich somit als die Erfüllung eines antitechnischen Wunschtraums dar, als Reise mit überlichtschnellen Raumschiffen – in die Vergangenheit.

Auch in Erzählungen, in denen die Robinson-Existenz solcher nostalgischer Züge entbehrt, stellen wir fest, daß der veränderten Zukunftswelt mitnichten ein veränderter Zukunftsmensch entspricht. So liegt etwa die Pointe der Robinsonade in »The Cage« darin, daß die Astronauten einer fernen Zukunft schließlich wie die Steinzeitmenschen um die mitgebrachten Frauen kämpfen; und in »Survival« besteht der Knalleffekt am Schluß in der Erkenntnis, daß der *homo futurus* zum Wilden und zum Kannibalen geworden ist.

4.5 Science Fiction und Detektiverzählung

Die bisher betrachteten Typen der Science Fiction bezogen ihre Handlungsmuster aus Erzählgattungen der *mainstream literature*, deren Schauplatz wie der der Science Fiction nicht die alltägliche Welt des Lesers, sondern eine andere, meist exotischere oder abenteuerlichere ist. Darüber hinaus haben insbesondere *romance* und Robinsonade gemeinsam, daß sie auch im 20. Jahrhundert noch häufig jene Merkmale aufweisen, die im experimentellen und hochliterarischen Roman unserer Zeit immer mehr vermieden worden sind: einen positiven Helden, die Betonung der äußeren Handlung gegenüber der Introspektion und der psychologischen Analyse sowie eine traditionelle Formgebung. Auch die Detektivliteratur besitzt diese Merkmale. Es ist daher sogar versucht worden, die Beliebtheit der Detektivliteratur gerade bei gebildeten Lesern darauf zurückzuführen, daß diese sich von dem seit den zwanziger Jahren mehr und mehr die literarische Szene beherrschenden experimentellen und introspektiven Roman abgewandt und in der Detektivliteratur eine Gattung gefunden hätten, in der die Fähigkeit, eine spannende Geschichte gut zu erzählen, bewahrt geblieben sei.[36] Es überrascht somit nicht, daß die Science Fiction mit ihrer Präferenz für traditionelles, handlungsorientiertes Erzählen auch bei der Detektivliteratur Anleihen gemacht hat. Die dabei erfolgte Verschmelzung der beiden Gattungen soll zunächst anhand einer Kurzgeschichte vorgestellt werden, in der die typischen Merkmale der Detektivliteratur in besonderer Reinheit und Deutlichkeit enthalten sind.

Isaac Asimovs »Little Lost Robot« (1947)[37] spielt – wie so viele Erzählungen dieses Autors – in einer Zukunft, in welcher der Menschheit eine große Zahl von Robotern als Arbeitskräfte zur Verfügung steht. Damit diese hochintelligenten Geschöpfe ihren Schöpfern nicht gefährlich werden können, sind jedem Roboter die »Three Laws of Robotics« eingepflanzt worden, die es ihm unmöglich machen sollen, menschliches Leben zu gefährden, einen menschlichen Befehl zu mißachten oder sich selbst der Gefahr der Zerstörung auszusetzen.

Mit solchen Robotern arbeitet eine Gruppe menschlicher Wissenschaftler auf einer Weltraumstation zusammen. Die Erzählung beginnt damit, daß eines Tages eine Panne passiert: ein besonders programmierter Roboter verschwindet, genauer gesagt, er versteckt sich unter 62 anders programmierten, aber äußerlich ihm völlig gleichenden Robotern und weigert sich, sich zu erkennen zu geben. Dies ist ein gravierendes Problem: wenn auch nur *ein* Roboter dem Menschen den Gehorsam verweigert, wird die gesamte Symbiose zwischen Menschen und Robotern, auf der Asimovs alternative Welt basiert, gefährdet.

Um diese Gefahr abzuwenden, wird Dr. Susan Calvin, ein *roboticist*, d. h. eine Roboter-Psychologin, von der Erde eingeflogen. Zahlreiche Verhöre mit den 63 Robotern, unter denen sich der ungehorsame versteckt hat, bleiben ergebnislos. Sodann verhört Dr. Calvin den Wissenschaftler, der mit dem verlorenen Roboter am

Tag vor seinem Verschwinden zusammengearbeitet hat. Dabei ergibt sich, daß der Wissenschaftler an diesem Tag besonders schlechter Laune gewesen war, daß er den Roboter mit Ausdrücken beschimpfte, die Asimov nicht wiederzugeben wagt, und daß er ihm zum Schluß zugerufen hatte: »Hau ab!«, genauer: »Go lose yourself!«[38] – ein Befehl, den der auf absoluten Gehorsam programmierte Roboter dann auch wörtlich befolgt hat. Im weiteren Verlauf der Erzählung nimmt Dr. Calvin eine Reihe von Experimenten vor, durch die sie den gehorsam-ungehorsamen Roboter zu entlarven hofft. All diese Experimente schlagen fehl, da der Roboter ihr an Intelligenz durchaus gewachsen ist. Schließlich stellt sie ihm eine Falle. Sie hat erfahren, daß von den 63 Robotern, unter denen er sich verbirgt, nur er den Unterschied zwischen Gamma- und Infrarot-Strahlen kennt. Sie arrangiert eine Versammlung aller verdächtigen Roboter, entlarvt den ungehorsamen aufgrund dieses Kriteriums – und kann nur im letzten Moment vor ihm gerettet werden, denn er will sie auf seine Entlarvung hin umbringen.

Schon diese Inhaltsangabe zeigt, daß bei »Little Lost Robot« ein guter alter Bekannter Pate gestanden hat: die Detektiverzählung von der Art, wie sie Poe begründet hat. Zwar handelt Asimovs Geschichte nicht von Mord; aber auch Poe hatte ja bereits mit »The Purloined Letter« (1845) eine Detektivgeschichte geschrieben, in der der Detektiv nicht einen rätselhaften Mord aufklären, sondern einen verlorenen, genauer: einen raffiniert versteckten Brief suchen muß. Jedenfalls entspricht die Geschichte ganz dem von Poe begründeten Schema: ein rätselhaftes Verbrechen bzw. eine Normverletzung, die bereits vor dem Einsetzen der Erzählung geschehen ist – ein Protagonist, der mit der Aufklärung des Rätsels beauftragt wird – empirische Beobachtungen in der Form von Verhören und Experimenten sowie rationale Schlußfolgerungen daraus. Hinzu kommt schließlich die in der späteren Detektivliteratur übliche Vollversammlung aller Verdächtigen, bei der der Täter entlarvt wird und nach der der Detektiv den anderen Charakteren der Erzählung – und dem Leser – mitteilt, wie er das Rätsel gelöst hat.

Zugleich zeigt diese Erzählung, auf welche Weise die Gattung Detektivliteratur hier in die Gattung Science Fiction transponiert worden ist: die Handlung wird nicht in der gegenwärtigen, sondern – entsprechend einem Grundkriterium der Science Fiction – in einer veränderten Welt lokalisiert und spielt sich unter Voraussetzungen ab, die in der gegenwärtigen Welt nicht gegeben sind.[39] In der Kurzgeschichte »Little Lost Robot« sind diese Voraussetzungen – die Existenz von Robotern, die »Three Laws of Robotics« und die Möglichkeit ihrer Durchbrechung – nur wenige und werden vom Autor nur skizziert. Die Romane dieses Typs können dagegen die veränderte Welt als Voraussetzung der Handlung sehr viel eingehender darstellen.

So spielt Asimovs *The Caves of Steel* (1954) in einer ausführlich beschriebenen zukünftigen Welt, in der die Menschheit sich in zwei grundverschiedene Rassen auseinanderentwickelt hat. Die *terrans* leben in unterirdischen Termitenstädten, weil sie das Tageslicht und offene Räume nicht mehr ertragen können. Da sie die Geburtenkontrolle ablehnen, sind ihre Städte hoffnungslos übervölkert und die natürlichen Ressourcen der Erde so weitgehend erschöpft, daß die »Terraner« sich fast ausschließlich von synthetischer Nahrung ernähren müssen. Die *spacers* dagegen haben den Weltraum besiedelt; und da sie ihre Geburtenrate rigoros kontrollieren und zahllose Roboter in ihrem Dienst stehen, ist ihr Lebensstandard außerordentlich hoch. Diese andere Welt liefert zunächst das Mordmotiv: die tiefverwurzelte Feindschaft der *terrans* gegenüber den *spacers* veranlaßt einen hohen New Yorker Polizeioffizier, einen prominenten *spacer* zu ermorden. Zugleich aber ermöglicht die veränderte Welt auch die spezifische ›Verrätselung‹ des Mordes: das Mordhaus war zur Tatzeit nur über freies Gelände zugänglich; ein »Terraner« hätte aber – das ist die eine fiktionale Voraussetzung der Handlung in dieser anderen Welt – niemals über freies Gelände gehen können, während ein Roboter – und das ist die zweite Voraussetzung – wegen der ihm eingepflanzten »Three Laws of Robotics« nicht imstande wäre, einen Mord zu begehen, auch wenn er ungesehen das Mordhaus hätte betreten können.

Eine auf ganz ähnliche Weise veränderte Welt liefert auch die Voraussetzungen für die Verrätselung des Mordes in Asimovs *The Naked Sun* (1957). Der Mord ist auf einem nur von Robotern und *spacers* bevölkerten Planeten begangen worden. Während die Roboter aus dem bereits erwähnten Grund als Täter oder Tatwerkzeuge ausscheiden, kommen scheinbar auch die *spacers* als Täter nicht in Frage: zu diesem Zweck führt Asimov die fiktionale Voraussetzung ein, daß die auf diesem Planeten lebenden *spacers* eine direkte Kommunikation mit anderen Menschen nicht ertragen können und nur über Fernsehen miteinander verkehren.

Eine auf wiederum andere Weise veränderte Welt liefert die Voraussetzungen für das Geschehen in Besters *The Demolished Man* (1953). Die entscheidende Veränderung besteht darin, daß es in diesem Roman neben den ›normalen‹ Menschen die *Espers* gibt, eine Gruppe von menschlichen Mutanten mit der Fähigkeit zur *extrasensorial perception*, d. h. zur Telepathie, und mit einer hochentwickelten Moral. Auch hier wird der am Anfang der Handlung stehende Mord dadurch verrätselt, daß er unter den fiktionalen Voraussetzungen der anderen Welt eigentlich von niemandem begangen worden sein kann: weder von einem *Esper*, da ein solcher wegen seiner moralischen Integrität zu einem Mord nicht fähig wäre, noch von einem der ›normalen‹ Menschen, da die *Espers* wegen ihrer telepathischen Begabung bereits jeden Mord schon vor seiner Ausführung entdecken würden.

Anders als in der konventionellen Detektivliteratur ist auch der Stellenwert des Verbrechens, das in der Science-Fiction-Detektiverzählung aufgeklärt oder verhindert werden muß. Im konventionellen Detektivroman ist der Verbrecher, den es dingfest zu machen gilt, meist nur eine gleichsam lokale Gefahr. Massenmörder finden sich in dieser Form selten; Verbrecher dagegen, die ganze Nationen bedrohen – wie z. B. Ian Flemings Dr. No oder Ernest Stavro Blofield –, gehören einer anderen Gattung, dem Agentenroman, an. Das Verbrechen in diesem Typ der Science Fiction bedeutet nun noch eine Steigerung darüber hinaus: es hat hier durchweg kosmische Dimensionen.

Schon in »Little Lost Robot« geht es um die Abwendung einer Gefahr für die ganze Menschheit. Denn würde der Roboter, der sich seiner Programmierung entzogen hat, weiterhin unidentifiziert bleiben und andere Roboter subversiv beeinflussen können, würde dies zu einem Aufstand der Roboter gegen ihre Schöpfer und damit zum Zusammenbruch der von Robotern abhängigen Zivilisation der Zukunftswelt führen. In *The Caves of Steel* ist das Verbrechen von einem Konservativen begangen worden, der sich dem Fortschritt und der Versöhnung zwischen *terrans* und *spacers* widersetzt und dabei die Überlebenschancen der Gesamtheit der »Terraner« gefährdet. In *The*

Naked Sun dagegen ist der Verbrecher ein *spacer*, dessen Ziel es ist, mit Hilfe seiner Roboter die Macht im Weltraum zu ergreifen.

Ähnliches trifft auf jene Erzählungen zu, in denen der Gegenspieler des Detektivs eine vorgetäuschte Identität annimmt. So ist der Mutant, den es in Frank M. Robinsons *The Power* zu entlarven gilt, nicht nur mit telepathischen Kräften, sondern auch mit der Fähigkeit begabt, Menschen durch bloße Willenskraft zu töten, und er gefährdet daher die gesamte Menschheit. In noch stärkerem Maße kosmische Dimensionen hat diese Gefahr in der Fernsehserie *Invasion von der Wega*: die Weganer haben die Gestalt von Menschen angenommen, um die Menschheit zu unterwandern, schließlich auszurotten und ihrerseits die Erde zu besiedeln.[40] In Besters *The Demolished Man* schließlich hat der aufzuklärende Mord zwar zunächst die aus der konventionellen Detektivliteratur vertrauten ›lokalen‹ Dimensionen: ein Konzernchef ermordet den Chef einer Konkurrenzfirma, welche die Existenz seiner eigenen Firma bedroht. Erst ganz zum Schluß stellt sich als Knalleffekt heraus, daß der Mörder der gefährlichste Mensch der Welt ist, der nach der Weltherrschaft strebt – ohne daß dies allerdings in irgendeiner Form begründet würde.

Gerade dieser Roman zeigt aber besonders kraß, was auch für die zuvor erwähnten Beispiele gilt: daß dem Science-Fiction-Verbrechen die kosmischen Dimensionen meist nur aufgepfropft werden und daß es sich im Grunde doch um den altvertrauten literarischen Mord des konventionellen Detektivromans handelt. Diese Feststellung läßt sich verallgemeinern: die Science-Fiction-Elemente in diesem Typus sind meist lediglich aufgesetzte Versatzstücke, die man nur zu entfernen braucht, damit die Struktur der herkömmlichen Detektiverzählung zum Vorschein kommt.

Besonders deutlich wird dies – wie gezeigt – in »Little Lost Robot«. Zwar handelt es sich bei dem Täter wie auch bei den anderen Verdächtigen nicht um Menschen, sondern um Roboter, und die Funktion des Detektivs übernimmt ein *roboticist*. Aber dessen Aufgabe ist im Grunde die gleiche wie die des Amateurdetektivs in der klassischen englischen Detektiverzählung. Auch der Schauplatz ist, obwohl im Weltraum gelegen, der klassischen Detektiverzählung ähnlich: die Raumstation ist von der Außenwelt auf ähnliche Weise isoliert – und damit auf ähnliche Weise überschaubar – wie das englische Landhaus und vergleichbare Schauplätze etwa in den Detektivromanen Agatha Christies. Schließlich ähneln auch die Fahndungsmethoden des *roboticist* denen des klassischen Detektivs wie ein Ei dem anderen: Sammeln von Beweismaterial, Verhöre, ausgeklügelte Fallen, die dem Täter gestellt werden, und rationale Schlußfolgerungen als Wege zur Identifizierung des Täters. »Little Lost Robot« ist also letztlich nichts anderes als das altvertraute *country-house crossword-puzzle*, das lediglich in eine zukünftige Welt transponiert wurde. Erst recht sind da, wo ein Mord das Thema von Erzählungen dieses Typs ist, die Formen der Verrätselung gute alte Bekannte. So sind *The Caves of Steel* und *The Naked Sun* im Grunde nichts anderes als Variationen des *locked-room puzzle*, des im klassischen englischen Detektivroman so beliebten Mordes, der in einem scheinbar hermetisch verschlossenen Raum begangen wurde und der schon den Gegenstand von Edgar Allan Poes »The Murders in the Rue Morgue« (1841), des Prototyps der Detektivliteratur, bildet. Auch hier liegen die Variationen an der Oberfläche – etwa indem der verschlossene Raum Robotern zugänglich war, die den Mord aber wegen ihrer Programmierung nicht begangen haben können, oder indem ein Zugang zwar bestand, aber von den

Verdächtigen wegen einer psychischen Sperre – Angst der *terrans* vor offenem Gelände in *The Caves of Steel* oder Abscheu der *spacers* vor unmittelbarer Kommunikation in *The Naked Sun* – nicht benützt werden konnte.

Selbst in solchen Science-Fiction-Detektiverzählungen schließlich, in denen wie z. B. in *The Power* der *puzzle*-Charakter hinter handgreiflicher *action* mit Verfolgungsjagden und dergleichen zurücktritt, läßt sich ein Vorbild im Bereich des herkömmlichen Detektivromans nachweisen: der u. a. von Dashiell Hammett und Raymond Chandler begründete amerikanische Typus.

Bei dem hier besprochenen Typ von Science Fiction handelt es sich also um nichts anderes als um alten Wein in neuen Schläuchen. Anders ausgedrückt: bei der hier vorliegenden Gattungsmischung bildet die ältere Gattung die Dominante und stellt die Grundstruktur, während der Science Fiction nur die Rolle zufällt, neue Variationen des Rahmens und der Thematik zu ermöglichen.

Auch die Verbindung von Science Fiction und Detektivliteratur setzt nun voraus, daß zwischen beiden Gattungen eine gewisse Affinität besteht. Diese Affinität ist bereits wiederholt, wenn auch ohne eingehendere Begründung, konstatiert worden. So spricht Eike Barmeyer von der besonderen »Assimilationsfähigkeit« der Science Fiction gegenüber der Kriminalliteratur;[41] und Kingsley Amis behauptet sogar: »[...] detective fiction and science fiction are akin.«[42]

Diese Affinität läßt sich auf zweifache Weise begründen: Zunächst haben zahlreiche SF-Erzählungen mit der Detektivliteratur den analytischen Charakter gemeinsam. Die Science Fiction führt den Leser – ganz ähnlich wie der historische Roman – in eine andere Welt. Während aber vor allem der ältere historische Roman diese andere Welt oft zunächst ausführlich in expositorischer Form vorstellte, bevor die eigentliche Handlung begann, setzt die Science Fiction meist *mediis in rebus* ein. Der Autor hat daher die Aufgabe, gleichzeitig mit der Erzählung der Gegenwartshandlung eine Rekonstruktion dieser anderen Welt, welche die Grundlage für diese Handlung liefert, vorzunehmen – so wie in der Detektivliteratur parallel zur Gegenwartshandlung die Versuche verlaufen, Vorgeschichte, Motivation und Ausführung des Mordes zu rekonstruieren.[43] Darüber hinaus kann diese Affinität aber gerade in den SF-Kurzgeschichten noch einen spezifischeren Charakter annehmen. Typisch für die überwiegende Mehrzahl dieser Kurzgeschichten ist ein Zwang zur Schlußpointe, den sie mit vielen populären Kurzgeschichten der *mainstream literature* gemeinsam haben. Diese Schlußpointe hat nun in der Science Fiction in vielen Fällen nicht nur den Charakter eines Knalleffekts, sondern auch die Funktion, den letzten und wichtigsten Baustein bei der Rekonstruktion der anderen Welt zu liefern, wobei zugleich oft ein für den Leser und häufig auch für die Figuren der Erzählung mysteriöser Sachverhalt enträtselt wird.

Ein typisches Beispiel dafür liefert die Kurzgeschichte »The Subways of Tazoo« (1964) von Colin Kapp. Hier entdecken Forscher einer zukünftigen Welt auf einem fernen Planeten die Überreste einer hochentwickelten Zivilisation, die auch über ein weitverzweigtes Netz von Untergrundbahnen verfügte. Bei ihren Versuchen, diese Zivilisation zu rekonstruieren, bleibt zunächst eine entscheidende Frage offen: warum ist diese Zivilisation zugrunde gegangen? Die Auflösung des Rätsels ist zugleich die Schlußpointe: die Zivilisation ging zugrunde, weil die rücksichtslos ausgebeuteten Energiequellen auf diesem Planeten schließlich erschöpft waren.

Obwohl diese Erzählung thematisch nichts mit der Detektivliteratur gemeinsam hat, ergibt sich somit in struktureller Hinsicht eine enge Verwandtschaft mit dieser Gattung. Schon Stanislaw Lem hat ironisch auf diese Verwandtschaft hingewiesen, indem er bemerkte, daß die typische Frage der Detektivliteratur »Who killed the rich, old aunt?« im Grunde die gleiche Frage sei wie die vieler Science-Fiction-Erzählungen: »Who killed the rich, old civilization of the planet Cygni?«[44] Allerdings weisen auch manche Romane von Stanislaw Lem selbst, wenn auch auf sehr viel hintergründigere Weise, eine ähnliche Grundstruktur auf: in ihrem Mittelpunkt steht ein kosmisches Rätsel, um dessen Lösung sich irdische Wissenschaftler im Verlauf des Romans bemühen. Noch allgemeiner läßt sich sagen, daß zwar SF-Erzählungen, die nicht nur die Struktur, sondern auch die Thematik der Detektivliteratur übernehmen, bei weitem nicht so häufig sind wie etwa SF-*romances* oder anti-utopische SF-Erzählungen, daß aber SF-Erzählungen mit analytischer Struktur, die einen Wissenschaftler mit einem Problem konfrontieren und auf diese Weise den Prozeß wissenschaftlichen Denkens thematisieren, eine häufige Variante der Science Fiction bilden.[45]

4.6 Die Weltkatastrophen-Erzählung

Wenn die Science Fiction ausschließlich aus Typen wie den bisher beschriebenen bestünde, müßte man der erzählerischen Innovationsfähigkeit dieser Gattung insgesamt ein sehr schlechtes Zeugnis ausstellen. Um einem in dieser Verallgemeinerung doch einseitigen Schluß vorzubeugen, soll abschließend einer der wenigen Typen betrachtet werden, die in der Science Fiction einen mehr oder weniger autochthonen Charakter besitzen.

Als Beispiel dafür soll im folgenden die bereits zu Beginn dieses Kapitels kurz charakterisierte Weltkatastrophen-Erzählung beschrieben werden, jener Typ also, dessen zentrales Thema eine im Verlauf befindliche Weltkatastrophe ist.

Dieser Typ ist erheblich älter als etwa die SF-Robinsonade oder die SF-Detektiverzählung.[46] Seine erste Ausformung und zugleich seinen ersten Höhepunkt erlebte er bereits vor dem Ersten Weltkrieg, als H. G. Wells und einige andere Autoren ihre Vorausahnung eines bevorstehenden großen Krieges in Romanen extrapolierten, in denen Kriege zwischen Menschen oder zwischen Menschen und *aliens* zu einer Bedrohung der Menschheit oder gar zur Katastrophe führten. Nachdem ein großer Teil der Science Fiction dann für längere Zeit das Thema der Extrapolation wissenschaftlich-technischer Erfindungen bevorzugte, gewann die Weltkatastrophen-Erzählung nach 1950, nach dem Zweiten Weltkrieg, dem Abwurf der ersten Atombomben und dem Ausbruch des Kalten Krieges also, erneut eine besondere Beliebtheit.

Zu Beginn der Analyse soll zunächst die typische Struktur der Weltkatastrophen-Erzählung beschrieben und dabei plausibel gemacht werden, daß es sich hier – im Vergleich zu den bisher besprochenen Typen – wirklich um einen mehr oder weniger eigenständigen Typ von Science Fiction handelt. Dabei soll als Ausgangspunkt John Wyndhams Roman *The Kraken Wakes* aus dem Jahr 1953 dienen, ein Roman also, der am Anfang der heutigen Konjunktur dieses Typs erschienen ist.

Wenn man einmal von dem Prolog absieht, in dem der Ich-Erzähler auf dem Höhepunkt der Weltkatastrophe auf die vergangenen Jahre zurückblickt, setzt dieser Roman nicht – wie die meisten SF-Erzählungen – in der anderen Welt der Science Fiction, sondern in der vertrauten, gegenwärtigen Welt des Lesers ein.[47] Zwar fehlt hier die konkrete Angabe des Jahres;[48] aber indem die politische Situation als die des Kalten Krieges beschrieben und Malenkov als sowjetischer Parteichef genannt wird,[49] ist die Ausgangslage eindeutig mit der Gegenwart des damaligen Lesers identifiziert.

Diese vertraute Welt wird nun durch eine rätselhafte Gefahr bedroht, als deren Ursache eine Erdinvasion durch *aliens* erschlossen wird, obwohl während des ganzen Romans kein Mensch jemals einen der extraterrestrischen Eindringlinge zu Gesicht bekommt. Zunächst wird am Nachthimmel eine wachsende Zahl von Feuerkugeln gesichtet, die alle über besonders tiefen Stellen des Weltmeeres niedergehen. Taucherglocken, die nach dem Verbleib der Feuerkugeln forschen sollen, werden auf rätselhafte Weise vernichtet. Auf den Abwurf von Atombomben reagieren die *aliens* schließlich damit, daß sie in zunehmendem Maße menschliche Schiffe versenken und schließlich die gesamte Hochseeschiffahrt lahmlegen. Auf diese Ereignisse, denen die Überschrift »Phase One« zugeordnet wird, folgt »Phase Two«: in dieser Phase des Konfliktes zwischen Menschen und *aliens* richten die letzteren immer häufigere Angriffe mit ferngesteuerten *sea-tanks* gegen an der Meeresküste liegende Städte. Diese Angriffe kosten eine wachsende Zahl von Menschenleben, können aber schließlich mit militärischen Mitteln zurückgeschlagen und unterbunden werden. Erst in »Phase Three« nimmt die durch die Erdinvasion bewirkte Weltveränderung die Dimensionen einer Weltkatastrophe an: die *aliens* tauen mit der menschlichen Wissenschaft unbekannten Mitteln das Polareis auf und bewirken dadurch ein ständiges Steigen des Wasserspiegels, das zuerst bemerkt wird, als der Wasserstand zwei Zoll über normal liegt; schließlich steigt der Wasserstand bis auf hundert Fuß über normal an. Im Verlauf dieser Sintflut werden zahllose Städte überschwemmt, die politische Ordnung bricht zusammen, und mehr als vier Fünftel der Menschheit fallen der Katastrophe zum Opfer.

Aus diesem Handlungsresümee lassen sich zwei miteinander verbundene Strukturprinzipien ableiten, die mehr oder weniger für alle Romane dieses Typs charakteristisch sind. Das eine Prinzip ist die kontinuierliche Zunahme des Ausmaßes der Weltveränderung. In *The Kraken Wakes* tritt dieses Prinzip schon äußerlich dadurch in Erscheinung, daß der Roman – wie oben gezeigt – in drei Teile gegliedert ist, denen drei Phasen der Weltveränderung zugeordnet werden. Darüber hinaus liegt auch jedem einzelnen Teil das Strukturprinzip der Steigerung zugrunde: in »Phase One« markiert durch die wachsende Zahl und Größe der von den *aliens* versenkten Schiffe, in »Phase Two« durch die wachsende Zahl und Größe der von den *sea-tanks* der Invasoren heimgesuchten Küstenstädte, in »Phase Three« durch die regelmäßigen Angaben über die Höhe des stetig steigenden Wasserstandes. In Fred Hoyles Roman *The Black Cloud* (1957) wird dieses Prinzip dadurch realisiert, daß der Autor eine kosmische Wolke sich langsam zwischen Erde und Sonne schieben läßt und auf diese Weise die lebensnotwendige Sonnenstrahlung kontinuierlich reduziert. Noch deutlicher ist dieses Prinzip bei J. G. Ballard, dem Spezialisten für Weltkatastrophen-Romane,[50] der in seinem 1962 erschienenen Roman *The Wind from Nowhere* die vertraute Welt der Gegenwart des Lesers durch einen globalen Sturm verändert: die Windgeschwindigkeit, die Ballard pro Tag um fünf Meilen in der Stunde steigen läßt und die am Ende des Romans 155 Meilen pro Stunde beträgt, wird in regelmäßigen Abständen angegeben. Hier wird das Strukturprinzip der linearen Steigerung, das dem gesamten Typ zugrunde liegt, am offensichtlichsten – und am mechanischsten – angewendet.

Eng verknüpft mit diesem Strukturprinzip ist ein zweites, das als das Prinzip der Reduktion bezeichnet werden kann. Beginnend mit einer Ausgangslage, die durchweg mit der gegenwärtigen Welt des Lesers identisch ist, fällt – zuerst langsam und dann mit immer rapiderer Steigerung – ein Bereich der modernen Zivilisation nach dem anderen aus: in *The Kraken Wakes* etwa beginnend mit dem Ausfall der Seeschiffahrt in »Phase One« bis zum Zusammenbruch der politischen Ordnung in »Phase Three« oder in *The Wind from Nowhere* beginnend mit dem Ausfall des Flugverkehrs und endend mit dem Einsturz der letzten Gebäude.

Dabei erkennen wir übrigens einen Zug der jüngsten Science Fiction wieder, der ihrem traditionellen Bild als einer den menschlichen Progreß thematisierenden und extrapolierenden Gattung widerspricht, der sich aber bereits bei den SF-Robinsonaden und in der anti-utopischen Science Fiction nachweisen ließ: die bevorzugte Darstellung des Regresses, der Rückkehr der Menschheit in einen vorzivilisatorischen Zustand, hier oft verbunden mit der Rückkehr der Erde auf eine frühere Entwicklungsstufe. So wird etwa in *The Kraken Wakes* der auf dem Höhepunkt der Überflutung der Erde erreichte Zustand als Wiederkehr einer älteren Entwicklungsstufe der Erde charakterisiert:

> »›Nothing is really new, is it, Mike? Once upon a time there was a great plain, covered with forests and full of wild animals. I expect our ancestors hunted there. Then one day the water came in and drowned it all [. . .].
> I think we've been here before, Mike [. . .].‹«[51]

Noch eindeutiger – und aufdringlicher – ist dieses Motiv in J. G. Ballards Roman *The Drowned World*, in dem die Weltkatastrophe von Anfang an die Form einer Weltüberschwemmung – verbunden mit einer ständigen Zunahme der Temperatur – annimmt: hier wird immer wieder betont, die Erde kehre zu ihrer triassischen Vergangenheit zurück; in Mitteleuropa breitet sich eine prähistorische Fauna und Flora aus; und diese Entwicklung wird mit folgenden Worten zusammengefaßt: »Everywhere there's been the same avalanche backwards into the past [. . .].«[52] Dem Regreß der Erde in diesen Romanen entspricht durchweg ein Regreß der Menschheit. In manchen Fällen begnügen sich die Autoren damit, auf dem Höhepunkt der Katastrophe eine Welt darzustellen, in der die vertraute menschliche Zivilisation zusammengebrochen ist. So endet schon Wells' Roman *The War in the Air* (1908), der einen zukünftigen, vom kaiserlichen Deutschland ausgelösten Weltkrieg schildert, in einer verwüsteten Welt, in der es keine Staaten, keine Kultur und keine Zivilisation mehr gibt und in der die gegenwärtige Welt der Leser, die am Anfang des Romans gestanden hatte, nur noch Gegenstand wehmütiger Reminiszenzen der wenigen Überlebenden ist. Thomas M. Disch geht in seinem Roman *The Genocides* noch weiter. Eine Erdinvasion von *aliens* bewirkt, daß die Entwicklungsgeschichte der Menschheit in umgekehrter Richtung verläuft: in der Mitte des Romans leben die Menschen noch in einem Gemeinwesen mit alttestamentarischen Zügen, dann durchlaufen sie die Phase der Kannibalen und der Höhlenmenschen, und die beiden letzten Überlebenden werden schließlich *expressis verbis* mit Adam und Eva parallelisiert. Auch in Ballards *The Drowned World* wird die von der Weltkatastrophe bewirkte Veränderung des Menschen als ontogenetischer und phylogenetischer Regreß, als Rückkehr der Menschheit sowohl zu ihrer »uterine childhood«[53] als auch zu ihrer prähistorischen Vergangenheit, dargestellt. Dabei wird auch hier die biblische Anspielung auf Adam und Eva benützt, um den Regreß als Umkehrung der Heilsgeschichte zu charakterisieren. Zu Beginn des Romans heißt es:

> »[...] the genealogical tree of mankind was systematically pruning itself, apparently moving backwards in time, and a point might ultimately be reached where a second Adam and Eve found themselves alone in a new Eden.«[54]

Und der Roman schließt damit, daß der Protagonist charakterisiert wird als »[...] a second Adam searching for the forgotten paradises of the reborn sun.«[55]

Die logische Konsequenz dieser beiden Strukturprinzipien – der ständigen Steigerung der katastrophalen Weltveränderung und der immer stärkeren Reduktion der menschlichen Zivilisation und der menschlichen Überlebensmöglichkeiten – wäre nun ein Schluß, der zur totalen Apokalypse führen würde. J. Hienger dagegen glaubt, das ›Erzählmuster‹ für den Schluß der Erzählungen dieses Typs so charakterisieren zu können: »Wenn die jeweils wirksamen Vernichtungsmächte die größtmögliche Zerstörung angerichtet haben, kommt die Wende.«[56] In Wirklichkeit spielen die Weltkatastrophen-Erzählungen jedoch beide Möglichkeiten des Schlusses durch. Ein großer Teil dieser Texte endet zwar ähnlich wie *The Kraken Wakes*, wo der Protagonist auf dem Höhepunkt der Erdüberflutung überraschend erfährt, daß menschliche Wissenschaftler eine Wunderwaffe entwickelt haben, mit deren Hilfe es ihnen gelungen ist, die auf dem Boden der Tiefsee lebenden *aliens* zu vernichten, und die in letzter Stunde als *deus ex machina* die Rettung bringt. Fast ebenso häufig aber ist ein Ende wie in *The Genocides*, wo das Schlußtableau die letzten Menschen vor ihrem Tod zeigt. Dabei lassen es die Autoren meist bis kurz vor dem Schluß offen, auf welche Weise sie ihre Romane abschließen wollen. So erfährt der Leser von Ballards *The Drought* (1964/65[57]) erst auf der letzten Seite, daß es nach zahlreichen regenlosen Jahren wieder zu regnen begonnen hat. Auch in *The Wind from Nowhere* oder in *The War of the Worlds* erfolgt die plötzliche Wende unmittelbar vor dem Schluß: der kataklysmische Sturm läßt ganz unvermittelt nach; und ebenso überraschend stellt sich heraus, daß die Invasoren vom Mars, denen der größte Teil der Menschheit zum Opfer gefallen ist, ihrerseits irdischen Krankheitskeimen erlegen sind.

Das Ende der Weltkatastrophen-Erzählungen ergibt sich also nicht als logische Konsequenz aus ihrer Thematik und Struktur; vielmehr scheint es ganz im Belieben der Autoren zu stehen, welche Spielart des Schlusses sie wählen. Demnach scheint es auch nicht möglich, aus der Wahl eines *happy ending* oder dem Verzicht darauf Rückschlüsse auf eine optimistische oder pessimistische Weltsicht des Autors zu ziehen – eine Vermutung, die dadurch bestätigt wird, daß manchmal die gleichen Autoren beide Arten des Schlusses durchspielen, wie die Beispiele von Wells' *The War of the Worlds* und Ballards *The Drought* und *The Wind from Nowhere* auf der einen Seite und das Beispiel von Wells' *The War in the Air* und Ballards *The Drowned World* und *The Crystal World* auf der anderen Seite zeigen.

Aus der bisherigen Analyse der Weltkatastrophen-Erzählung geht hervor, daß ihre Struktur entscheidend von einem überpersönlichen, globalen, oft sogar kosmischen Geschehen bestimmt ist. Sie müßte sich daher grundlegend von den zuvor besprochenen Typen von Science Fiction unterscheiden, deren Struktur durch einen Konflikt eines Protagonisten – des SF-Detektivs mit einem SF-Verbrecher, des SF-Robinsons mit einer fremden Umwelt, des Rebells mit einem anti-utopischen Staat – geprägt wird.

Auch die Weltkatastrophen-Erzählungen haben personale Helden, die in einen Konflikt mit überpersönlichen Gegebenheiten – hier: mit einer sich katastrophal verändernden Welt – geraten. D. Wessels meint daher, daß dieser Typ »[. . .] in engster Nachbarschaft zum Abenteuerroman« stehe.[58] Dies dürfte vor allem auf zahlreiche Filme dieses Typs zutreffen. In den anspruchsvolleren Romanen nimmt dieser Konflikt dagegen nur selten die Strukturen des Abenteuerromans an. Der Protagonist ist häufig nicht der aktive, ein spannendes Abenteuer nach dem anderen erfolgreich bestehende Held des Abenteuerromans; vielmehr scheint die Weltkatastrophen-Erzählung zwei andere Arten von Protagonisten zu bevorzugen – was auch strukturelle Konsequenzen hat.

Die erste Variante ist besonders deutlich in *The Kraken Wakes* ausgeprägt. Die beiden Hauptfiguren Mike Watson und seine Frau Phyllis werden zwar hin und wieder auch in abenteuerliches Geschehen verwickelt, so etwa als Phyllis beinahe von einem der extraterrestrischen *sea-tanks* entführt und von ihrem Mann gerade noch in letzter Minute gerettet wird. Insgesamt gesehen, ist die Funktion dieser beiden Charaktere jedoch eine andere. Als Reporter, die von ihrer Rundfunkanstalt an alle Brennpunkte des Geschehens entsandt werden und die darüber hinaus Verbindung zu führenden Militärs, Politikern und Wissenschaftlern haben, kommt ihnen vor allem die Funktion zu, an möglichst vielen Stellen Augenzeugen der katastrophalen Weltveränderung und Empfänger eines Maximums von Informationen über sie zu sein. Eng damit verbunden ist ihre Funktion, als durchschnittliche Menschen aus der Welt des Lesers diesem das außergewöhnliche, überpersönliche Geschehen zu vermitteln.

Diese Vermittlerfiguren haben natürlich ihre literarhistorischen Vorbilder. Man denke etwa an den ›utopischen Reisenden‹, dessen Funktion es ebenfalls nicht in erster Linie war, spannende Abenteuer zu erleben, sondern dem Leser die andere Welt Utopias zu vermitteln. Oder man denke an den ›mittleren Helden‹[59] in dem von Scott begründeten Typ des historischen Romans, dem ebenfalls primär die Aufgabe zukam, die andere historische Welt aus der Perspektive des Lesers zu sehen und sie dem Leser zu vermitteln, und dessen individuelles Schicksal hinter dieser Funktion zurücktrat. Wyndham bemüht allerdings in seinem Roman eine andere Analogie. Indem er seinen Protagonisten Watson nennt und Figuren des Romans mehrfach scherzhaft auf die gleichnamige Figur in den Detektiverzählungen Conan Doyles anspielen läßt, wird sein Vorbild deutlich: auch der ›Watson‹ in der Detektivliteratur hat nicht primär die Funktion, spannende Abenteuer zu bestehen, sondern als durchschnittlicher Held von mittlerer Intelligenz eine Vermittlerrolle zwischen dem außergewöhnlichen Geschehen der Erzählung und der Welt des Lesers zu spielen.[60]

Auch in anderen Weltkatastrophen-Erzählungen hat der Protagonist in erster Linie die Funktion des Augenzeugen, Informationsempfängers und Vermittlers. So bedient sich schon Wells in *The War of the Worlds* eines einfachen Tricks, um seinem Helden eben diese rezeptive Rolle zu ermöglichen: er isoliert ihn für längere Zeit im Keller eines verlassenen Hauses unmittelbar neben einem der Landeplätze der Invasoren vom Mars, an einem Ort also, wo er in das Geschehen des Romans nicht verwickelt wird, dafür dem Leser aber ein Maximum an Informationen aus erster Hand über die extraterrestrischen Eindringlinge übermitteln kann. Neuere Erzählungen dieses Typs verfolgen ein ähnliches Ziel, wenn sie den Helden häufig in einem Informationszentrum, einem Krisenstab oder dergleichen tätig sein lassen.

Eine tiefgreifende Veränderung von Charakter und Funktion des Helden wurde dann jedoch von Ballard in einigen seiner späteren Weltkatastrophen-Erzählungen vorgenommen. Außer in *The Wind from Nowhere* steht im Mittelpunkt all seiner Romane dieses Typs ein Mensch, der immer stärker von der Faszination der Weltkatastrophe ergriffen wird und diese mehr und mehr innerlich bejaht. Er weigert sich daher, aktiv beim Kampf der Menschheit ums Überleben mitzuarbeiten, versinkt in immer größerer Passivität und Isolation und wählt zum Schluß den Freitod: Dr. Kerans in *The Drowned World* begibt sich schließlich auf die Wanderung der Äquatorsonne entgegen, die ihn verbrennen wird; und Dr. Sanders in *The Crystal World* sucht am Ende des Romans den zu Kristall erstarrten Wald auf, um dort selbst petrifiziert zu werden. In diesen dem *Inner Space Movement* angehörenden Romanen tritt die äußere Handlung, das Abenteuer, ganz gegenüber dem seelischen Erleben zurück; die Weltkatastrophen-Erzählung wird psychologisiert, sie wird zum invertierten Entwicklungsroman, zu einer psychoanalytischen Studie der Lust am Untergang.

Gewiß sind die späteren Romane von Ballard mit ihrer Faszination des Untergangs und mit ihrer Resignationsstimmung ein Extremfall. Es sind aber auch Weltkatastrophen-Erzählungen geschrieben worden, in denen die Katastrophe als eine Herausforderung dargestellt wird, welche die Menschheit schließlich durch ihre Intelligenz und Tatkraft besteht, oder in denen die Katastrophe eine Folge menschlichen Fehlverhaltens ist, vor dem diese Erzählungen warnen wollen. Nur dann jedoch, wenn man vom traditionellen Bild der Science Fiction als einer auf dem Glauben an die Leistungs- und Fortschrittsfähigkeit des Menschen basierenden Gattung ausgeht, ist es überraschend, wie selten Weltkatastrophen-Erzählungen mit einer solchen Aussage heute sind.

Natürlich gibt es genügend Erzählungen dieses Typs, in denen die Katastrophe als verursacht durch den Menschen – etwa durch rücksichtslose Ausbeutung der Ressourcen der Erde, durch mangelnde Kontrolle neuer Technologien oder durch einen globalen Krieg – dargestellt wird, so daß ihrer Darstellung eine warnend-didaktische Funktion zukommen könnte. Es ist jedoch bezeichnend, wie irrelevant die Schuldfrage in den meisten dieser Erzählungen ist.[61] Wenn die Katastrophe von Menschen inszeniert ist, so wird dies häufig nur mit wenigen Sätzen konstatiert; oft genug bleibt die Ursache der Katastrophe letztlich offen; und schließlich sind es wiederholt die gleichen Autoren, die in Romanen mit gleicher Struktur Katastrophen menschlichen und nichtmenschlichen Ursprungs durchspielen: bei Wells ein Krieg zwischen Menschen in *The War in the Air* und ein Krieg zwischen Menschen und extraterrestrischen

Intelligenzen in *The War of the Worlds*, bei Ballard kosmische Kataklysmen in *The Drowned World, The Wind from Nowhere* und *The Crystal World* und eine vom Menschen, d. h. von den Abfallprodukten seiner Technik verursachte Katastrophe in *The Drought*, bei Wyndham eine Invasion von *aliens* in *The Kraken Wakes* und menschliche Erfindungen, die außer Kontrolle geraten, in *The Day of the Triffids*.[62] Die Ursache der Katastrophe erscheint daher durchweg als unerheblich, und die Möglichkeit ihrer Verhinderung wird deshalb meistens kaum diskutiert.

Bei der Darstellung des Katastrophenverlaufs sind diese Romane häufig resignativ: ein weiterer Grund dafür, weshalb die Grundstruktur des Abenteuerromans – ein heroischer Einzelkämpfer, der mit einer Abfolge gefährlicher Situationen konfrontiert wird und diese meistert – so selten übernommen wird. Auch in Romanen, in denen menschliche Intelligenz die Katastrophe schließlich bewältigt, geht die überwiegende Mehrheit der Menschen zugrunde; und selbst Fred Hoyle, der in *The Black Cloud* ein Team von Wissenschaftlern die Katastrophe am Ende meistern läßt, äußerte sich an anderer Stelle weit skeptischer über das Leistungsvermögen des Menschen:

> »It is my belief that nothing has changed, we are still in the grip of natural processes, we are not in charge of our destiny.«[63]

Andere Autoren dagegen gelangen oft zu ideologisch noch fragwürdigeren Konsequenzen, die sie als Lehre aus dem Desaster propagieren: die Untauglichkeit der Demokratie angesichts einer Katastrophe,[64] die Forderung nach der Übertragung der absoluten Macht an die Wissenschaftler als einzigem Ausweg oder gar, wie in J. T. McIntoshs *The Fittest* (1955), die Propagierung eines extremen Darwinismus, demzufolge es einzig und allein auf *the survival of the fittest* ankommt und in einer katastrophal veränderten Welt Mitleid und Rücksichtnahme auf die Schwachen zu Lastern werden.

Allerdings darf weder die darwinistische noch die fatalistische Ideologie, die hinter vielen Katastrophenromanen zu stehen scheint, so ernst genommen werden, wie es die sogenannte Ideologiekritik gern tut.[65] Vielmehr hat die literarische Weltkatastrophe durchweg ebenso den Charakter eines Spiels wie der literarische Mord im Detektivroman; und dementsprechend haben auch die ideologischen Konsequenzen aus der Katastrophe weniger den Charakter einer ›Botschaft‹ oder Lehre, sondern den eines fiktionalen und daher gefahrlosen Durchspielens von Möglichkeiten. Die idealen Leser der Weltkatastrophen-Erzählung sind daher auch weder die überzeugten Darwinisten und Faschisten noch die Pessimisten und Fatalisten, sondern, wie Hienger zutreffend schreibt:

> »[...] Individuen, die sich, cupidi rerum novarum, für die Monotonie ihrer Wirklichkeit mit literarisch fingierten Kataklysmen und Umwälzungen zu entschädigen und das faktische Eintreten solcher Ereignisse als willkommene Abwechslung vorzustellen vermögen.«[66]

4.7 Science Fiction und Innovation

Die vorstehende Analyse beschränkte sich auf fünf Typen von Science Fiction, die vor allem dem Roman zugehören. Auf die Vielfalt der Typen, welche die Kurzgeschichte herausgebildet hat, konnte nicht eingegangen werden. Unbeachtet bleiben mußten darüber hinaus auch jene innovativen und sich der Zuordnung zu irgendwelchen Typen entziehenden Werke, welche die Science Fiction immerhin auch – und in jüngster Zeit wieder in größerem Maße – hervorgebracht hat, sowie solche Werke, deren Originalität – wie z. B. bei einigen Romanen von William Burroughs, Kurt Vonnegut und Thomas Pynchon – darin besteht, daß sie auf dem Grenzbereich zwischen Science Fiction und *mainstream literature* angesiedelt sind. Mit dieser Einschränkung kann trotzdem abschließend und generalisierend folgendes Ergebnis festgehalten werden:

Die herkömmliche Vorstellung von Science Fiction als einer innovativen und progressiven Gattung muß korrigiert werden. Zum einen stellt Science Fiction nicht nur alternative Welten mit einer fortgeschrittenen Wissenschaft und Technologie dar, sondern auch alternative Welten *ohne* Wissenschaft und Technologie. Zum anderen hat Science Fiction nur in bescheidenem Ausmaß alternative Form- und Handlungsmodelle zur Gestaltung ihrer alternativen Welten entwickelt; statt dessen greift sie immer wieder auf ältere und durchweg abgenützte Modelle der *mainstream fiction* zurück. Dies entspricht auch der thematischen Konventionalität der überwiegenden Mehrzahl der SF-Texte, in denen konventionelle Requisiten wie Roboter, Laser-Pistolen, Telepathen und *Bug-Eyed Monsters* sehr viel häufiger als kreative Visionen zukünftiger Welten sind.

Allerdings: auch die *mainstream fiction* arbeitet in beträchtlichem Ausmaß mit konventionellen Themen und Gattungsmustern. Nur wenige Werke zeichnen sich im Vergleich zu der Gesamtzahl der diesem Bereich zuzuordnenden Erzählungen dadurch aus, daß sie überlieferte Themen und Handlungsmuster entweder entautomatisieren und umfunktionieren oder neuartige Themen und Handlungsmodelle entwickeln. Solche Werke gibt es aber auch im Bereich der Science Fiction, und sie mußten in einem Kapitel über *Typen* der Science Fiction notwendigerweise vernachlässigt werden. Ihre Existenz beweist zwar nicht jenes überzogene Selbstverständnis, das viele SF-Autoren von ihrer Gattung haben; sie zeigt aber, daß in der Science Fiction die numerische Relation zwischen trivial-konventionellen und kreativen Werken grundsätzlich ähnlich wie in der übrigen Literatur ist und daß hier wie dort die innovativen Werke die Ausnahme darstellen. Auch aus diesem Grund ist es mithin kaum berechtigt, die Erzählliteratur auseinanderzudividieren in einen *main stream* und in die Science Fiction, bei der alles anders ist.

5 Form

5.1 Strukturelle Aspekte in der Gattungskritik

Die spektakulären, ins Auge fallenden Inhalte der Science Fiction lassen gewöhnlich alle formalen Gesichtspunkte in den Schatten treten. Expeditionen zu fernen Galaxien, Reisen in die unbekannte Zukunft oder Katastrophen, die ganze Völker, wenn nicht die gesamte Menschheit bedrohen, nehmen die Aufmerksamkeit des Lesers oder Kritikers so sehr gefangen, daß daneben Fragen, welche das ›Wie‹ solcher Leseerfahrung betreffen, unwichtig erscheinen. Hinzu kommt der der Gattung aufgeprägte Stempel der Trivialliteratur, der Überlegungen zu strukturellen, also spezifisch literarischen Aspekten wenig lohnend erscheinen läßt. Daher werden Probleme der literarischen Form in der Theorie und Kritik der Gattung gern weitgehend ausgeklammert. Ein neueres Handbuch zur Science Fiction konstatiert diesen Mangel (ohne ihn freilich selbst substantiell beheben zu können) zutreffend:

> »In fast allen Büchern über SF werden Romane und Stories, sofern eingehender behandelt, nur mit ihrem Plot, mit dem zugrunde liegenden Situationskalkül, aber so gut wie nie in ihrer Eigenschaft als gemachter Text, als erzählte Prosa behandelt.«[1]

Das gleiche gilt für allgemein-theoretische Äußerungen.

Versuche, eine solche Zurückhaltung grundsätzlich zu rechtfertigen, gehen meist von zwei extremen Standpunkten aus. Entweder wird argumentiert, Science Fiction sei so wesentlich von herkömmlicher Literatur unterschieden, daß die für diese entwickelten, formal orientierten Beurteilungskriterien völlig unangebracht seien. Oder man macht gerade umgekehrt geltend, Science-Fiction-Texte seien Erzählliteratur wie andere literarische Texte auch und verdienten deswegen keine besondere Beachtung.

Die These einer fundamentalen Wesensverschiedenheit von Science Fiction und Literatur im engeren Sinne wird vorzugsweise von SF-Autoren und -Anhängern alter Schule vertreten. So verweist beispielsweise John W. Campbell, langjähriger Herausgeber der führenden SF-Zeitschrift *Astounding/Analog* und damit einer der einflußreichsten Vertreter der Gattung, in einem Artikel auf den Paradefall der prognostischen Kompetenz von Science Fiction, eine Story mit dem Titel »Deadline« (1944), wo bereits Monate vor dem ersten Einsatz der Atombombe die Wirkungsweise dieser Waffe – mit Ausnahme des militärtechnisch unbedeutenden Atompilzes – genau dargelegt wurde. Anhand dieses Beispiels versucht Campbell die Eigengesetzlichkeit von Science Fiction und zugleich die Inadäquatheit literarisch-formaler Gesichtspunkte anschaulich vorzuführen und wettert: »[...] what folly to judge *prophecy* – and damned accurate prophecy at that – like a fairytale.«[2] Natürlich könne Hemingway viel besser schreiben als etwa der SF-Meister Asimov, aber dieser verstehe dafür mehr von Biochemie und modernen Naturwissenschaften, und darauf komme es hier an. Die Priorität des naturwissenschaftlichen Inhalts der Science Fiction mache literarische Kritik, wie sie sonst geübt werde, irrelevant und sinnlos.[3]

Die entgegengesetzte Position, der Science Fiction gehe jede literarische Eigenständigkeit ab, und sie lohne deshalb kaum eine eingehendere formbezogene Analyse,
begegnet vor allem in Stellungnahmen literaturwissenschaftlicher Prägung. In einer
jüngeren Studie über die Gattung heißt es in bezeichnendem Irrealis:

> »Eine Analyse von Aufbau, Handlungs- und Charaktermotivation, Erzähltechnik,
> Erzählhaltung und Erzählperspektive könnte nur zeigen, daß bewährte Konventio-
> nen übernommen werden [. . .]. Formexperimenten ist die Science Fiction abge-
> neigt.«[4]

Beide Argumente (die sich letztlich gar nicht einmal unbedingt gegenseitig ausschlie-
ßen) gegen eine Beschäftigung mit den formalen Aspekten von Science Fiction
erweisen sich bei genauerem Zusehen schnell als unhaltbar. Science Fiction ist trotz
gelegentlicher, höchst beeindruckender Erfolge in der Prognose zukünftiger Entwicklungen nicht mit Prophetie gleichzusetzen.[5] Sie will, selbst wenn dies dem einen oder
anderen Autor kaum bewußt wird, nicht Futurologie sein, sondern versteht sich ihrer
Art nach als Erzählliteratur. Für sie gelten daher prinzipiell die gleichen Gegebenheiten wie für Literatur anderer Art; insbesondere spielt die spezifische Form, in der ein
bestimmter Inhalt vermittelt wird, eine entscheidende Rolle.
Andererseits gehört der Science Fiction auf dem großen Feld der Erzählliteratur –
wenngleich die Grenzziehung stellenweise Schwierigkeiten mit sich bringt – deutlich
ein eigener Bereich. Als literarische Gattung besitzt sie Eigentümlichkeiten, die sie
von benachbarten Textsorten abheben, und es ist im Grunde unerheblich, wenn diese
primär inhaltlicher Natur sind. Denn da in der Literatur Inhalt und Form nie völlig
isoliert gesehen werden können, sondern sich wechselseitig beeinflussen und bedin-
gen, haben die gattungsbildenden Faktoren bei der Science Fiction notwendigerweise
auch formale Auswirkungen bzw. sind formaler Art.
Bevor wir den strukturellen Charakterzügen der Science Fiction im einzelnen nachge-
hen, erscheint es angebracht, in einem vergleichenden Überblick kurz die Grundkon-
stituenten der Gattung mit ihren strukturellen Implikationen festzuhalten und zu
überlegen, welche Strukturmerkmale Science Fiction mit anderen Arten von fiktionalen Texten gemeinsam hat und welche für sie spezifisch sind.

5.2 Science Fiction als Literatur: Science Fiction und *mainstream*-Erzäh-
lungen

5.2.1 Gemeinsamkeiten

Während der erste Bestandteil der Gattungsbezeichnung ›Science Fiction‹ problematisch ist und zu unterschiedlichen Definitionen und Veränderungsvorschlägen Anlaß
gegeben hat, kann es hinsichtlich des zweiten kaum grundlegende Meinungsverschiedenheiten geben: Science Fiction ist Fiktion; wie alle Erzählliteratur bietet sie dem
Leser eine fiktionale, d. h. eine prinzipiell erfundene Welt.
Daß diese Welt in der Science Fiction und in der *mainstream*-Literatur durch die
gleichen Elemente konstituiert wird, läßt sich leicht an beliebigen Beispielen verifizie-

ren. Hier seien zur Veranschaulichung die Anfänge zweier Romane, von dem amerikanischen Nobel-Preisträger Saul Bellow und dem bekannten SF-Autor Philip K. Dick angeführt:

»Shortly after dawn, or what would have been dawn in a normal sky, Mr Artur Sammler with his bushy eye took in the books and papers of his West Side bedroom and suspected strongly that they were the wrong books, the wrong papers. In a way it did not matter much to a man of seventy-plus, and at leisure.«[6]

»For a week Mr R. Childan had been anxiously watching the mail. But the valuable shipment from the Rocky Mountain States had not arrived. As he opened up his store on Friday morning and saw only letters on the floor by the mail slot he thought, I'm going to have an angry customer.«[7]

Im Mittelpunkt des Interesses stehen jeweils erfundene Charaktere, die einen Namen tragen und bestimmte Eigenschaften erhalten. Von Mr Sammler erfährt der Leser einstweilen, daß er buschige Augenbrauen besitzt, mehr als siebzig Jahre alt ist und über seine Zeit frei verfügen kann, wogegen ihm Mr Childan als sorgenvoller Geschäftsmann und Inhaber eines kleinen Ladens entgegentritt. Zugleich werden die Charaktere räumlich und zeitlich einer besonderen Umwelt zugeordnet, welche ebenfalls fiktiver Natur ist: Mr Sammlers mit Büchern und Manuskripten gefülltes Schlafzimmer sowie Mr Childans Laden entspringen in erster Linie der Phantasie des Autors. Charaktere und Umwelt sind hier naturgemäß nicht abschließend gekennzeichnet; vielmehr darf der Leser damit rechnen, im weiteren mehr über sie zu erfahren, um so sein zunächst grobes und lückenhaftes Vorstellungsbild verfeinern und ergänzen zu können. Ähnlich wie die Vermittlung der Charaktere und ihres Lebenshintergrundes sukzessiv erfolgt, präsentiert sich die erfundene Welt nicht als ein statisches Bild, sondern als Ablauf und Geschehen. Bei den zitierten Beispielen sind Keime für mögliche Komplikationen gleich in den Anfangssätzen, durch Mr Sammlers Zweifel an seinen Büchern und Manuskripten sowie Mr Childans ängstliches Warten auf das Eintreffen einer wichtigen Postsendung, enthalten. Insbesondere Probleme und Konflikte bewirken Veränderungen und Entwicklungen. Charaktere und Schauplätze sind normalerweise in eine mehr oder weniger zusammenhängende erfundene Handlungskette, den *plot*, eingebettet.

Obwohl die dargestellte Welt grundsätzlich erfunden ist und nur der sehr naive Leser die Darstellung für einen authentischen Tatsachenbericht nehmen könnte, ist sie doch unverkennbar auf die Lebenserfahrung des Lesers und die von ihm erlebte Wirklichkeit bezogen. Vor allem wird der fiktionale Schauplatz der Handlung von der objektiv vorhandenen und dem Leser bekannten Makroumwelt umgeben bzw. an diese angeschlossen. Mr Sammlers Schlafzimmer befindet sich im westlichen Teil von Manhattan, und Mr Childans Laden ist ebenfalls irgendwo in den Vereinigten Staaten, und zwar außerhalb der Rocky Mountains, lokalisiert. Eine Anknüpfung an die Erfahrungswelt des Lesers bewirken auch die unvollständigen Zeitangaben (»Shortly after dawn«, »on Friday morning«) sowie das erzählerische Vergangenheitstempus, wodurch der Leser den Eindruck gewinnt, daß das dargestellte Geschehen innerhalb seines eigenen Raum-Zeit-Kontinuums angesiedelt ist. Die präsentierte

Welt erscheint also als potentielle Wirklichkeit. Wenn der Leser bereit ist, gewisse Voraussetzungen zu akzeptieren bzw. in der eigenen Vorstellung nachzuvollziehen, kann er an den Erfahrungen der Charaktere in der Erzählung teilnehmen.

Der Leser weiß, daß die Erzählung nicht amorph, sondern eine gestaltete Einheit ist. Er braucht etwa bei den zitierten Romananfängen nicht damit zu rechnen, daß Mr Sammler und Mr Childan plötzlich im nächsten Absatz aus dem Gesichtskreis verschwinden und keine Bedeutung mehr für das Folgende haben werden. Der Leser darf ferner erwarten, daß die Gestaltung des fiktionalen Stoffes darauf abzielt, ihn zu unterhalten, d. h. ihm das Spiel der imaginären Teilnahme an der erfundenen Welt interessant zu machen, sowie ihm dadurch nach Möglichkeit neue Einsichten zu vermitteln.

Wichtig ist in jedem Fall die Art, in der die erzählte Welt dem Leser vermittelt wird, da sie sein Verhältnis zum Dargestellten entscheidend beeinflußt und die Auswahl der mitgeteilten Informationen steuert. Bei den beiden hier gewählten Beispielen tritt der Erzähler in den Hintergrund und läßt den Leser das Geschehen hauptsächlich aus der Perspektive des Zentralcharakters sehen. Indem der Leser die Gedanken der Charaktere teilt, nimmt er an ihren Problemen Anteil und empfindet für sie Sympathie. Diese Wirkung (und die Darstellung insgesamt) beruht ausschließlich auf dem Mittel der Sprache. Hier wie auch im übrigen besitzt die Science Fiction grundlegende Gemeinsamkeiten mit der *mainstream*-Literatur, wenngleich die Unterschiede ebenfalls nicht von der Hand zu weisen sind.

5.2.2 Besonderheiten

Unterschiede, welche die Science Fiction von Texten der *mainstream*-Literatur abheben, sind zum nicht unerheblichen Teil durch die besondere Produktions- und Publikationssituation, ihre Stellung im literarischen Leben, bedingt. Die Autoren waren in der Vergangenheit infolge ihres naturwissenschaftlich und technologisch bestimmten Interesses weithin weniger für formale Fragen aufgeschlossen als Schriftsteller der *mainstream*-Literatur. Hinzu kam, daß sie unter einem starken Publikationsdruck standen, der ihren Bewegungsspielraum einengte und den Absatz zum höchsten und ausschlaggebenden Kriterium erhob. Dementsprechend unterschied sich auch die Leserschaft der Science Fiction deutlich von den Adressaten anderer Literatur, indem sie einerseits Probleme und Möglichkeiten von Naturwissenschaft und Technik bevorzugte Aufmerksamkeit entgegenbrachte und andererseits zugleich an die Lektüre in erster Linie Unterhaltungsansprüche stellte. Das resultierende Ghettobewußtsein der Leserschaft und ihre außergewöhnliche Vertrautheit mit der Gattung spielt gleichfalls eine entscheidende Rolle für das Erscheinungsbild der Science Fiction. Da diese Faktoren in anderem Zusammenhang ausführlich behandelt worden sind,[8] soll hier nur darauf hingewiesen werden. So sehr derartige Publikationsbedingungen sich bei der Entwicklung der Science Fiction ausgewirkt haben, sind sie doch nicht für die Gattung ihrem Wesen nach notwendig.

Die substantiellen Besonderheiten der Science Fiction gegenüber der *mainstream*-Literatur treten an einem Text meist schnell zutage. Als Beispiel soll nun die an den eben zitierten SF-Romananfang anschließende Textfortsetzung dienen:

»Pouring himself a cup of instant tea from the five-cent wall dispenser he got a
broom and began to sweep; soon he had the front of American Artistic Handcrafts
Inc. ready for the day, all spick and span with the cash register full of change, a
fresh vase of marigolds, and the radio playing background music. [...] Far off, a
cable car passed; Childan halted to watch it with pleasure. Women in their long
colourful silk dresses [...] he watched them, too.«[9]

Dem Leser wird bald klar, daß an Mr Childans Laden einiges nicht stimmt. In einem
normalen amerikanischen Geschäft könnte sich vielleicht ein Automat für Pulver*kaffee* befinden, aber nicht für -tee. Mr Childans primitiver Sauberkeitsfanatismus und
die Branche, in der er arbeitet, amerikanisches Kunsthandwerk, wirken eigenartig
und unpassend. Ebenso wie die Atmosphäre gepflegter Häuslichkeit mit der Vase
voll Ringelblumen und gedämpfter Musik im Hintergrund würde alles eher zu einem
kleinen Laden fernöstlicher Provenienz passen – empfindet der Leser. Und auf diesen
Eindruck, den der Anblick der Frauen in ihren langen bunten Seidenkleidern noch
bekräftigt, kommt es an; denn in der Tat ist die hier dargestellte Welt nicht das dem
Leser vertraute moderne Amerika. Vielmehr ist es eine parallele Welt, in der die
Vereinigten Staaten mit ihren Verbündeten den Zweiten Weltkrieg verloren haben,
so daß Amerika von den Achsenmächten besetzt ist und San Francisco, wo die
Handlung spielt, zur japanischen Besatzungszone gehört, d. h. dem östlichen Kultur-
einfluß unterliegt.

In der Science Fiction ist die Entfernung des fiktiven Geschehens von der Erfahrungswelt des Lesers zwangsläufig größer als in der *mainstream*-Literatur. Die Welt, die
dem Leser begegnet, ist nicht nur im engen Bereich des Erzählgeschehens neu, d. h.
fiktiv, zusammengesetzt, sondern enthält zusätzliche Grundelemente, die in der
Wirklichkeit des Lesers nicht oder noch nicht möglich wären. Die Einführung der
alternativen Prämissen in der SF-Geschichte bedeutet eine erweiterte Aufgabe für
den Erzähler, und es wird zu untersuchen sein, auf welche Weise er dieser Aufgabe
gerecht werden kann.

Durch die größere Distanz ergeben sich dazu andere Aussageschwerpunkte. Die SF-
Darstellung ist weniger auf fiktionale Nahaufnahmen angelegt als auf die Bildung von
umfassenderen Modellen. Ideen und intersubjektive Fragen bieten sich für sie mehr
an als überwiegend individuelle Probleme, und es liegt auf der Hand, daß gegenüber
den detailreichen Großaufnahmen der *mainstream*-Literatur die Projektionen der
Science Fiction oft flächig ausfallen und zu Vereinfachungen neigen.

Die Science Fiction hat sich auf ihre besonderen Bedingungen eingestellt und
Aussageformen und -mittel entwickelt, welche diesen Gegebenheiten entsprechen.
Sie hat eigene Gattungskonventionen ausgebildet und Aussagemöglichkeiten, die
sich auch in anderen Erzähltexten finden, speziell für ihre Zwecke umgestaltet.

5.3 Erzählhaltung: Fiktionalität und Wirklichkeitsanspruch

5.3.1 Familiarisierung

Science Fiction ist in einem sehr ambitionierten Aufsatz als »Literatur der erkenntnisbezogenen Verfremdung« definiert worden.[10] Es heißt dort:

> »Derartige faktische Darstellungen von Fiktionen wirken als Konfrontation eines gegebenen normativen Systems – einer geschlossenen Weltanschauung vom Typ der ptolemäischen – mit einem Standpunkt oder Blick, der einen neuen Satz von Normen impliziert.«[11]

Dadurch, daß in der Science Fiction ein vertrauter Gegenstand in neuem Licht dargestellt wird, d. h. durch eine verfremdete Darstellung, habe der Leser die Möglichkeit, neue Erkenntnisse zu gewinnen und neue Maßstäbe zu bilden oder anzunehmen. Eine solche im Anschluß an die russischen Formalisten und in Anlehnung an Brecht entwickelte Deutung der Science Fiction stimmt allenfalls in sekundärer Hinsicht. Wenn man davon ausgeht, daß der SF-Text sich letzten Endes an den gegenwärtigen Leser wendet und diesem Gegenstände vorführt, die durch Extrapolation gegenwärtiger Zustände entstanden sind, die sich demnach auf die Gegenwart beziehen, dann läßt sich die Entfernung von der Erfahrungswirklichkeit des Lesers in der Science Fiction vielleicht tatsächlich als Verfremdung ansprechen.
Primär gilt für die SF-Darstellung das Umgekehrte: nicht Verfremdung des Vertrauten, sondern Familiarisierung des Fremden ist das zugrunde liegende Prinzip. Der Erzähler muß auf jeden Fall bemüht sein, die durch die SF-Prämissen von der Erfahrungswirklichkeit unterschiedene und damit fremde Welt dem Leser vertraut erscheinen zu lassen, ihm den imaginären Eintritt in diese Welt, die innere Teilnahme an dem dargestellten Geschehen zu erleichtern. Familiarisierung, das Bemühen, die dargestellte Welt auf Kategorien auszurichten, die dem Leser bereits empirisch vertraut sind, ist prinzipiell bestimmend für die Erzählhaltung in der Science Fiction. Nur auf diesem Weg kann der Erzähler beim Leser das zu erreichen hoffen, was Coleridge in ähnlichem Zusammenhang mit der bekannten Formulierung »willing suspension of disbelief« umschrieben hat,[12] d. h. die Bereitschaft des Lesers, seine aus der gewöhnlichen Lebenserfahrung resultierende Skepsis zurückzustellen und für den Bereich der im Text dargestellten Welt neue Prämissen zu akzeptieren.
Die Familiarisierung des Fremden, das Heranholen des Ungewohnten an die Erfahrungswelt des Lesers beginnt bereits bei den inhaltlichen Fragen, die gern unter dem Begriff *science* oder *scientific* subsumiert werden. In der Regel wird der Autor in der SF-Erzählung nicht eine unbegrenzte Fülle von Veränderungen gegenüber dem Status quo einführen, sondern versuchen, sich nach dem Vorbild von Wells auf *eine* Grundprämisse zu beschränken, aus der alle weiteren Abweichungen von der vertrauten Lebenswirklichkeit folgen. So erscheint die neue Welt dem Leser nicht so sehr unglaublich und phantastisch als vielmehr stimmig und glaubwürdig, nachdem er gewisse Grundvoraussetzungen akzeptiert hat. Diese Prämissen werden normalerweise nicht als unsinnig und willkürlich, sondern als scheinbar naheliegend vorgestellt. Der Leser soll nicht den Eindruck gewinnen, daß die Naturgesetze hier

plötzlich einfach außer Kraft gesetzt werden; allenfalls wird eingeräumt, daß sie, wie etwa bei Zeitreisen oder interstellaren Reisen mit Überlichtgeschwindigkeit, eine Ausweitung und Modifizierung erfahren. Verbindungen und Analogien zu der durch die Naturgesetze strukturierten Erfahrungswelt des Lesers werden betont.

Vor allen Dingen erfolgt die Anbindung der dargestellten Welt an die Lebenserfahrung des Lesers durch die Art der Darstellung selbst. Das fiktionale Geschehen soll dem Leser als mögliche individuelle Erfahrung, als potentielle Empirie begegnen. Insbesondere spielen die Details, aus denen sich ein übergeordnetes Bild zusammensetzt, eine große Rolle. Perspektive, Auswahl und Reihenfolge, wie Einzelheiten vermittelt werden, sind von entscheidender Bedeutung, wozu spezifische authentifizierende Formen noch einen weiteren Beitrag leisten können. Hier bedient sich die Science Fiction nicht einiger weniger, isolierter Aussagemittel, sondern richtet die gesamte Darstellung weitgehend auf dieses Ziel aus. Alle formalen Aspekte werden im Idealfall durch diese Erzählhaltung bestimmt; einige Punkte treten dabei jedoch besonders hervor.

5.3.1.1   Exposition

Einen maßgeblichen Stellenwert in dieser Hinsicht besitzt die Exposition, die Art, in der der Leser in die Ausgangssituation des fiktionalen Geschehens eingeführt, mit den Hauptcharakteren bekannt gemacht wird, wie er die Vorgeschichte und die spezifischen Vorbedingungen der dargestellten Welt erfährt. Wegen der größeren Entfernung dieser Welt von der Lebenswirklichkeit des Lesers kommt der Exposition, die diese Kluft überbrücken muß, in der Science Fiction eine noch wichtigere Aufgabe zu als in anderen Erzähltexten. Der Leser braucht prinzipiell mehr Erklärung, um das dargestellte Geschehen voll verstehen zu können; die Spielregeln für das Spiel der Teilnahme an dem Erzählgeschehen sind nicht schon im Grunde bekannt und vorgegeben.

Die Exposition müßte demnach in SF-Texten ausführlicher sein. Doch dem steht im Wege, daß eine ausgedehnte Exposition, die der eigentlichen Handlung vorausginge, leicht das Interesse des Lesers erlahmen lassen könnte. Sie würde möglicherweise auch den Autor vor gewisse Probleme stellen, da sie ihn einem starken Explikationszwang aussetzte: In einer separaten Exposition wären auch Bereiche eines Weltentwurfs auszufüllen, welche keine unmittelbare Relevanz für die Erzählhandlung haben und welche der Autor aus Gründen der Plausibilität vielleicht besser unausgeführt lassen möchte.

Die Science Fiction löst solche Probleme meist auf eine Weise, wie sie ein führender SF-Autor mit nonchalanter Offenheit artikuliert, indem er eine Story nach einem längeren Zitatmotto mit den Worten beginnen läßt:

»That is the heart of it. Now begin in the middle, and later learn the beginning; the end will take care of itself.«[13]

Auf eine direkte Exposition verzichtet die Science Fiction in der Regel. Sie konfrontiert stattdessen den Leser unmittelbar mit den fiktiven Charakteren und dem

Erzählgeschehen; sie versetzt ihn gleichsam mitten in die Handlung (»begin in the middle«). So hat sie die beste Aussicht, die Aufmerksamkeit des Lesers zu gewinnen, wie Campbell es für eine gute SF-Story postuliert:

> »The opening scene should introduce the problem, and do it quickly enough, dramatically enough, that the casual glance reader will be trapped into the story before he realizes that he's not just nibbling. [...] But the story obviously has its real beginning long before that.«[14]

Der Leser ist in das Geschehen involviert, bevor er genau weiß, worum es eigentlich geht – und dies entspricht ja auch der Art, wie man normalerweise Wirklichkeit im Leben erfährt.

Der vorherrschende Verzicht auf eine direkte Exposition bedeutet freilich nicht etwa ihr Fehlen überhaupt. Dem Leser werden vielmehr die notwendigen expositorischen Informationen indirekt, induktiv und implizit vermittelt. D. h. die Mitteilungen, die den Leser zu einem vollen Verständnis des Erzählgeschehens befähigen, sind in die Darstellung eingearbeitet, und es erfolgt keine eigentliche, aufbauende 'Rückwendung des Erzählers.[15] Diese Informationen werden ferner nach und nach gegeben; der Leser hat sie aufzugreifen und in eine sinnvolle Relation zu bringen. Er muß dabei einiges aus dem Kontext erschließen und darf erwarten, im weiteren Verlauf der Lektüre seine Annahmen bestätigt und ergänzt oder widerlegt und korrigiert zu finden.

Ein signifikantes Beispiel ist die Kurzgeschichte »The Country of the Kind« von Damon Knight, die folgendermaßen einsetzt:

> »The attendant at the car lot was day-dreaming when I pulled up – a big, lazy-looking man in black satin chequered down the front. I was wearing scarlet, myself; it suited my mood. I got out, almost on his toes.
> ›Park or storage?‹ he asked automatically, turning around. Then he realized who I was, and ducked his head away.«[16]

Die Situation auf dem Parkplatz mit dem dösenden Parkwächter kommt dem modernen Leser unmittelbar vertraut vor. Daß der Mann jedoch in schwarze Atlasseide gekleidet ist, muß eigenartig erscheinen. Sobald der Leser dann im nächsten Satz erfährt, daß der Ich-Erzähler selbst bei dieser Gelegenheit Scharlachrot trägt, vermutet er noch mehr, daß es eine besondere Bewandtnis mit der Kleidung der auftretenden Charaktere hat. Sie ist in der Tat das erste Anzeichen dafür, daß die Handlung in einer futuristischen Überflußgesellschaft mit phantastischen Konsummöglichkeiten spielt, worüber der Leser erst später völlige Klarheit gewinnt.

Ähnlich unvorbereitet erfolgt die Einführung des Protagonisten, der die Geschichte erzählt. Wir erleben ihn in Aktion, bevor wir irgend etwas über ihn wissen. Aus seiner auffälligen, signifikanten Kleidung, seinem etwas rücksichtslosen Verhalten gegenüber dem Parkwächter und vor allem aus dessen Reaktion müssen wir den Eindruck gewinnen, daß wir es hier mit einem aggressiven Charakter zu tun haben, der bereits unliebsam bekannt ist. Seine nachfolgenden Handlungen vertiefen diesen Eindruck und zeigen, wie er mit seiner extremen Aggressivität völlig isoliert inmitten der

Luxusgesellschaft lebt und versucht, durch brutale Aktionen die gutmütigen Konsumbürger zu provozieren. Erst nach der Mitte der Story lernt der Leser durch ein Merkblatt, das der Ich-Erzähler findet, die Vorgeschichte kennen und erfährt beispielsweise den Grund, warum der Protagonist trotz seiner Brutalität doch keines seiner Opfer wirklich verletzt. Die Aggressivität des Protagonisten und damit seine Sonderstellung innerhalb einer Gesellschaft, die alle Aggressionen restlos beseitigt hat, geht auf einen Fehler der genetischen Fachleute zurück. Nachdem der Protagonist als junger Mann ein Mädchen getötet hat, wird er von der Teilnahme an der permissiven Gesellschaft ausgeschlossen, erhält als Schutzmechanismus für die Gesellschaft eine Anfälligkeit für epileptische Anfälle übertragen, die ihn beim Vollbringen eines gewalttätigen Aktes befällt und von weiterem Handeln abhält, und wird schließlich mit einem starken Körpergeruch versehen, der alle vor ihm warnt.

Eine derartig indirekte, verzögerte Exposition, die den Leser an der Suche nach den gegebenen Prämissen beteiligt und ihn damit auch daran hindert, seine skeptischen Vorbehalte zu entwickeln, ist in der Science Fiction vorherrschend. In Frederik Pohls Geschichte »The Tunnel Under the World« erfahren wir z. B. erst auf der vorletzten Seite, daß die Stadt, in der die Handlung spielt, ein Miniaturmodell auf einer Tischplatte und der Protagonist ein Roboter im Mikroformat ist.[17]

Auch in den SF-Romanen geschieht das Aufholen der Vorgeschichte auf ähnliche Weise. Kennzeichnend etwa erscheint *The Shockwave Rider* von John Brunner mit der Eröffnung:

> »The man in the bare steel chair was as naked as the room's white walls. They had shaved his head and body completely; only his eyelashes remained. Tiny adhesive pads held sensors in position at a dozen places on his scalp [. . .].«[18]

Die Identität und Persönlichkeit des nackten Mannes bleiben lange unklar. Mehr als zwei Drittel des Romans werden darauf verwendet, dem Leser vermittels der Gehirnwäsche-Untersuchungen, denen er beiwohnt, die Vorgeschichte zu präsentieren.

Herbert W. Franke, der wohl bedeutendste Vertreter der neueren deutschen Science Fiction, läßt den Leser seines interessanten Romans *Das Gedankennetz* (1961) erst um die Mitte des Buches erfahren, daß die aktionsreichen Szenen der ersten drei Kapitel sich lediglich in der Phantasie des Protagonisten Eric abgespielt haben. Eric wird in dem totalitären Zukunftsstaat mit Hilfe des im Titel angesprochenen Gedankennetzes einer sogenannten »Erlebnisprüfung« unterworfen, die ihn als potentiell gefährlichen Abweichler erweist, so daß man an ihm eine Lobotomie vornimmt. Im Schlußkapitel macht der Autor dann noch einmal den (nicht ganz überzeugenden) Versuch, dieses Geschehen nachträglich zu relativieren und mit einer neuen Dimension zu versehen, indem Eric nach der Gehirnoperation plötzlich in der Rolle des *alien*-Superhirns der Anfangsszene in Erscheinung tritt.

Ein weit ausholender expositorischer Anfang wie der von Robert Heinleins bekanntem Roman *Stranger in a Strange Land* muß demgegenüber als atypisch angesehen werden:

> »Once upon a time there was a Martian named Valentine Michael Smith.
> The first human expedition to Mars was selected on the theory that the greatest danger to man was man himself.«[19]

Doch obwohl der Erzähler hier mit einiger Ausführlichkeit auf die (fiktive) Geschichte der ersten Marsexpeditionen eingeht, ist der Leser über den im ersten Satz eingeführten Helden, als dieser dann in das Geschehen eintritt, noch fast völlig im unklaren, und man erfährt erst allmählich die wichtigsten Einzelheiten über dessen Ursprung und Eigenschaften. Selbst bei diesem Beispiel sind also, wenn auch in vergleichsweise geringem Umfang, die expositorischen Fakten in die Handlung hineingenommen. Meist geht die Science Fiction in dieser Beziehung wesentlich weiter.

5.3.1.2 Aufklärungsgespräch

Sehr oft wird die Verbindung mit der Lesergegenwart erst durch ein (in der Regel längeres) Gespräch hergestellt, das dem Protagonisten oder einem anderen Hauptcharakter die geschichtliche Entwicklung darlegt und ihn über die daraus resultierende Situation aufklärt. In Ray Bradburys *Fahrenheit 451* beendet der Feuerwehrhauptmann Beattie ein solches Gespräch, in dem er den Helden über die Auswirkungen der utilitaristischen, egalisierenden, anti-intellektuellen Tendenzen in der Gesellschaft belehrt, mit der bezeichnenden Formulierung: »I must be going. Lecture's over.«[20]

Häufig erfolgt das Aufklärungsgespräch erst kurz vor dem Ende der Erzählung. So erfährt z. B. der Protagonist in *Shockwave Rider* am Schluß, daß die Regierung ihre skrupellose Ausübung der Macht durch eine frühere Fusion mit den einstmaligen Verbrechersyndikaten gelernt hat.[21] In diesem Gespräch wird, ähnlich wie in einem späteren Gespräch in Bradburys Roman, zugleich das Wirken der Gegenbewegung erläutert.

Wenn gelegentlich der Protagonist nicht als der rezeptive, sondern als der aktive Teilnehmer an dem Aufklärungsgespräch auftritt, so soll daran bei sonst gleicher Funktion sein Erkenntniszuwachs deutlich werden. Beispielsweise kann am Ende von John Wyndhams *The Day of the Triffids* der Held seine Frau darüber aufklären, daß die große Weltkatastrophe nicht durch ein Naturereignis, sondern durch sinnloses Wettrüsten, also die Schuld der Menschen, verursacht worden ist.[22]

Ähnlich vermag in Harry Harrisons Roman *Captive Universe* nur der Held zu erklären, welche Zielsetzung hinter dem Riesenraumschiff steht, das mit seiner in einem engen Tal angesiedelten primitiven aztekischen Bevölkerung und der ähnlich primitiven hinter den Kulissen agierenden Betreuermannschaft unterwegs ist, und mit welcher Absicht der »Große Gestalter« es früher einmal auf der Erde geschaffen und gestartet hat.[23]

Nicht nur in Romanen, sondern auch in kürzeren Erzählungen wird durch ein solches Gespräch gegen Ende der Handlung eine nachträgliche Erklärung und Verbindung der fremden Welt mit dem Status quo des Lesers geliefert. In »Tunnel under the World« erfährt der Hauptakteur von der rätselhaften jungen Frau, die er verfolgt und versehentlich angeschossen hat, die Entstehungsgeschichte seiner Umwelt und die Hintergründe seiner eigenen Existenz.[24] Vergleichbar ist die Aufklärung, die in Theodore Cogswells »The Wall Around the World« der junge Protagonist über die Aufteilung der Welt in zwei voneinander getrennte Bereiche aus dem Munde seines ehemaligen Lehrers erhält.[25] Auch hier soll der Leser durch die Belehrung des Hauptcharakters endgültig an die fremden Verhältnisse herangeführt werden und sie vom Boden seiner eigenen Lebenswirklichkeit aus als plausibel empfinden.

5.3.1.3 Konventionen als Darstellungsträger

Außer der Verknüpfung mit der Lebenserfahrung des Lesers steht der Science Fiction auch eine spezifisch literarische Möglichkeit zu Gebote, dem Leser ihre im Grunde fremden Gegenstände vertraut und naheliegend erscheinen zu lassen. Wie jede Art von Literatur verfügt die Science Fiction über bestimmte eigene Gattungskonventionen, und sie kann davon ausgehen, daß diese dem Leser geläufig sind. Bei der Aufgabe der Familiarisierung des Fremden bilden die Science-Fiction-Konventionen für den Autor eine wichtige Vorgabe.

Dies beginnt allgemein bereits bei der Gattungszugehörigkeit. Wer einen durch Autorennamen, Titel, Reihenzugehörigkeit oder Aufmachung als ›Science Fiction‹ gekennzeichneten Text liest, trifft in der Regel schon die stillschweigende Übereinkunft, mehr als plausibel zu akzeptieren, als im normalen Leben gang und gäbe ist. Die verschiedenen Typen von Inhalten bringen dann im einzelnen besondere Prämissen, die als Konventionen vorgegeben sind, mit sich. Gerade Unwahrscheinliches und schwer verifizierbare technische Aspekte werden durch diese Konventionen getragen und sanktioniert.

Wenn beispielsweise in einer Geschichte von einer »Zeitmaschine« die Rede ist, braucht der Autor ein solches Gerät nicht zu definieren und auch nicht unbedingt in seiner Wirkweise zu erläutern; er kann sich vielmehr ohne weiteres auf die in der Gattung etablierte Konvention stützen und nicht nur das nötige Wissen, sondern auch die Bereitschaft zum Nachvollzug beim Leser voraussetzen. Zur Erklärung für den kooperationsbereiten Leser genügen vor diesem Hintergrund dann schon kryptische Ausführungen wie »the warping of space-time«,[26] die ebenfalls in der Tradition vorgebildet sind. Oder der Verfasser geht noch einen Schritt weiter, indem er etwa einfach das Vorhandensein eines Zeitreise-Vehikels und damit die Möglichkeit der Jagd auf Dinosaurier als wohlvertraute Tatsache zugrunde legt und auf dieser Basis unmittelbar von den übertriebenen Versprechungen der »Zeitreisebroschüre«[27] berichtet.

Ähnliches gilt für den Komplex ›Raumfahrt‹. Die Gattungskonventionen ersparen es dem Autor, den Leser stets in die Funktionsweise des jeweiligen Raumfahrzeugs einzuführen. Es genügt, wenn er von »the ship« und »overdrive« spricht, und der SF-Leser befindet sich auf vertrautem Boden und verlangt nicht unbedingt nach einer Erklärung und Rechtfertigung; selbst eine so phänomenale Reisegeschwindigkeit wie das 22,4fache der Lichtgeschwindigkeit nimmt er auf dieser Grundlage ohne weiteres als plausibel hin.[28]

Der an die Gattung gewöhnte Leser braucht – um einen weiteren Beispielbereich zu nennen – keine besondere Aufklärung, daß es sich bei einem *alien* in der Science Fiction nicht um einen Ausländer handelt; er ist auch, jedenfalls für die Dauer des Lesevorganges, bereit, die Existenz von *aliens* als möglich zu konzedieren. Charaktere in SF-Erzählungen, die eine Begegnung mit *aliens* haben, werden meist von sehr viel stärkeren Zweifeln geplagt als die Leser. Wenn beispielsweise in Clifford Simaks Story »Green Thumb« der Ich-Erzähler über die seltsame Pflanze in seinem Garten sagt: »I remember I wasn't yet ready to say it out loud, but it seemed probable that my guest was an alien intelligence«[29] – ist der Leser schon lange im Bilde.

Indem hier freilich doch eine mögliche Skepsis des Lesers auf der Ebene der fiktionalen Darstellung vorweggenommen und von vornherein entkräftet wird, zeigt sich, daß die Wirksamkeit von Konventionen zur Familiarisierung des Fremden begrenzt ist. Literarische Erfahrung kann nur bedingt an die Stelle der realen Erfahrung des Lesers treten. Gattungskonventionen fungieren lediglich als eine Art Sekundärempirie, und wenn der Autor sie übermäßig oder in zentraler Position einsetzt, muß es dem Leser auffallen, daß er es hier mit Requisiten, d. h. mit künstlichen Gebilden, zu tun hat, die nur eine entfernte Beziehung zur Wirklichkeit besitzen. Allerdings braucht eine solche Wirkung nicht in jedem Fall negativ zu sein, sondern der Autor kann sie unter bestimmten Voraussetzungen sogar gezielt einsetzen, um besondere Zwecke zu erreichen.

5.3.2 Ironie, Parodie, Satire

Die in der Science Fiction grundsätzlich gegebene Distanz zwischen Leser und dargestellter Welt braucht für den Autor nicht unbedingt hinderlich zu sein. Sie wird dann zu einem Vorteil, wenn die Darstellung gerade ein distanziertes Verhältnis zum Dargestellten für angebracht hält oder erforderlich macht. Dies ist bei jeder Art von Ironie, Parodie und Satire der Fall. Hier besitzt die Science Fiction aufgrund ihrer gattungseigentümlichen Voraussetzungen eine Fülle von unterschiedlichen Möglichkeiten.

Ironisch gefärbt ist die nicht selten in SF-Texten anzutreffende explizite kritische Bezugnahme auf Gattungstopoi. Indem der Erzähler oder einer der Charaktere sich scheinbar von etablierten Konventionen der Gattung distanziert, soll die Darstellung bis zu einem gewissen Grade entliterarisiert und ein stärkerer Wirklichkeitsanspruch angemeldet werden. Zugleich ergibt sich dabei eine ironische Note, da dem Leser natürlich nicht verborgen bleiben kann, daß der Text selbst zu der vorgeblich kritisierten Textsorte gehört und eben von dem fraglichen Topos selbst Gebrauch macht.

So bestreiten z. B. in Anthony Bouchers Geschichte »Balaam« (1960) die beiden Hauptcharaktere in einem Gespräch einmütig die Existenz von *aliens* und die Möglichkeit von interstellarer Raumfahrt; dergleichen gebe es nur in billigen »microcomics« und »such literature«[30] – der Leser weiß dagegen, daß die Begegnung der Menschen mit den Intelligenzwesen von einem fremden Planetensystem unmittelbar bevorsteht. Ähnlich, aber etwas komplizierter ist diese Art von dramatischer Ironie in »Noise Level« von Raymond F. Jones. Bei der Vorführung eines Films, der zeigt, wie ein unbekannter Erfinder seine Antigravitationsmaschine demonstriert, wird der Protagonist durch die Unwahrscheinlichkeit des Ganzen an die Aktionen des Helden in SF *comic strips* erinnert: »It was Buck Rogers in full attack.«[31] Er ahnt nicht, daß dieser Eindruck völlig zutrifft und das Ganze nur Schwindel ist; andererseits wird er dann gerade durch seinen Glauben an die Wahrheit des im Film Gesehenen dazu bewegt, selber eine Antigravitationsmaschine zu erfinden. In Simaks Geschichte »Worrywart« gerät die Welt in eine existenzbedrohende Krise, weil die mit übermenschlichen Geisteskräften ausgestattete, aber unreife Hauptperson einfach die abstrusen Ideen aus der Science Fiction übernimmt und im Leben verwirklichen will.[32]

Das umgekehrte Phänomen liegt der komischen Story »BAXBR« von Evelyn

E. Smith[33] zugrunde: Der ausschließlich an Kreuzworträtseln interessierte Protagonist kommt trotz handgreiflicher Indizien nicht im geringsten auf den Gedanken, daß Marsmenschen, die das Lexikon als hypothetisch ausweist, wirklich existieren und sogar schon gegenwärtig sein könnten, und wird von der obligaten Marsinvasion völlig überrascht. Hier werden konventionelle Gattungselemente – der unheimliche *alien* und die von ihm vorbereitete Invasion, welche auf die Vernichtung der menschlichen Rasse abzielt, sowie die für menschliche Zungen kaum zu artikulierende *alien*-Sprache – mit scheinbar naiver Selbstverständlichkeit und in stark überzeichneter Form eingeführt, um eine satirische Wirkung zu erreichen.

Eine derartige Gattungsparodie kann sich hauptsächlich gegen die Gattung selbst richten und an deren Eigentümlichkeiten und Schwächen durch ironische Übertreibung satirisch Kritik üben. Sie kann aber auch überwiegend andere Ziele verfolgen und die ironische Bezugnahme auf die Gattungskonventionen hierfür einsetzen. Die erste Art findet sich in Howard Schoenfelds »Build Up Logically«,[34] wo bereits der Titel auf die stereotype Aufgabenstellung des SF-Autors verweist, der auf der Basis von wenigen Ausgangsprämissen seine Erzählung logisch entwickeln soll. In einer mit zahlreichen Illusionsbrüchen und überraschenden Unwahrscheinlichkeiten gespickten Geschichte wird dieses Postulat ad absurdum geführt. Unter anderem unternimmt der Ich-Erzähler eine kühne Zeitreise in die Zukunft, die aber identisch mit der Gegenwart ist, begegnet sich selbst, muß feststellen, daß einer der von ihm geschaffenen Charaktere buchstäblich hölzern ist, und wird am Ende fast von einem seiner Charaktere als Erzähler ausgebootet, was er nur in einem dramatischen Entscheidungskampf abwenden kann. Ähnliches gilt für die Kurzgeschichte »MS Found in a Chinese Fortune Cookie« von Cyril M. Kornbluth,[35] in welcher der im Mittelpunkt stehende SF-Autor nur um ein Haar davon abgehalten wird, der Welt und den Lesern die alles erklärende und alle Probleme lösende Botschaft mitzuteilen.

Weniger die Gattung als vielmehr die Leichtgläubigkeit der Menschen, die den brutalen Zynismus der Machtpolitik und die beschönigenden Täuschungen der offiziellen Propaganda nicht durchschauen, wird demgegenüber in »The Liberation of Earth« von William Tenn persifliert.[36] Ein naiver Erzähler berichtet mit ironisch-diskrepanter Begeisterung über eine Serie von abwechselnden Befreiungsaktionen durch zwei konkurrierende *alien*-Rassen, wobei die Menschheit fast ganz ausgerottet und die Erde unbewohnbar gemacht wird. Wenngleich es in erster Linie um die grenzenlose Gutgläubigkeit und Anfälligkeit der Menschen für offizielle Parolen geht, wird zusätzlich auch die Science Fiction parodiert, indem das imposante Instrumentarium der *space opera* auf den Plan tritt: Die beiden bizarren *alien*-Rassen, welche über phänomenale technische Mittel verfügen, liefern sich mit ihren rätselhaf-

ten Raumfahrzeugen, aus denen vernichtende grüne Flammen und scharlachrote Wölkchen austreten, phantastische Raumgefechte.
Daß die satirische Darstellung auch mehr oder weniger ohne Gattungsparodie auskommt, zeigt die Story »Eastward Ho!« des gleichen Autors. Hier wird lediglich die in der Science Fiction beliebte Umkehrstrategie auf die Spitze getrieben; als parodiertes Gattungsmuster liegt hingegen der Indianer- und Abenteuerroman zugrunde: Nach einem Atomkrieg erweisen sich in Nordamerika die Indianer mit ihrer primitiven Anpassungsfähigkeit als die Überlegenen, und die Weißen werden immer mehr nach Osten zurückgedrängt, bis sie schließlich keinen anderen Ausweg mehr haben, als in einer gewagten Seefahrt zu den »sagenhaften Ländern Europas« aufzubrechen und dort »eine neue und hoffnungsvolle Welt – eine Welt der Freiheit« zu suchen.[37]
Ein bedeutender Autor, der in besonderer Weise die Möglichkeiten der satirischen Darstellung in der Science Fiction ausnutzt, ist Kurt Vonnegut. In seinen Romanen und Erzählungen präsentiert er meist eine auf mannigfache Art ironisch gebrochene Welt, an der der Leser nicht einfach partizipieren kann, sondern die zur Entschlüsselung auffordert.
In *The Sirens of Titan*[38] signalisiert die Klischeehaftigkeit und Hemmungslosigkeit, mit der ein Vorrat von SF-Elementen wie Zeitparadoxien, Raumfahrt, *aliens* und Roboter eingeführt wird, daß hier nur eine oberflächliche Schicht gegeben ist, durch die der Leser zu tieferen Bedeutungen vorstoßen kann. In *Cat's Cradle* warnt bereits das Motto: »Nothing in this book is true.« Und ein paar Seiten weiter wird das fundamentale Paradoxon anhand des Kernsatzes der erfundenen Bokonon-Religion noch einmal dargetan: »All of the true things I am about to tell you are shameless lies.«[39] Mit vielen unterschiedlichen Mitteln durchbricht Vonnegut so bei aller vorhandenen Spannung die Illusion seiner Leser und versucht sie anzuregen, die Darstellung zu hinterfragen.
Demnach ist die Science Fiction, obwohl sie primär eine Familiarisierung des Fremden, eine Präsentation des Unbekannten in empirisch vertrauten Kategorien, anstrebt, auf der anderen Seite aber auch sehr für eine ironisch-gebrochene Darstellung geeignet. Diese Ironie braucht nicht auf einzelne Aspekte der projizierten Welt beschränkt zu sein, wie etwa in *The Space Merchants* von Pohl/Kornbluth, wo die naive Fortschrittsgläubigkeit des Helden, der die Erfindung des Tretmobils nach dem Versiegen des Erdöls als Sieg der Technik preist,[40] auf den Leser nur ironisch wirken kann; die Ironie kann auch, wie bei Vonnegut, die gesamte dargestellte Welt umfassen.[41] Solche Möglichkeiten sind allerdings in der Geschichte der Gattung zum Teil wenig erkannt und genutzt worden.

5.4   Exkurs: Gattungsentwicklung und Form

Wenn man die Entwicklung der Science Fiction, nachdem sie sich im frühen 20. Jahrhundert als Gattung konsolidiert hat, überblickt, so läßt sich als übergreifende Tendenz eine immer stärkere Berücksichtigung formaler Aspekte feststellen. Zwar erfolgt diese historische Aufwärtsentwicklung naturgemäß nicht in einem so rasanten Tempo, wie es etwa der Herausgeber in einem früheren Heft des Magazins *Astound-*

ing unter der Überschrift »Accelerating« seinen Lesern einreden möchte, wenn er sie dazu auffordert, Ausgaben der beiden vorhergehenden Jahre mit der ihnen vorliegenden und diese mit der folgenden zu vergleichen, um »den stetigen Aufstieg« zu erkennen.[42] Aber als allgemeine Entwicklungslinie zeichnet sich doch deutlich eine zunehmende Literarisierung, d. h. eine Beachtung von Fragen der Form und des Ausdrucks ab.

Während nach der Gründung des ersten SF-Magazins *Amazing Stories* durch Hugo Gernsback im Jahre 1926 der Leser zunächst nur eine Mischung aus Abenteuer und Technik in dürftigster Aufmachung und billigster Verpackung erwarten durfte, verbesserte das in den dreißiger und vierziger Jahren führende Magazin *Astounding* allmählich, obschon nicht in sehr dramatischer Weise, den literarischen Standard der von ihm herausgebrachten Produkte. Wenn beispielsweise bereits 1935 im Maiheft dieses Magazins der Herausgeber auf den Protagonisten einer Story als »an answer to those who claim there are no living characters in the stories« hinweist,[43] so erscheint dies durchaus symptomatisch. Campbell, der 1937 die Herausgeberschaft von *Astounding* übernahm, äußerte sich zwar in seinen *Editorials* fast ausschließlich zu naturwissenschaftlichen und technischen Fragen – vor allem zu der ihn faszinierenden Bedeutung der Atomkraft – und nicht zu formalen Aspekten; doch in der herausgeberischen Praxis legte er einigen Wert auf akzeptable handwerkliche Qualität und verlangte von seinen Autoren nicht selten Überarbeitungen oder Änderungen der eingereichten Manuskripte.

Stärker in den Vordergrund rückten formale und stilistische Aspekte, als Anthony Boucher (zusammen mit J. Francis McComas) im Jahre 1949 *The Magazine of Fantasy and Science Fiction* gründete. Die SF-Autorin Judith Merril sagt in einem interessanten Artikel über Bouchers Anliegen und Wirken:

> »He [B.] brought literary standards and literary status, both, into the specialty field. [. . .] He approached his editorship with a revolutionary concept: the idea that science-fantasy (as he preferred to call the whole field of rational-imaginative-speculative fiction) *could be well-written*. [. . .] He would not buy a story just for the idea; he had to like the writing. And unlike most earlier editors, he was not style-deaf.«[44]

Ähnliches gilt für H. L. Gold und das von ihm seit 1950 herausgegebene Magazin *Galaxy*. Beide Magazine waren mehr als bisher üblich nach literarischen Kriterien orientiert und förderten Autoren mit einer solchen Ausrichtung.

Die frühen fünfziger Jahre brachten außer einem großen Aufschwung für die Science Fiction, der wohl hauptsächlich durch das starke Interesse an Raumfahrtproblemen in der Öffentlichkeit zu erklären ist, auch eine entscheidende Veränderung für die SF-Szene: Der Publikationsschwerpunkt verlagerte sich von den bis dahin allein tonangebenden Magazinen zum Buch. Selbst als der große Boom nach einigen Jahren nachließ, blieben die *paperbacks* die bestimmende Publikationsform der Gattung. Dies bedeutete zwangsläufig nicht zuletzt eine Öffnung der Science Fiction zur allgemeinen Literatur; denn Bücher mußten und konnten ein größeres Publikum ansprechen als die mehr auf einen ganz bestimmten Leserkreis spezialisierten Magazine. Und mit dieser Annäherung an die übrige Literatur gewannen unvermeidlich auch die dort maßgeblichen formalen Kriterien und Maßstäbe an Geltung.

Ihren Höhepunkt erreichte diese Entwicklung mit dem Aufkommen der sogenannten *New Wave* um die Mitte der sechziger Jahre, als Michael Moorcock die Zeitschrift *New Worlds* übernahm. Es ist sicher kein Zufall, daß diese bedeutende Bewegung von England ausging; denn die englische Science Fiction war weniger auf den in den USA dominierenden Fan-Betrieb festgelegt und besaß, z. B. in H. G. Wells, Olaf Stapledon und C. S. Lewis große eigene Vorbilder mit literarischem Status. Brian W. Aldiss, der selbst an der *New Wave* Anteil hatte, verdeutlicht den Ursprung und vor allem den Erweckungscharakter der Bewegung sehr prägnant, wenn er sagt:

»Briefly, since Moorcock took over, this country's sf has become lively as never before. Moorcock was the Prophet. Ballard was his Saint. When Judy Merrill [sic] arrived from America, she turned into Jehovah and pronounced the whole thing to be the New Wave.«[45]

Außer einer inhaltlichen Erweiterung, indem statt des Weltraums (*outer space*) die menschliche Psyche (*inner space*) als hauptsächlicher Gegenstand der Gattung propagiert wurde, strebte die *New Wave* nach einer Erneuerung des Ausdrucks und der Form in der Science Fiction. In zum Teil sehr kühnen Experimenten wurde versucht, der Gattung neue stilistische Bereiche zu erschließen und Anschluß an die Aussagemöglichkeiten der *mainstream*-Literatur zu gewinnen. Wie extrem diese Bemühungen bisweilen ausfielen, zeigt beispielsweise J. G. Ballards Kurzgeschichte »The Assassination of John Fitzgerald Kennedy Considered as a Downhill Motor Race«, wo die Ermordung des amerikanischen Präsidenten in der Metapher eines Autorennens dargestellt wird.[46] Aldiss' Roman *Barefoot in the Head*, der von einer Messiasfigur in einer futuristischen Drogengesellschaft handelt, bildet ein anderes außergewöhnliches Beispiel. Er orientiert sich offenbar am Darstellungsstil des späten Joyce, wie etwa die folgende Stelle verdeutlicht:

»Sparkily flinging up stones from the tired wheels the gravelcade towed darkness. Headlights beams of granite bars battering the eternal nowhere signposting the dark. The cuspidaughters of darkness somebody sang play toe with the spittoons of noon the cuspidaughters of darkness play toe with the spittoons of noon the cuspidaughters of darkness play toe with the spittoons of noon. Only some of the blind white eyes of joyride was yellow or others but altirely because the bashing the cars the jostling in the autocayed. And hob with the gobs of season.«[47]

Es kann wenig erstaunen, wenn solche avantgardistischen Bestrebungen nicht die ganze Gattung erfaßten, sondern auf den entschiedenen Widerstand von anderen SF-Vertretern stießen, die man dann analog mit der Bezeichnung *Old Wave* bedachte. Aber es ist auf jeden Fall ein wichtiges Verdienst der *New Wave*, die auch bald auf die USA übergriff, das literarische Bewußtsein der SF-Autoren und -Leser geschärft zu haben.

5.5   Kurze und lange Form: Short Story vs. Roman

Während der ersten Jahrzehnte ihres Bestehens als Gattung war die moderne Science Fiction unübersehbar durch das formale Merkmal der Kürze gekennzeichnet. In den Magazinen dominierten Short Storys, und selbst ein hier und da in Fortsetzungen veröffentlichter Roman fiel regelmäßig vergleichsweise kurz aus. Diese Situation änderte sich erst Anfang der fünfziger Jahre, als das separate Buch die Magazine als vorherrschende SF-Publikationsform ablöste. Nun konnte sich auch der Roman klar durchsetzen. Während zunächst die SF-Romane in der Regel nur einen relativ geringen Umfang hatten, erschienen von den sechziger Jahren an auch ausgesprochene Langromane, die beim Lesepublikum großen Erfolg hatten.

Am Anfang dieser Entwicklung stand wohl Heinleins *Stranger in a Strange Land* (1961) mit über vierhundert Seiten. Frank Herberts *Dune* (1965, über fünfhundert Seiten),[48] John Brunners *Stand on Zanzibar* (1968, über sechshundert Seiten)[49] und Samuel R. Delanys *Dhalgren* (1975, fast neunhundert Seiten)[50] sind weitere herausragende Beispiele.

Trotz dieser Erschließung des Großformats für die Gattung sind auch die Kurzformen nach wie vor lebendig, wenngleich ihre Bedeutung klar zurückgegangen ist. Man kann sogar sagen, daß die Science Fiction das Hauptgebiet darstellt, auf dem die traditionsreiche Form der amerikanischen Short Story noch eine Heimat besitzt. Ein Kritiker konstatiert diesen Sachverhalt, ohne aus seiner Mißbilligung einen Hehl zu machen:

»I think the science fiction short story is an irrelevance that deserves to disappear, but it is a fifteen-year-old fact that science fiction is the present home of the American short story.«[51]

Demgegenüber findet sich in der SF-Kritik auch die entgegengesetzte Position. Nach einem sehr negativen Urteil über den SF-Roman stellt beispielsweise ein anderer Kritiker der Short Story ein positives Zeugnis hinsichtlich ihres Aussagepotentials aus, indem er bemerkt:

»In the field of the short story, science fiction has found much greater latitude for expression of social attitudes and even antisocial attitudes. Other themes and other theses have been frequently advanced.«[52]

Gerade angesichts eines solchen Meinungsgegensatzes erscheint es angebracht, hier kurz die Besonderheiten und unterschiedlichen Möglichkeiten der kurzen und der langen Form in der Science Fiction zu erörtern.

Die SF-Short-Story hat grundsätzlich die gleichen Wesensmerkmale wie die Kurzgeschichte überhaupt: sie ist potentiell eine durch kunstvolle Ökonomie der eingesetzten Mittel und entsprechende Konzentration der Wirkung gekennzeichnete Erzählform. Was ihr durch die Begrenzung des Umfangs an Reichweite des Spielraums abgeht, ersetzt sie durch Intensität und den gezielten Einsatz aller zu Gebote stehenden Aussagemittel. Infolge der kurzen Lesezeit kann sie den Leser unter Umständen stärker beanspruchen, ohne ihn unbedingt zu überfordern, und aus diesem Grund besitzt auch jede Untereinheit des Textes, selbst das einzelne Wort, prinzipiell einen viel höheren Stellenwert als in der Langform. Die Theoretiker der Short Story haben immer wieder darauf hingewiesen, daß beispielsweise selbst der Titel eine wichtige Aussagefunktion übernehmen kann. Vor allem aber der Schluß, auf den die ganze Erzählung infolge ihrer Kürze und Übersichtlichkeit ausgerichtet ist, trägt ein großes Gewicht und kann daher pointiert ausfallen oder als sogenanntes *surprise ending* ausgeprägt sein, d. h. der ganzen Erzählung nachträglich eine besondere Wendung geben. Neben dem größeren Nachdruck der Einzelelemente sind in erster Linie Auslassung und Andeutung für die Darstellung der erzählerischen Kurzform charakteristisch.

Thematisch bieten sich für die SF-Short-Story vorwiegend Gegenstände an, die keine sehr ausführliche und vielseitige Behandlung verlangen. Dies bedeutet negativ, daß beispielsweise die ausführliche Darstellung von Staatswesen und Gesellschaftssystemen der Langform vorbehalten bleibt. Positiv gesehen steht der SF-Short-Story hingegen ein weiteres Feld offen; denn viele Stoffe besitzen für eine extensive Bearbeitung nicht genügend Tragfähigkeit. Bei ausführlicher Gestaltung wäre manches nicht nur unergiebig, sondern würde seine Plausibilität verlieren, während es als *tour de force* der Kurzerzählung durchaus interessant und überzeugend sein kann. Ein einleuchtendes Beispiel ist etwa Isaac Asimovs Short Story »Jokester«, wo ein absonderlicher Wissenschaftler sich auf die Definition des Menschen als *animal ridens* stützt und der Frage auf den Grund geht, warum Witze offenbar immer nur weitererzählt, aber nicht erfunden werden. Er muß schließlich von dem Mammutcomputer, den er mit zahllosen Witzen gefüttert hat, erfahren, daß Witze ein Mittel sind, mit dem außerirdische Intelligenzen die Menschen testen. In der ausführlichen Behandlung des Romans würde den Leser ein solcher Gedanke, den er in der mehr andeutenden, thesenhaften Präsentation der Kurzform völlig akzeptiert, nicht überzeugen. (Hier liegt auch der Grund, warum erfolgreiche SF-Storys, wenn sie aus ökonomischen und publikationstechnischen Erwägungen heraus zu einem Roman erweitert werden, so oft enttäuschen.) Die Notwendigkeit der Auslassung und Andeutung, welche die kurze Form mit sich bringt, kommt dem SF-Autor im Prinzip nicht ungelegen. Denn sie gibt ihm die Möglichkeit, seinen Entwurf nur in den Bereichen auszuführen, wo es ihm jeweils wichtig erscheint. Er braucht nicht jedesmal vollständige Wirklichkeitsbilder zu erfinden, sondern kann sich auf Teilbereiche beschränken. Die Dürftigkeit der meisten SF-Filme – eines Mediums, das viel stärker als die Literatur auf die Darstellung von zusammenhängender Wirklichkeit angelegt ist – demonstriert als Gegenbeispiel, für wie wertvoll man diese Möglichkeit der Aussparung zu veranschlagen hat.

Andererseits hat gerade die Beschränkung der Kurzform die Science Fiction weitgehend zu einer Variationsgattung werden lassen. Der Autor erfindet nicht so sehr neue Welten, als daß er bereits vorgeformte Elemente übernimmt und in neuen Zusammensetzungen, aus möglicherweise neuen Perspektiven und mit möglichst signifikanten Veränderungen präsentiert. Der Leser ist seinerseits oft weniger an der dargebotenen Welt an sich als an den spezifischen Modifikationen eines zugrunde liegenden Schemas interessiert. Der so entstehende Eindruck erweist sich freilich in der Regel als wenig nachhaltig: viele Leser berichten, daß sie den Inhalt von SF-Storys schnell vergessen.

Demgegenüber vermag der Roman einen viel dauerhafteren Eindruck beim Leser zu erreichen. Er ist zwar infolge seiner Masse schwerfälliger und wird eher durch Redundanz als durch Ökonomie der Darstellung gekennzeichnet; dafür kann er aber auch ein breiteres Blickfeld eröffnen, längere Entwicklungslinien verfolgen und alles in allem dem Leser ›mehr Welt‹ bieten. Indem der Leser sich nicht nur mit Andeutungen und punktuellen Einblicken begnügen muß, sondern eine größere Fülle von Details findet, hat er viel stärker die Möglichkeit der Illusion, der imaginären Teilnahme an dem fiktionalen Geschehen.

Der größere Detailreichtum des Romans bringt allerdings gerade für die Science Fiction auch Nachteile, da er die anhaltende Familiarisierung des Fremden erschwert. Was der Leser bei kurzer und flüchtiger Darstellung unter gewissen Voraussetzungen als etwas mit seiner eigenen Erfahrung Vereinbares akzeptiert, das wird er unter Umständen bei größerer Ausführlichkeit ablehnen. Die detaillierte Darstellung macht es für den Autor schwieriger, ein stimmiges und interessantes Bild zu entwerfen, zumal in Bereichen, die der Lebenswirklichkeit des Lesers ferner stehen. Das Unglaubliche ist für die Kurzform reserviert – der SF-Roman richtet sich mehr auf näherliegende, menschliche Gegenstände. Infolge der Breite seines Ausschnittes ist er vor allem für die Darstellung von systemhaften Zusammenhängen, d. h. vornehmlich von gesellschaftlichen Verhältnissen, prädestiniert. Damit erklärt sich auch die Tatsache, daß die meisten erfolgreichen SF-Romane sich in der utopischen bzw. anti-utopischen Tradition bewegen.[53]

So ausgeprägt die Unterschiede zwischen kurzer und langer Form in der Science Fiction auch sein mögen, eine scharfe Trennung läßt sich nicht vollziehen. Sowohl durch die Gattungsgeschichte als auch durch die Vorzüge der Kurzform bedingt, scheint die Science Fiction im ganzen eine gewisse Affinität zur Kurzform zu haben: auch in Romanen finden sich sehr häufig spezifische Wesenszüge der Short Story wie Rätselspannung und pointierte Ausrichtung auf den Schluß. Ein extremes Beispiel ist Vonneguts Roman *Cat's Cradle*, wo die einzelnen Kapitel von ihren signalvermittelnden Überschriften bis zu den Schlußpointen sehr deutlich dem Modell der Short Story folgen.

Außerdem treten in der Science Fiction auch Zwischenlängen in Erscheinung. Bei der Vergabe des begehrten ›Hugo‹ werden beispielsweise neben der *Short Story* und *Novel* auch *Novelette* (lange Kurzgeschichte) und *Novella* (Kurzroman) prämiiert.[54] In einem Aufsatz »Short Stories and Novelettes« spricht Jack Williamson sogar seine erklärte Präferenz für die mittlere Länge aus: »[. . .] the ideal length for science fiction is the novelette.«[55] Doch selbst wenn es in der mittellangen Form dem SF-Autor möglich sein sollte, die Vorzüge der kurzen und der langen Form miteinander zu verbinden, so hat doch die Publikationssituation dazu geführt, daß diese Möglichkeit relativ wenig genutzt worden ist. Im übrigen ist damit zu rechnen, daß der allgemeine Niedergang der Short Story im literarischen Leben[56] auch die Science Fiction weiter erfassen wird, so daß der Roman noch mehr dominieren dürfte. Wie deutlich geworden ist, wirkt sich die Länge und damit auch eine solche Verlagerung entscheidend auf die einzelnen Elemente der Science Fiction aus.

5.6 Substanzschichten

Bei der vergleichenden Gegenüberstellung von Science Fiction und anderer Erzählliteratur zu Anfang dieses Kapitels hat sich gezeigt, daß jeweils Charaktere, Raum und Handlung die tragenden Substanzschichten des Erzählwerks bilden. In der Short Story treten diese Schichten durch die Begrenzung des Umfangs oft nur wenig ausgeprägt auf, wogegen sie im Roman in unterschiedlicher Weise voll entwickelt sein können.

5.6.1 Charaktere

Seit dem ausgehenden 19. Jahrhundert ist die Darstellung von überzeugenden, nuancierten Charakteren sowohl von Kritikern als auch Romanciers zunehmend als Hauptaufgabe des Romans angesprochen worden. Virginia Woolf, eine führende Vertreterin des modernen englischen Romans, legt dazu das signifikante Bekenntnis ab:

> »I believe that all novels [...] deal with character, and that it is to express character
> – not to preach doctrines, sing songs, or celebrate the glories of the British Empire,
> that the form of the novel, so clumsy, verbose, and undramatic, so rich, elastic, and
> alive, has been evolved [...].«[57]

Man ist allgemein der Ansicht, daß die künstlerische Leistung eines Erzählers um so höher zu bewerten sei, je differenzierter und ›runder‹ die von ihm geschaffenen Charaktere ausfallen. Demgegenüber gelten ›flache‹, d. h. mit weniger Eigenschaften ausgestattete, mehr typenhafte Charaktere als minderwertig: »[...] we must admit that flat people are not in themselves as big achievements as round ones«, konstatiert zurückhaltend, aber eindeutig E. M. Forster, von dem diese Unterscheidung in erster Linie propagiert wurde.[58]

In der Charakterdarstellung liegt unverkennbar ein wunder Punkt der Science Fiction. Wir hatten bereits in anderem Zusammenhang gesehen, daß Campbell die von ihm herausgebrachten SF-Geschichten gegen den Vorwurf verteidigt, sie enthielten keine »wirklich lebenden Charaktere« und daß eine Gattungsparodie sich gezielt auf die notorisch »hölzernen« Charaktere der Science Fiction bezieht.[59] Alfred Bester, selbst ein SF-Autor, spricht das vernichtende Urteil aus:

> »Science Fiction rarely, if ever, deals with genuine human emotions and problems.
> Its science ranges from the 20th to the 50th century A. D. Its characters usually
> remain back in the 16th century A. D. They are drawn in the two-dimensional style
> of the Morality Plays, and they face problems of horse-opera depth.«[60]

Wenngleich die Schärfe einer solchen Kritik außergewöhnlich ist, gibt es doch kaum eine Meinungsverschiedenheit darüber, daß die Charaktere, auch die Protagonisten, in den meisten SF-Erzählungen ausgesprochen flach und wenig differenziert gezeichnet sind.

Sehr unterschiedliche Argumente werden hingegen vorgebracht, um diese Tatsache zu begründen und womöglich zu rechtfertigen. Zum Teil wirken die hier versuchten Ehrenrettungen der Science Fiction reichlich gewollt, wenn etwa Campbell argumentieren möchte, die konstruiert erscheinenden SF-Charaktere seien eine getreue Wiedergabe des naturwissenschaftlich-technischen Menschentyps, der eben anders als andere Menschen sei.[61] Auch eine Differenztheorie, die davon ausgeht, der Leser erwarte in der Science Fiction im Gegensatz zu sonstiger Literatur ganz andere Charaktere, als er sie aus seiner Lebenserfahrung kenne, kann wenig überzeugen.[62]

Bei vielen SF-Texten erscheint andererseits der Hinweis auf die trivialliterarischen Grundlagen der Gattung als Erklärung nicht unangebracht: »Der Held soll in der ›popular literature‹ keine eigenen Züge tragen, sondern zu einem Modell des vorgestellten ›modernen Menschen‹ werden.«[63] Während hier deutlich kritische Töne mitschwingen, versucht Aldiss in seiner Gattungsgeschichte die These, man müsse die in der Science Fiction vorherrschenden blassen Protagonisten als intendierte Leerstelle für eine Aktivierung des Lesers verstehen, entschieden positiver zu formulieren:

> »[...] the authors are searching for a definition of man that will stand in the terrifying light of twentieth century knowledge. [...] And it may be that their persistence in drawing almost characterless central figures is no weakness of technique but rather, as it were, a blank cheque, written against each reader's account of himself.«[64]

Ein derart hoher Anspruch mag in vielen Fällen übertrieben sein, und wenn tatsächlich eine gestalterische Intention zugrunde liegt, so wird oft der von dem Altmeister Edward E. ›Doc‹ Smith vorgebrachte Gesichtspunkt, Charakterdarstellung verlangsame die *action* einer Story,[65] ausschlaggebender sein. Dennoch ist es durchaus richtig, daß die Darstellung von differenzierten Charakteren – entgegen verbreiteten Vorstellungen – nicht als absolute literarische Qualität gesehen und zum obersten Maßstab für die Beurteilung von Erzählliteratur erhoben werden darf. Indem die Science Fiction sich vornehmlich mit Fragen intersubjektiver, gesellschaftlicher und ontologischer Art beschäftigt, erscheint es adäquat, daß sie dementsprechend den Schwerpunkt auch nicht auf die Präsentation von Individuen legt.

Andererseits hat gerade in der jüngsten Entwicklung des SF-Romans die Frage einer differenzierten Charakterzeichnung zunehmend Beachtung gefunden. Die Annäherung der Science Fiction an die *mainstream*-Literatur brachte es unausweichlich mit sich, daß man ähnliche Kriterien anlegte und der Darstellung der auftretenden Charaktere einen höheren Stellenwert beimaß. Vor allem die Bewegung der *New Wave* konnte hierzu mit ihrer Betonung der Psyche, nach dem Prinzip *inner space* statt *outer space*, Entscheidendes beitragen. Mitgewirkt hat sicher auch die immer größere Bedeutung des Romans, insbesondere des langen Romans, in der Gattungslandschaft, weil dort mehr Raum für die Darstellung von nuancierten Charakteren zu Gebote steht. Wenn man im übrigen davon ausgeht, daß der SF-Roman die utopische Tradition weiterführt, so läßt sich die Tendenz der Abkehr von schematisierten Figuren zugunsten stärker individualisierter Charaktere bereits viel früher, bei der Entwicklung der Utopie vom theoretischen Gesellschaftsentwurf zum Roman, beobachten.[66]

Vor diesem Hintergrund ist es nicht erstaunlich, wenn eine herausragende SF-Autorin der siebziger Jahre sich emphatisch zum Primat der Charakterzeichnung bekennt. Bezugnehmend auf das eben zitierte Credo von Virginia Woolf, stellt Ursula K. Le Guin die Frage nach dem Wert von Charakterdarstellung für die Science Fiction und beantwortet sie uneingeschränkt positiv:

»[. . .] is it advisable or desirable that the science fiction writer be also a novelist of character?
I have already said yes. I have already admitted that this, to me, is the whole point. That no other form of prose, to me, is a patch on the novel. That if we can't catch Mrs Brown, if only for a moment, then all the beautiful faster-than-light ships, all the irony and imagination and knowledge and invention are in vain; we might as well write tracts or comic-books, for we will never be real artists.«[67]

Le Guin zeigt mit ihrem eigenen Romanschaffen, daß eine solche Konzeption in der Science Fiction realisierbar ist. Shevek, die Hauptperson in *The Dispossessed*, der von dem anarchistisch strukturierten Gemeinwesen auf dem öden Planeten Anarres in das kapitalistische Gesellschaftssystem des reichen Planeten Urras kommt, besitzt eine vielschichtige Persönlichkeit und macht bei seinem Aufenthalt in der neuen Welt einen komplexen Lernprozeß durch. Selbst eine Nebenfigur wie Bunub, die Klatschbase von nebenan, die Shevek mit ihren boshaften Sticheleien verletzt, wirkt nicht abstrakt und konstruiert, sondern trägt menschliche Züge.[68]

Dennoch läßt sich eine derartige Gewichtung, wie Le Guin sie hier vornimmt (und wie sie für diesen Roman auch deutlich retardierende Momente mit sich bringt), nicht verabsolutieren. Vonneguts *Cat's Cradle* etwa ist das Gegenbeispiel eines Romans, in dem der Protagonist wenig konturiert erscheint und hauptsächlich als Kollektor der unterschiedlichen Kräfte und Impulse in der dargestellten Welt fungiert, ohne daß dadurch die Komplexität der Romanaussage beeinträchtigt würde. Wie plastisch Hauptcharaktere gezeichnet werden müssen, läßt sich nicht allgemein postulieren, wenngleich in den meisten Fällen die Forderung berechtigt ist, die Theodore Sturgeon in seiner oft zitierten Definition erhebt: »A good science-fiction story is a story about human beings [. . .].«[69] Indem der Autor dem Leser Charaktere vorstellt, die menschliche Züge tragen, macht er die Erzählung für den Leser interessant und nachvollziehbar.

5.6.2 Raum

Noch weniger Gewicht als auf die Zeichnung von differenzierten Charakteren legt die Science Fiction im allgemeinen auf die Darstellung des Raums, in dem sich das fiktionale Geschehen abspielt. Schauplatz und Hintergrund der Handlung sind in den meisten SF-Erzählungen nur skizziert und nicht weiter ausgeführt. Mikroräume, insbesondere Geräte und Innenszenen, wie z. B. das Innere von Raumfahrzeugen, erhalten dabei meist noch etwas mehr erzählerische Aufmerksamkeit, wogegen der Großraum – d. h. die Landschaft sowie atmosphärische Bedingungen mit ihrer Wirkung auf den Betrachter und Bewohner – in der Regel vernachlässigt wird. Nach dem, was von der Romantik mit dem Begriff ›Natur‹ umschrieben wurde, sucht man in der Science Fiction meist vergebens. Wenn Kritiker und Theoretiker diesen Sachverhalt bisher dennoch nicht besonders bemerkt haben, so wird daraus ersichtlich, wie sehr er offenbar mit dem Wesen der Gattung verknüpft ist.

Die Short Story besitzt durch die Begrenzung ihrer Erzählkapazität ohnehin nur geringe Möglichkeiten zur Darstellung von Schauplatz und Hintergrund, so daß hier die spezifischen Merkmale vielleicht noch deutlicher zutage treten. Selbst wenn der Erzähler den Leser in eine ganz ferne Szene, wie etwa auf einen anderen Planeten, führt, beschreibt er die Umgebung meist bloß andeutungsweise. Die folgenden Beispiele sind charakteristisch:

»Somewhere above, hidden by the eternal clouds of Wesker's World, a thunder rumbled and grew. Trader John Garth stopped when he heard it, his boots sinking slowly into the muck, and cupped his good ear to catch the sound. It swelled and waned in the thick atmosphere, growing louder.«[70]

»[. . .] he was in high spirits the grey winter afternoon he descended unannounced on the weather station of Burke McIntyre, high in the Lonesome Mountains, a jagged chain of the deserted shorelands of Venus' Northern Sea.«[71]

Sowohl der Planet Wesker als auch der Ort auf der Venus werden nur mit wenigen, stereotypen Einzelheiten beschrieben. Im ersten Fall erfahren wir, daß die Atmosphäre dicht und wolkenreich ist und der Boden aus Sumpf besteht; beim zweiten Beispiel wird die winterliche Jahreszeit und die verlassene Lage der Wetterstation in der abgelegenen Felsöde hervorgehoben. Abgesehen von der klischeehaft wirkenden Vertrautheit der lokalen Eigenschaften fällt auf, daß diese für die jeweilige Story unmittelbar funktional bedeutungsvoll sind: durch die sumpfige Bodenbeschaffenheit wird legitimiert, daß die den Planeten Wesker bewohnenden *aliens* große Amphibien sind; Winter und Einöde bilden die Voraussetzung dafür, daß die Insassen der Wetterstation durch einen späteren Ausfall des Computers in Lebensgefahr geraten.

Selbst wenn die Darstellung des Schauplatzes ein wenig ausführlicher erfolgt, ist ihre Funktionalität augenfällig, wie etwa in Bertram Chandlers bekannter Geschichte »The Cage«:

»They made their permanent settlement on the crest of a low hill. (There were, so far as they could discover, no mountains.) It was less thickly wooded there than the surrounding plains, and the ground was less marshy underfoot. They succeeded in wrenching fronds from the fern-like trees and built for themselves crude shelters [. . .].«[72]

Nicht um den Eindruck, den die Landschaft auf die Menschen ausübt, geht es hier, sondern allein um ihre praktische Brauchbarkeit. Da die Science Fiction weniger auf individuell gefärbte Emotionen als auf rationale Bedingtheiten ausgerichtet ist, fällt ihre Raumdarstellung meistens, sowohl erzähltechnisch als auch inhaltlich, funktional aus.

Eine andere Begrenzung der Schauplatzpräsentation in der Science Fiction läßt sich zwar an allen bisher zitierten Stellen ablesen, manifestiert sich jedoch möglicherweise noch klarer in der Beschreibung, die Arthur C. Clarke in der Geschichte »Before Eden« von einer Venus-Landschaft gibt:

> »The weather was fantastically clear, with visibility of almost a thousand yards. There was no need of radar to show the cliffs ahead; for once the naked eye was good enough. The green auroral light, filtering down through clouds that had rolled unbroken for a million years gave the scene an under-water appearance, and the way in which all distant objects blurred into the haze added to the impression. Sometimes it was easy to believe that they were driving across a shallow sea bed, and more than once Jerry had imagined that he had seen fish floating over-head.«[73]

Es ist kein Zufall, daß die extraterrestrische Szene in den Termini einer irdischen Unterwasserlandschaft wiedergegeben wird. Denn Science Fiction ist Literatur, die von irdischen Autoren für irdische Leser geschrieben ist, und alle Bestandteile für die Darstellung eines außerirdischen oder imaginären Schauplatzes müssen von der Erde genommen werden. Sie können dann zwar analog in anderem Zusammenhang erscheinen, wie hier bei Clarke, wo die irdische Unterseewelt die Matrix für das Land-Panorama des anderen Planeten abgibt, oder in anderen Zusammensetzungen und Größenordnungen, aber die Bindung der Darstellung an die mehr oder weniger vertrauten Verhältnisse auf der Erde bleibt bestehen.

In den recht seltenen Fällen, wo über die rationale Funktionalität hinaus durch die Darstellung des Schauplatzes auch eine emotionale Atmosphäre geschaffen wird, handelt es sich daher vorwiegend um irdische Szenen; so z. B. in Walter M. Millers »Command Performance«, wenn es heißt:

> »The night was too quiet. A distant street lamp played in the branches of the elm, and the elm threw its shadow across another wing of the house. She watched the shadow's wandering for a time. A lone car purred past in the street and was gone. A horn sounded raucously in the distance.«[74]

Die Darstellung dieser nächtlichen Szene und die damit verbundene Stimmung ist zwar nicht lediglich dekorativ, sondern für die Geschichte durchaus relevant, wird aber andererseits nicht nur durch eine vordergründige Funktion legitimiert.

Wenngleich der SF-Roman über ungleich mehr Bewegungsfreiheit für die Darstellung von Schauplatz und Hintergrund verfügt als die Short Story, ist die Situation doch ähnlich. So erscheint es beispielsweise kennzeichnend, wie in *The Space Merchants* von Pohl/Kornbluth der kurze Abstecher des Protagonisten zum Mond gegen Ende des Romans behandelt wird. Während vorher im Zusammenhang mit der geplanten Venus-Expedition immer betont wird, daß es auf das konkrete, unmittelbare Erleben der lokalen Eigentümlichkeit, »the feel of the planet« (S. 22), ankomme, fehlen solche spezifischen, sinnlich-greifbaren Einzelheiten beim Mondaufenthalt auf der ganzen Linie. Die Mondszene mit dem riesigen Flughafen und seinen Touristenschwärmen, mit der reißbrettmäßigen Aufteilung in Einkaufs-, Wohn- und

Industriebezirke, wo die Straßen jeweils einfach numeriert sind, wirkt voll und ganz wie die futuristische Weiterentwicklung einer modernen US-Metropole. Lediglich daß der Held beim Verstecken in einem ›unterirdischen‹ Loch auf ein paar Eimer mit Mondgestein stößt (S. 122), kann dem Leser als Indiz dafür dienen, daß dieser Handlungsabschnitt auf dem Erdtrabanten spielt. Eine Beschreibung der Mondlandschaft ist nicht einmal andeutungsweise zu finden, und sie würde wahrscheinlich auch nur der prallen Handlungsfülle im Wege stehen.[75]

Wenn im Gegensatz dazu etwa der Handlungsort in Harrisons *Captive Universe* sehr detailliert dargestellt wird, so scheint dies darauf zurückzuführen zu sein, daß das kleine Tal mit der mittelamerikanischen Landschaft eine eng umgrenzte sowie eine quasi-irdische Szene bildet (erst später wird, wie erwähnt, die Lokalisierung auf einem Riesenraumschiff deutlich). Die Ausführlichkeit und Intensität, mit der hingegen Ursula K. Le Guin die Landschaft eines fremden Planeten in ihre Darstellung einbezieht, muß in der Science Fiction als Ausnahme angesehen werden. In *The Left Hand of Darkness* schildert sie die Umwelt auf dem Planeten Winter, durch die sich die Handelnden bewegen, mit eindrucksvoller Konkretheit, wie beispielsweise in dem folgenden Abschnitt:

> »Here and there out of the valleys full of rubble and out of the cliffs and bends and masses of the great ice-field's edge, black ridges rose; one great mass loomed up out of the plateau to the height of the gateway peaks we stood between, and from its side drifted heavily a mile-long wisp of smoke. Farther off there were others: peaks, pinnacles, black cindercones on the glacier. Smoke panted from fiery mouths that opened out of the ice.«[76]

Auch hier setzt sich die Szene notwendigerweise aus Bestandteilen zusammen, die dem Leser von der Erde her in gewissem Maße bekannt sind. Trotzdem braucht er nicht den Eindruck zu gewinnen, als habe er es hier mit dem Yellowstone National Park oder der Kraterszene von Island in durchsichtiger Verkleidung zu tun. Kontext, Größenordnung und Zusammensetzung der Einzelelemente geben der hier dargestellten Landschaft ein besonderes, archetypisch anmutendes Gepräge. Ähnliches läßt sich von Stanislaw Lems *Solaris* sagen, wo ein gottähnlich-intelligenter Ozean immer neue bizarre Phantasielandschaften hervorbringt, welche die Romanfiguren (und mit ihnen den Leser) in ihren Bann ziehen.

In dieser Richtung liegen für die Science Fiction zweifellos bisher wenig erschlossene Darstellungsmöglichkeiten, um den Leser nicht nur rational anzusprechen. Allerdings muß man auch sehen, daß die Möglichkeit der Aussparung und Andeutung, von der die Science Fiction bei der Darstellung des Raums so ausgiebig Gebrauch macht, ebenso ihre guten Seiten besitzt: das Beispiel des häufig minderwertigen SF-Films, dem diese Möglichkeit durch das Medium kaum gegeben ist, zeigt, daß die Hintergrunddarstellung leicht zum Selbstzweck werden kann, eine überwiegend dekorative Funktion ausübt und damit Handlung und Aussage entkräftet.

5. 6. 3   Handlung

Die Handlung bildet in der Science Fiction, wenn man von einigen Experimenten der
New Wave absieht, die tragende Substanzschicht. Im Gegensatz zu bestimmten
Strömungen in der zeitgenössischen *mainstream*-Literatur, für die der Begriff *plot*
suspekt geworden ist, würden die meisten SF-Autoren ohne weiteres unterschreiben,
was Williamson über die Unentbehrlichkeit der Handlung sagt: »Plot [. . .] is far too
useful to be discarded. In fiction generally, it's as essential as backbone is to
mammals.«[77]
Die zentrale Bedeutung der Handlung für die Science Fiction erklärt sich nicht zuletzt
durch die Tatsache, daß der Anspruch des Lesers auf Unterhaltung in der Gattung
eine hohe Priorität genießt. Handlung, d. h. die geplante, nach zeitlicher Abfolge und
kausaler Abhängigkeit ausgerichtete Darbietung von fiktionalen Ereignissen, gibt
dem Autor die beste Möglichkeit, die Aufmerksamkeit des Lesers kontinuierlich an
die Erzählung zu binden. Durch Handlung kann Spannung, d. h. ein intensives
Verlangen des Lesers, den weiteren Verlauf der Erzählung zu verfolgen, erzeugt
werden.
In der Science Fiction findet man Spannung in den beiden Grundvarianten der
Ausgangs- und Verlaufsspannung. Die Ausgangsspannung, deren extreme Ausprägung die Rätselspannung ist, richtet sich auf das Ende, auf die schließliche Entscheidung einer zunächst offenen Frage, auf die Lösung eines gestellten Problems. Sie
dominiert vor allem in der SF-Kurzgeschichte, da der Leser hier infolge der übersicht-
lichen Kürze bis zum Schluß die einmal gegebene Problemstellung im Auge behalten
kann. So stellt sich etwa in Alan E. Nourses »Counterfeit« dem Protagonisten, und
damit auch dem Leser, die Frage, wo die beiden *aliens*, die den menschlichen
Metabolismus bis ins Detail reproduzieren und sich täuschend echt als Menschen
tarnen können, in dem Raumschiff versteckt sind bzw. welches Mitglied der Besatzung sie ausgeschaltet und ersetzt haben. Nach einer spannenden Suche entdeckt der
im Mittelpunkt stehende Schiffsarzt am Ende, daß der übrig gebliebene *alien* ihn
selbst dupliziert hat und im Begriff steht, ihn zu eliminieren. Wie an dem Beispiel
deutlich wird, besitzt diese Art von Spannung in der Science Fiction eine enge
Beziehung zur Detektivgeschichte, wo es fast ausschließlich auf die Lösung des Falles
durch den Detektiv am Ende ankommt.
Bei der Verlaufsspannung richtet sich die Aufmerksamkeit des Lesers nicht so sehr
auf das Resultat als auf den Prozeß; weniger das Ziel als vielmehr der Weg, der
dorthin führt, ist hier von Interesse. Diese Art von Spannung überwiegt in der langen
Erzählung, wo der Schluß aufgrund der Textproportionen nicht die gleiche Anzie-
hungskraft entwickeln kann wie in der Short Story. Zwar konzentriert sich gerade in
kürzeren SF-Romanen das Interesse des Lesers ebenfalls auf die Lösung von offenen
Fragen, aber die Handlungsentwicklung im einzelnen hat insgesamt ein beträchtliches
Gewicht. So wartet beispielsweise der Leser bei der Lektüre von *The Space Merchants* wohl auf die Aufdeckung verschiedener Geheimnisse, welche Rolle etwa die
Frau und der Antagonist des Protagonisten gespielt haben, und er möchte erfahren,
wie sich dessen Schicksal endgültig entscheidet; doch auch die Kette von Abenteuern
und die jeweiligen Problemsituationen, in denen sich der Held befindet, nehmen den
Leser gefangen. Die Verlaufsspannung – insbesondere wenn sie nicht sehr intensiv

ausgeprägt ist – erlaubt eher eine komplexe, aspektreiche Darstellung, während eine
starke Ausgangsspannung leicht die Erzählung monopolisiert. Z. B. ist in Le Guins
Dispossessed die mannigfaltige Darstellung des Erlebens der unterschiedlichen Welten durch den Protagonisten nur möglich, indem der Leser nicht hauptsächlich davon
bewegt wird, ob Shevek wohl heil und erfolgreich aus den kritischen Situationen
hervorgehen wird.

Zugleich mit der Unterhaltungsfunktion bietet die Handlung dem Autor Gelegenheit, Sachverhalte konkret zu behandeln und dynamisch durchzuspielen. Während
etwa die Futurologie prinzipiell abstrakt bestimmte Fragen untersucht und nur
hilfsweise konkrete Modelle heranzieht, sind die entsprechenden Probleme, Möglichkeiten und Konflikte, mit denen sich die Science Fiction beschäftigt, stets auf
Individuen und ihr Lebensschicksal bezogen. In *The Space Merchants* beispielsweise
wird der Leser nicht lediglich mit einer potentiellen zukünftigen Situation konfrontiert, in der Werbung und Profit das Leben beherrschen, sondern er erfährt sie durch
die Erlebnisse des Protagonisten in Aktion. Die Handlung, d. h. in diesem Fall die
Erfahrungen der Hauptfigur, die sich zunächst mit der herrschenden, profitorientier-
ten Ordnung identifiziert und sich dann, nachdem sie deren Unmenschlichkeit in
verschiedenen Formen und Episoden zu spüren bekommen hat, schließlich für die
Gegenbewegung entscheidet, macht dem Leser prozeßhaft die menschlichen Implikationen einer möglichen Fehlentwicklung deutlich.

Diese Ausrichtung auf individuelle Lebensschicksale ist für die Science Fiction im
Positiven wie im Negativen entscheidend. Hier liegt, wie dargelegt, ihre besondere
Wirksamkeit und Eindruckskraft, ebenso jedoch auf der anderen Seite ihre Begrenzung. Die Variationsmuster menschlicher Schicksalsentwicklungen sind begrenzt.
Heinlein formuliert in einer trotz des saloppen Ausdrucks viel beachteten These drei
grundsätzliche Handlungstypen: »There are three main plots for the human interest
story: boy-meets-girl, The Little Tailor, and the man-who-learned-better.«[78] Selbst
wenn Liebe, Erfolg und Erkenntnis nicht unbedingt die einzigen *plot*-Grundtypen
konstituieren, so sind sie doch, einschließlich ihrer Umkehrungen, vielleicht die
wichtigsten Kräfte, die fiktionales Geschehen in einem für die Charaktere günstigen
oder ungünstigen Sinne beeinflussen, und daher für den stereotyp wirkenden *plot*
vieler SF-Erzählungen verantwortlich.

Auch wenn der Autor den *plot* nicht ganz und gar einem altbewährten Schema
nachbildet, wird sein Gestaltungsspielraum durch die Bindung an individuelle
Lebensschicksale offensichtlich eingeengt. Der Protagonist, der die Sympathien des
Lesers auf sich zieht, darf z. B. nicht vor dem Ende sterben. Im Gegenteil, es besteht
eine gewisse Verpflichtung zu einem Happy-End. Vor allem aber ist der Autor
ständig in Versuchung, die Entscheidungs- und Wirkungsmöglichkeiten des einzelnen
aus literarischen Gründen zu übertreiben. In SF-Erzählungen besitzen die zentralen
Figuren, auf die sich die Darstellung konzentriert, gewöhnlich viel mehr Einfluß, als
es sonst in hochentwickelten Gesellschaftssystemen möglich ist.

Dies gilt insbesondere für SF-Romane, in denen, wie wir gesehen haben, die
fiktionalen Charaktere am stärksten ausgeführt sind und damit das persönliche
Schicksal im Vordergrund steht. Wenn Geschichte dargestellt wird, so ist es aus
diesem Grund meist eine Art Feudalgeschichte, die von einzelnen großen Gestalten
bestimmt wird, wie in Herberts *Dune*, wo Paul Atreides alias Muad'dib durch sein

Wirken als Prophet, Messias und Herrscher die Erfüllung der über viele Jahrhunderte reichenden Historie des Planeten Arrakis repräsentiert. Auch das letzte Kapitel der Menschheitsgeschichte in Clarkes bekanntem Roman *Childhood's End* (1953) wird von Individuen, Menschen und »Overlords«, die als Geburtshelfer für die Entstehung des *homo futurus* fungieren, geprägt. Daß die Short Story unter Umständen dieser Tendenz weniger unterliegt und Geschichte auch als überpersönlichen Prozeß behandeln kann, zeigt das Beispiel von Tenns »The Liberation of Earth«, wo die Invasionen der *aliens* in ihrer Auswirkung auf die Gesamtheit oder große Teile der Menschheit geschildert werden.

Die Handlungsstruktur in den meisten Science-Fiction-Erzählungen ist linear-progressiv, d. h. das fiktionale Geschehen wird, möglicherweise in verschiedenen Strängen, wie A. E. van Vogt postuliert,[79] kontinuierlich von dem gewählten Anfang bis zu einem Endpunkt verfolgt. Nicht selten erfolgt dazu, wie in *Childhood's End*, eine Gliederung in mehrere Großteile. Die Handlung kann aber auch komplizierter strukturiert sein, wie in *The Dispossessed*, wo in alternierenden Kapiteln parallel die Entwicklung des Helden in der anarchischen Gesellschaft seiner Heimatwelt Anarres bis zu seiner Abreise zu dem Nachbarplaneten Urras und andererseits seine Erlebnisse dort bis zu seiner Rückkehr behandelt werden, um so die Gegensätzlichkeit der beiden Welten und Systeme strukturell sichtbar zu machen. Noch komplizierter ist der *plot*-Aufbau in Vonneguts *Slaughterhouse Five* (1969), in dem wenigstens vier unterschiedliche, asynchrone Handlungsstränge einander ablösen: der Protagonist Billy Pilgrim als Kind, als Soldat und Kriegsgefangener, als Veteran in den Vereinigten Staaten und als Gefangener auf dem Planeten Tralfamadore; auf diese Weise soll die Schizophrenie des Hauptcharakters sowie der modernen Zivilisation zum Ausdruck kommen.

In SF-Kurzgeschichten ist das direkt dargestellte Geschehen häufig nur eine Projektionshandlung, in der ein mittelbar angesprochener, meist umfassenderer Vorgang seinen Niederschlag findet. So dient etwa in »Protected Species« von H. B. Fyfe die Begegnung der Hauptperson mit den *aliens* des Planeten Torang dazu, einen Einblick in eine frühere Ära der Menschheitsgeschichte zu eröffnen. In Clarkes bekannter Short Story »The Star« (1971) weist die erste Erschließung eines fremden Planeten auf den Stern von Bethlehem und die christliche Heilsgeschichte.[80] Wenngleich in derartigen Fällen der unmittelbare *plot* etwas zurücktritt, so besitzt die Handlung generell in der Science Fiction einen hohen Stellenwert, der dem Leser – im Gegensatz zu der großen Bedeutung der unterschiedlichen Erzählsituationen – auch voll bewußt wird.

5.7 Erzählsituationen

Die Art, wie der Erzähler dem Leser in fiktionalen Werken gegenübertritt, bezeichnet man als Erzählsituation. Je nachdem, von welchem Standpunkt aus der Erzähler das Handlungsgeschehen darbietet, welchen Anteil er daran hat und über welche Einwirkungsmöglichkeiten er verfügt, kann er einen Erzählstoff sehr unterschiedlich gestalten. Durch die verschiedenen Erzählsituationen vermag der Erzähler beim Leser, ohne daß dieser sich meist darüber klar wird, jeweils spezifische Wirkungen hervorzubringen. Nach Franz K. Stanzel unterscheidet man drei Grundtypen von Erzählsituationen: die auktoriale, die personale und die Ich-Erzählsituation.[81] Alle drei finden sich in unterschiedlichem Ausmaß auch in der Science Fiction.

5.7.1   Grundtypen

5.7.1.1   Die auktoriale Erzählsituation

Bei der auktorialen Erzählsituation tritt der Erzähler als solcher, d. h., wie die Bezeichnung zum Ausdruck bringt, als Urheber und ›Autor‹ der Erzählung, in Erscheinung. Dies ist die Urform mündlichen Erzählens. Sie bietet dem Erzähler die am weitesten gehenden Möglichkeiten, seine Erzählung souverän zu gestalten, nach Belieben Informationen einzuführen oder zurückzuhalten, Entwicklungen zusammenzufassen und im Überblick zu präsentieren sowie das Geschehen zu kommentieren und auszuwerten. Trotz solcher Vorzüge begegnet diese Erzählsituation in reiner Form selten in der Science Fiction, da der Erzähler als ausgesprochener Vermittler ebenfalls zwischen Leser und Geschehen steht und eine Distanz schafft. Gerade die Familiarisierung des Fremden wird so erschwert und beeinträchtigt.

Am deutlichsten wird dies vielleicht, wenn der auktoriale Erzähler den Leser direkt anspricht. In einer mit dem ›Nebula‹-Preis ausgezeichneten Short Story heißt es z. B. »If you wonder how Magdalen knew what invisible things were where, so did the other members of the party always wonder.«[82] Ohne Grund wird hier die Illusion des Lesers gestört, und die SF-Autoren verzichten daher mit Recht weitgehend auf eine derartige Leseransprache. Wenn Bester die Erzählung »Hobson's Choice« jedoch mit dem Satz: »This is a warning to accomplices like you, me, and Addyer« beginnen läßt,[83] so stellt er damit eine vertraute Beziehung zwischen Erzähler und Leser her, die unter Umständen solche Nachteile aufwiegen kann.

Als spezifische Ausdrucksweise mündlichen Erzählens tritt die auktoriale Erzählsituation in der Science Fiction vor allem dort auf, wo Formen wie Mythos, Sage, Parabel oder Fabel als Vorbild wirken. Charakteristisch dafür erscheint beispielsweise die folgende Stelle in Larry Nivens »Not Long before the End«:

> »We will call him the Warlock, as his name is both forgotten and impossible to pronounce. His parents had known what they were about. He who knows your name has power over you, but he must speak your name to use it.«[84]

Der auktoriale Erzähler, der durch den literarischen Plural (»We«) den Leser mit einbezieht, legt sich nicht fest bezüglich des individuellen Namens seines Protagonisten, sondern gibt diesem souverän eine eigene Benennung. Die archetypisch-mythenhafte Qualität wird noch verstärkt durch die einfachen Sätze sowie die als allgemeine Maxime formulierte Bedeutung eines Personennamens. SF-Texte dieser Art liegen meist am Rande des Gattungsfeldes und tendieren zur *Fantasy*.

Daß dies jedoch nicht notwendig der Fall ist, zeigt Tenns »The Liberation of Earth«, wo es z. B. am Ende heißt: »That was nine generations ago, but the tale that has been handed down from parent to child, to child's child, has lost little in the telling. You hear it now from me almost exactly as *I* heard it.«[85] Die vom Erzähler mit naivem Eifer weiter tradierte Chronik über die »Befreiung« der Menschheit durch *aliens* behandelt einen höchst gattungskonformen Gegenstand. Hier dient die auktoriale Erzählsituation hauptsächlich dazu, die ironische Distanz zu dem dargestellten Geschehen zu erreichen.

Meistens begegnet der auktoriale Erzähler in der Science Fiction mit größerer Zurückhaltung, ohne daß er über sich in der ersten Person spricht. Der Anfang von Chandlers »The Cage« ist ein kennzeichnendes Beispiel:

> »Imprisonment is always a humiliating experience, no matter how philosophical the prisoner. Imprisonment by one's own kind is bad enough – but one can, at least, talk to one's captors, one can make one's wants understood; one can, on occasion, appeal to them man to man.«[86]

Die vorgetragenen Reflexionen über die unangenehme Natur von Gefangenschaft sind betont unpersönlich gehalten. Dahinter steht jedoch deutlich die Instanz des auktorialen Erzählers, der solchermaßen imstande ist, die Handlung zu kommentieren und ihr eine universalere Bedeutung zu verleihen. Die Versuchung, dem Leser zu predigen und ihn regelrecht zu indoktrinieren, liegt hier freilich nahe, und die SF-Autoren erweisen sich nicht immer als dagegen gefeit.

Die schwächste Ausprägung der auktorialen Erzählsituation findet sich in der Science Fiction am häufigsten: Sie besteht darin, daß der Erzähler Informationen beiträgt, die an der betreffenden Stelle über den Horizont der fiktionalen Charaktere hinausgehen. Auch in Romanen macht die Breite des dargestellten Geschehens derartige auktoriale Elemente oft notwendig oder angebracht. Zwei Beispiele aus *Stranger in a Strange Land* mögen dies in räumlicher und zeitlicher Hinsicht verdeutlichen: »A quarter of an Earth century passed before Mars was again visited by humans.« – »The third planet from Sol held 230,000 more humans this day than yesterday; among five billion terrestrials such increase was not noticeable.«[87] Ohne die zurückhaltende Interaktion des auktorialen Erzählers wären solche Informationen nur umständlich zu vermitteln. Auch über die unmittelbare narrative Zweckmäßigkeit hinaus können auktoriale Elemente wichtige Grundakzente setzen. So führt beispielsweise in *The Dispossessed* der Erzähler am Anfang, ohne daß dies für die Informationsvermittlung notwendig wäre, eingehend das zentrale Symbol der Mauer ein, das später im Roman immer wieder vorkommt:

> »There was a wall. It did not look important. It was built of uncut rocks roughly mortared; an adult could look right over it, and even a child could climb it. Where it crossed the roadway, instead of having a gate it degenerated into mere geometry, a line, an idea of boundary. But the idea was real.«[88]

Erst im folgenden verengt sich dann der gezeigte Ausschnitt mehr oder weniger auf den Gesichtskreis des Protagonisten, ohne daß freilich diese Begrenzung rigoros eingehalten wird.

5.7.1.2   Die personale Erzählsituation

Wenn der Erzähler völlig zurücktritt und das fiktive Geschehen ausschließlich oder
weitgehend aus der Perspektive einer beteiligten Person darstellt, haben wir es mit
der personalen Erzählsituation zu tun. Die Hauptperson fungiert hier als erzähleri-
sches Medium, und der Leser nimmt teil an deren Erfahrungen: Er empfängt die
gleichen Sinneseindrücke und Informationen wie der Perspektiventräger und erfährt
dessen Reaktionen und Handlungen, oder er erhält – was in der Science Fiction mit
ihrer Vorliebe für Aktion vielleicht seltener ist – mehr oder weniger Zugang zu dessen
Gedanken und Gefühlen. Bei der Bedeutung, welche die Charaktere auch in der
Science Fiction besitzen, nimmt es nicht wunder, daß diese Erzählsituation in SF-
Romanen und -Short Storys vorherrscht.
Die personale Erzählsituation bietet vor allen Dingen den Vorteil, daß der Leser die
fiktionale Wirklichkeit in ähnlicher Weise erfährt wie die Realität der täglichen
Lebenserfahrung: nicht von einer olympischen Warte, sondern aus der Nähe des
jeweiligen Geschehens. Diese Perzeptionsweise fördert die Familiarisierung der
fremden Inhalte. Der räumlich und zeitlich begrenzte Ausschnitt bietet dem Leser
allmählich ein vollständigeres Bild von größeren Zusammenhängen. Damit hat der
Autor hier besonders gut die Möglichkeit, Lernprozesse darzustellen und den Leser
zu überraschen, ohne daß diesem eine Manipulation seitens des Erzählers auffällt.
Die personale Erzählsituation bildet einen natürlichen Auswahlmodus für die Vermittlung von Erzählinformationen an den Leser. Zudem empfindet der Leser durch
die Vertrautheit besondere Sympathien mit dem Protagonisten und verfolgt dessen
Schicksal mit Interesse.
Die selbstgewählte, systematische Beschränkung des Erzählers bei der personalen
Erzählsituation bedingt aber auf der anderen Seite auch den Nachteil der Einseitig-
keit und Subjektivität. Es bereitet Schwierigkeiten, Informationen oder Wertungskri-
terien einzuführen, über die der Perspektiventräger nicht verfügt, die aber für ein
adäquates Verständnis einer bestimmten Situation oder Entwicklung notwendig oder
dienlich sind. Wo dies der Fall ist, wird in der Regel auch bei deutlich personal
gehaltenen Erzählungen die konsequente Perspektivenbeschränkung durchbrochen,
und der Erzähler leistet – fast unbemerkt vom Leser – Hilfestellung. Auch dann bleibt
jedoch meist eine Verbindung zur Hauptfigur erhalten. So werden beispielsweise in
The Dispossessed die klimatischen Besonderheiten und die Entstehung der Wüstenre-
gion im Südwesten des Planeten Anarres erklärt, als Shevek dort Aufforstungsarbeit
verrichtet. An anderer Stelle wird bezüglich der Sprache konstatiert: »The language
Shevek spoke, the only one he knew, lacked any proprietary idioms for the sexual
act.«[89] Dies bezieht sich zwar auf den Protagonisten, geht aber eindeutig über dessen
Erfahrungshorizont hinaus. Ähnlich wie in Le Guins Roman sind im übrigen gerade
die Anfänge sonst personaler Erzählungen auktorial geprägt.
Das personale Medium steht notwendigerweise in einer engen Beziehung zur Hand-
lung, braucht aber nicht immer der Hauptakteur zu sein. In Dicksons »The Monkey
Wrench« ist der zentrale Charakter der intelligente, aber gedanken- und verantwor-
tungslose Cary Harmon, durch seinen Mangel an technischem Sachverstand und
Weitblick Verursacher der Handlungskomplikation. Umgekehrt hat bei der in Aldiss'
Anthologie vorausgehenden Story »Track 12« von Ballard der Perspektiventräger

Maxted die Stelle des passiven Opfers inne, das dem teuflischen Racheanschlag des betrogenen Ehemannes und Mikroschallwissenschaftlers ahnungslos preisgegeben ist.[90] In beiden Fällen lernt jedoch der Protagonist erst im Laufe der Erzählung die wahre Situation kennen, und mit ihm zusammen der Leser.

Angesichts der durch die personale Erzählsituation bewirkten Bindung zwischen Leser und Perspektiventräger erscheint es wenig glücklich, wenn, wie etwa in Asimovs »Nightfall«[91], in einer Kurzgeschichte ohne besonderen Grund der Fokus mehrfach wechselt. Für die größere Breite des Romans freilich braucht dies nicht unbedingt zu gelten, wie Heinleins *Stranger in a Strange Land* deutlich macht.

Insgesamt bietet offenbar die Short Story mehr Möglichkeiten zu Experimenten mit der personalen Erzählsituation. Die Perspektiventräger müssen zwar in jedem Fall über menschliche oder quasi-menschliche Perzeptions- und Denkweisen verfügen, da der Leser sonst den Darlegungen nicht zu folgen vermöchte, aber es brauchen nicht unbedingt Menschen zu sein. In Pohls »The Tunnel under the World« muß der Zentralcharakter schließlich erkennen, daß er ein Mikroroboter ist. Millers Story »I Made You« basiert darauf, daß als Perspektiventräger eine mit Bewußtsein ausgestattete Kampfmaschine auftritt, die in menschlichen Kategorien operiert und von ähnlichen Emotionen beherrscht wird, die aber aufgrund eines technischen Fehlers die sie bedienenden Menschen nicht akzeptiert und vernichtet. Eric Frank Russell führt in seiner Short Story »Sole Solution« den Weltenschöpfer der Genesis als Perspektivcharakter ein.

Einen kühnen Versuch anderer Art unternimmt Aldiss in »Poor Little Warrior!«: nach dem ersten Satz in der dritten Person, der den Namen des Helden nennt und eine Zeitreise in das Erdmittelalter andeutet (»Claude Ford knew exactly how it was to hunt a brontosaurus«[92]), wechselt die Erzählung in die 2. Person Singular und im nächsten Absatz auch ins Präsens. Auf diese Weise wird der *stream of consciousness* des Protagonisten, der seine Psyche zu analysieren versucht und seine Frustration erkennen muß, unmittelbar gegenwärtig: »Poor little warrior, science will never invent anything to assist the titanic death you want in the contraterrene caverns of your fee-fo-fi-fumblingly fearful id!«[93] Die Subjektivität des personalen Bewußtseins, das durchaus im Widerspruch zu der (fiktionalen) Realität stehen kann, wird in Rog Phillips' »The Yellow Pill« thematisiert: Erst die Wirklichkeitsdroge bringt am Ende an den Tag, daß das, was der Leser mit der Hauptfigur für (fiktionale) Wirklichkeit halten mußte, in Wahrheit nur eine Raumfahrt-Halluzination war.[94]

5.7.1.3 Die Ich-Erzählsituation

Bei der Ich-Erzählsituation berichtet ein Erzähler, der selbst das fiktionale Geschehen miterlebt hat (bzw. einen solchen Anspruch erhebt), von seinen Erlebnissen. Er kann sowohl die Hauptperson der Handlung sein als auch ein Beobachter, der die mitgeteilten Ereignisse von außen verfolgt. Das nicht-fiktionale Modell, welches dieser Erzählsituation zugrunde liegt, ist – abgesehen von der Autobiographie – der Erlebnis- und Zeugenbericht. Für die Science Fiction besteht eine traditionsbedingte Affinität zu dieser Erzählsituation, da sie bei der klassischen Utopie, in deren

Nachfolge sich die Science Fiction ja weithin bewegt, in der Form des utopischen Reiseberichts bestimmend ist.

Trotzdem äußern sich einflußreiche SF-Vertreter warnend. James Blish, unter dem Pseudonym William Atheling Jr., meint: »First person is the most difficult of all masks for the writer to assume, because it is the most difficult *persona* to keep separate from that of the writer himself.«[95] Noch entschiedener warnt Campbell:

> »Consider the fate of the first person story. There are some that are great, some are good, but I am in a position to assure you that 99 % of them are *not* good. And in any case, the man who attempts a first-person story is asking for trouble, and starting off with a handicap. The reason is relatively simple, but also easy to overlook. The ›I‹ story has a strong tendency to be introspective; you get into the man's mind, hear what he's thinking. Now if we were a race of telepaths, that would be normal – but we aren't, and it isn't.«[96]

In der Science Fiction findet sich die Ich-Erzählsituation im Vergleich nicht sehr häufig. Wo sie jedoch auftritt, erfüllt sie oft relevante Funktionen. Dazu gehört unter anderem auch das introspektive Moment, gegen das Campbell eine solche Abneigung hegt.

Die Ich-Erzählsituation steht in bestimmter Hinsicht zwischen der personalen und der auktorialen Erzählsituation. Eine auffallende Nähe zur personalen Erzählung macht sich beispielsweise in Aldiss' kühner Short Story »Psyclops« bemerkbar; hier werden in der Art eines inneren Monologs die Gedanken eines Embryo mitgeteilt, der durch den Weltraum telepathisch die Botschaft seines Vaters empfängt und nicht versteht.[97] Ähnlich ist Harlan Ellisons apokalyptische Erzählung von einem modernen Tantalus, der endlos im Innern eines allmächtigen Computers gequält wird, mit dem bezeichnenden Titel »I Have No Mouth, and I Must Scream«.[98] Auch hier gibt es am Ende keinen Abstand mehr zwischen Erleben und Erzählen, keinen Unterschied zwischen erlebendem und erzählendem Ich, sondern der Protagonist teilt seine Gedanken und Empfindungen direkt mit, ohne daß praktisch gesehen, wie der Titel bereits andeutet, überhaupt eine Kommunikation mit dem Leser möglich wäre.

Der auktorialen Erzählung wiederum nähert sich die Ich-Erzählsituation in anderen SF-Texten, wo der Ich-Erzähler zugleich als Autor auftritt, z. B. in Schoenfelds »Build Up Logically« und Kornbluths »MS Found in a Chinese Fortune Cookie«.[99] Der Unterschied zur personalen Vermittlung liegt lediglich darin, daß der Erzähler selbst Anteil an der Handlung hat.

In der traditionellen Rolle des utopischen Reisenden, der den Leser und seine Welt in einer andersgearteten Gesellschaft vertritt, erscheint die Ich-Erzählerin in Wyndhams Kurzroman »Consider Her Ways«: durch eine Bewußtseinsdroge wird sie in eine Zukunftsgesellschaft versetzt, welche nach dem Muster des Ameisenstaates strukturiert ist.[100] Die Short Story bietet für eine derartige Darstellung eines Gemeinwesens im allgemeinen zu wenig Raum; aber auch hier fungiert der Ich-Erzähler oft als besondere Vermittlung zwischen Leser und Erzähltem. In »The Snowball Effect« von Katherine MacLean ist der in der ersten Person Singular sprechende Erzähler beispielsweise ein Nicht-Wissenschaftler, der wie der Leser die von dem Soziologie-Professor ausgelöste Entwicklungskette skeptisch beobachtet und unrichtig einschätzt.[101] Der Ich-Erzähler in Simaks »Green Thumb« repräsentiert das menschliche Element, insbesondere wenn er sich nachträglich Gedanken über seine Kontaktversuche mit dem pflanzenartigen *alien* macht:

> »I've since thought how much like two lost children we must have been, strange kids raised in different countries, who would have liked to play together, except neither knew the rules for the other's games or spoke the other's language.«[102]

Vor diesem Hintergrund scheint die Erzählsituation in van Vogts »Fulfilment«, wo ein übermenschlicher Supercomputer als Ich-Erzähler operiert, wenig glücklich gewählt.[103] Demgegenüber wird in der grauenvollen Erzählung »A Boy and His Dog« von Ellison auch die menschliche Komponente der Ich-Erzählsituation eingesetzt, um den Leser zu schockieren: Der Erzähler, der am Schluß in salopper Manier feststellt: »A boy loves his dog«, hat vorher seine Geliebte umgebracht, um den Hund, mit dem er in den nachatomaren Faustrecht-Verhältnissen des Jahres 2024 in telepathischer Symbiose zusammenlebt, am Leben zu erhalten.[104]

Bei den erfolgreichen SF-Romanen in der ersten Person, die nicht ganz so selten sind, wie es Campbell möchte, verbinden sich meist mehrere Komponenten dieser Erzählsituation. In Ursula K. Le Guins *Left Hand of Darkness* fungiert der primäre Ich-Erzähler als utopischer Reisender, der dem Leser über den Planeten Winter und seine Bewohner berichtet, sowie zugleich als ein Mensch, über dessen Denken und Reifen der Leser ausführlich unterrichtet wird. Utopischer Reisebericht und Introspektion verbinden sich vergleichbar auch in Stanislaw Lems *Solaris*. Der Ich-Erzähler in *Space Merchants*, dem Blish »retrospective inconsistency« vorwirft,[105] da er eine spätere Sinneswandlung zu Beginn der Erzählung nicht berücksichtige, dient als pikarischer Erlebnisfokus sowie als Schlüsselfigur, indem er durch seine schließliche Entscheidung den wahren Sachverhalt bestätigt; ebenso ermöglicht er durch seine anfängliche eklatante Fehleinschätzung der Zukunftsgesellschaft und ihrer wesentlichen Kräfte die tragende Ironie des Buches. Vonnegut führt in *Cat's Cradle* einen Ich-Erzähler ein, der einerseits einem auktorialen Erzähler vergleichbar ist, da der Roman aus dem Material für dessen geplantes Buch über die erste Atombombenexplosion besteht und da er wie ein auktorialer Erzähler mit dem Material schaltet und waltet. Andererseits wirkt Jonah, wie er sich nennt, auch als ein utopischer Reisender, der dem Leser die Zustände in dem fiktiven Inselstaat San Lorenzo schildert.

5.7.2 Besondere Formen

Die verschiedenen Typen von Erzählsituationen begegnen in der Science Fiction, wie deutlich geworden ist, in unterschiedlichen Abwandlungen und Kombinationen. Neben den Grundtypen finden sich auch besondere Formen, in denen dem Leser das erzählte Geschehen vermittelt wird. Sie manifestieren vor allem eine spezifische dokumentarische Disposition der Gattung, eine Vorliebe für das Zitat, ein Bestreben der fiktionalen Objektivierung, um dem Leser fremde Inhalte verbürgt und plausibel erscheinen zu lassen.

Bei der Brief-Erzählung handelt es sich um eine dokumentarische Variante der Ich-Erzählsituation. In »The First Men« von Howard Fast wird zunächst eine wechselseitige Korrespondenz zwischen einer Anthropologin und ihrem Bruder präsentiert, und der Leser erfährt, daß ein Experiment zur Hervorbringung einer neuen, höheren Menschenrasse anläuft. Nach einem vom Erzähler eingeleiteten szenischen Zwischenteil berichtet dann ein langer (einseitiger) Brief der Wissenschaftlerin, entsprechend der Funktion des Aufklärungsgesprächs, abschließend über die Implikationen und Ergebnisse des Experiments. Demgegenüber gibt »On Handling the Data« von Henry I. Hirshfield und G. M. Mateyko durchgehend nur die eine Seite eines Briefwechsels über naturwissenschaftliche Untersuchungsmethoden wieder, wobei selbst die jeweilige Adresse und Anredeform den wechselnden Stand der Entwicklung reflektiert.[106] In Christopher Anvils »The Prisoner«, wo durch einen eingeschlichenen *alien* am Ende das Kapitol zerstört wird, finden sich neben den amtlichen Briefen auch eine Reihe von Depeschen mit ihrer durch die eigentümlichen Zeichen und Kürzel bedingten technischen Exotik.[107]

Mit der Brief-Erzählung verwandt ist der Tagebuch-Bericht, der auch das Gesicht eines wissenschaftlichen Reports oder eines Logbuchs annehmen kann. Hier erhält ebenfalls das fiktionale Geschehen, wie es der Schreiber darlegt, einen dokumentarischen Niederschlag, empfängt eine (scheinbar) objektive Prägung. In manchen SF-Romanen, wie z. B. Lems *Solaris* oder Le Guins *Left Hand of Darkness*, sind solche Tagebuch- oder Report-Partien eingefügt. Das bekannteste selbständige Beispiel ist wohl Daniel Keyes' Short Story »Flowers for Algernon«, die später zu einem Roman erweitert und unter dem Titel *Charly* verfilmt wurde.[108] In einer Serie von »Progress Reports« berichtet der Protagonist, dessen Intelligenzquotient durch eine Operation drastisch erhöht worden ist, der dann aber allmählich wieder auf die Stufe des Schwachsinnigen zurücksinkt, von seinem Schicksal. Die Berichte spiegeln auch durch Orthographie, Diktion und Argumentation auf interessante Weise den wechselnden Zustand des Hauptcharakters.

Die fiktive Protokollniederschrift, die der Leser in »The Rescuer« von Arthur Porges vorfindet, unterscheidet sich vom Tagebuch-Bericht dadurch, daß der Vorgang der Niederschrift und die Person des Schreibenden sozusagen bedeutungslos werden. Die Art, wie hier der Prozeß gegen die beiden Vernichter einer gefährlichen Zeitmaschine fiktional-dokumentarisch berichtet wird, erinnert durch ihre Direktheit an die personale Erzählsituation.

Die dokumentarische Disposition der Science Fiction kommt in ihrer schwächsten Ausprägung durch Kursivdruck zur Geltung, von dem die SF-Autoren gern Gebrauch machen. In Millers »I Made You« werden beispielsweise die Funksignale, mit denen der von der Kampfmaschine bedrohte militärische Programmierer verzweifelt um Hilfe ruft, als kursiv gesetzte Zitate dargestellt. Auffallender sind die abgedruckten Visitenkarten in Schoenfelds »Build up Logically« oder die Kreuzworträtsel in Evelyn

D
A
E. Smiths »BAXBR«, die eine emblemartig konkretisierende Funktion haben.
B
R

In SF-Romanen dient nicht selten ein fiktives Buch mit mehr oder weniger umfangreichen Zitaten als dokumentarischer Bezugsraster. In Vonneguts *Cat's Cradle* etwa sind dies die Schriften des Religionsgründers Bokonon, in Dicks *Man in the High Castle* ein chinesisches Orakelbuch sowie in Le Guins *Left Hand of Darkness* mythisch-religiöse Texte des fremden Planeten. Norman Spinrads *The Iron Dream* (1972) bildet sozusagen ein einziges Zitat; denn das Werk besteht ausschließlich aus dem Roman »Lord of the Swastika« des fiktiven Science-Fiction-Autors Adolf Hitler.[109] Sehr umfangreiches (pseudo-)dokumentarisches Material, das auch zu vier Appendizes, einem Glossar und kartographischen Notizen Anlaß gibt, begegnet z. B. in Herberts *Dune*. Die wohl komplexeste Ausprägung erfährt die dokumentarische Disposition der Science Fiction in Brunners *Stand on Zanzibar*, wo die engere Handlung eingebettet ist in ein System konzentrischer Projektionen, die der Autor mit den Kategorien »context«, »the happening world« und »tracking with close ups«[110] bezeichnet. Außer fiktiven Buchzitaten wird dem Leser mannigfaltiges dokumentarisches Material, wie Computerprogramme, Drehbuchausschnitte, Reklamefetzen, Gebrauchsanleitungen, Gedichte, Briefe und Pamphlete, präsentiert. Die Fülle und Heterogenität dieses Materials läßt freilich das Interesse des Lesers stellenweise erlahmen und scheint die narrativen Möglichkeiten der Science Fiction zu überschreiten, selbst wenn man diese in keiner Weise auf die Befriedigung von anspruchslosen Unterhaltungserwartungen festlegen will.

5.8 Sprache und Stil

Mit der Annäherung der Science Fiction an die allgemeine Literatur war auch ein wachsendes Bewußtsein von der Bedeutung der sprachlichen Seite verbunden. Man mußte immer mehr einsehen, daß eine Wirkung auf den Leser nur durch das Mittel der Sprache erfolgen kann. Wohl kein bedeutender und anspruchsvoller SF-Autor würde heute noch eine Position einnehmen, wie sie Delany in einem Artikel über die Sprache der Science Fiction als Gegenstandort literarisch unbedarfter SF-Autoren konstruiert:

> »Basically we are writing adventure fiction. We are writing it very fast. We do not have time to be concerned about any but the grosser errors. More important, you are talking about subtleties too refined for the vast majority of our readers who are basically neither literary nor sophisticated.«[111]

Allenfalls in der Praxis der Produktion von SF-Texten, wo Schnelligkeit und Quantität zweifellos nach wie vor eine eminente Rolle spielen, mag eine solche Einstellung noch relevant sein, wie die bisweilen wenig überzeugende stilistische Qualität des Werks auch bekannter Autoren andeutet.

Die Schwierigkeit liegt darin, daß es keinen verbindlichen Maßstab zur Beurteilung der Stilqualität gibt und geben kann. Wesentlich sind weniger absolute Größen wie Umfang oder Schwierigkeit des verwendeten Vokabulars oder Kompliziertheit der eingesetzten syntaktischen Konstruktionen als vielmehr die relative Angemessenheit der sprachlichen Ausdrucksmittel. Die hier möglichen Unterschiede treten freilich klar zutage, wie das Beispiel der beiden folgenden Romananfänge verdeutlichen soll:

»In the first place please bear in mind that I do not expect you to believe this story. Nor could you wonder had you witnessed a recent experience of mine when, in the armor of blissful and stupendous ignorance, I gaily narrated the gist of it to a Fellow of the Royal Geological Society on the occasion of my last trip to London.«

»I'll make my report as if I told a story, for I was taught as a child on my homeworld that Truth is a matter of the imagination. The soundest fact may fail or prevail in the style of its telling: like that singular organic jewel of our seas, which grows brighter as one woman wears it and, worn by another, dulls and goes to dust. Facts are no more solid, coherent, round and real than pearls are. But both are sensitive.«[112]

Wenn die erste Textstelle auch mehr *hard words* und eine kompliziertere Satzkonstruktion enthält als die andere, läßt sich die Klischeehaftigkeit des Ausdrucks dort nicht übersehen. Der zweite Text dagegen manifestiert, nicht nur inhaltlich, ein Bewußtsein für Sprache und zeigt eine sorgfältige Wahl des Ausdrucks.

5.8.1   Das SF-Sprachproblem

Anders als andere Arten von Erzählliteratur ist die Science Fiction mehr oder weniger mit einem Sprachproblem besonderer Art konfrontiert: wenn ein Text dem Leser fremde Welten, insbesondere die außerirdischer Intelligenzwesen oder zukünftiger Gesellschaften, vorführt, müßte er eigentlich auch eine fremde Sprache präsentieren. Denn dies ist eine wesentliche Komponente der dargestellten Welt, da Sprache sowohl Ausdruck einer bestimmten Geisteshaltung ist als auch diese entscheidend mitprägt. Abgesehen davon, daß hier der Autor überfordert wäre – es sei denn, er wäre ein Philologe vom Kaliber J. R. R. Tolkiens, der für sein *Lord of the Rings* (1954/55) eine eigene Elfensprache erfindet – bliebe eine solche Sprache auch für den Leser unverständlich.
Falls die SF-Autoren dieses Problem nicht, wie es häufig geschieht, einfach ignorieren, so bewerkstelligen sie oft die Kommunikation zwischen Mensch und *aliens* mit Hilfe einer Übersetzungsmaschine, deren Funktionsweise nicht näher erläutert wird, oder durch telepathische Kräfte. Nicht selten wird auch berichtet, daß eine der beiden Seiten die Sprache der anderen lernt. In Tenns »The Liberation of Earth« geschieht dies hintereinander in beiden Richtungen, mit Schwierigkeiten und Mißverständnissen.
Wo nicht die Begegnung verschiedener Rassen, sondern die andere Welt selbst dargestellt wird, deuten die Autoren die *alien*- oder Zukunftssprache, wenn überhaupt, meist nur durch einzelne Signale an. Insbesondere die Namen der Charaktere haben eine solche Funktion, wie etwa in Asimovs »Nightfall« die Namen »Aton 77« und »Theremon 762«. Auch erfundene Begriffe von fundamentaler Bedeutung für die betreffende Erzählung, wie beispielsweise das Verb »grok« (= »in sich aufnehmen«) in Heinleins *Stranger in a Strange Land*, werden gern eingeführt. Eingehender wird das Sprachproblem in *The Dispossessed* behandelt, wenn davon die Rede ist, daß bestimmte Vorstellungen, wie Besitzverhältnisse, in der einen Sprache nicht ausge-

drückt werden können. Allerdings lernt der Leser auch hier nur einzelne Signale der Fremdsprachigkeit konkret kennen. Etwas weiter geht George Orwell in *Nineteen Eighty-Four*, wenngleich er kennzeichnenderweise die zusammenhängende Darstellung von »Newspeak«, der künstlichen Sprache, in den Anhang verlegt.[113] Anthony Burgess führt dem Leser in *A Clockwork Orange* (1962) »Nadsat«, eine futurische Slangsprache mit russischen Bestandteilen, sehr viel ausführlicher vor. In Delanys *Babel 17* (1969) ist die weltprägende Kraft der Sprache das zentrale Thema. Von der im Titel genannten kosmischen Geheimsprache wird behauptet:

»[...] Babel 17 is such an exact analytical language, it almost assures you technical mastery of any situation you look at.«[114]

Angesichts eines derartigen Anspruchs erstaunt es den Leser kaum, daß er diese Wundersprache nur mittelbar dargeboten bekommt. Im Gegensatz zu dem lösbaren allgemeinen Problem des adäquaten literarischen Stils behält das spezifische SF-Sprachproblem unvermeidlich seinen problematischen Charakter und erweist sich letztlich als unlösbar.

6 Weltbild

6.1 Weltentwurf und Weltdeutung

In einem Roman von Kurt Vonnegut findet sich an zentraler Stelle eine ausführliche Liebeserklärung der Hauptfigur an die Autoren der Science Fiction, welche ohne Zweifel grundlegend die Einstellung vieler SF-Anhänger widerspiegelt:

> »I love you sons of bitches [. . .]. You're all I read any more. You're the only ones who'll talk about the *really* terrific changes going on, the only ones crazy enough to know that life is a space voyage, and not a short one, either, but one that'll last for billions of years. You're the only ones with guts enough to *really* care about the future, who *really* notice what machines do to us, what wars do to us, what cities do to us, what big, simple ideas do to us, what tremendous misunderstandings, mistakes, accidents and catastrophes do to us. You're the only ones zany enough to agonize over time and distances without limit, over mysteries that will never die, over the fact that we are right now determining whether the space voyage for the next billion years or so is going to be Heaven or Hell.«[1]

Im Gegensatz zu Literatur herkömmlicher Prägung, so wird hier postuliert, beschäftigt sich die Science Fiction mit den brennenden aktuellen Problemen der Menschheit, nimmt Stellung zu Grundfragen der menschlichen Existenz und versteht die Gegenwart im Kontext von Raum und Zeit; sie setzt sich ebenso mit den Einflüssen der modernen Zivilisation und Technik auseinander wie mit Urmysterien des Seins und berücksichtigt die ungeheure zukünftige Tragweite augenblicklicher Entscheidungen. Die von Vonneguts Sprecher gebrauchte, wenig schmeichelhafte Anrede an die Vollbringer von so hohen Aufgaben sowie die ihnen beigelegten Attribute (»crazy« und »zany«) lassen bereits Zweifel und Einschränkungen anklingen. Es wäre zu fragen, wodurch sich solche Ansprüche begründen lassen und inwieweit die konkreten Werke der Gattung ihnen tatsächlich gerecht zu werden vermögen.

Science Fiction ist nicht nur, wie schon häufig festgestellt wurde, Ideenliteratur, sondern mehr noch Weltbildliteratur. Man könnte die Science Fiction als eine spezifisch ideologische Gattung ansprechen (wenn diese Bezeichnung nicht so vorbelastet und mißverständlich wäre). Aufgrund ihrer besonderen Voraussetzungen ist die Gattung darauf angelegt, überindividuelle Bezüge und Werte zu präsentieren und zu untersuchen.

Die besondere Disposition der Science Fiction zu Weltentwurf und Weltdeutung liegt in erster Linie in ihrer weiten Perspektive begründet. Der SF-Autor begnügt sich nicht damit, in seiner Erzählung einen kleinen Lebenssektor analog zur wirklichen Welt zu gestalten und in die dem Leser bekannten Verhältnisse der Wirklichkeit einzubetten; Vonneguts Sprecher tut dies mit vergröbernder Mißbilligung ab als »write delicately of one small piece of one mere lifetime«.[2] Stattdessen berücksichtigt der SF-Autor, selbst in dem begrenzten Raum der Short Story, größere Zusammenhänge und zieht weiter reichende Linien. Sein Interesse kann letztlich nicht auf den engeren Lebensbereich der dargestellten Charaktere begrenzt sein, sondern muß diesen notwendigerweise mit der Gegenwart des Lesers verbinden.

Die Empirie des Lesers ist zwar auch in der Science Fiction für die Familiarisierung des Fremden bei der Darstellung wesentlich; aber sie besitzt doch nicht die gleiche absolute Gültigkeit wie in der *mainstream*-Literatur. Der Leser registriert nicht einfach eine grundsätzliche Übereinstimmung der dargestellten Welt mit der Welt seiner Erfahrung und akzeptiert diese als Ausweis der Plausibilität des Dargestellten. Er beginnt vielmehr, wenn er in der SF-Erzählung die gattungsspezifischen Abweichungen von seiner eigenen Lebenserfahrung bemerkt, nach der Begründung der Veränderungen zu fragen, die sowohl in ihrer eigenen Stimmigkeit als auch besonders in ihrem Angelegtsein in der Wirklichkeit des Lesers (die SF-Theorie spricht dann gern von Extrapolation) zu suchen ist. Implikationen und Konsequenzen der einge-führten fiktionalen Veränderungen gegenüber dem Status quo stehen in der Science Fiction ohnehin als Probleme im Mittelpunkt. Weil die dem Leser vertraute Wirklich-keit generell nicht bedingungslos und unverändert als Basis für die SF-Darstellung übernommen wird, sind hier alle Dinge grundsätzlich fraglich geworden. Die Science Fiction erscheint somit hervorragend prädestiniert, Sinnfragen zu stellen und sich um fundamentale Bewertungen zu bemühen.

Infolge ihrer Eigenschaft als Weltbildliteratur hat die Science Fiction auch in auffal-lender Weise marxistische Theoretiker und Kritiker auf den Plan gerufen.[3] Sie trafen hier auf eine Sorte von Literatur, welche sich ihrem Wesen nach mit Fragestellungen beschäftigt, die sie selbst für wichtig hielten, indem Probleme der gesellschaftlichen Ordnung und des allgemeinen Weltbildes nicht ausgeklammert bleiben, sondern zentrale Geltung erhalten.

Freilich hat die Gattung bei ihren marxistischen Kritikern wenig Gnade gefunden, und vielleicht ist die ausgesprochene Haßliebe, die hier in Erscheinung tritt, gar nicht einmal sehr verwunderlich. Es liegt fast auf der Hand, daß eine Art von Literatur, bei deren Entstehen und Produktion die Vereinigten Staaten mit ihrem kapitalistischen System die dominierende Rolle spielen, für einen dogmatischen Marxismus auf jeden Fall als nicht linientreu zu verwerfen ist. Zudem muß Science Fiction als Literatur oder gar als ›Zerstreuungsliteratur‹ zwangsläufig ihre Leser von wichtigeren (d. h. klassenkämpferischen) Aktivitäten abhalten und kann daher letztlich wenig Beifall aus diesem Lager erwarten.

Ein besonders markantes Beispiel für eine solche Einstellung ist das vielbeachtete Buch *Roboter und Gartenlaube. Ideologie und Unterhaltung in der Science-Fiction-Literatur* von Michael Pehlke und Norbert Lingfeld. Im letzten Kapitel dieser mit brillanter Polemik und aphoristischem Witz geschriebenen Gattungsbeschimpfung sprechen die Verfasser aus, welchen Weg sie den Lesern weisen wollen, nämlich die »[. . .] Richtung, in der das Land liegt, das keine Science Fiction mehr braucht«.[4] Wenn jedoch überhaupt Science Fiction – als Unterhaltung dient sie, wie Pehlke/ Lingfeld mit ambivalenter Herablassung konstatieren, »der Reproduktion der Arbeitskraft der Ausgebeuteten, und das macht, trotz ihrer Ablenkungsfunktion, einen Teil ihrer Berechtigung aus« (S. 145) –, dann, bitte schön, soll sie in orthodox-marxistischem Geiste gehalten sein. Die Verfasser dekretieren genau, wie das auszu-sehen hat:

»Utopischer Realismus hätte sich zunächst prognostischer Bescheidenheit zu befleißigen, dürfte sich nicht auf den ästhetischen Reizwert ausschweifender Phantasie berufen, sondern ist stattdessen gehalten, dem Wahrscheinlichen, dem Möglichen, dem utopisch Realen sich zu widmen: Technik und Wissenschaft nicht mehr als ewig verhängter Fluch oder Segen, sondern als Mittel zur Selbstbefreiung der Menschen« (S. 149).

Hier darf natürlich auch der Hinweis auf das große Vorbild nicht fehlen, und Pehlke/ Lingfeld behaupten, ohne allerdings konkret den Beweis anzutreten: »[...] all das gibt es schon längst in der sozialistischen Science Fiction, der westliche Fans erbost ihre Parteilichkeit vorwerfen.« (S. 149)

Horst Schröder weist in seiner kenntnisreichen und sachverständigen Untersuchung *Science Fiction Literatur in den USA* Pehlke/Lingfeld überzeugend nach, daß sie unhistorisch, d.h. ohne Berücksichtigung literarhistorischer Entwicklungen und Abhängigkeiten, sowie vulgärmarxistisch, d.h. mit unzulässiger Vernachlässigung ästhetischer Kriterien und mit grober Vereinfachung des Verhältnisses zwischen Basis und Überbau argumentieren und unrepräsentatives, gesucht minderwertiges Textmaterial zugrunde legen (S. 42 ff., 52 ff., 150). Letzten Endes ist jedoch Schröder, dessen ideologische Position in dem Untertitel *Vorstudien für eine materialistische Paraliteraturwissenschaft* zum Ausdruck kommt, der gleichen Meinung wie die kritisierten Autoren, und er fordert: »Es müßten erst einmal – z. B. durch Zensur und Unterbindung des schlimmsten Schundes – breite Marktbreschen geschaffen werden, in die im obigen Sinne [d. h. im linientreuen Sinne Pehlke/Lingfelds] ›bessere‹ SF eindringen könnte« (S. 438). Aber auch ihm kommen Bedenken, »[...] daß die Kräfte, die für die Durchsetzung solcher oder ähnlicher Forderungen mobilisiert werden könnten, sicherlich an anderer Stelle dringender benötigt würden« (S. 438). Klassenkampf ist eben wichtiger als Literatur oder »Paraliteratur«!

Die Vorwürfe, die von dieser Seite gegen die Science Fiction erhoben werden, sind sicher sehr häufig im einzelnen berechtigt. Zweifellos fallen die Weltentwürfe, welche die Gattung liefert, nicht immer sehr originell aus, sondern bleiben oft dürftig verkleidete Varianten des Status quo. Niemand kann bestreiten, daß eine Literaturgattung, die einem so starken Produktionsdruck unterliegt wie die Science Fiction, vielfach Mangelhaftes und Oberflächliches hervorbringt. Wenn etwa der bekannte Autor Robert Silverberg von sich sagen kann, daß er es vor seinem dreißigsten Lebensjahr bereits zum Dollarmillionär gebracht habe, indem er an jedem Arbeitstag 20 bis 30 Seiten an druckreifen Manuskripten produzierte, oder wenn der erfolgreiche Nachwuchsautor Barry Malzberg in zehn Jahren nicht weniger als 22 Romane und 250 Kurzgeschichten geschrieben hat,[5] so sind die Folgen für die Qualität der Texte leicht abzusehen. Trotzdem gibt dies keine Berechtigung, deswegen die gesamte Gattung in Bausch und Bogen zu verdammen. Der in SF-Kreisen gern als ›Sturgeon's Law‹ zitierte Ausspruch des bekannten Autors (»90 % auf jedem Gebiet ist Schund; aber nur bei der Science Fiction wird das Ganze nach diesen 90 % beurteilt«) rückt die Dinge in eine richtigere Perspektive, selbst wenn der prozentuale Anteil der ernstzunehmenden Gattungserzeugnisse noch geringer sein sollte. Aussagen über die Leistungen der Gattung müssen sich in erster Linie an den besten Beispielen orientieren.

Vor allem jedoch sind die marxistischen Pauschalverurteilungen der Science Fiction dogmatisch einengend, und sie berücksichtigen höchst unzureichend das Wesen der Gattung als Literatur. So erklärt beispielsweise H. Bruce Franklin in einer in der Zeitschrift *Science-Fiction Studies* ausgetragenen Debatte über die Bedeutung des Marxismus für die Gattung als überzeugter Marxist apodiktisch: »[...] Marx alone provides the basis for a serious, intelligent, *scientific* science fiction.«[6] Damit würde Science Fiction auf einen kleinen Sektor des ihr sonst offenstehenden Feldes beschränkt. Ebenso wie es unangemessen wäre, marxistische Ansätze und Thesen aus der SF-Darstellung grundsätzlich auszuschließen, wäre es verfehlt, sie dogmatisch zu kanonisieren.

Noch gravierender erscheint der prinzipielle Fehler, Science Fiction als eine Art literarischen Fünfjahresplan aufzufassen. Science Fiction versteht sich nicht in erster Linie als Propagandamittel, Aufklärungsmedium oder Planungsinstrument, sondern primär als Erzählliteratur. Zwar enthält die SF-Erzählung stets Bezüge zu der Wirklichkeit, in welcher der Leser ist, sein wird oder sein könnte, aber sie bildet doch im Grunde ein Spiel mit eigenen Gesetzen, deren autonome Besonderheiten die Inhalte und Gültigkeit der gemachten Aussagen wesentlich mit beeinflussen. Die Aussagen sind in keinem Fall direkt auf die Realität übertragbar, und SF-Texte werden mißverstanden, wenn man sie als futurologische, soziologische oder philosophische Traktate wertet.

Ein derartiges Mißverständnis stellt sich allerdings leicht ein, da die Science Fiction nun einmal wesentlich darauf angelegt ist, Weltentwürfe zu liefern und zu Grundsatzproblemen Stellung zu nehmen. Sie tut dies in reicher Fülle, ohne sich auf eine bestimmte Linie festlegen zu lassen, wenngleich andererseits einzelne Strukturen deutlich hervortreten. Vom Standpunkt der Literaturwissenschaft sind weniger die Programme und Antworten, welche die Science Fiction bietet, als vielmehr die auftretenden Kategorien, Fragen und Haltungen interessant.

6.1.1 Religion und Science Fiction

Obwohl vielleicht der äußere Anschein dagegen spricht, lassen sich grundlegende Gemeinsamkeiten zwischen Science Fiction und Religion feststellen, die in vielfältiger Weise im Erscheinungsbild der Gattung zutage treten. Ähnlich wie die Religion ist die Science Fiction ihrem Wesen nach transzendent. Ihre gattungsspezifischen Inhalte beziehen sich zwar auf die Erfahrung des Lesers, überschreiten aber definitionsgemäß prinzipiell die Grenzen des Erfahrenen.

Analog zur Religion ist Science Fiction auf Sinnfragen, auf die Erklärung von menschlichen Grundgegebenheiten ausgerichtet. Wenn sie ihre Aufgabe ernst nimmt, geht es ihr nicht, wie vielfach angenommen, um Technologie und Naturwissenschaft an sich, sondern um deren Folgen und Bedeutung für den Menschen. Sie fragt letztlich nach Heil oder Verderben, und beides ist meist abhängig von höheren, der Kontrolle des normalen Individuums entzogenen Instanzen und Wirkursachen. Wenn man Religion u. a. definieren kann als »das Gefühl der Verbundenheit, der Abhängigkeit, der Verpflichtung gegenüber einer geheimnisvollen, haltgebenden und verehrungswürdigen Macht«,[7] dann läßt sich dies, einschließlich der entsprechenden

negativen Umkehrungen, weithin auf die Science Fiction und die von ihr hervorge-
brachten Welten übertragen. Nur ist die hier wirksame höhere Macht meistens nicht
die Gottheit der überlieferten Religion, sondern etwa die Technologie oder die
Naturwissenschaft.

Dieser Unterschied hat dazu geführt, daß bis vor kurzem auch namhafte Kritiker des
Genres die Ansicht vertraten, Religion und Science Fiction hätten nichts miteinander
zu tun. So meint beispielsweise Stanislaw Lem, der auch durch seine theoretischen
Abhandlungen internationales Ansehen in SF-Kreisen gewonnen hat, 1969 in einem
Aufsatz über »Roboter in der Science Fiction«: »Alle mit der Religion verknüpften
Themen sind aus dem SF-Reich verbannt, und die Ausnahmen beweisen nur die
Gültigkeit der Regel.«[8] Erst seit kurzer Zeit beginnt sich die Erkenntnis durchzuset-
zen, daß hier eine grundlegende Affinität vorliegt, und es ist kein Zufall, wenn in der
neueren *Visual Encyclopedia of Science Fiction* das Unterkapitel über den Themenbe-
reich ›Religion‹ den größten Umfang hat.[9]

Religion und Science Fiction sind in ähnlicher Weise durch eine polare Spannung
zwischen Rationalität und Irrationalität gekennzeichnet. Das letzte Fundament der
Religion bildet der Glaube, die intuitive Erkenntnis des Heiligen, das spontane
Glaubenserlebnis; für die Ratio ist dies nicht beweis- und ableitbar. Aber die Religion
bleibt an dieser Stelle nicht stehen – es sei denn, daß sie völlig auf Theologie
verzichten will –, sondern sie versucht, den irrationalen Inhalt in ein rationales
System zu bringen, das im Grunde Unfaßbare faßbar zu machen. Dies gilt sowohl für
primitive Religionen als auch besonders für hochentwickelte wie das Christentum.

Bei der Science Fiction wird die entsprechende innere Gegensätzlichkeit schon in der
Bezeichnung evident (und der Aussagewert der Gattungsbezeichnung in diesem
Sinne bleibt unbeeinträchtigt durch die Tatsache, daß Autoren und Theoretiker
verschiedentlich ihre Unzufriedenheit bekundet haben, weil der Name nicht das
gesamte der Gattung traditionell zustehende Gebiet umfasse). *Science*, ›Naturwissenschaft‹ weist auf das rationale Element, das dem Genre zugrunde liegt, und *Fiction*, in
seiner ursprünglichen Bedeutung, ›Erfindung, Erdichtung‹, auf das Moment des
Irrationalen, Phantastischen. Der SF-Autor schafft aus seiner Phantasie eine Welt,
die zwar auf der empirisch erfahrbaren Realität aufbaut, diese jedoch in entscheidenden Punkten transzendiert. In der (wenigstens partiell) erfundenen Welt spielt er
dann die sich ergebenden Möglichkeiten nach mehr oder weniger rationalen, logisch-
nachvollziehbaren Regeln durch.

Die Spannung zwischen Rationalität und Irrationalität sowie die konträren Entwick-
lungsrichtungen, die sich von hier aus eröffnen, zeigen sich vor allem am Phänomen
des Wunders, das in beiden Bereichen, Religion und Science Fiction, eine zentrale
Position innehat. Es ist symptomatisch, wenn die Essaysammlung eines führenden
Vertreters der Gattung, Damon Knight, den Titel *In Search of Wonder* trägt oder
wenn unter den für die Science Fiction als Publikationsform so wichtigen Magazinen
eines mit dem Namen *Marvel Science Stories* zu finden ist. Ähnlich wie in der Religion
das Wunder im Extremfall entweder entmythologisiert oder aber in mystischer
Unbegreiflichkeit dargestellt werden kann, stehen auch in der Science Fiction diese
beiden entgegengesetzten Richtungen offen. Der Entmythologisierung entspricht die
Betonung der Empirie und Ratio. Sie führt zur sogenannten *straight Science Fiction*,
wo sich die Wunder alle – nach Möglichkeit jedenfalls – auf etablierte Naturgesetze

zurückführen lassen und sich fast nahtlos, durch unmittelbare Extrapolation, wie es scheint, an die Erfahrungen der vertrauten Gegenwart anschließen. Auf der anderen Seite steht die sogenannte *Fantasy*, die trotz vielfacher Bemühungen in dieser Hinsicht seitens der Theoretiker nicht streng von SF im engeren Sinne zu trennen ist. Hier tun sich dem Leser oft phantastische, mystisch-rätselhafte Welten auf, die mit seiner eigenen nur noch wenig gemein haben.

Die Literatur hat stets in ihrer Geschichte gern bei benachbarten und verwandten Kulturbereichen Anleihen aufgenommen und sich deren Inhalte und Darstellungsstrukturen zu eigen gemacht. Es liegt daher auf der Hand, daß eine so weitgehende Affinität, wie sie hier besteht, fast zwangsläufig dazu führt, daß die Science Fiction Elemente und Darstellungskategorien aus der Religion für ihre Darstellung übernimmt. Diese Übernahmen und Anlehnungen sind sowohl allgemeiner als auch spezifischer Natur und betreffen zum einen Haltungen und Formen sowie andererseits Inhalte religiöser Prägung. Sie lassen sich unter den Gesichtspunkten formale Religion und Kult, christliche Heilsgeschichte im weiteren Sinne sowie religiöse Ontologie einordnen.

6.1.1.1   Formale Religion und Kult

In den SF-Werken, welche religiöse Organisationen und Kultformen behandeln, findet sich Religion meist in unspezifischer Gestalt, allenfalls mit vagen christlichen Zügen. Das Interesse gilt den gesellschaftlichen Implikationen und den Ansprüchen der Religion als solcher; eine Stellungnahme zu einer bestimmten etablierten Lehre wird dabei höchstens indirekt abgegeben. Die häufigste Erscheinungsform ist hier zweifellos die religiöse Diktatur, die von vielen Autoren, nicht immer mit großer Plausibilität, eingesetzt wird. Nun hat freilich die Diktatur schlechthin in der Science Fiction von der Quantität her mit Abstand den Rang der beliebtesten Staatsform inne, was wohl, wie noch ausführlicher zu zeigen sein wird, entgegen der Annahme feindseliger Kritiker nicht ausschließlich auf eine bornierte, reaktionäre Gesinnung der SF-Autoren zurückzuführen ist. In einem totalitären Staatssystem läßt sich eben die Ausübung von Macht mit größerem dramatischen Effekt sichtbar machen und handlungsmäßig umsetzen als in einem freiheitlichen Staatswesen. Das religiöse Element in einer theokratischen Diktatur unterstreicht dann die Absolutheit der Machtkonzentration, indem es den diktatorischen Herrschaftsanspruch nicht von irdisch-wechselhaften Faktoren, sondern von einer höheren Instanz ableitet.

Wo ein solcher Bezug nicht lediglich der Mystifizierung zu dienen hat und den exotischen Charakter des Geschehens steigern soll – was vor allem sehr häufig bei extraterrestrischen Götterkulten der Fall ist –, erhält die religiöse Diktatur meist ein negatives Vorzeichen. Gerade bei den besseren Darstellungen wird der direkt auf eine göttliche Gewalt oder Ordnung gegründete Machtanspruch in der Regel als unbegründet entlarvt. Dabei stellt sich heraus, daß Gott in diesem Zusammenhang bloß eine Erfindung der Kultur und Religion ein bequemes Unterdrückungsinstrument ist.

Die Science Fiction arbeitet gern und erfolgreich mit Dualismen, und entsprechend diesem kontrastiven Darstellungsprinzip ist es besonders wirksam, wenn in Opposition zu der religiösen Diktatur eine freiheitliche Gegenbewegung entsteht. Dieses Thema eignet sich naturgemäß vor allem für die ausführlichere Darstellung des Romans. In *Gunner Cade* von Cyril Judd,[10] wo das interplanetarische Staatswesen von einem extrem monastischen, auf den drei mönchischen Gelübden basierenden Waffenorden getragen wird, lernt der Protagonist, der selbst diesem Orden angehört hat, allmählich die Verlogenheit des Systems zu durchschauen und kann am Ende die für ihre Freiheit kämpfenden Marsbewohner gegen die Truppen der theokratischen Tyrannei zum Sieg führen. In vergleichbarer Weise stellt John Wyndhams *The Chrysalids* (1955) die Sezession einer Sondergruppe aus einer puritanisch-tyrannischen Religionsgesellschaft des nachatomaren Zeitalters und ihre schließliche Zuflucht in einer freien Gemeinschaft Gleicher dar.

Wie hier tragen die in der Science Fiction dargestellten Kulte oft den Stempel der Primitivität und erscheinen als Ergebnis der Endzeit, als Reaktion der Menschen auf die apokalyptische Katastrophe. In William Tenns »The Liberation of Earth« beispielsweise präsentiert der Erzähler die Geschichte von der mehrfachen »Befreiung« der Erde durch außerirdische Invasoren, nach der die Menschheit fast ausgerottet wird, als religiöse Verkündigung und beschließt sein groteskes Evangelium mit der kultischen Aufforderung an seine imaginären Zuhörer: »Suck air, grab clusters, and hear the last holy observation of our history!«[11] Das unreflektierte religiöse Ritual soll die Reduktion der Menschheit auf eine primitive Existenzstufe besonders anschaulich vor Augen führen.

Daß eine Primitivreligion auch mit relativ positiver Wertung versehen sein kann, beweist das klassische Beispiel von Aldous Huxleys *Brave New World* (1932), wo der naive synkretistische Kult des Wildenreservats im Gegensatz zur flachen Diesseitigkeit der Zivilisation sehr viel weniger zum Gegenstand der Kritik wird. In der Zivilisationswelt von Huxleys Anti-Utopie dominiert demgegenüber eine diesseitige Religion, eine Religion ohne Gott. Der staatlich verordnete Fortschrittskult hat das Instrumentarium der traditionellen christlichen Religion beibehalten, zugleich jedoch jegliche Transzendenz aufgegeben. Die hochzivilisierte Gesellschaft verehrt allein den diesseitigen Fortschritt und das äußerliche Glücksgefühl. Bei den säkularen Ritualen heißt es statt ›Lord‹ jetzt »Ford«, und das Zeichen des Kreuzes ist, zum Symbol für den Verlust der Bezüge auf Höheres, zu einem ›T‹ geköpft.

Wenn hier eine auf Äußerlichkeiten fixierte Verehrung des Wertlosen dargestellt wird, so tritt bei den in der Science Fiction nicht selten zu findenden Maschinenkulten eine die Würde und sogar die Existenz des Menschen bedrohende Werteverschiebung, eine fatale Abhängigkeit des Menschen von Minderwertigem zutage. So stellt E. M. Forster in seiner anti-utopischen Erzählung »The Machine Stops«[12] in kennzeichnender Weise dar, wie eine gigantische Maschine das Leben der unterirdisch wohnenden Menschen beherrscht und für sie den Knopfdruck zur wichtigsten und fast einzigen Lebensaktivität gemacht hat. Das schließliche Versagen der mit göttlichen Ehren bedachten Maschine läßt die fundamentale Fehlorientierung der Menschen noch einmal dramatisch deutlich werden.[13]

Auch wenn in der Mehrzahl der Erzählungen, welche diesen Gegenstand behandeln, primitive Religionen und besonders Maschinenkulte ablehnend dargestellt sind, so ist dies keineswegs unbedingt der Fall. In seiner bekannten Short Story »Nightfall« versieht Isaac Asimov die auf dem fernen Planeten herrschende Primitivreligion mit einer ausgesprochen ambivalenten Wertung. Auf der einen Seite lehnen die im Vordergrund stehenden Naturwissenschaftler die mythisch-archetypische Weltsicht der »Cultists« ab und betonen demgegenüber mit berechtigter Überlegenheit ihr eigenes faktenbezogenes Denken: »[...] our results contain none of the Cult's mysticism.«[13a] Doch auf der anderen Seite werden die Lehren der »Cultists« durch den Gang der Ereignisse im Verlauf der auf dieser Welt völlig ungewohnten und katastrophalen Sonnenfinsternis bestätigt. Dem Leser wird die Möglichkeit vor Augen geführt, daß unter Umständen auch naiv-mythische Vorstellungen der Wirklichkeit besser gerecht werden können als solche, die auf empirisch exakten Grundlagen beruhen. Das »Book of Revelations«, die heilige Schrift der »Cultists«, basiert zwar in erster Linie auf dem Zeugnis von »Kindern und Schwachsinnigen« (S. 145); aber es vermag doch die fundamentalen Prinzipien der zyklischen Entwicklung des Planeten zutreffend wiederzugeben. Die naturwissenschaftliche Sichtweise hingegen erhält, obgleich sie zweifellos in der Story bestimmend ist, für den Leser ein ironisches Fragezeichen, wenn beispielsweise einer der Naturwissenschaftler ausführt, auf einem Planeten mit nur einer Sonne könne es natürlich kein Leben geben. Die Richtigkeit prinzipieller Maßstäbe für menschliches Verhalten hängt – so wird dem Leser demonstriert – nicht unbedingt von der Form ihres Zustandekommens und Wirkens ab.

Andere SF-Texte, insbesondere einige neuere Romane, gehen in dieser Richtung noch weiter und präsentieren Religion und Kult als dezidierte Verkörperung positiver Werte. In Robert Heinleins *Stranger in a Strange Land*, das nicht zuletzt als Modell für Hippie-Kulte eine gewisse Berühmtheit erlangte, wird eine ihrem Wesen nach diesseitige Religion als erlösende und befreiende Kraft dargestellt. Smith, der mit übermenschlichen Fähigkeiten ausgestattete Mann vom Mars, will die Menschen zu sich selbst führen und gründet zu diesem Zweck eine Art pantheistischer Religion, bei der ein zugkräftiger Sex-Kult im Mittelpunkt steht: »Thou art God, I am God, all that groks is God«,[14] lautet der Kernsatz der Religion (»grok« ist dabei ein Wort aus der Marssprache und bedeutet soviel wie ›erfassen‹, ›in sich aufnehmen‹). Am Ende gibt der Mars-Messias aus Liebe zu den Menschen im Steinhagel orthodox-religiöser Fanatiker seinen Geist auf.[15]

Wenngleich manche Züge des Kultes in Heinleins Roman überzeichnet und unausgewogen bleiben, wird doch kein Zweifel an der potentiellen Bedeutung der Religion als sinngebender Instanz an sich gelassen. Jubal, der als eine Art Normcharakter fungiert, führt an einer Stelle dazu aus:

> »The nature of life, how ego hooks into the body, the problem of ego itself and why each ego *seems* to be the center of the universe, the purpose of life, the purpose of the universe – these are paramount questions [...]; they can never be trivial. Science hasn't solved them – and who am I to sneer at religions for *trying*, no matter how unconvincingly to me?«[16]

Die Opposition zwischen einer inhumanen Naturwissenschaft und einer auf den Menschen bezogenen Religion, welche hier mehr am Rande angesprochen wird, tritt in Kurt Vonneguts *Cat's Cradle* in den Brennpunkt des Interesses. Beide Komplexe werden in erster Linie durch jeweils einen Mann repräsentiert, der nicht (bzw. nur ganz marginal) *in persona* erscheint, sondern hauptsächlich durch sein Lebenswerk wirkt. Auf der einen Seite steht der Naturwissenschaftler Dr. Felix Hoenikker, der als so unschuldig wie Jesus gilt, »[. . .] he was so innocent he was practically a Jesus – except for the Son of God part [. . .].«[17] Auf der anderen Seite findet sich der geächtete Religionsgründer Bokonon, der zynisch jede Religion als Lüge apostrophiert und es als seine Aufgabe ansieht, »to provide the people with better and better lies«.[18] Während aber die Lügen-Religion die Menschen auf der armseligen Insel San Lorenzo trotz ihres Elends glücklich macht, bringt Hoenikkers wahre Naturwissenschaft die Atombombe hervor und führt schließlich zur Weltkatastrophe, zum Erstarren der ganzen Erde durch die Wunderwaffe *ice-nine*. Der wesentliche Unterschied liegt darin, daß für die Naturwissenschaft der Mensch gleichgültig ist – Hoenikker hat nicht einmal ein Verhältnis zu seinen eigenen Kindern –; für den Bokononismus dagegen ist der Mensch das einzig Heilige, und selbst Gott ist diesem untergeordnet, wie der Ich-Erzähler einmal auf seine diesbezügliche Frage in einem Gespräch mit Frank, dem Sohn Hoenikkers, erfahren muß:

> »›What *is* sacred to Bokononists?‹ I asked after a while.
> ›Not even God, as near as I can tell.‹
> ›Nothing?‹
> ›Just one thing.‹
> I made some guesses. ›The ocean? The sun?‹
> ›Man‹, said Frank. ›That's all. Just man.‹«[19]

Während sich die Religion auf Vonneguts San Lorenzo im Widerstreit mit der politischen Gewalt befindet, fließen diese beiden Bereiche in Frank Herberts Langroman *Dune* (1965) und seinen Fortsetzungen *Dune Messiah* (1969) und *Children of Dune* (1976) zusammen. Paul Atreides, der Held, ist zum Propheten und Messias berufen und übernimmt zugleich nach mancherlei Bewährungsproben und Kämpfen die Herrschaft über den wasserarmen Planeten. Die Religion, die der Autor in einem längeren Anhang gesondert erläutert, berücksichtigt vor allem die spezifischen ökologischen Bedingungen, denen das Leben in der widrigen Umwelt ausgesetzt ist. Hier bestätigt sich, was für alle entsprechenden Erzählungen gilt: wo nicht bloß eine äußerliche Wirkung erzielt werden soll, dient die formale Religion der Darstellung und Untersuchung von absoluten Werten – seien es nun wahre oder falsche – und ihrer Bedeutung für die menschliche Gesellschaft.

6.1.1.2 Christliche Heilsgeschichte

Neben den allgemeinen Darstellungen von Kulten und religiösen Formen gibt es auch eine Gruppe von meist neueren SF-Texten, die ganz spezifisch auf der biblischen Heilsgeschichte basieren. In ihnen nimmt die Behandlung des Themas Religion wohl die konzentrierteste Gestalt an und weist die schärfsten Konturen auf. Es handelt sich dabei in der Mehrzahl um Short Storys; denn die hier zu Gebote stehenden Möglichkeiten kommen den Bedürfnissen und Möglichkeiten der kurzen Erzählform entgegen. Der Autor braucht nicht einen eigenen Bezugskosmos zu entwickeln, sondern kann an Bekanntes anknüpfen; er findet handlungsmäßige oder thematische

Bezugs- und Kontraststrukturen vorgegeben. Durch die Behandlung in der Bibel sind die aufgeworfenen Fragen bereits vorgeformt und im Umfang begrenzt. Bei diesem Komplex zeigt sich die prinzipiell kategoriale Bedeutung der religiösen Elemente für die Science Fiction besonders deutlich: Die implizit oder explizit abgegebenen Stellungnahmen zu dem jeweiligen Problem können sowohl im Sinne der Bibel als auch in einem anderen, u. U. entgegengesetzten Sinn ausfallen, wobei das letztere häufiger geschieht.

Die Bezugnahme auf die christliche Heilsgeschichte konzentriert sich in drei Punkten, welche die Grundfragen der Science Fiction widerspiegeln: Genesis, Jüngstes Gericht und Christusgestalt. Diesen Punkten entsprechen die Fragen nach Ursprung und Bestimmung der Welt und dem Heil des Menschen. Als vierten, benachbarten Punkt kann man das Wirken der christlichen Kirche hinzurechnen; dort erfolgt eine weniger spezifische Bezugnahme.

Unter den Genesis-Geschichten bildet Eric Frank Russells »Sole Solution« insofern eine Ausnahme, als hier inhaltlich genau das biblische Schöpfungsgeschehen, die Erschaffung der Welt aus dem Nichts, dargestellt wird. Allerdings bedient sich der Autor nicht der formelhaft-distanzierten Erzählweise der Bibel, sondern verwendet in kühner Art eine moderne personale Erzähltechnik. Zu seiner Überraschung muß der Leser erkennen, daß hier als Erzählfokus und Perspektiventräger, dessen Name nicht genannt ist, niemand anders als der Schöpfergott selbst auftritt. Gott, der durch seine eigenen Gedanken als »the ultimate scientist« charakterisiert wird, bringt aus sich heraus als sein Gegenüber die Schöpfung hervor und findet so die im Titel angesprochene einzige Lösung für das Problem seiner ewigen Vereinsamung. Die Short Story schließt pointiert mit dem Bibelzitat: »And there was light.«[20]

Kennzeichnender sind die Genesis-Erzählungen, die entweder eine Wiederholung der irdischen Schöpfung oder ein analoges Geschehen auf einem anderen Planeten zum Inhalt haben. In einer anderen Story von Russell, die den signifikanten Titel »Second Genesis« trägt,[21] schafft Gott einem Kosmonauten, der nach 2000jähriger Raumfahrt zurückkehrt und die Erde gänzlich verlassen findet, wie weiland dem Adam aus seiner Rippe eine Gefährtin, so daß die Menschheit fortleben kann. Der Roman *Perelandra* (1943) von C. S. Lewis erzählt die Verhinderung eines Sündenfalls nach irdischer Art auf der Venus. Nachdem der Held Ransom den diabolischen Versucher, der in der Gestalt eines Naturwissenschaftlers auftritt, besiegt hat, kann die glückliche Vereinigung der Urmutter und des Urvaters stattfinden, und sie übernehmen den Planeten vom planetarischen Schutzgeist.

Meist findet die Neuauflage der Genesis ohne Gott und übernatürliche Mächte statt. Der Raumfahrer in John Brunners Geschichte »The Windows of Heaven«,[22] der ähnlich wie in Russells letztgenannter Story der einzige Überlebende der ganzen Menschheit ist, hat diesmal nicht die Rolle eines Neuen Adam, sondern eines Neuen Noah: ohne direktes Eingreifen einer höheren Instanz werden die in der Raum-Arche vor dem Untergang bei der Erdkatastrophe bewahrten Lebewesen – ein Stamm von Bakterien – eine neue Evolution in Gang setzen und so das Leben auf der Erde erhalten. In »Before Eden« von Arthur C. Clarke wird diese Schöpfungs-Evolution auf der Venus durch die Fahrlässigkeit von Astronauten schon in einem Frühstadium abgebrochen. Die Männer, die über die Entdeckung einfachen pflanzlichen Lebens auf dem Planeten frohlocken, sind sich nicht bewußt, daß sie diesem durch den zurückgelassenen infizierten Müll den Tod gebracht haben; aber der Erzähler verkündet am Schluß der Story mit lapidarer Endgültigkeit: »Beneath the clouds of Venus, the story of Creation was ended.«[23]

Eine Parallele zum Bericht des Buches Genesis zieht auch Ward Moore mit seiner Erzählung »Lot«.[24] Ähnlich wie der auserwählte Lot im Alten Testament aus der dem Untergang geweihten Stadt Sodom flieht, rettet sich hier der Protagonist Mr Jimmon mit seiner Familie aus dem von einem atomaren Schlag getroffenen Los Angeles. Seine Frau muß nicht wie einstmals Lots Weib für ihren Ungehorsam gegen Gottes Gebot büßen; doch sie wird zurückgelassen, da sie den Anforderungen der Krisensituation nicht gewachsen wäre. Nicht um Gottesfurcht und Gehorsam gegenüber göttlicher Weisung geht es hier, sondern um Pioniertugenden, die der scheinbar erschlaffte Held sich bewahrt hat. So geht denn, anders als in der Bibel, der Impuls für die Inzestverbindung, die das Leben weiterführen soll, nicht von der Tochter aus, sondern von dem tatkräftigen modernen ›Lot‹ selbst, dessen Handlungsweise freilich durch die dargestellten häuslich-trivialen Implikationen ironisch relativiert wird.

Wenn hier eine Katastrophensituation in Analogie zum Alten Testament präsentiert wird, so spielen Darstellungen des Weltendes, die sich eingehend nach der biblischen Vorlage ausrichten, doch vergleichsweise eine untergeordnete Rolle. Die Science Fiction neigt eher dazu, sich ihre eigenen apokalyptischen Katastrophen und Endzeit-Visionen zu erfinden und diese mit losen Anspielungen auf die Offenbarung zu verbrämen. Wo konkret auf die Bibel Bezug genommen wird, geschieht dies im Sinne von Satire und Kritik.

Zahlreicher und von größerem Gewicht sind die SF-Stories, die sich auf die Christus-gestalt beziehen. Sie erweisen in vollem Umfang die verschiedenartigen Möglichkeiten des Aufgreifens der religiösen Vorlage. Diese unterschiedlichen Arten lassen sich als Fortsetzung, Ausdeutung, Neu- bzw. Umdeutung und analoge Wiederholung kennzeichnen.

Eine chiliastische Fortsetzung der biblischen Darstellung bildet Ray Bradburys Story »The Man«, durch die der Trend zur Darstellung religiöser Motive in der modernen Science Fiction wohl entscheidend initiiert worden ist. Ein Raumschiff trifft auf einem Planeten ein, nachdem am Tage zuvor der Messias dort angekommen ist. Nach anfänglichem Zweifeln zeigt sich der Kapitän dann rücksichtslos entschlossen, persönlich mit dem Messias zusammenzutreffen; er macht zu diesem Zweck sogar von seiner Schußwaffe Gebrauch und schickt sich an, dem Gesuchten notfalls ohne Rast von Planet zu Planet nachzujagen. Paradoxerweise möchte er ihn um Ruhe und Frieden bitten und bietet so ein Bild der widersinnigen Erlösungssehnsucht des modernen Menschen.[25]

Ausgedeutet und mit Hilfe des technologischen SF-Instrumentariums auf ihre Implikationen untersucht wird die christliche Botschaft über die Geburt Jesu in Clarkes bekannter Geschichte »The Star«. Ein Jesuit, der als leitender Astrophysiker eine Weltraumexpedition begleitet, entdeckt in einer ausgebrannten Supernova den Stern von Bethlehem, der bei seiner Explosion die Bewohner eines zugehörigen Planeten mitsamt ihrer hochentwickelten Kultur vernichtet haben muß. Der Priester stellt sich die Frage der Theodizee und macht sich Gedanken, warum Gott um eines Zeichens für die Menschen willen andere, geniale Geistwesen und ihre Welt zerstören konnte.

In weniger tiefsinniger, obschon wirkungsvoller Weise betont Arthur Porges in »The Rescuer« die geschichtliche Bedeutung Jesu. Der Versuch eines religiösen Fanatikers, vermittels einer gerade fertiggestellten Zeitmaschine und eines modernen Schnellfeuergewehres nebst entsprechender Munition Jesus vor dem Kreuzestod zu retten, wird von zwei Naturwissenschaftlern in letzter Minute vereitelt. Das scheinbar begrüßenswerte Vorhaben hätte katastrophale Folgen zeitigen müssen, da es nicht nur nach christlicher Vorstellung die Erlösung der Menschheit gestört, sondern auf jeden Fall den ganzen Verlauf der abendländischen Geschichte fundamental verändert hätte. Dem Leser wird deutlich, daß der Titel nur sehr ironisch auf den bigotten Zeitreisenden Bezug nimmt; »The Rescuer« paßt viel eher auf den Angeklagten, der sich für die Vernichtung der Zeitmaschine zu rechtfertigen hat, und verweist nicht zuletzt zur gleichen Zeit auf die zentrale Gestalt des Erlösers selbst.

Von einem ähnlichen Ansatz ausgehend, kommt Michael Moorcock bei dieser Thematik in *Behold the Man*[26] zu einer kühnen Umdeutung des biblischen Berichts. Vermittels der Zeitmaschine eines Freundes läßt sich Karl Glogauer, verkrachte Existenz und neurotischer Amateur-Psychologe, in das Jahr 29 unserer Zeitrechnung versetzen, um Zeuge von Christi Tod zu werden. Glogauer trifft jedoch etwa ein Jahr zu früh ein, und zwar bei den Essenern und Johannes dem Täufer. Durch besondere Umstände gerät er hier immer mehr in die Rolle von Jesus, die er besonders gut ausfüllen kann, da er den weiteren Verlauf kennt. So stirbt er zum Schluß sogar am Kreuz. Gegen seinen Willen und trotz seines Zweifelns ist er zum Zeugen dafür geworden, daß die Naturwissenschaft für sich dem Menschen nicht das Heil bringen kann, und hat damit nach der früheren Selbstverachtung seine Erlösung gefunden:

> »His rational mind had told him that God did not exist in any personal form. His unconscious had told him that faith in science was not enough. He remembered the self-contempt he had once felt and wondered why he had felt it.«[27]

Gegenüber einer derart gewagten Uminterpretation der Christusfigur und des Passionsgeschehens wirken die analogen Wiederholungen bzw. Neuauflagen der biblischen Vorlage notwendigerweise zurückhaltender. Der Missionar beispielsweise, den die Eingeborenen auf dem Planeten Wesker in Harry Harrisons Erzählung »An Alien Agony« kreuzigen, ist kein Christus. Sein Tod bedeutet für die Bewohner des Planeten nicht die erwartete Erlösung, sondern erweist sich im Gegenteil als Sündenfall und Ursünde. Während die *aliens* vorher rein waren, sind sie nun, da sie die Lehren des Missionars mit der ihnen eigenen Logik in die Praxis umzusetzen versuchen, wie ihr Sprecher selbst am Schluß erkennt, zu Mördern geworden.

Was das Wirken der christlichen Kirche angeht, so wird die kirchliche Mission in ihrer interplanetarischen Variante wie hier bei Harrison von der Science Fiction meist als eine Art neokolonialistischer Aktivität abgelehnt.[28] Kleriker erfreuen sich dagegen weithin großer Beliebtheit und repräsentieren, auch bei nicht-religiösen Inhalten, oft das menschliche Element. Wenn, wie in Clarkes »The Star«, von den SF-Autoren mit Vorliebe Jesuiten oder zumindest katholische Priester eingeführt werden, so läßt sich dies als Ausdruck der beiden Bereichen eigenen Verbindung von Rationalität und Irrationalität verstehen.

In Walter M. Millers Roman *A Canticle for Leibowitz* (1960), den viele Kritiker als einen der zwei oder drei besten SF-Romane überhaupt ansehen, bilden die christliche Religion und die Kirche mit signifikanten Veränderungen die tragende Grundschicht. Miller stellt die zwölf Jahrhunderte umspannende Geschichte einer nachatomaren Endzeit aus der Perspektive eines christlichen Mönchsklosters dar, welches von dem früheren berühmten Atomphysiker Leibowitz gegründet worden ist. Die Aufgabe der christlichen Kirche, die sich zum Teil durch ihre Primitivität als ein Produkt der Endzeit erweist, besteht vor allem darin, gegenüber den Ansprüchen von Naturwissenschaft und Staat, positive, d. h. göttliche und auf den Menschen bezogene, absolute Werte zu bewahren. Die Überschriften der drei Teile des Romans, »Fiat Homo«, »Fiat Lux« und »Fiat Voluntas Tua« korrespondieren im übrigen mit den Schwerpunkten ›Ursprung‹, ›Heil‹ und ›Bestimmung‹ der Menschheit, d. h. also mit den Grundfragen der Science Fiction, welche sich in der Bearbeitung und Adaptation der christlichen Heilsgeschichte manifestieren.

6.1.1.3   Ontologie und Anthropologie

Ontologische Probleme, d. h. Fragen, welche sich auf die Grundgegebenheiten der Welt beziehen, stehen in der Science Fiction sozusagen stets in dieser oder jener Form im Raume. Bei den Werken, die sich ihnen konzentrierter zuwenden, findet man eine weite Skala zwischen den Extremen einer im einzelnen an religiösen Mustern ausgerichteten Darstellung und einer unspezifisch-allgemeinen Behandlung. Die Fragen nach der Existenz und dem Wesen Gottes, nach Ursprung und Wirken des Bösen in der Welt, nach der Natur des Menschen sowie nach Rang und Wert der modernen Technik können sich sehr eng an vorhandene religiöse Konzeptionen und Darstellungsweisen anlehnen oder auch nur entfernt darauf Bezug nehmen.
Ein Beispiel für die naturgemäß seltenere starke Anlehnung an religiöse Vorlagen ist Anthony Bouchers »The Quest for Saint Aquin«,[29] die Geschichte von dem zweifelnden Thomas eines futuristischen Zeitalters der Technik, der vom Papst ausgeschickt wird, einen legendären heiligen Aquinas zu suchen. Das moderne Gegenstück des mittelalterlichen Scholastikers entpuppt sich als ein nur einmal gebauter, funktional nicht-determinierter Roboter, wodurch die thomistische Lehre, daß die vollkommene Ratio zu Gott führt, belegt und auf des Feld der nicht-menschlichen Vernunft ausgeweitet werden soll. Der funktional-determinierte Roboteresel des Reisenden hatte vorher als diabolischer Versucher gewirkt: denn die unvollkommene Vernunft ist nach thomistischer Vorstellung des Teufels. Außer der Versuchung Jesu durch Satan werden in dieser Story noch das Gleichnis vom Samariter, das Verhalten des Nikodemus sowie die Geschichte vom Propheten Balaam und seinem Esel als biblische Vorlagen imitiert.
Damit knüpft Boucher an seine frühere Erzählung »Balaam« an, wo er in Anlehnung an diesen alttestamentarischen Vorwurf die Frage nach dem Wesen des Menschen stellt. Nicht die äußere Gestalt macht den Menschen aus – wird dem Leser hier bedeutet –, sondern die gottähnliche Geistseele, der Verstand und freie Wille; und aufgrund dieser Kriterien muß die Marsexpedition die abstoßenden *aliens*, mit denen sie auf dem zu erkundenden Planeten zusammentrifft, als Mitmenschen und Brüder akzeptieren.

Es ist kein Zufall, wenn in »Balaam« im Gespräch der beiden Hauptpersonen ausdrücklich auf den Autor C. S. Lewis verwiesen wird (S. 127). Denn dessen Romantrilogie, *Out of the Silent Planet* (1938), *Perelandra* (1943) und *That Hideous Strength* (1945), nimmt unter den Texten dieser Art einen hervorragenden Platz ein. Lewis entwickelt darin ein komplexes ontologisches System von Gott, Menschen und Engeln und spielt christliche Theologie und ihre Implikationen mit den Mitteln der Science Fiction konkret durch. Lewis' Romane zeigen freilich nicht nur die positiven Möglichkeiten, die sich hier bieten, sondern auch die Grenzen. Die Entschiedenheit, mit der Lewis in seiner Darstellung Lehren des Christentums zu empfehlen versucht (nicht zuletzt wohl auch seine Oppositionshaltung gegenüber der modernen Technologie), wird von vielen SF-Lesern als Propaganda empfunden und abgelehnt.

Mit größerem Erfolg vermeidet James Blish in seinem bekannten, mit dem ›Hugo‹ ausgezeichneten Roman *A Case of Conscience*,[30] in dem es um die Kreativität des Bösen geht, die Gefahr einer einseitigen und übermäßigen Festlegung. Er stellt in dem Forscherteam, das den Planeten Lithia zu begutachten hat, vier unterschiedliche Typen von Naturwissenschaftlern vor und läßt für das Ende der Handlung – der Planet explodiert – eine doppelte Auslegungsmöglichkeit zu: die Explosion kann einerseits durch den Exorzismus des Jesuiten Ruiz-Sanchez ausgelöst sein, der die scheinbar paradiesische Welt von Lithia für ein Machwerk des Teufels hält, andererseits aber auch durch die Atomexperimente des rücksichtslosen, machthungrigen Gegenspielers Cleaver.

Meistens werden die aufgeworfenen ontologischen Fragen weniger speziell behandelt, und die gegebenen Antworten begnügen sich, soweit sie nicht von vornherein lediglich verneinend ausfallen, mit partieller Gültigkeit, ohne eine totale Festlegung. Dies entspricht ja insbesondere den Aussagemöglichkeiten der Short Story. Wenn beispielsweise die Frage nach der Existenz Gottes in Harrisons »Alien Agony« von dem interstellaren Händler Garth mit einem glatten »There is no God«[31] beantwortet wird, so soll damit das rational und naturwissenschaftlich geprägte Weltbild der Moderne gegenüber einer mystisch-religiösen Haltung zur Geltung kommen, ohne daß eine eigene Ontologie entwickelt wird.

Im Gegensatz zu den mehr oder weniger ablehnend dargestellten Maschinenkulten der Science Fiction wird in Tom Godwins »The Greater Thing« einem Super-Elektronengehirn positiv eine göttliche Stellung zuerkannt (wobei allerdings nicht der Ausdruck ›Gott‹ erscheint). Es hilft den Menschen, sogar über die Grenzen von Leben und Tod hinaus, ohne dafür Dankbarkeit zu erwarten, das Jahrtausende alte Ideal der Freiheit zu verwirklichen. Für diesen Zweck schafft es neue Menschen, denen es als neuer Gott zur Seite steht. Eine ähnliche, positive Vision begegnet in »Fulfilment« von A. E. van Vogt.

Die unmittelbar bedeutungsvolle Frage »Was ist der Mensch?«, mit der sich die Science Fiction in mannigfacher Weise stets auseinandersetzt, findet in manchen Short Storys eine thesenhaft provokatorische Beantwortung, die keine absolute Gültigkeit beanspruchen kann und will. In Asimovs »Jokester« erweist sich am Ende, daß die Menschen lediglich den Status von unbedeutenden Versuchskaninchen für überlegene außerirdische Mächte besitzen. Robert Abernathy macht in »Pyramid«[32] die ungeheure Anpassungsfähigkeit an die Umweltverhältnisse sowie vor allem die beispiellose Gefährlichkeit der menschlichen Spezies anschaulich: der Mensch ist, aus der Perspektive der *aliens* gesehen, »far more intelligent than the wild cat, and at least as bloodthirsty as the weasel«;[33] er gibt sich nicht damit zufrieden, für sich die Spitzenposition in der Welt, in der er lebt, zu okkupieren, sondern droht durch seine Maßlosigkeit und Herrschsucht die ganze ökologische Pyramide zu vernichten. »The Cage« von Bertram Chandler definiert Menschen, wie andere Vernunftwesen, ironisch als Lebewesen, die andere Lebewesen gefangen setzen.

Mit appellhafter Ausführlichkeit formuliert ein Sprecher in Howard Fasts »The First Men« die bedrückende Frage nach dem Wesen des Menschen sowie den sich anschließenden Fragenkomplex nach dem Sinn des menschlichen Lebens:

> »What is the meaning of mankind – if it has any meaning at all, if it is not simply a haphazard accident, an unusual complexity of molecular structure? I know you have all asked yourselves the same thing. Who are we? What are we destined for? What is our purpose? Where is sanity or reason in these bits of struggling, clawing, sick flesh? We kill, we torture, we hurt and destroy as no other species does. We ennoble murder and falsehood and hypocrisy and superstition; we destroy our own body with drugs and poisonous food; we deceive ourselves as well as others – and we hate and hate and hate.«[34]

Im Rahmen der Story werden Antworten nur für die im Titel angesprochenen neuen Menschen gegeben. Für sie, die u. a. über telepathische Kräfte verfügen, gibt es zwar einen Tod des Körpers, nicht aber der Persönlichkeit, da diese in der Gruppe weiterlebt. Durch eine solche faktische Beseitigung des Todes, das Aufgehen des einzelnen in der Gruppe sowie die ungehinderte Entfaltung der dem Individuum inhärenten Geisteskräfte sind die existentiellen Aporien der Menschheit lösbar geworden. Wenn die angedeuteten Lösungen auf die Menschen alter Art, denen sich der Leser zugehörig weiß, auch nicht übertragbar sind, weist das hier erstellte Idealbild doch konkret die Richtungen, aus denen die menschlichen Daseinsprobleme erwachsen und in denen weiterhin, wenn überhaupt, Antworten zu erwarten sind. Die Darstellung der neuen Menschen besitzt ganz offensichtlich mythische Qualitäten.

6.1.2 Mythos

Im Gegensatz zur *mainstream*-Erzählliteratur steht die Science Fiction ihrem Wesen nach der Mythologie nahe. Sie erweitert ihr Gesichtsfeld über die Perspektive des Einzelmenschen hinaus und erschließt, nicht selten sogar buchstäblich, kosmische Dimensionen. Mit der ihr eigenen Naivität, die neben den meist mehr ins Auge fallenden Schwächen zweifellos auch in mancher Hinsicht besondere Vorzüge bietet, kann sie es unternehmen, ähnlich dem klassischen Mythos archetypische Gegebenheiten der Welt und des menschlichen Daseins in bildhafter Weise darzustellen. Wenngleich das mythologische Potential in der Science Fiction unterschiedlich ausgebildet ist und naturgemäß nicht die Geschlossenheit und Verbindlichkeit des alten Mythos erreicht, hat die Gattung doch unübersehbar einige mythenhafte Elemente entwickelt, die über den Rahmen der Science Fiction hinaus das Weltbild der

Moderne in bestimmten Punkten zum Ausdruck gebracht und geprägt haben. Hier können nur die wichtigsten Beispiele genannt werden; letztlich ließen sich als Verdeutlichung alle Themenbereiche der Gattung heranziehen.

6.1.2.1 Neue Menschheit

Der alte Traum, daß die Menschheit eines Tages über sich hinauswachsen und substantiell neue Kräfte gewinnen könnte, um so auf einer höheren Seinsstufe zu leben und zu wirken, hat in der Science Fiction auf mannigfache Art Gestalt angenommen. Die populärste und bekannteste (wenngleich sicher nicht die überzeugendste) Manifestation dieser Ursehnsucht ist die Figur des »Superman«, dem übermenschliche Kraft und Schnelligkeit zu Gebote stehen:

> »Faster than a speeding bullet! More powerful than a locomotive! Able to leap tall buildings in a single bound! Look! Up in the sky! It's a bird! It's a plane! It's ... SUPERMAN!«[35]

Angeregt durch den SF-Roman *Gladiator* von Philip Wylie aus dem Jahre 1930, wurde die Comic-strip-Figur des Superman von Jerome Siegel als Texter und Joseph Shuster als Zeichner – beide begeisterte Science-Fiction-Fans – erfunden und 1938 in *Action Comics* No. 1 herausgebracht. Wenn hier auch zusätzlich zu dem Medium des Textes das graphische Medium eingesetzt wird, so muß man Superman doch als genuines Produkt der Gattung ansehen.

In den anspruchsvolleren SF-Erzählungen, vor allem in denen jüngeren Datums, bezieht sich das Thema des neuen Menschen in der Regel mehr auf die Entwicklung der geistigen als der körperlichen Kräfte. Zudem konzentriert sich die Darstellung nicht so ausschließlich auf eine einzige dominierende Gestalt; auch wenn die übermenschlichen Eigenschaften an einzelnen vorgeführt werden, sind sie meist gleichfalls für andere Teile der Menschheit erreichbar. Schließlich wird die naive Freude an den grenzenlos gesteigerten Aktionsmöglichkeiten der eigenen Spezies (daß Superman eigentlich vom Planeten Krypton stammt, ist hierbei unerheblich) weithin von der Einsicht in die problematischen Seiten einer solchen Entwicklung verdrängt.

Clarkes *Childhood's End*,[36] der berühmteste Roman über diese Thematik und sicher einer der berühmtesten SF-Romane überhaupt, behandelt das letzte Kapitel in der Geschichte der alten Menschheit und die schließliche Geburt des neuen Menschen. Unter der Vorherrschaft der »Overlords«, die aus dem Weltall gekommen sind, um die atomgerüstete Bevölkerung der Erde vor sich selbst zu schützen, entstehen utopisch-ideale Lebensverhältnisse, und der mittlere, längste der drei Teile des Romans trägt die kennzeichnende Überschrift »The Golden Age«. Als Antithese zu der auf Materielles fixierten Gesellschaft wird auf einer Insel die Kolonie von New Athens gegründet, wo Künste und Wissenschaften eine einzigartige Blüte erleben. Am Ende stellt sich jedoch heraus, daß all dies nur ein Zwischenstadium gewesen ist und daß die Hauptmission der »Overlords« darin bestand, als Geburtshelfer für die neue Menschheit zu wirken, ihr Entstehen zu fördern und zu schützen.

Der Übergang der Menschen zu einer höheren Seinsform wird durchaus nicht in einem flachen Optimismus vermittelt; vielmehr stellt Karellen, der führende Vertreter der »Overlords« in dem für die Science Fiction typischen Aufklärungsgespräch kurz vor dem Schluß des Romans die tragischen Implikationen des stattfindenden Evolutionssprungs für die bisherigen Menschen deutlich heraus:

> »In a few years, it will all be over, and the human race will have divided in twain. There is no way back, and no future for the world you know. All the hopes and dreams of your race are ended now. You have given birth to your successors, and it is your tragedy that you will never understand them – will never even be able to communicate with their minds. Indeed, they will not possess minds as you know them. They will be a single entity, as you yourselves are the sums of your myriad cells. You will not think them human, and you will be right.«[37]

Thematisch sehr verwandt ist Fasts Short Story »The First Men«. Sie wendet das Augenmerk hauptsächlich auf die Reaktion der ›alten‹ Menschen nach dem Bekanntwerden der fundamentalen Evolution. Stellvertretend nicht nur für die Politiker äußert der amerikanische Außenminister entschiedene Ablehnung gegenüber der neuen Menschheit: »You see, we've got to stop it. We can't have this kind of thing – immortal, godless, and a threat to every human being on earth.«[38] Demgegenüber wird in Millers »Command Performance« in erster Linie die problematische Situation des von einer evolutionären Veränderung dieser Art betroffenen Menschen selbst dargestellt. Die Problemhaftigkeit einer neuen Menschheit steht auch in »The End of Summer« von Algis Budrys[39] sowie in Knights »The Country of the Kind« auf unterschiedliche Art im Vordergrund. Budrys zeigt als möglichen Preis, den die Menschen für Unsterblichkeit und ewige Jugend zu zahlen haben, den Verlust des Gedächtnisses und damit jeglicher historischer Perspektive. In Knights Story muß die genetisch geplante neue Menschheit zugunsten ihrer idealen Welt – »a homogeneous, rational, sane, and healthy world«[40] – auf Kunst, die gerade von Aggression lebt, verzichten. Hier wird der Mythos weitgehend in den Kategorien der realen Welt untersucht und damit entmythologisiert.

6.1.2.2   Frankenstein und Monster

Während der Mythos der neuen Menschheit ursprünglich eine positive Wertung trägt, hat der Frankenstein-Mythos grundsätzlich warnenden Charakter. In Mary Shelleys Roman *Frankenstein* aus dem Jahre 1818,[41] den einige Historiker der Science Fiction als den Anfang der Gattungsgeschichte überhaupt ansprechen, fallen genau genommen sogar zwei mythenhafte Gestalten zusammen. Frankenstein selbst repräsentiert den vermessenen Naturwissenschaftler, der frevelhaft die von der Natur gesetzten Grenzen überschreitet. So erklärt er in didaktischer Deutlichkeit an einer Stelle seinem Gesprächspartner und damit dem Leser:

> »Learn from me, if not by my precepts, at least by my example, how dangerous is the acquirement of knowledge and how much happier that man is who believes his native town to be the world, than he who aspires to become greater than his nature will allow.«[42]

Die mythische Bedeutung der Figur Frankensteins tritt vor allem in dem Untertitel des Romans, *The Modern Prometheus*, klar in Erscheinung. Ebenso ausgeprägt ist jedoch auch der mythische Charakter der Monster-Figur. Frankensteins unglückliches Geschöpf vergleicht sich selbst wiederholt mit zwei Gestalten aus der Bibel und macht damit sein mythisches Potential anschaulich:

> »Like Adam, I was apparently united by no link to any other being in existence; but his state was far different from mine in every other respect. He had come forth from the hands of God a perfect creature, happy and prosperous, guarded by the especial care of his Creator; he was allowed to converse with and acquire knowledge from beings of a superior nature, but I was wretched, helpless, and alone. Many times I considered Satan as the fitter emblem of my condition, for often, like him, when I viewed the bliss of my protectors, the bitter gall of envy rose within me.«[43]

In der Tat ist Frankensteins künstlicher Mensch kein neuer Adam; denn er ist ja nicht von Gott geschaffen worden. Eher läßt er sich in seiner Bedrohlichkeit für die Menschheit als ein neuer Satan verstehen. Andererseits ist er aber zugleich doch ein Pseudo-Adam, da er als erster auf unnatürliche Art nach dem Muster des Menschen zustandegekommen ist und die Position eines Menschen einnimmt.

Dieser Aspekt kommt noch markanter in Millers »I Made You« zur Geltung. Indem das Monster (d. h. in diesem Fall die intelligenzbegabte Kampfmaschine) zum Perspektiventräger der Erzählung geworden ist, wird deutlich, wie definitiv es den Menschen aus der dominierenden Stellung verdrängt hat. Aus seiner Perspektive sind die verzweifelten Hilferufe des sterbenden ›Frankenstein‹-Charakters (darunter auch die im Titel genannte Berufung auf die Schöpferrolle) nur sinnlose Sprachfetzen. Dies wird noch dadurch unterstrichen, daß die anderen Menschen diese menschliche Sprache ebenfalls zurückweisen und nach einer unpersönlich-unmenschlichen Mitteilung verlangen: »[. . .] the situation! Not your aches and pains« – lautet die abweisende Reaktion der Rettungsmannschaft auf die inbrünstigen Notsignale. Der Mensch ist nur noch »the feeble thing [. . .] in the cave«.[44] Andererseits demonstriert der gesetzte, zum Teil bibelnahe Sprachstil der Hauptperspektive den mythisch-archetypischen Status der Monster-Maschine. Ihr Bereich heißt »the holy place«, und ihre Kampfvorbereitungen werden umschrieben mit: »It girded itself for battle.«[45] Millers Geschichte als Fortführung des Frankenstein-Themas zeigt sehr anschaulich die mythologische Disposition der Gattung.

6.1.2.3 *Sword & Sorcery*

Die enge Nachbarschaft der Science Fiction zur traditionellen Mythologie tritt vielleicht am greifbarsten in dem Randbereich der Gattung zutage, der in sachverständigen Kreisen unter der Bezeichnung *Sword & Sorcery* oder *Heroic Fantasy* bekannt ist. Lundwall hat sicher recht, wenn er den Erzeugnissen dieser Art im Normalfall jede Seriosität abspricht und rundheraus erklärt: »Usually, the Heroic Fantasy, or Sword & Sorcery, is so absurd that no one ever can take it seriously

[...].«[46] Die mangelnde Glaubwürdigkeit solcher Texte steht zweifellos auch hinter den immer wieder unternommenen Versuchen, *Fantasy* und insbesondere *Sword & Sorcery* aus der Science Fiction auszuklammern. Aber die Tatsache, daß regelmäßig Science-Fiction-Preise, sowohl ›Hugos‹ als auch ›Nebulas‹, für derartige Werke verliehen werden, unterstreicht die Zugehörigkeit dieses Randbereichs zur Hauptgattung und läßt es legitim erscheinen, ihn hier zu berücksichtigen.

Sword & Sorcery, als dessen führende Vertreter Lundwall (S. 106) Robert E. Howard, Clark Ashton Smith, Fritz Leiber und Michael Moorcock nennt, ist, selbst wenn die Handlung nominell in der Zukunft spielt, prinzipiell der Vergangenheit, und zwar der heroischen Epoche in der Geschichte der Menschheit, zugewandt. Wie im Mythos sind die großen Taten einzelner hier ausschlaggebend. Die dargestellte Welt ist nicht nüchtern und indifferent, sondern von geheimnisvollen, mythischen Kraftlinien durchzogen. Schwert und Zauberkraft, die in der Bezeichnung mit Recht als Exponenten der Textgruppe stehen, sind die hervorragenden Mittel, diese Kraftfelder zu aktivieren und zu beeinflussen.

Als Veranschaulichung möge eine Stelle aus Leibers »Ill Met in Lankhmar« dienen, das die »Science Fiction Writers of America« mit dem ›Nebula‹-Preis als »Best Novelette 1970« prämierten:

> »On the long table two blue-boiled cucurbits bubbled and roiled, their heads shooting out a solid, writhing rope more swiftly than moves the black swamp-cobra [...] to weave a barrier between their swords and Hristomilo, who once more stood tall though hunchbacked over his sorcerous, brown parchment, though this time his exultant gaze was chiefly fixed on Fafhrd and the Mouser, with only an occasional downward glance at the text of the spell he drummingly intoned.«[47]

Der Kampf, der hier dargestellt wird, ist die Auseinandersetzung zwischen den beiden Lagern von Gut und Böse. Auf der einen Seite steht der Zauberer, dessen Bösartigkeit und Unnatur in seiner häßlichen, deformierten Gestalt zum Ausdruck kommen sollen, mit seinen unheimlichen Zauberkräften. Gegen ihn kämpfen die beiden Recken mit ihren Schwertern. Ebenso wie die Schwerter, die in dieser mythisch personalisierten und entdinglichten Welt signifikanterweise Namen tragen, sind auch die magischen Kräfte und ihre Ausgeburten jeweils Ausfluß der Persönlichkeit des Besitzers: als der Zauberer besiegt ist, schwinden die Zauberkürbisse und die schlangenartigen Fangstricke, welche die Kämpfer zu halten und zu fesseln drohten, dahin.

Leibers Erzählung und ähnliche Werke zielen, wie die *Gothic Novel*, primär oder sogar ausschließlich auf die Erregung starker Gefühle im Leser ab, und es geht ihnen nicht bzw. nicht in erster Linie um eine archetypische Weltdeutung. Magische Kräfte sowie die bei *Sword & Sorcery* beliebten Drachen, Wölfe oder Ratten sollen den Leser vor allen Dingen unterhaltsam das Gruseln lehren. Aber ebenso wie aus dem Schauerroman des späten 18. Jahrhunderts in England Mary Shelleys *Frankenstein* erwächst, ist auch *Sword & Sorcery* nicht auf emotionale Effekte beschränkt, sondern besitzt potentiell mythische Qualitäten. Ein Beispiel für die Ausnutzung dieser Anlage ist etwa Theodore Cogswells »The Wall Around the World«, wo die Zauberkräfte als Chiffre für die immanenten Möglichkeiten des menschlichen Geistes in

Antithese zu dem rationalen Ansatz von Naturwissenschaft und Technik stehen. Erst auf einer höheren Ebene ist dann – wie der Protagonist schließlich erfährt – eine Synthese möglich:»Mind and Nature [. . .] magic and science [. . .] they'll get together eventually.«[48]

6.1.3 Militarismus und Faschismus

Eigenschaften, wie sie in *Sword & Sorcery* besonders augenfällig hervortreten, bringen der Science Fiction nicht selten den Vorwurf ein, sie verherrliche brutale Gewalt und propagiere ein militaristisches und faschistisches Weltbild. So erhebt Hartmut Lück neben dem Tadel, die SF-Schreiber seien allzu sehr dem Status quo verhaftet, die Beschuldigung:

> »[. . .] Unterdrückung, Krieg und Machtdurchsetzung nach dem Recht des Stärke-ren sind den vielschreibenden Autoren gleichsam galaktische Naturgesetze menschlicher Existenz, denen sich auch der Aufbegehrende letztlich unterordnen muß. Der Mensch bleibt dem Menschen ein Wolf [. . .]« (S. 236).

Noch weiter gehen Pehlke/Lingfeld, indem sie die Botschaft der Gattung als »unver-hüllte Aufforderung zum faschistischen Staatsstreich« (S. 97) ansprechen.
Solche Vorwürfe sind sicher nicht völlig unberechtigt. Besonders die Vorliebe der Gattung für Waffen ist unverkennbar, und Stellen wie die folgenden erscheinen charakteristisch:

> »He slid out one of the two handguns holstered at his side. This one was his own property: a Vanadian projectile gun.«

> »[. . .] he stayed in the shelter of the giant fern and loosened his gun in its holster.«

> »Carefully, with cold determination, the doctor fingered the sonic shocker in his pocket.«[49]

Ob es sich nun um *shocker, blaster, stunner, ray gun* oder einfach um Schießeisen herkömmlicher Art handelt – Handfeuerwaffen (und Waffen überhaupt) sind in der Science Fiction ähnlich verbreitet wie im Wilden Westen und stellen fast so wichtige Geräte wie Raumschiffe und Zeitreisemaschinen dar. Vor allem in der Anwendung von Waffen treten die Konflikte und Probleme offen zutage.
Wie in dem zuletzt zitierten Beispiel, der Story »Counterfeit« von Alan E. Nourse, wo ein getarnter *alien* zur Strecke gebracht werden soll, wird die Waffe meist gegen das Andere eingesetzt. Dies ist das Böse, während das Eigene das gute Prinzip repräsentiert: »[. . .] a cruel evil mind. An alien mind [. . .]«[50] – wird hier nahezu als Gleichung konstatiert. Nimmt man die überragende Bedeutung hinzu, die Führerge-stalten überall in der Science Fiction besitzen, so ist auch der Faschismustadel trotz der unangemessenen Generalisierung nicht ganz von der Hand zu weisen.

Am handgreiflichsten kommt dies vielleicht in Norman Spinrads Roman *The Iron Dream* zum Tragen, der sich als Werk eines SF-Autors namens Adolf Hitler mit dem Titel »Lord of the Swastika« ausgibt. Die Geschichte des rassisch reinen Führers Feric Jaggar, des im Titel angesprochenen »Herrn des Hakenkreuzes«, der seine Gefolgsleute gegen die gegnerischen Horden der durch Atomstrahlung degenerierten Untermenschen in den Kampf führt und schließlich dem reinen Erbgut zum Sieg verhilft, ist natürlich in erster Linie eine Satire auf die Vorstellungen des Nationalsozialismus; aber die Satire wird nicht zuletzt deshalb so wirksam, weil sie auch gezielt typische Gattungsmuster parodiert.

Die pauschale Kritik an der Science Fiction als faschistisch ist im übrigen auch durch theoretische Verlautbarungen von prominenten Vertretern gefördert worden. Wenn beispielsweise Heinlein in einem Beitrag die moderne Erzählliteratur, namentlich Jean-Paul Sartre und James Joyce, als »sick literature« brandmarkt und demgegenüber die »gesunde« Science Fiction herausstreicht,[51] liegt eine solche Zuordnung nahe. Doch dies ist nur eine Seite, und man muß auch berücksichtigen, was beispielsweise H. L. Gold, der Herausgeber von *Galaxy*, über die weltanschauliche Position seines Magazins sagt:

> »*Galaxy* is for democracy, human decency and dignity, peace, progress, scientific advance, better standards of living, education, international and intergroup relations, and individual awareness.«[52]

Eine derartige Einstellung ist sicher alles andere als faschistisch.

Sehr deutlich widerlegt wird die pauschale Abqualifizierung der angelsächsischen SF-Autoren als militaristisch und faschistisch nicht zuletzt durch deren ungewöhnlich offene Stellungnahme zum Vietnam-Krieg. 1968 wurden in *Galaxy* und dem *Magazine of Fantasy and Science Fiction* zwei Unterschriftenlisten veröffentlicht, mit denen sich die Autoren für oder gegen ein Verbleiben der USA in Vietnam aussprachen. Schröder gibt die Situation zutreffend wieder, indem er feststellt: »Die meisten jüngeren, liberaleren und auch wichtigeren Autoren finden sich bei den Gegnern, die älteren, konservativeren und zumeist nicht mehr so einflußreichen Autoren bei den Befürwortern.«[53]

Man muß deshalb davon ausgehen, daß vieles, was in der Science Fiction an Kampf und Waffentaten, an Imperialismus und Führerkult dargestellt wird, nicht auf eine entsprechende Einstellung der Autoren zurückzuführen ist, sondern – sofern es nicht ohnehin als Gegenstand der Kritik oder als negative Kontrastfolie dient – aus erzählerischen Voraussetzungen und Gegebenheiten resultiert.

6.2   Erzählte Welt für Wirklichkeit

Die in Science-Fiction-Texten dargestellte Welt unterscheidet sich von der Wirklichkeit nicht nur materiell, d. h. dadurch daß, entsprechend der Gattungsdefinition, die in der Erzählung vorgeführten Verhältnisse ihrer Substanz nach nicht mit der realen Gegenwart des Lesers übereinstimmen. Es gibt auch eine strukturelle Differenz: die dargestellte Welt unterscheidet sich als Fiktion hinsichtlich ihrer Zusammensetzung und Wirkweise von der Realität. Lesererwartungen und erzählerische Möglichkeiten führen dazu, daß sich die grundlegenden Bauprinzipien der Erzählwelt mehr oder weniger von denen des wirklichen Lebens entfernen.

Dabei wirkt die materielle Differenz offenbar als Impuls, die strukturelle Differenz zwischen erzählter Welt und Wirklichkeit zu vergrößern: Indem der Autor sich über die materiellen Gegebenheiten der realen Welt hinwegsetzt, läßt er leicht auch ihre strukturellen Bedingungen und Wirkzusammenhänge außer acht. Dies bedeutet dann allerdings meistens nicht eine besondere Emanzipation, sondern im Gegenteil eine Bindung an herkömmliche, erzählerische Klischees und Konstruktionen. SF-Werke wie die Perry-Rhodan-Reihe sind nicht in erster Linie deswegen so unbefriedigend, weil sie sich – wie manche Kritiker meinen – allzu sehr am Status quo der Wirklichkeit orientieren – wo gäbe es eine solche Wirklichkeit? –, sondern weil sie übermäßigen und unkritischen Gebrauch von erzählerischen Schablonen machen.

Die strukturellen Unterschiede zwischen erzählter und realer Welt sind hauptsächlich darin zu sehen, daß der fiktionale Kosmos prinzipiell konzentrierter und dynamischer ist als die realen Verhältnisse, von denen er sich ableitet und auf die er sich bezieht.

6.2.1 Konzentration

Damit die Darstellung in einer SF-Erzählung für den Leser nachvollziehbar und interessant ausfällt, wird sie in der Regel nicht unpersönlich und allgemein gehalten sein, sondern sich auf fiktionale Personen (oder in besonderen Fällen auf personen-ähnliche Instanzen) konzentrieren. Dabei kann der Autor aus praktischen Grün-den nicht einmal über Größenordnungen verfügen, mit denen etwa die Meinungs-forschung bei ihrem repräsentativen Querschnitt arbeitet. Vielmehr wird er sich normalerweise auf eine sehr begrenzte Anzahl von Charakteren konzentrieren müs-sen. Innerhalb dieser vergleichsweise kleinen Roman- oder Erzählgesellschaft kann nicht einmal allen Figuren die gleiche Aufmerksamkeit gewidmet werden, sondern die Darstellung wird wiederum einzelne Charaktere besonders in den Brennpunkt rücken. Meist steht – wie wir gesehen haben – im Zentrum der SF-Erzählung ein Protagonist, an dessen Schicksal und Erfahrungen die behandelten Phänomene, Entwicklungen und Probleme repräsentativ und anschaulich in Erscheinung treten.

Die Konzentration auf die Hauptfigur legt es für den Autor nahe, jene so auszuprä-gen, daß sie auch Einfluß auf die dargestellten Verhältnisse besitzt und ihnen nicht lediglich passiv ausgeliefert ist. Gerade weil die Gegebenheiten der SF-Erzählwelt in bestimmten Punkten von der Erfahrungswelt der Leser abweichen, bietet es sich an, diese Gegebenheiten durch den jeweiligen Protagonisten entscheidend gestalten zu lassen.

Wenn Pohl/Kornbluth beispielsweise in *The Space Marchants* (1953) dem Leser eine durch große Werbeagenturen beherrschte, an Übervölkerung und Rohstoffmangel krankende Welt vorführen, so wählen sie als personalen Kristallisationspunkt kenn-zeichnenderweise nicht irgendein unbedeutendes Mitglied der imaginären Zukunfts-gesellschaft, sondern einen führenden Vertreter. Mitchell Courtenay muß zwar in einer pikaresken Abenteuerserie auch leidvoll und hilflos alle möglichen Schattenseiten erfahren, die seine Welt den unterprivilegierten Massen bietet, aber er gelangt doch wieder nach oben. Als Erbe und Leiter des führenden Werbekonzerns hat er die ausschlaggebende Schaltstelle inne und ermöglicht durch seine Entscheidungen letztlich die Sezession der Gegenpartei zur Venus.

Ähnlich, aber wohl noch ausgeprägter als hier, begegnen in der Science Fiction immer wieder Führergestalten, welche die dargestellte Welt durch ihre persönlichen Entschlüsse und Handlungen maßgeblich bestimmen. Der Einfluß des einzelnen wird meist weit über den Rahmen des in einer komplizierten Gesellschaftsform Möglichen hinausgehend dargestellt. Infolge der Konzentration auf Personen setzt die Science Fiction sehr häufig an die Stelle von Prozessen, Trends und Sachzwängen die Wirkung des Individuums und präsentiert so ein Modell, das den Verhältnissen der Realität – auch einer zukünftigen oder möglichen – nicht entspricht.

Aus der Konzentration der Darstellung auf wenige Personen resultiert wohl auch weitgehend, daß in der Science Fiction Zweierbeziehungen (oder entsprechende Varianten zu dritt) der bekannten Art dominieren. Selbst wo die Welt sich gegenüber heute grundlegend verändert hat, tritt oft die Liebe in mehr oder weniger der gleichen Form auf den Plan wie eh und je. Die Beziehung etwa, die Mitch Courtenay in *The Space Merchants* zu seiner geliebten Kathy wünscht und am Ende auch erreicht, sieht zum Verwechseln einer herkömmlichen bürgerlichen Ehe ähnlich, und die in einem frühen Kapitel eingeführte Institution der Probeehe entpuppt sich als eine höchst unbedeutende Veränderung des matrimonialen Status quo.

Hier kommt hinzu, daß im Interesse der Verständlichkeit und Nachvollziehbarkeit des Dargestellten die Anzahl der möglichen Variablen gegenüber dem Status quo der Lesergegenwart begrenzt ist. Eine Welt, in der alles Mögliche grundlegend anders in Erscheinung tritt, bleibt dem Leser verschlossen. Der Autor ist deshalb – selbst wenn er hohe Ansprüche an den Leser stellen wollte – geradezu gezwungen, ihm durch Reduktion der Darstellung einen Zugang zu eröffnen.

Im Gegensatz zur Offenheit der Realität, die ein großes Kontinuum bildet, ist die SF-Erzählung zudem eine begrenzte Einheit. Ebenso wie die Erzählung selbst durch Anfang und Ende festgelegt ist, muß sie sich auch bei den dargestellten Geschehnissen und Entwicklungen innerhalb bestimmter Grenzen halten. Wenn in der Science Fiction so oft am Schluß ein Happy-End oder aber eine vernichtende Katastrophe stehen, bedeutet dies nicht unbedingt, daß die Autoren *realiter* besonders optimistisch oder pessimistisch sind bzw. extreme Lösungen favorisieren. Vielmehr werden hier konventionelle literarische Mittel eingesetzt, um den Rahmen des Erzählten zu schließen.

Der immanente Zwang zur Geschlossenheit wirkt sich über die Eingrenzung hinaus auch im Innern der SF-Erzählung aus. Der Autor muß ständig bemüht sein, Verbindungen und durchgehende Linien zu ziehen. Er unterliegt der Versuchung, auch dort, wo in der Realität Kontingenz und Amorphie zu finden sind, gestaltete Bezogenheit einzuführen, offene und diffuse Komplexe durch geschlossene und übersichtliche Systeme zu ersetzen. Das Argument, welches James Blish in seiner Replik auf eine marxistische Kritik an der Science Fiction ins Feld führt, verdient somit auch außerhalb dieses spezifischen Zusammenhangs Beachtung: »We [science fiction authors] do not, in fact, like closed systems of any sort, and if we use them, do so only for the sake of the story in hand.«[54] Selbst wenn die Ausschließlichkeit von Blishs

Feststellung nicht berechtigt ist, so wird hier doch die eminente Wichtigkeit deutlich, welche das für die Gattung geltende Gebot der Konzentration als gestaltender Faktor für die dargestellte Welt besitzt.

6.2.2 Dynamik

Eine weitere immanente Tendenz, welche die Darstellung der Science Fiction prägt und damit auch das jeweils entworfene Weltbild beeinflußt, ist die Notwendigkeit einer dynamischen Präsentation. Dies hängt vielleicht weithin mit dem Gesichtspunkt der Konzentration zusammen; denn wenn der Autor das fiktionale Geschehen auf eine zusammenhängende Linie reduziert, so wird es sich zugleich in einer bestimmten Richtung, auf ein bestimmtes Ziel hin zu entwickeln haben; die zentralen Personen sind Veränderungen unterworfen. Ausschlaggebend ist hierbei vor allen Dingen die Erwartung des Lesers, der davon ausgehen kann, daß er in der Science Fiction nicht eine expositorische, futurologische Abhandlung, sondern, wie Blish es ausdrückt, eine »Story« vorfindet. Um das Interesse des Lesers zu gewinnen und ihm eine illusionäre Teilnahme an der fiktionalen Welt zu vermitteln, muß der SF-Autor die Darstellung von Sachverhalten nach Möglichkeit in eine fortlaufende Handlung einbetten. Probleme werden nicht einfach statisch dargeboten, sondern, bezogen auf bestimmte Figuren oder Gruppen, akut entwickelt. Gerade der offene Konflikt ist ein probates Mittel, um unterschiedliche Positionen oder widerstreitende Gesichtspunkte in der Erzählung dynamisch sichtbar und interessant zu machen.

Solche narrativen Bedingungen bestimmen mit Sicherheit ganz entscheidend die SF-Darstellung. Sie ist zum einen meist gerafft und verkürzt, wie John W. Campbell am Beispiel der Erfindungen darlegt: »[. . .] science-fiction inventions are made by heroes who discover an underlying principle and, two days later, produce the perfect application.«[55] Vor allem jedoch beeinflußt das Prinzip der dynamischen Darstellung die inhaltliche Wahl und Gestaltung der behandelten Gegenstände. So äußert beispielsweise Jack Williamson die begründete Vermutung, daß das Vorherrschen pessimistischer Zukunftsperspektiven in der Science Fiction vornehmlich auf diese erzählerische Ursache zurückzuführen sei:

> »I believe, in fact, that published science fiction tends to show a purely accidental pessimistic bias, simply because a hell generates more arresting drama than a paradise does.«[56]

Nicht nur hinter der ins Auge fallenden Neigung zum Pessimismus, sondern auch hinter dem häufigen Vorkommen von Kampf und Krieg in der Science Fiction darf man wohl vor allem das Gebot der Dynamik sehen. Statt latente Evolutionen und allmähliche Veränderungsprozesse zu beschreiben, ist es für den SF-Autor viel wirkungsvoller, wenn er für seine Darstellung akute Konflikte und offene Auseinandersetzungen wählt.

Umgekehrt treten nach diesem Prinzip andere Gegenstände und Aktionsformen zurück und setzen offenbar einer erfolgreichen Darstellung in der Science Fiction mehr oder weniger große Widerstände entgegen. Schröder belegt dies an einem Beispielbereich, wenn er aus marxistischer Perspektive ungnädig konstatiert:

»[...] konkrete Arbeitsverhältnisse, Streiks, Klassenkämpfe gar tauchen in SF nicht auf. Dies hat auch paraliterarische Notwendigkeit. Aus solchem Stoff lassen sich nicht so leicht eingängige Abenteuer zusammenfaseln.«[57]

Auch wenn man die Situation der Gattung prinzipiell weniger negativ sieht, muß man die Bedingtheit der Science Fiction durch ihre eigenliterarischen Gegebenheiten, insbesondere das Prinzip der dynamischen Darstellung, durchaus erkennen.

Den möglichen Einwand, daß eine derartige literaturspezifische Determinierung nicht nur für die Science Fiction, sondern für die Erzählliteratur insgesamt gelte, ist nur zum Teil berechtigt. Konzentration und Dynamik der Darstellung sind für die Science Fiction ungleich gravierendere Postulate als für andere Bereiche der Erzählliteratur. Dieser Sachverhalt beruht nicht nur darauf, daß durch die Stellung der Gattung im literarischen Leben, die Zusammensetzung ihres Lesepublikums und ihre Gattungsgeschichte der Unterhaltungsanspruch der Leser hier stärker ausgeprägt ist. Vor allem wirkt sich wohl auch der wesentlich größere inhaltliche Gestaltungsspielraum einer Gattung aus, die nicht so stark wie andere Erzählformen an die gegebene Wirklichkeit gebunden ist, und verlangt nach einem Ausgleich.

Dies heißt nun freilich keineswegs – wie aus dem Vorhergehenden deutlich geworden sein sollte –, daß die Science Fiction als Gattung zu trivial- oder paraliterarischer Unbedarftheit verurteilt wäre. Vielmehr besteht die Aufgabe des einsichtigen und fähigen Autors darin, die literarischen Notwendigkeiten und Möglichkeiten der Gattung mit den thematischen Erfordernissen des behandelten Gegenstandes sinnvoll auf einen Nenner zu bringen. Bei aller Konzentration und Dynamik müssen zugleich auch die Komplexität, Vielschichtigkeit und Weitläufigkeit der Welt in vollem Maße ihren Niederschlag finden.

Daß eine solche Zielsetzung durchaus zu verwirklichen ist, läßt sich klar an vorhandenen SF-Texten erkennen, so beispielsweise an Ursula Le Guins Roman *The Dispossessed*, einem der wenigen unbestreitbaren Meisterwerke der Science Fiction. Gleich zu Anfang des Romans distanziert sich die Autorin unmißverständlich von dem (durch das Prinzip der Dynamik bedingten) verbreiteten Waffenfetischismus der Gattung und bringt die praktische Begrenztheit, zugleich aber auch die psychologischen Implikationen der Schußwaffe in einer Begegnung zwischen einem bewaffneten Raumschiffkapitän und der unbewaffneten Vorarbeiterin einer Lademannschaft programmatisch zum Ausdruck:

> »He [the captain] patted the thing he wore on his belt, a metal object like a deformed penis, and looked patronizingly at the unarmed woman.
> She gave the phallic object, which she knew was a weapon, a cold glance.«[58]

Shevek, der Protagonist des Romans, auf dessen Schicksal sich das Interesse des Lesers konzentriert, ist zwar kein Durchschnittsmensch, sondern ein führender Naturwissenschaftler, dem im Laufe der Handlung eine epochale Erfindung gelingt. Aber der Roman erweckt an keiner Stelle den trügerischen Eindruck, als komme es in der Welt nur auf eine herausragende Persönlichkeit an, um alles sogleich ins rechte Lot zu bringen und sämtliche Probleme zu beseitigen. Trotz der sicherlich gegebenen Abenteuerlichkeit von Sheveks Erlebnissen und Erfahrungen wird nie einem forschen Draufgängertum das Wort geredet; nie werden die Probleme der Welt zu einem gordischen Knoten verknüpft, der nur auf den kühnen Streich des großen einzelnen wartet.

Hier liegt noch ein weites Feld von Möglichkeiten für heutige und kommende Autoren, und die immer größer werdende Leserschaft der Gattung darf gespannt sein, wie und in welchem Maße es die Science Fiction zuwege bringt, dieser Herausforderung gerecht zu werden.

Anmerkungen

Anmerkungen zu Kapitel 1

1 Brian W. Aldiss (ed.), *The Penguin Science Fiction Omnibus*, Harmondsworth: Penguin, 1973, S. 453–465; hier S. 453. [Zit. als: *Penguin Omnibus*.] – Dt.: »Der gelbe Stern, dessen zweiter Planet Torang war, leuchtete heiß über der Gruppe von Männern, die den halbfertigen Damm von den darüberliegenden Höhen aus überschauten. Aus einer Entfernung von achtzig Millionen Meilen hatte man den Eindruck von fast irdischen Verhältnissen, auch wenn der Stern etwas kleiner war als unsere Sonne. / Jeff Otis, der gerade einen kurzen Raumflug von dem ungewöhnlich hellen Stern, dem anderen Bestandteil dieses binären Systems, hinter sich hatte, erschien die Hitze entnervend. Die Shorts und das leichte Hemd, die ihm der Koordinator des Planeten ausgegeben hatte, waren völlig durchgeschwitzt.«

2 Franz Rottensteiner, *The Science Fiction Book: An Illustrated History*, London: Thames and Hudson, 1975, S. 7. – Dt.: »[. . .] es ist keineswegs klar, was Science Fiction ist. Definitionen sind Legion, und [. . .] der Versuch, zwei Enthusiasten zur Einigung über eine Definition von SF zu bewegen, führt zu blutigen Fäusten.« – Ausführliche Darlegung der Überlegungen zur Definition:»Science Fiction: Eine Einführung«, in: *Insel Almanach auf das Jahr 1972: Pfade ins Unendliche*, hrsg. von Franz Rottensteiner, Frankfurt a. M.: Insel, 1971, S. 5–21.

3 Die Definitionsdebatte wird ausführlich und materialreich dargestellt bei Dieter Wessels, *Welt im Chaos: Struktur und Funktion des Weltkatastrophenmotivs in der neueren Science Fiction*, Frankfurt: Akademische Verlagsgesellschaft, 1974, S. 1–35. Kürzere Erörterungen und Beispielreihen bei Vera Graaf, *Homo Futurus: Eine Analyse der modernen Sciencefiction*, Hamburg: Claassen, 1971, S. 9–12, und Friedrich Leiner / Jürgen Gutsch, *Sciencefiction: Materialien und Hinweise*, Frankfurt a. M.: Diesterweg, 1972, S. 44–51.

4 Robert Heinlein, »Science Fiction: its Nature, Faults and Virtues«, in: *The Science Fiction Novel: Imagination and Social Criticism*, ed. by Basil Davenport, Chicago: Advent, 1969, S. 22. – Dt.: »Eine realistische Spekulation über mögliche zukünftige Ereignisse, die fest begründet ist in einem ausreichenden Wissen über die reale Welt früher und heute sowie in einer gründlichen Einsicht in das Wesen und die Bedeutung wissenschaftlicher Methoden.«

5 David Kyle, *A Pictorial History of Science Fiction*, London: Hamlyn, 1976, S. 10. – Dt.: »Science Fiction [. . .] setzt den Menschen zu Wissenschaft und Technologie in Beziehung, im Guten wie im Schlechten [. . .]. In ihrer rigidesten Form versucht sie, sich kompromißlos auf unumstößliche Tatsachen und unwiderlegbare Logik zu beschränken, wobei im Extremfall die Rolle des Menschen in der Geschichte unwichtig oder sogar unnötig erscheint. Trotzdem ist sie immer noch romantische Erzählkunst.« – Eine neue, theoretisch fundierte Variante der *science*-bezogenen Definition vertritt Robert Scholes, *Structural Fabulation: An Essay on Fiction of the Future*, Notre Dame: Notre Dame UP, 1975, S. 102 (u. ö.).

6 Robert Heinlein, »Ray Guns and Rocket Ships«, in: *Library Journal* 78 (1953) S. 1188, zitiert bei Wessels, *Welt im Chaos*, S. 15. – Dt.: »Science Fiction [. . .] ist nicht dasselbe wie *fantasy*; sie ist legitime – und oft sehr genau durchdachte – Spekulation über die Möglichkeiten der Realität.« – Vgl. auch die breiteren Darlegungen Heinleins in »Science Fiction«, S. 14–24.

7 Kyle, *A Pictorial History of Science Fiction*, S. 10. – Dt.: »Science Fiction ist der Teil der phantastischen Literatur, der die strikten Grundsätze der modernen Wissenschaft beachtet. Dementsprechend ist zwar Science Fiction phantastische Literatur, umkehren läßt sich diese Aussage jedoch nicht.«

8 Sturgeons Definition überliefert und popularisiert durch William Atheling, Jr. [= James Blish], *The Issue at Hand: Studies in Contemporary Magazine Science Fiction*, Chicago: Advent, 1964, S. 14. – Dt.: »Eine Science-Fiction-Erzählung ist eine Erzählung, die um Menschen herum aufgebaut ist, mit einem menschlichen Problem und einer menschlichen Lösung, die ohne ihren wissenschaftlichen Inhalt überhaupt nicht möglich wäre.«

9 Brian W. Aldiss, *Billion Year Spree: The History of Science Fiction*, London: Weidenfeld & Nicolson, 1973, S. 8. – Dt.: »Science Fiction ist die Suche nach einer Definition des Menschen und seiner Stellung im Universum, die vor unserem fortgeschrittenen und dennoch verworrenen Wissensstand (Wissenschaft) bestehen kann [...].« – Aldiss fügt eine historische Definitionskomponente an: »[...] and is characteristically cast in the Gothic or post-Gothic mould.« – Dt.: »[...] und die in der typischen Form des Schauerromans oder seiner Nachfolger gestaltet ist.«

10 Edmund Crispin (ed.), *Best SF: Science Fiction Stories*, London: Faber, rev. ed. 1972 ([1]1955), S. 7. – Dt.: »Eine Science-Fiction-Erzählung ist eine Erzählung, die eine Technologie, die Auswirkungen einer Technologie oder eine Störung der natürlichen Ordnung voraussetzt, wie sie die Menschheit bis zum Zeitpunkt der Entstehung der Erzählung nicht tatsächlich kennengelernt hat [...], sie ist eine besondere, eingegrenzte Spielart der ›Wunderbaren Geschichte‹, der uralten, umfangreichen Literatur des ›Was wäre, wenn?‹.«

11 Kingsley Amis, *New Maps of Hell*, London: New English Library, 1969 ([1]1961), S. 14. – Dt.: »Science Fiction ist die Art der erzählenden Prosa, die eine Situation darstellt, wie sie in der Welt, die wir kennen, nicht vorkommen könnte, die aber als Möglichkeit angenommen wird; diese Möglichkeit wird durch irgendeine Neuerung in Wissenschaft oder Technik, oder Pseudowissenschaft oder Pseudotechnik, begründet, sei sie nun irdischen oder außerirdischen Ursprungs.«

12 Eine Übersicht über die Literatur bieten die Bibliographien von Franz Rottensteiner in: *Science Fiction: Theorie und Geschichte*, hrsg. von Eike Barmeyer, München: Fink, 1972, S. 365–374, und Rottensteiner, *The Science Fiction Book*, S. 154–158; Wessels, *Welt im Chaos*, S. 309–332.

13 Zu Begriff und Theorie der Gattung vgl. Klaus W. Hempfer, *Gattungstheorie: Information und Synthese*, München: Fink, 1973, und Ulrich Suerbaum, »Text und Gattung«, in: *Ein anglistischer Grundkurs*, hrsg. von Bernhard Fabian, Wiesbaden: Athenäum, [3]1979 ([1]1971), S. 70–95.

14 Einführungen in die Welt des organisierten *fandom*: Brian Ash (ed.), *The Visual Encyclopaedia of Science Fiction*, New York: Harmony, 1977, S. 271–285, und Kyle, *A Pictorial History of Science Fiction*, S. 132–143.

15 Zum Begriff der Gattungsevolution s. Jurij Striedter (ed.), *Russischer Formalismus*, München: Fink, 1971, speziell S. 435–461 den Aufsatz »Über die literarische Evolution« von J. Tynjanov.

16 Sammlungen solcher – sonst weit verstreuter – Äußerungen: Peter Nicholls (ed.), *Science Fiction At Large: A Collection of Essays*, London: Gollancz, 1976, und die erwähnte Anthologie von Davenport.

17 Isaac Asimov (ed.), *Nebula Award Stories 8*, New York: Harper & Row, 1973, S. XI. – Dt.: »Science Fiction ist relevant; sie ist wichtig; sie hat etwas mit dieser Welt zu tun; sie verleiht dem Leben Bedeutung; und sie belehrt die Leser. Und sie besitzt all diese Merkmale wie keine andere Art von Literatur!«

18 John Carnell (ed.), *New Writings in SF – 17*, London: Dobson, 1970, S. 10. – Dt.: »Es ist die Pflicht der Science-Fiction-Autoren, allen unseren Problemen Beachtung zu schenken und vor offensichtlichen Mängeln zu warnen.«

19 Edmund Crispin (ed.), *Best SF Three*, London: Faber, 1967 ([1]1958), S. 12. – Dt.: »[Science-Fiction-Erzählungen tragen] eine große [...] Last religiöser, politischer, ethischer und soziologischer Bedeutungen; deshalb enthalten sie im günstigsten Fall intellektuelle Anre-

gungen von einer allgemein zugänglichen Mannigfaltigkeit, wie sie die *mainstream*-Literatur unmöglich in einer erträglichen Form darstellen kann.«

20 Lester Del Rey (ed.), *Best Science Fiction Stories of the Year*, New York: Dutton, 1973, S. 8. – Dt.: »indem unserer Art, die Welt zu sehen, die nötige Flexibilität verliehen wird«.

21 Judith Merril (ed.), *The Year's Best S-F*, New York: Dell, 1967, S. 9. – Dt.: »Dies ist keine Sammlung von Science-Fiction-Erzählungen. [...] Dieses Buch ist vielmehr eine Sammlung von phantastischen, spekulativen Werken, die, wie ich glaube, klar und deutlich die Probleme und Konflikte des modernen Menschen, seine Hoffnungen und Zukunftsängste widerspiegeln.«

22 S. besonders Sidneys Argumentation beim Vergleich der Poesie mit Philosophie und Historie, in: *Apologie for Poetrie*, ed. J. Churton Collins, Oxford: Clarendon Press, 1961 (^{1}1907), S. 12 ff.

23 Frederik Pohl / C. M. Kornbluth, *The Space Merchants*, Harmondsworth: Penguin, 1973 (^{1}1953), S. 7. – Dt.: »Als ich mich an jenem Morgen anzog, ging ich in Gedanken die lange Liste von Statistiken, Ausflüchten und Übertreibungen durch, die sie in meinem Bericht erwarten würden. Meine Abteilung – Produktion – hatte mit einer anhaltenden Folge von Krankheiten und Kündigungen zu kämpfen gehabt, und ohne die entsprechenden Leute konnte die Arbeit eben nicht erledigt werden. Aber das Direktorium würde das wahrscheinlich nicht als Entschuldigung akzeptieren. / Ich verteilte Enthaarungsseife über mein Gesicht und spülte sie mit etwas Wasser aus dem Süßwasser-Hahn ab. Verschwenderisch natürlich, aber ich zahle Steuern, und außerdem juckt mein Gesicht immer, wenn ich Salzwasser nehme. Bevor die fettigen Bartstoppeln ganz abgewaschen waren, hörte das Wasser auf zu laufen. Ich fluchte ein wenig und wusch mich mit Salzwasser zu Ende. Das passierte in letzter Zeit öfter; manche Leute machten *Consie*-Saboteure dafür verantwortlich. Überall in der New Yorker Wasserversorgungsgesellschaft wurden Loyalitätsrazzien durchgeführt; bis jetzt hatten sie noch nichts genutzt. / Die Morgennachrichtensendung im Fernseher über dem Rasierspiegel fesselte mich einen Augenblick [...] die Rede des Präsidenten von gestern Abend, ein kurzer Blick auf die Venusrakete, gedrungen und silbern in der Wüste von Arizona, Aufruhr in Panama [...]. Ich stellte ab, als das Viertelstundensignal über den Audiokanal ertönte. / Es sah aus, als würde ich wieder zu spät kommen, was sicher nicht dazu beitragen würde, das Direktorium zu besänftigen. / Ich sparte fünf Minuten, indem ich statt eines sauberen Hemdes das von gestern anzog und vom Tisch aufstand, auf dem mein Frühstückssaft warm und klebrig werden würde.«

24 Ebd., S. 11. – Dt.: »ein tausendfüßiges Ungeheuer, das aufgeblähte Kind der schlanken V-2s und der gedrungenen Mondraketen vergangener Zeiten«.

25 Harry Harrison, *Deathworld 1*, London: Sphere, 1973, S. 5. – Dt.: »Mit einem leichten Zischen ließ die Rohrpostanlage eine Nachrichtenkapsel in die Empfängerschale fallen. Die Glocke läutete einmal und verstummte. Jason dinAlt starrte die harmlose Kapsel an, als wäre sie eine tickende Zeitbombe. / Irgend etwas stimmte nicht. Er fühlte, wie sich die Spannung in seinem Inneren zu einem harten Knoten zusammenzog. Das war keines der üblichen Merkblätter oder eine andere Mitteilung der Hoteldirektion, sondern eine versiegelte persönliche Nachricht. Dabei kannte er niemanden auf diesem Planeten, da er erst vor weniger als acht Stunden mit dem Raumschiff angekommen war. Da er sogar einen anderen Namen trug – seit er das letzte Mal das Schiff gewechselt hatte –, konnte es keine persönliche Nachricht sein. Trotzdem war es eine. / Er brach das Siegel mit seinem Daumennagel und nahm den Deckel der bleistiftgroßen Kapsel ab. Der Recorder in der Kapsel verlieh der auf Band aufgenommenen Stimme einen blechernen Klang und gab keinen Aufschluß über den Sprecher. / ›Kerk Pyrrus möchte Jason dinAlt sprechen. Ich warte in der Hotelhalle.‹ / Es war falsch, aber unumgänglich. Wahrscheinlich war der Mann harmlos. Vielleicht wollte er etwas verkaufen oder er verwechselte ihn mit irgend jemandem. Trotzdem legte Jason

din Alt seine entsicherte Pistole vorsichtig hinter ein Kissen auf der Couch.« – Ursprünglicher Titel: »Deathworld« (1960).

26 Ein charakteristisches Beispiel ist die Kurzgeschichte »Eastward Ho!« von William Tenn, in: *Penguin Omnibus*, S. 536–552; hier werden eine Gegenwartsschicht (US-Politik) und ein historischer Materialkomplex (Landnahme im amerikanischen Westen, Indianerkriege) in der Zukunft kombiniert. Ausführlicher dazu – wie auch zu den im folgenden erwähnten Beispielen – der Fernstudienkurs Ulrich Suerbaum, *Science Fiction*, Tübingen: Deutsches Institut für Fernstudien, 1978.

27 Besonders ausgeprägt ist die Diskrepanz oft in der Science Fiction für Jugendliche. Ein charakteristisches Beispiel ist die Mark-Brandis-Serie, etwa Mark Brandis, *Raumsonde Epsilon: Meuterei im Weltraum*, Freiburg: Herder, 1974.

28 John Brunner, »The Windows of Heaven«, in: *Penguin Omnibus*, S. 553–565. Erstveröffentlichung in *New Worlds*.

29 Vgl. Ulrich Suerbaum, »Brunner: The Windows of Heaven«, in: *Die englische Kurzgeschichte*, hrsg. von Karl Heinz Göller und Gerhard Hoffmann, Düsseldorf: Bagel, 1973, S. 337–348.

30 Asimov (ed.), *Nebula Award Stories 8*, S. XIII. – Dt.: »Science Fiction hat nicht die Aufgabe, die tatsächliche Zukunft vorauszusagen, sondern vielmehr Alternativen dazu darzustellen mit einem beliebigen Wahrscheinlichkeitsgrad zwischen Hundert und Null, und zwar so komplex wie möglich.«

31 Darlegung der Ziele und Glaubenssätze der *Consies* S. 82–84, 91 f.

32 Vorstellung der Welt in einem zusammenhängenden Lehrgespräch S. 18–21.

33 Harrison, »Deathworld«, S. 19. – Dt.: »Sie [die ›Todeswelt‹] ist genau so, wie eine von Menschen bewohnte Welt nicht sein sollte. Die Schwerkraft ist fast doppelt so stark wie auf der Erde. Die Temperatur kann täglich von arktischer Kälte bis zu tropischer Hitze wechseln.«

34 Ebd., S. 75. – Dt.: »zäh, unbarmherzig, unbesiegbar, schnell mit der Waffe«. – Die Pyrraner stehen in der Traditionslinie historischer und fiktiver Mythenfiguren, »Texas Rangers, Canadian Mounties, Venus Swamp Patrolmen« (ebd.). – Dt.: »Texas Rangers, die kanadische berittene Polizei, die Sumpfpatrouillen der Venus«.

35 Zu Fieldings Konzeption des Romans als (*private*) *history* s. vor allem Wolfgang G. Deppe, *History Versus Romance: Ein Beitrag zur Entwicklungsgeschichte und zum Verständnis der Literaturtheorie Henry Fieldings*, Münster: Aschendorff, 1965.

36 Siehe z. B. die Geschichtspassagen S. 12, 18 f., 103 f.

37 Zur Durchführung solcher Vergleiche s. Suerbaum, *Science Fiction*, S. 87 und 97.

38 Zum Verhältnis von Science Fiction und Naturwissenschaft s. Robert Scholes / Eric S. Rabkin, *Science Fiction: History. Science. Vision*, London: Oxford UP, 1977, S. 114 bis 162.

39 James H. Schmitz, »Grandpa«, in: *Penguin Omnibus*, S. 79–101, hier S. 84. – Dt.: »[...] Opa mit einem zusätzlichen unbekannten Faktor war nicht mehr Opa. Er war eine unberechenbare, übergroße Lebensform, die vorsichtig und gründlich untersucht werden mußte, bis bekannt war, was der unbekannte Faktor bedeutete.«

40 In: *Penguin Omnibus*, S. 15–17.

41 Ebd., S. 15. – Dt.: »Kein Problem ist unlösbar. Diese These hält die Wissenschaft am Leben. Ohne diese Voraussetzung kommt sie zum Stillstand. Er war der Wissenschaftler schlechthin. Als solcher konnte er sich dieser Herausforderung an seine Fähigkeiten nicht entziehen.«

42 Ich vermeide hier den Begriff der Ideologie, weil er durch Marx im eingeschränkten Sinne der ›Ideologie der herrschenden Klasse‹ festgelegt ist und weil er das Phänomen von vornherein negativ bewertet.

43 Brunner, »The Windows of Heaven«, S. 553. – Dt.: »*Am selben Tag brachen alle Brunnen*

*der großen Tiefe auf, und die Fenster des Himmels öffneten sich. Und der Regen kam auf die
Erde vierzig Tage und vierzig Nächte.«*

44 Ebd., S. 564. – Dt.: »›Und die Flut gewann auf der Erde die Oberhand‹, murmelte er. So
   mußte es ganz am Anfang gewesen sein – die Luft voll von Kohlendioxid von den
   erlöschenden Vulkanen und dem Dampf der abkühlenden Ozeane. Und sowohl das Festland
   als auch die Meere gleichermaßen unfruchtbar. / ›Das hat sich alles schon einmal ereignet‹,
   stellte er fest. ›Und alles Leben auf Erden wurde vernichtet –.‹ / Woher stammte das
   überhaupt? Er dachte einen Augenblick nach und erinnerte sich. Natürlich: aus der
   Beschreibung der Sintflut.«

45 Ebd. – Dt.: »Ja, das war eine große Flut gewesen – aber diese war endgültiger. Noah hatte
   seine Familie bei sich gehabt und Exemplare aller Arten von Vogel, Tier und Insekt. Er war
   bereit gewesen, neu anzufangen. / Er selbst dagegen – und er sah die Bakterienkulturen an
   und bemerkte, daß sie unfruchtbar waren – war allein.«

46 Ebd., S. 565. – Dt.: »Und draußen war es wie ganz am Anfang, als auf der Erde Leben
   entstand: das Meer unfruchtbar, die Luft nicht zu atmen, das Land kahl – aber bereit.
   Lächelnd, jetzt da er wußte, was er zu tun hatte, stand Arkwright auf und öffnete die
   Luftschleuse. / *Und Noah ging hinaus mit seinen Söhnen und mit seinem Weibe und mit den
   Weibern seiner Söhne. / Und alles Getier, alles Gewürm, alle Vögel und alles, was auf Erden
   kriecht, ging hinaus aus der Arche, ein jegliches mit seinesgleichen.«*

47 Grundlegend dazu E. M. W. Tillyard, *The Elizabethan World Picture*, London: Chatto,
   1943, ergänzend und korrigierend William R. Elton, »Shakespeare and the Thought of his
   Age«, in: *A New Companion to Shakespeare Studies*, ed. by Kenneth Muir and Samuel
   Schoenbaum, Cambridge: Cambridge UP, 1971, S. 180–198.

48 Vgl. Ian Watt, *The Rise of the Novel: Studies in Defoe, Richardson, and Fielding*, London:
   Chatto, 1947, und Klaus Degering, *Defoes Gesellschaftskonzeption*, Amsterdam: Grüner,
   1977.

49 Grundsätzliche Kritik an der existierenden Science Fiction unter diesem Aspekt üben vor
   allem deutsche ideologiekritische Publikationen. Am wichtigsten: Michael Pehlke / Norbert
   Lingfeld, *Roboter und Gartenlaube: Ideologie und Unterhaltung in der Science-Fiction-
   Literatur*, München: Hanser, 1970. Siehe auch Reimer Jehmlich / Hartmut Lück (Hrsg.), *Die
   deformierte Zukunft: Untersuchungen zur Science Fiction*, München: Goldmann, 1974,
   besonders die Beiträge von Jehmlich und H. J. Alpers.

50 Dt.: »Kampf ums Überleben«; vgl. besonders das Hohelied der pyrranischen Kämpfernatur
   S. 29 f.

51 So begrüßenswert es ist, daß Literaturwissenschaft und Literaturkritik in der jüngsten Zeit
   begonnen haben, sich auch für die nicht-kanonisierte Literatur zu interessieren, so problematisch ist der Begriff der Trivialliteratur, der zu einer Betrachtung dieser Texte unter dem
   allgemeinen Gesichtspunkt ihrer Trivialität verführt – wobei dann das neu zum Gegenstand
   Erhobene gleich wieder verworfen wird. Die meisten Ansätze der deutschen Trivialliteratur-
   forschung erscheinen fragwürdig, weil sie auf die Befestigung von Vorurteilen hinauslaufen.
   Es wird eine Minderwertigkeit postuliert und dann durch Kriterien zu erhärten versucht,
   ohne daß vorher nach den gemeinsamen Merkmalen und Funktionen von ›hoher‹ und
   ›trivialer‹ Literatur, also nach den Kriterien ihrer Poetizität oder ›Literaturhaftigkeit‹,
   gefragt worden wäre. Zur Grundlegung der Spezialdisziplin s. Heinz Otto Burger (Hrsg.),
   Studien zur Trivialliteratur, Frankfurt a. M.: Klostermann, 1968, und Günter Waldmann,
   Theorie und Didaktik der Trivialliteratur, München: Fink, 1973.

52 Eine interessante Zusammenstellung positiver und negativer Urteile und eine vorurteilsfreie
   Diskussion der Frage bei Dieter Hasselblatt, *Grüne Männchen vom Mars: Science Fiction für
   Leser und Macher*, Düsseldorf: Droste, 1974, S. 7–17.

Anmerkungen zu Kapitel 2

1 Rottensteiner, *The Science Fiction Book*, S. 42. – Dt.: »der unbestrittene Begründer der modernen Science Fiction«.

2 Namenreiche Reihen von Vorgängern bei Aldiss, *Billion Year Spree* und Kyle, *A Pictorial History of Science Fiction* – die beide den eigentlichen Beginn der Gattungsgeschichte erst in der Neuzeit ansetzen – sowie bei Brian Ash, *Faces of the Future: The Lessons of Science Fiction*, London: Elek/Pemberton, 1975, S. 15 ff.

3 Gernsback verwendet nach langem terminologischen Experimentieren als erster den Begriff *science fiction* regelmäßig. Erst Ende der dreißiger Jahre setzt sich das Wort allgemein durch. – Den ähnlichen Begriff *scientific fiction* gibt es schon seit dem 19. Jahrhundert.

4 Zur Geschichte des Reisebuchs vgl. Percy G. Adams, *Travelers and Travel Liars 1660–1800*, Berkeley: University of California Press, 1962, und Philip B. Gove, *The Imaginary Voyage in Prose Fiction: A History of Its Criticism and a Guide for Its Study*, London: Holland Press, ²1961.

5 Siehe besonders den Epilog, in: Kenneth Sisam (ed.), *Fourteenth Century Verse and Prose*, Oxford: Clarendon Press, 1959 (¹1921), S. 104–106.

6 Lukian, *Verae Historiae*, I, 4, übersetzt nach dem Text von A. M. Harmon, *Lucian*, Vol. 1, London: Heinemann, 1961 (¹1913), S. 252.

7 Vgl. Marjorie Hope Nicolson, *Voyages to the Moon*, New York: Macmillan, 1960 (¹1948).

8 Zur Gattungsgeschichte der Utopie s. Hubertus H. Schulte Herbrüggen, *Utopie und Anti-Utopie: Von der Strukturanalyse zur Strukturtypologie*, Bochum: Pöppinghaus, 1960; Hans U. Seeber, *Wandlungen der Form in der literarischen Utopie: Studien zur Entfaltung des utopischen Romans in England*, Göppingen: Kümmerle, 1970, und Rudolf Villgradter / Friedrich Krey (Hrsg.), *Der utopische Roman*, Darmstadt: Wissenschaftliche Buchgesellschaft, 1973.

9 Zur Gattungsgeschichte der Robinsonade s. Erhard Reckwitz, *Die Robinsonade: Themen und Formen einer literarischen Gattung*, Amsterdam: Grüner, 1976, und Ulrich Broich, *Gattungen des modernen englischen Romans*, Wiesbaden: Akademische Verlagsgesellschaft Athenaion, 1975, S. 57–93.

10 Zur Geschichte des pikaresken Romans s. Stuart Miller, *The Picaresque Novel*, Cleveland (Ohio): Press of Case Western Reserve University, 1967, und Helmut Heidenreich (Hrsg.), *Pikareske Welt: Schriften zum europäischen Schelmenroman*, Darmstadt: Wissenschaftliche Buchgesellschaft, 1969. Vgl. auch Broich, *Gattungen des modernen englischen Romans*, S. 143–183.

11 Ulrich Broich, »Robinsonade und Science Fiction«, in: *Anglia* 93 (1976) S. 140–162.

12 Zu Gattungsmerkmalen und Strukturkonventionen der Utopie s. Schulte Herbrüggen, *Utopie und Anti-Utopie*, passim, und Broich, *Gattungen des modernen englischen Romans*, S. 95–100.

13 Dt.: »ein ebenso nützliches wie heiteres [. . .] Buch«.

14 Vgl. Raimund Borgmeier, »›Religion‹ in der Science Fiction«, in: *Die Neueren Sprachen* 74, N. F. 24 (1975) S. 121–135, und Hartmut Lück, »Vom galaktischen Geist und seinen Propheten: Theologische Elemente in der Science Fiction«, in: Jehmlich/Lück (Hrsg.), *Die deformierte Zukunft*, S. 105–132.

15 Aldiss, *Billion Year Spree*, S. 3. – Dt.: »Die zentrale Behauptung meines Buches, die durch Belege gestützt wird, lautet folgendermaßen: Science Fiction entstand im Herzen und im Schmelztiegel der englischen Romantik im Exil in der Schweiz, als die Frau des Dichters Percy Bysshe Shelley *Frankenstein: oder Der moderne Prometheus* schrieb.«

16 H. Bruce Franklin, *Future Perfect: American Science Fiction of the Nineteenth Century*, New York: Oxford UP, 1966, S. X. – Dt.: »Es gab keinen großen amerikanischen Romancier im

19. Jahrhundert und sogar wenige zweitrangige Autoren, die nicht Science Fiction oder wenigstens eine utopische Romanze geschrieben haben.«

17 S. dazu Karl Heinz Göller, *Romance and Novel: Die Anfänge des englischen Romans*, Regensburg: Karl, 1972.

18 Horace Walpole, *The Castle of Otranto*, »Preface to the First Edition« und »Preface to the Second Edition«, in: Peter Fairclough (ed.), *Three Gothic Novels*, Harmondsworth: Penguin, 1968, S. 39–48. – Zum Schauerroman: Montague Summers, *The Gothic Quest: A History of the Gothic Novel*, London: Fortune, 1930, und P. Devendra Varma, *The Gothic Flame: Being a History of the Gothic Novel in England*, London: Barker, 1957.

19 Aldiss, *Billion Year Spree*, S. 23. – Dt.: »der erste große Mythos des Industriezeitalters«.

20 Dt.: »der Schrecken, den ich erzeuge, kommt nicht aus Deutschland, sondern aus der Seele«.

21 E. A. Poe, »Maelzel's Chess-Player«, in: *Works*, ed. by E. C. Stedman and G. E. Woodberry, New York: Scribner, 1914, Vol. 9, S. 173–212.

22 E. A. Poe, »The Balloon Hoax«. Zum Hintergrund der Geschichte s. den Kommentar in: *Collected Works of Edgar Allan Poe*, ed. by Thomas Ollive Mabbott, Vol. 3, Cambridge, Mass.: Belknap, 1978, S. 1063–68.

23 E. A. Poe, »The Pit and the Pendulum«, in: Mabbott (ed.), *Works*, Vol. 2, S. 690. – Dt.: »Ich bemerkte nun – mit welchem Entsetzen, bedarf wohl keiner Erwähnung –, daß sein unteres Ende aus einem Halbmond aus blitzendem Stahl bestand, der von einer Spitze zur anderen etwa einen Fuß lang war; die nach oben gerichteten Spitzen und der untere Bogen des Halbmondes schienen so scharf zu sein wie die Schneide eines Rasiermessers. Ähnlich wie ein Rasiermesser schien es auch massig und schwer zu sein, denn nach oben zu verbreiterte sich die Schneide zu einem festen und breiten Rücken. Es hing am Ende einer schweren Bronzestange, und das Ganze *zischte*, während es durch die Luft schwang.«

24 Michel Butor, »Die Krise der Science Fiction«, in: Barmeyer (Hrsg.), *Science Fiction: Theorie und Geschichte*, S. 77; vgl. S. 78.

25 In einem Interview aus dem Jahre 1903. Zit. nach Robert M. Philmus, *Into the Unknown: The Evolution of Science Fiction from Francis Godwin to H. G. Wells*, Berkeley: University of California Press, 1970, S. 31. – Dt.: »Nein, es gibt keine Verbindung zwischen seinem Werk und meinem. Ich mache Gebrauch von der Physik. Er erfindet. Ich fliege in einer Kanonenkugel zum Mond, die von einer Kanone abgefeuert wurde. Daran ist nichts erfunden. Er fliegt in einem Luftschiff zum Mars, das er aus einem Metall baut, welches das Gesetz der Schwerkraft verletzt. ›Das ist ja alles sehr schön‹, rief Monsieur Verne lebhaft. ›Aber zeigen Sie mir dieses Metall. Lassen Sie es ihn vorzeigen.‹«

26 Jules Verne, *Robur der Eroberer*, übers. von Peter Laneus, Zürich: Diogenes, 1970, S. 95.

27 Jules Verne, *20000 Meilen unter dem Meer*, übers. von Peter Laneus, Bd. 1, Zürich: Diogenes, 1966, S. 142 ff.

28 Aldiss, *Billion Year Spree*, S. 132.

29 Donald A. Wollheim, *The Universe Makers: Science Fiction Today*, New York: Harper & Row, 1971, S. 20 f. – Dt.: »Man kann die Werke von Wells durchgehen und seine ureigenen Ideen heraussuchen, die ›Ersterscheinungen‹ in der Begründung der modernen Science Fiction zu sein scheinen. [...] / Wenn man die Kurzgeschichten von H. G. Wells im Hinblick auf ungewöhnliche Erfindungen genau untersucht, stößt man auf eine grundlegende Idee nach der anderen, die in der Science Fiction zuerst bei ihm zu finden ist: Rivalität zwischen einer Insekten-›Zivilisation‹ und der Menschheit, Kampfpanzer, menschenfressende Pflanzen, Herstellung von Diamanten, Kollision mit einem anderen Stern, übermäßige Beschleunigung des Lebens, der Wunderladen, der Mann mit übersinnlichen Fähigkeiten, Anbetung der Wissenschaft, Züchtung von Bakterien, Reisen in andere Dimensionen und so weiter. Und wenn man die Romane hinzunimmt, findet man Luftkriege, das Tollhaus der überbevölkerten Stadt der Zukunft, Nahrungsmittel, die die Größe verändern, und Atomkraft. /

Was ungewöhnliche Erfindungen angeht, war Wells viel besser als Verne. Was imaginäre Reisen angeht, war er ihm etwas unterlegen; auf den anderen beiden Gebieten [= Zukunftsvoraussagen und Gesellschaftssatire] jedoch war er herausragend. Auf diesen Gebieten lagen seine Stärken, die seine feste Stellung im Reich der großen Literatur begründeten.«

30 Im Vorwort zu einer Sammelausgabe der *scientific romances* (1933). Zit. nach Bernard Bergonzi, *The Early H. G. Wells: A Study of the Scientific Romances*, Manchester: Manchester UP, 1961, S. 18. – Dt.: »[...] meine Erzählungen [...] geben nicht vor, Dinge darzustellen, die im Bereich des Möglichen liegen; sie sind Übungen der Phantasie auf einem ganz anderen Gebiet. Sie gehören zu einer Art von Literatur, zu der der *Goldene Esel* des Apuleius, die *Wahren Geschichten* des Lukian, *Peter Schlemihl* und die Geschichte von *Frankenstein* gehören.«

31 Bergonzi, *Early Wells*, S. 61. – Dt.: »Die Gegenüberstellung von Eloi und Morlocks kann im Sinne des Klassenkampfes im späten 19. Jahrhundert interpretiert werden, sie spiegelt aber auch die Gegensätze zwischen Ästhetizismus und Utilitarismus, pastoralem Frieden und Technologie, Beschaulichkeit und Handeln und schließlich, auf der allgemeinsten Ebene, zwischen Schönheit und Häßlichkeit sowie zwischen Licht und Finsternis.«

32 Kyle, *A Pictorial History of Science Fiction*, S. 62. – Dt.: »Das Ereignis in der Geschichte der Science Fiction, das genauso bedeutsam war wie die erste Atombombenexplosion bei Alamogordo.«

33 Beide Zitate: Aldiss, *Billion Year Spree*, S. 209. – Dt.: »Man kann sehr wohl argumentieren, daß Hugo Gernsback [...] eine der schlimmsten Katastrophen darstellte, von denen die Science Fiction je betroffen war.« / »Absonderung der Science Fiction in die Zeitschriften.« / »Der größte Teil der Erzählungen in den SF-Zeitschriften war zu schlecht, um Bestand zu haben. Sie zeigen wenig von der Welt und viel mehr die Kunstgriffe ihres Fachs.«

34 Reproduktion der Umschläge bei Kyle, *A Pictorial History of Science Fiction*, S. 25.

35 Edgar Rice Burroughs, *The Chessmen of Mars*, New York: Ballantine, 1963 (¹1922). Das Zitat S. 21. – Dt.: »Romantik, Geheimnis und Abenteuer«; Schachspiel S. 219 f.

36 Dt.: »die höchsten Ideale einer Welt, die nach Anmut, Schönheit und Reinheit der Frau strebte«.

37 Burroughs, *The Chessmen of Mars*, S. 18 f. – Dt.: »In den immer neuen Figuren des Tanzes nahm der Mann das Mädchen an der Hand, oder er legte seinen Arm um ihren geschmeidigen Körper, den das juwelenbesetzte Gewand nur unvollständig verhüllte; und das Mädchen [...] erfuhr zum ersten Mal die körperliche Berührung eines männlichen Arms auf seiner nackten Haut.«

38 Den klarsten Überblick über Entstehung, Umbenennung, Verschwinden bieten die Tabellen bei Ash (ed.), *The Visual Encyclopaedia of Science Fiction*, S. 9–66. Informationen über die Hintergründe am besten bei Kyle, *A Pictorial History of Science Fiction*, S. 54 ff.

39 Hugo Gernsback, »Reasonableness in Science Fiction«, Faksimile bei Kyle, *A Pictorial History of Science Fiction*, S. 80. – Dt.: »In ihrer Entstehungszeit wurde die Science Fiction von allen Autoren äußerst ernst genommen. In fast allen Fällen stellten die Autoren die Prämissen ihrer Erzählungen auf eine solide wissenschaftliche Grundlage. Wenn ein Autor eine Behauptung hinsichtlich bestimmter zukünftiger Errungenschaften aufstellte, hielt er es im allgemeinen für ratsam, die damals bekannten Möglichkeiten der Wissenschaft genau zu beachten. / Viele moderne Science-Fiction-Autoren haben keine solchen Skrupel. Sie zögern nicht, die wissenschaftliche Glaubwürdigkeit über Bord zu werfen, und lassen sich auf Grundsätze ein, die ich als wissenschaftliche Magie bezeichnen würde; mit anderen Worten: Wissenschaft, die weder glaubhaft noch möglich ist. Tatsächlich enthält sie märchenhafte Elemente, und oft nehmen diese überhand. / [...] / Ich bin so weit gegangen, eine Gardinenpredigt zu halten, in der Hoffnung, daß irregeleitete Autoren ihren Irrtum einsehen und von jetzt an die Grundsätze der Wissenschaft beachten, wie sie heute bekannt sind oder sich in Zukunft vernünftigerweise entwickeln können.«

40 Informationsquellen s. Anm. 14 zu Kap. 1. Literatur zur Geschichte des *fandom* und der *fanzines* bei Ash (ed.), *The Visual Encyclopaedia of Science Fiction*, S. 277.

41 *Unknown*, später *Unknown Worlds*, 1939–43.

42 C. S. Lewis ist der erste namhafte Autor und Kritiker in England, der das Phänomen der amerikanischen Science Fiction zur Kenntnis nimmt und sich kritisch mit ihm auseinandersetzt; s. seinen Essay »On Science Fiction«, in: *Science Fiction: A Collection of Critical Essays*, ed. by Mark Rose, Englewood Cliffs, N. J.: Prentice-Hall, 1976, S. 103–115.

43 Robert Heinlein, *Before the Golden Age: A Science Fiction Anthology of the 1930s*, Book 1, Greenwich, Conn.: Fawcett, 1974, S. 11. – Dt.: »Danach jedoch konnte der einzelne nicht mehr das gesamte Gebiet überschauen. Es wurde zu groß, so daß man nur noch mit einem Ausschnitt vertraut war, und das ›Goldene Zeitalter‹, während dessen der Leser über die gesamte Science Fiction verfügen konnte, war vorüber.«

44 Erstes Auftreten neuer Autoren erfaßt bei Ash (ed.), *The Visual Encyclopaedia of Science Fiction*, S. 9–66; genaueres zur Publikationsgeschichte in den Autoreneinträgen bei: Donald H. Tuck, *The Encyclopedia of Science Fiction and Fantasy Through 1968*, Vol. 1, Chicago: Advent, 1974; Porträts der wichtigsten Autoren der älteren Generation aus einer Insider-Sicht in: Sam Moskowitz, *Seekers of Tomorrow: Masters of Modern Science Fiction*, New York: Scribner, 1967.

45 Zur Publikationsgeschichte s. Tuck, *The Encyclopedia of Science Fiction and Fantasy*, S. 62.

46 Illustrationsmaterial bei Kyle, *A Pictorial History of Science Fiction* und Rottensteiner, *The Science Fiction Book*. Geschichtlicher Überblick, Illustrationen, Bibliographie in: Ash (ed.), *The Visual Encyclopaedia of Science Fiction*, S. 286–292; Karl-Heinz Hering, *Science Fiction*, Düsseldorf, 1968 [Ausstellungskatalog].

47 Gérard Blanchard, *La bande dessinée*, Verviers: Gérard, 1969; Ash (ed.), *The Visual Encyclopaedia of Science Fiction*, S. 322–328.

48 Tabellarische Geschichte bei Ash (ed.), *The Visual Encyclopaedia of Science Fiction*; John Baxter, *Science Fiction in the Cinema*, London: Tantivy Press, 1970.

49 Geschichte der älteren deutschen Zukunftsliteratur: Martin Schwonke, *Vom Staatsroman zur Science Fiction: Eine Untersuchung über Geschichte und Funktion der naturwissenschaftlich-technischen Utopie*, Stuttgart: Enke, 1957; Manfred Nagl, *Science Fiction in Deutschland: Untersuchungen zur Genese, Soziographie und Ideologie der phantastischen Massenliteratur*, Tübingen: Tübinger Vereinigung für Volkskunde, 1972. Zu Laßwitz s. besonders Klaus Günther Just, »Kurd Laßwitz, der Dichter der Raumfahrt«, in: *Schlesien* 15 (1970) S. 1–15.

50 Am unabhängigsten und – mit Ausnahme von Stanislaw Lem – unbekanntesten ist die wissenschaftlich-phantastische Literatur der osteuropäischen Länder.

51 Kritische Geschichte der Bewegung bei Aldiss, *Billion Year Spree*, S. 297–303. Unkritische Werbung bei Judith Merril in der von ihr herausgegebenen Anthologie *England Swings SF: Stories of Speculative Fiction*, New York: Doubleday, 1968. Resignierender Rückblick: Michael Moorcock (ed.), *New Worlds Quarterly*, Vol. 3, London: Sphere, 1972, S. 9–11.

52 Langdon Jones (ed.), *The New S. F.: An Original Anthology of Modern Speculative Fiction*, London: Hutchinson, 1970, S. 1. – Dt.: »Aus dem Reich der Science Fiction taucht eine völlig neue Literatur auf [...] eine wirkliche Literatur des Raumfahrtzeitalters.«

53 Merril (ed.), *England Swings SF*, S. 42. – Dt.: »Britische Autoren bilden die Avantgarde, die vielleicht nur wie eine Moderichtung aussieht; auf jeden Fall lassen sie einen Großteil der amerikanischen SF rückständig erscheinen.«

54 Merril (ed.), *England Swings SF*, S. 2. – Dt.: »Wenn die *New Wave* [›Neue Welle‹] zurückgegangen ist und ihren Schaum zurückgelassen hat, wird hoffentlich das riesige Festland der Science Fiction wieder zum Vorschein kommen.«

55 J. G. Ballard, »The New Science Fiction«, in: Jones (ed.), *The New S. F.*, S. 52 f. – Dt.:

»Meiner Ansicht nach ist Science Fiction vor allem eine in die Zukunft schauende Art von Erzählliteratur; sie beschäftigt sich mit der Gegenwart, indem sie die unmittelbare Zukunft und weniger die Vergangenheit betrachtet. / [. . .] / Noch immer bestimmt eine retrospektive Grundhaltung den größten Teil der zeitgenössischen Erzählliteratur; sie beschäftigt sich mit dem Ursprung von Erfahrung und Verhalten sowie mit der Entwicklung eines Charakters über einen Zeitraum von vielen Jahren; sie deutet die Gegenwart mit Hilfe der Vergangenheit; und sie bedient sich einer im großen und ganzen linearen Erzähltechnik, die die Ereignisse mehr oder weniger in ihrer chronologischen Abfolge zeigt, was dieser retrospektiven Grundhaltung entspricht. Wenn man sich jedoch der Gegenwart zuwendet – und ich glaube, es ist mir in meinen Werken gelungen, die Gegenwart für mich selbst wiederzuentdecken –, braucht man meiner Ansicht nach eine nichtlineare Erzähltechnik, einfach weil wir unser heutiges Leben nicht nach linearen Gesichtspunkten führen. Das Leben ist viel stärker quantifiziert; eine ganze Flut zufälliger Ereignisse stürzt auf uns ein.«

56 Rottensteiner, *The Science Fiction Book*, S. 132. – Dt.: »Obwohl im allgemeinen eingeräumt wird, daß das Experiment im großen und ganzen gescheitert ist [. . .], gebührt der *New Wave* Anerkennung für den Versuch, avantgardistische literarische Techniken in die Gattung einzubringen und sie hinsichtlich literarischer Entwicklungen außerhalb des SF-Gettos bewußter zu machen.«

Anmerkungen zu Kapitel 3

1 James O. Bailey, *Pilgrims Through Space and Time: Trends and Patterns in Scientific and Utopian Fiction*, Westport, Conn.: Greenwood Press, 1977 (¹1947), S. 10. – Dt.: »[. . .] eine Erzählung, die eine imaginäre Erfindung oder Entdeckung in den Naturwissenschaften und die sich daraus ergebenden Abenteuer und Erfahrungen darstellt.«
2 Reginald Bretnor, »Science Fiction«, in: *Encyclopaedia Britannica*, Vol. 20, London, 1961, S. 124. – Dt.: »Science Fiction beschäftigt sich mit dem menschlichen Drama, den Konflikten und Abenteuern, die als Folge von zukünftigen wissenschaftlichen Entdeckungen auftreten.«
3 Vgl. Scholes/Rabkin, *Science Fiction*, Kap. 3, S. 163–233.
4 V. Milo Kaufman, »Brave New Improbable Worlds: Critical Notes on Extrapolation as a Mimetic Technique in Science Fiction«, in: *Extrapolation* 5 (1963/64) S. 17–24; hier S. 17. – Dt.: »Darstellung neuer Welten«.
5 Trotzdem ist die Zahl der Science-Fiction-Erzählungen, die sich mit religiösen Themen oder, allgemeiner gesprochen, mit der Frage nach dem Sinn der Welt befassen, nicht unbeträchtlich. Vgl. dazu Kap. 6, S. 148–162.
6 Vgl. Kap. 2, S. 40 f., sowie Kap. 4, S. 85–93.
7 *Penguin Omnibus*, S. 268–291.
8 *Penguin Omnibus*, S. 370–376. (Zuerst veröffentlicht unter dem Titel »World of Heart's Desire«.)
9 Vgl. Nicolson, *Voyages to the Moon*.
10 In Fortsetzungsform unter dem Titel *Under the Moons of Mars* 1912, als Buch 1917.
11 Vgl. z. B. John Wyndham / Lucas Parkes, *The Outward Urge*, Harmondsworth: Penguin, 1962 [u. ö.] (¹1959).
12 Vgl. Scholes/Rabkin, *Science Fiction*, S. 130.
13 Z. B. in Robert A. Heinlein, *Tunnel in the Sky* (1955), J. T. McIntosh, *Six Gates from Limbo* (1968) u. a. m.
14 Siehe dazu besonders Stanisław Lem, »The Time-Travel Story and Related Matters of SF Structuring«, in: Rose (ed.), *Science Fiction: A Collection of Critical Essays*, S. 72–88.
15 *Penguin Omnibus*, S. 72–78. Vgl. auch Ray Bradbury, »A Sound of Thunder« (1953).

16 *Penguin Omnibus*, S. 478–484.
17 Als Kurzgeschichte 1952, zum Roman erweitert 1953.
18 Lem, »The Time-Travel Story«, S. 75 ff.
19 Zur Katastrophe als bevorzugtem Thema der narrativen Science Fiction vgl. Wessels, *Welt im Chaos*; zur Katastrophe als Thema von Science-Fiction-Filmen s. Susan Sontag, »The Imagination of Disaster«, in: Rose (ed.), *Science Fiction: A Collection of Critical Essays*, S. 116–131. Zum zukünftigen Krieg als literarischem Thema (nicht nur der Science Fiction) vgl. auch I. F. Clarke, *Voices Prophesying War 1763–1984*, London: Oxford UP, 1966.
20 Überhaupt finden sich viele Themen der späteren Science Fiction bereits bei H. G. Wells. Vgl. dazu Mark R. Hillegas, *The Future as Nightmare: H. G. Wells and the Anti-Utopians*, Carbondale: Southern Illinois UP, 1967.
21 Deutsche Synchronisation unter dem Titel *Invasion von der Wega*.
22 *Penguin Omnibus*, S. 245–267.
23 *Penguin Omnibus*, S. 52–71.
24 Synchronisiert unter dem Titel *Krieg der Sterne*.
25 *Best SF Two*, ed. by Edmund Crispin, London: Faber, 1968 ([1]1956), S. 220–270. [Zit. als: *Best SF Two*.]
26 *Penguin Omnibus*, S. 536–552.
27 *Best SF Two*, S. 287–294.
28 Siehe z. B. Robert E. Sheckley, »The Store of the Worlds«; Tom Godwin, »The Greater Thing«; William Tenn, »Eastward Ho!«; Harlan Ellison, »A Boy and His Dog« (1969); Alfred Bester, »They Don't Make Life Like They Used To« (1963).
29 *Penguin Omnibus*, S. 419–425.
30 Vgl. auch Kap. 4, S. 91–93.
31 *Best SF Two*, S. 87–101.
32 *Penguin Omnibus*, S. 337–369.
33 Vgl. dazu insbesondere Graaf, *Homo Futurus*.
34 *Penguin Omnibus*, S. 215–244.
35 *Penguin Omnibus*, S. 107–125.
36 Als Kurzgeschichte bereits 1953; in *Best SF: Science Fiction Stories*, ed. by Edmund Crispin, London: Faber, 1972, S. 148–214. [Zit. als: *Best SF.*]
37 *Penguin Omnibus*, S. 523–535.
38 Vgl. S. 108 und 167 f.
39 H. G. Wells, *The War of the Worlds*, London: Heineman, 1898 [u. ö.], S. 3 f.
40 Zit. nach der deutschen Übers. *Der Unbesiegbare*, übers. von Roswitha Dietrich, Frankfurt a. M.: Insel, 1976, S. 222.
41 *Penguin Omnibus*, S. 497–510.
42 *Liebe 2002: Erotic Science Fiction*, hrsg. von Thomas Landfinder, Frankfurt a. M.: Bärmeyer & Nikel, 1971.
43 Vgl. Scholes/Rabkin, *Science Fiction*, S. 185–187.
44 *Best SF*, S. 60–79.
45 *Penguin Omnibus*, S. 321–336.
46 Ausführlicher dazu s. Kap. 6, S. 151–160.
47 Vgl. Stanislaw Lem, »Robots in Science Fiction«, in: *SF: The Other Side of Realism. Essays on Modern Fantasy and Science Fiction*, ed. by Thomas D. Clareson, Bowling Green, Ohio: University Popular Press, 1971, S. 307–325.
48 *Penguin Omnibus*, S. 485–496.
49 Siehe z. B. *The Caves of Steel* (1954), *The Naked Sun* und die Kurzgeschichtensammlung *I, Robot* (1950).
50 Z. B. in dem Film *Star Wars*.
51 *Penguin Omnibus*, S. 377–390.

52 Ebd., S. 378. – Dt.: »der komplizierteste Computer, der jemals gebaut wurde«.
53 *Penguin Omnibus*, S. 203–214.
54 *Best SF Two*, S. 271–286.
55 *Dictionary of World Literary Terms: Forms – Techniques – Criticism*, ed. by Joseph T. Shipley, London: Allen & Unwin, 1970 (¹1943), s. v. »science fiction«, S. 291. – Dt.: »Fortschritte in Wissenschaft und Technologie«.
56 In Fortsetzungsform 1911/12, als Buch erst 1925.
57 Scholes/Rabkin, *Science Fiction*, S. 113–162.
58 Colin Kapp, »The Subways of Tazoo« (1964).
59 Stanislaw Lem, *Der Unbesiegbare*.
60 Fred Hoyle, *The Black Cloud*.
61 James H. Schmitz, »Grandpa« (1955).
62 Gordon R. Dickson, »The Monkey Wrench«.

Anmerkungen zu Kapitel 4

1 Suerbaum, »Text und Gattung«, S. 79.
2 Hans-Robert Jauß, »Theorie der Gattungen und Literatur des Mittelalters«, in: *Grundriß der romanischen Literaturen des Mittelalters*, hrsg. von H.-R. J. und Erich Köhler, Heidelberg: Winter, 1968 ff., Bd. 1: *Généralités*, ebd., 1972, S. 107–138; hier S. 113.
3 Bailey, *Pilgrims Through Space and Time*, S. 10. – Dt.: »eine Erzählung, die eine imaginäre Erfindung oder Entdeckung in den Naturwissenschaften darstellt«.
4 Zur Definition von Science Fiction vgl. im übrigen Kap. 1, zu Science-Fiction-Erzählungen mit nicht-wissenschaftlicher Thematik s. auch Kap. 3.
5 Vgl. z. B. John Wyndham, *The Day of the Triffids* (1951).
6 Vgl. z. B. Robert A. Heinlein, *Farnham's Freehold* (1964).
7 Vgl. z. B. William Tenn, »Eastward Ho!«.
8 Diese Möglichkeit wurde zuerst in dem Roman *The War of the Worlds* (1898) von H. G. Wells gestaltet. Weitere Beispiele sind John Wyndham, *The Kraken Wakes* (1953), und Thomas M. Disch, *The Genocides* (1965).
9 Nahezu alle Möglichkeiten durchgespielt hat J. G. Ballard in seinen auf S. 68 dieses Buches genannten Romanen.
10 In Deutschland besonders bekannt wurde die von Larry Cohen 1967 gedrehte Fernsehserie *The Invaders* (dt.: *Invasion von der Wega*).
11 Vgl. z. B. Frank M. Robinson, *The Power* (1956).
12 Vgl. dazu Lionel Stevenson, »The Artistic Problem: Science Fiction as Romance«, in: Clareson (ed.), *SF: The Other Side of Realism*, S. 96–104.
13 Burroughs, *A Princess of Mars*, New York: Ballantine, 1963 [u. ö.], S. 123. – Dt.: »[Ich war] überrascht angesichts [ihrer] erstaunlichen Ähnlichkeit mit den Indianern meiner eigenen Welt.«
14 Vgl. S. 75 f.
15 Diese These vertritt z. B. Manfred Nagl, *Science Fiction in Deutschland*; in abgeschwächter Form auch Martin Schäfer, *Science Fiction als Ideologiekritik? Utopische Spuren in der amerikanischen Science Fiction-Literatur 1949–1955*, Stuttgart: Metzler, 1977.
16 Die klassische Utopie hatte zwar ihren Schauplatz meist auf einer fiktiven Insel in unserer gegenwärtigen Welt; im 19. Jahrhundert verlegte die Utopie dann aber ihren Schauplatz mehr und mehr in die Zukunft; und dementsprechend sind auch die Anti-Utopien nahezu ausnahmslos in der Zukunft lokalisiert.
17 Schulte Herbrüggen, *Utopie und Anti-Utopie*, S. 10.

18 Zit. nach der deutschen Übers. von Berndt Kling, *Ein glücklicher Tag im Jahr 2381*, München: Heyne, 1976.

19 Ausführlicher werden die Gattungskonventionen der Anti-Utopie dargestellt in: Schulte Herbrüggen, *Utopie und Anti-Utopie*; Konrad Tuzinski, *Das Individuum in der englischen devolutionistischen Utopie*, Tübingen: Niemeyer, 1965; Broich, *Gattungen des modernen englischen Romans*, S. 94–135, sowie in der dort auf S. 138 angegebenen weiteren Literatur.

20 Jörg Hienger sieht zwar einen Unterschied zwischen Anti-Utopie und Science Fiction darin, daß die Staaten der Anti-Utopie – wie die der Utopie – statisch, die der Science Fiction dagegen veränderungsfähig sind (*Literarische Zukunftsphantastik: Eine Studie über Science Fiction*, Göttingen: Vandenhoeck & Ruprecht, 1972, S. 73 f.). In Wirklichkeit finden sich jedoch statische und dynamische bzw. zerstörbare Staaten in beiden Gattungen.

21 Silverberg hat übrigens nicht nur die Gegenwelt in *The World Inside* ziemlich genau der Gegenwelt in *Brave New World* nachgebildet, sondern darüber hinaus eine Reihe von weiteren Motiven aus Huxleys Roman entlehnt – ein zusätzliches Indiz dafür, in wie starkem Maße die anti-utopische Science Fiction auch heute noch auf Anleihen bei den klassischen Anti-Utopien angewiesen ist.

22 I 330 in *Wir*, Julia in *Nineteen Eighty-Four*, Dr. Kate Nevin in *The Space Merchants*, Clarisse in *Fahrenheit 451*, Snowflake in *This Perfect Day*.

23 Orwell, *Nineteen Eighty-Four*, Harmondsworth: Penguin, 1954 [u. ö.] (¹1949), S. 103. – Dt.: »›Je mehr Männer du gehabt hast, desto mehr liebe ich dich [. . .]. Ich hasse die Reinheit, ich hasse das Bravsein! Ich will nicht, daß es irgendwo noch irgendeine Tugend gibt. Ich will, daß alle Menschen bis ins Mark verderbt sind.‹«

24 Huxley, *Brave New World*, Harmondsworth: Penguin, 1955 [u. ö.], S. 62. – Dt.: »[. . .] das Wissen um ihre Individualität«.

25 Silverberg, *Ein glücklicher Tag im Jahr 2381*, S. 98.

26 Samjatins Roman erschien 1959 unter dem Titel *We* in The Gregg Press Science Fiction Series, unter dem Titel *Wir. Ein klassischer utopischer Roman* 1970 in der Reihe »Heyne Science Fiction Classics«. Auch utopische Romane wurden in Science-Fiction-Reihen nach-gedruckt, wie z. B. H. G. Wells' *Men Like Gods* 1976 in Sphere Science Fiction, Edward Bellamys *Looking Backward: 2000–1887* unter dem Titel *Ein Rückblick aus dem Jahre 2000* 1973 in der Science-Fiction-Reihe Fischer Orbit.

27 So sind z. B. die folgenden Texte anti-utopische Satiren auf Edward Bellamys positive Utopie *Looking Backward: 2000–1887* (1888): Richard C. Michaelis, *Looking Further Backward* (1890); Conrad Wilbrandt, *Des Herrn Friedrich Ost Erlebnisse in der Welt Bellamy's: Mitteilungen aus den Jahren 2001 und 2002* (1891). *Brave New World* war von Huxley ursprünglich als direkte Satire auf die positiven Utopien von H. G. Wells konzipiert und enthält auch in der publizierten Fassung zahlreiche indirekte Seitenhiebe gegen Wunschvorstellungen in den Utopien von Wells.

28 Hier ist etwa an philosophische Schriften wie Karl R. Poppers »Utopia and Violence« (1947/48), Martin Bubers *Pfade in Utopia* (1950), Ernst Blochs *Das Prinzip Hoffnung* (1959), Ralf Dahrendorfs *Pfade aus Utopia* (1967) und Georg Pichts *Mut zur Utopie* (1969) zu denken, aber auch an futurologische Sachbücher wie z. B. Nigel Calders *Vor uns das Paradies* (1968), Robert Jungks *Der Jahrtausendmensch: Bericht aus den Werkstätten der neuen Gesellschaft* (1973) oder Thomas Kutschs *Die Welt im Jahre 2000* (1974).

29 Zur Science-Fiction-Robinsonade vgl. Broich, *Gattungen des modernen englischen Romans*, S. 81–86; Broich, »Robinsonade und Science Fiction«, S. 140–162.

30 Zur Definition der Robinsonade vgl. Broich, *Gattungen des modernen englischen Romans*, S. 58–64; Reckwitz, *Die Robinsonade*, bes. S. 147–152.

31 *Best SF Four*, ed. by Edmund Crispin, London: Faber, 1970 (¹1960), S. 152–172. [Zit. als: *Best SF Four*.]

32 Vgl. Reckwitz, *Die Robinsonade*, S. 430–454.

33 Ein noch früheres Beispiel für diese Variante ist Arno Schmidts Erzählung »Schwarze Spiegel« (1949).

34 In: Wyndham/Parkes, *The Outward Urge.*

35 Amis, *New Maps of Hell*, S. 14. – Dt.: »[...] wissenschaftliche oder technologische Neuerung[en]«.

36 Vgl. z. B. Joseph Wood Krutch, »Only a Detective Story« (1944), in: *The Art of the Mystery Story: A Collection of Critical Essays*, ed. by Howard Haycraft, New York: Biblo & Tannen, 1946, S. 178–185; Pamela Hansford Johnson, »The Sickroom Hush over the English Novel«, in: *The Listener* 42 (11. 8. 1949) S. 235 f.

37 *Best SF Two*, S. 102–128.

38 Ebd., S. 110.

39 Vgl. Ulrich Suerbaums Interpretation von John Brunner, »The Windows of Heaven«, in: Göller / Hoffmann (Hrsg.), *Die englische Kurzgeschichte*, S. 337–348; hier S. 337; ferner Kap. 1 des vorliegenden Buches.

40 Ganz ähnlich hängt auch in Philip K. Dicks »Impostor« (1955) von der Entlarvung eines als Mensch getarnten Roboters das Schicksal der Erde ab.

41 Eike Barmeyer, »Einleitung«, in: E. B. (Hrsg.), *Science Fiction: Theorie und Geschichte*, S. 7–23; hier S. 8.

42 Amis, *New Maps of Hell*, S. 27 f. – Dt.: »[...] Detektivliteratur und Science Fiction sind verwandt.«

43 Vgl. dazu Kap. 1, S. 18.

44 »Robots in Science Fiction«, in: Clareson (ed.), *SF: The Other Side of Realism*, S. 310. – Dt.: »Wer hat die reiche, alte Tante ermordet?« »Wer vernichtete die reiche, alte Zivilisation auf dem Planeten Cygni?« – Schon Poe übertrug in »The Gold Bug« (1843) die Struktur der Detektiverzählung auf eine andersartige Thematik (die der Schatzsuche).

45 Vgl. Kap. 3, S. 79.

46 Das Motiv der Weltkatastrophe ist natürlich noch weit älter als die Weltkatastrophen-Erzählung als Typ der Science Fiction. Vgl. dazu Wessels, *Welt im Chaos*, S. 44–50.

47 Nur wenige Romane dieses Typs lassen ihre Handlung zu einem späteren Zeitpunkt, wenn die Weltkatastrophe sich bereits in einem fortgeschrittenen Stadium befindet, beginnen, wie z. B. *The Drowned World* (1962) von J. G. Ballard und *The Genocides* von Thomas M. Disch.

48 Fred Hoyle lokalisiert in seinem 1957 erschienenen Weltkatastrophen-Roman *The Black Cloud* die Handlung durch die Angabe des Jahres 1964 sogar in der unmittelbaren Zukunft des Lesers – die natürlich für spätere Leser bereits zur Vergangenheit geworden ist.

49 John Wyndham, *The Kraken Wakes*, Harmondsworth: Penguin, 1955 [u. ö.], S. 173.

50 Ebenfalls spezialisiert auf Weltkatastrophenromane hat sich John Christopher (vgl. *The Death of Grass*, 1956; *The World in Winter*, 1962; *A Wrinkle in the Skin*, 1965).

51 Ebd., S. 240. – Dt.: »›Eigentlich ist doch nichts wirklich neu, Mike. Früher war hier einmal eine weite Ebene, bedeckt mit Wäldern und voll von wilden Tieren. Ich nehme an, daß unsere Vorfahren dort gejagt haben. Dann kam eines Tages die Flut und überschwemmte alles [...]. / Ich glaube, wir sind hier schon einmal gewesen, Mike [...].‹«

52 J. G. Ballard, *The Drowned World*, S. 41. – Dt.: »Es ist überall dieselbe, zurück in die Vergangenheit gerichtete Lawine gewesen [...].«

53 Ebd., S. 28. – Dt.: »Kindheit im Mutterleib«.

54 Ebd., S. 23. – Dt.: »[...] der entwicklungsgeschichtliche Stammbaum des Menschen wurde systematisch beschnitten; offenbar bewegte er sich in der Zeit zurück; und es könnte schließlich ein Punkt erreicht werden, an dem sich ein zweiter Adam und eine zweite Eva allein in einem neuen Eden befinden.«

55 Ebd., S. 171. – Dt.: »[...] ein zweiter Adam auf der Suche nach den vergessenen Paradiesen der neu geborenen Sonne«.
56 Hienger, *Literarische Zukunftsphantastik*, S. 96.
57 Die amerikanische Ausgabe erschien 1964 unter dem Titel *The Burning World*, die englische 1965 unter dem Titel *The Drought*.
58 Wessels, *Welt im Chaos*, S. 104. – Strukturen des Abenteuerromans werden vielmehr vor allem in den in 4.2 besprochenen Texten adaptiert.
59 Dieser Begriff wurde bekanntlich von Georg Lukács in seinem Buch *Der historische Roman*, Berlin: Aufbau-Verlag, 1955 (¹1937), geprägt.
60 Zu Charakter und Funktion des ›Watson‹ vgl. Broich, *Gattungen des modernen englischen Romans*, S. 20.
61 Vgl. auch Hienger, *Literarische Zukunftsphantastik*, S. 94.
62 Dieser Roman schildert nur in seinem ersten Teil eine Weltkatastrophe in ihrem Verlauf und wird dann zur Science-Fiction-Robinsonade.
63 Fred Hoyle, *Of Men and Galaxies*, Seattle: University of Washington Press, 1964, S. 61. – Dt.: »Ich glaube, daß sich nichts geändert hat; wir sind immer noch den Naturgewalten ausgeliefert, und wir bestimmen unser Schicksal nicht selbst.«
64 Vgl. z.B. John Wyndham, *The Kraken Wakes*, S. 181.
65 Vgl. z.B. die ideologiekritische Analyse von Hans Joachim Alpers, die zu dem Ergebnis gelangt, daß die Weltkatastrophen-Erzählungen allen Ernstes »den Faschismus als Krisenmanager empfehlen«. In: »Weltuntergangsvisionen in der Science Fiction«, in: Jehmlich/Lück (Hrsg.), *Die deformierte Zukunft*, S. 133–148; hier S. 141. – Siehe auch Kap. 6, S. 167f.
66 Hienger, *Literarische Zukunftsphantastik*, S. 242.

Anmerkungen zu Kapitel 5

1 Hasselblatt, *Grüne Männchen vom Mars*, S. 25.
2 John W. Campbell, »Science Fiction and the Opinion of the Universe«, in: *Saturday Review*, 12. Mai 1956, S. 9f. und 42f.; hier S. 9. – Dt.: »[...] welch ein Unsinn, *Prophezeiungen* – und zwar verdammt genaue Prophezeiungen – wie Märchen zu beurteilen.«
3 Ebd., S. 10: »irrelevant and fatuous«.
4 Hienger, *Literarische Zukunftsphantastik*, S. 182.
5 Siehe S. 21. Vgl. auch James Blish, »Nachruf auf die Prophetie«, in: Barmeyer (Hrsg.), *Science Fiction: Theorie und Geschichte*, S. 118–128.
6 Saul Bellow, *Mr Sammler's Planet*, Harmondsworth: Penguin, 1972 (¹1969), S. 5. – Dt.: »Kurz nach Tagesanbruch, oder was bei einem normalen Himmel Tagesanbruch gewesen wäre, musterte Mr Artur Sammler mit seinem buschigen Auge die Bücher und Papiere in seinem Schlafzimmer in der West Side und hatte den starken Verdacht, daß es die falschen Bücher, die falschen Papiere waren. In gewisser Weise spielte es keine Rolle bei einem Mann, der über siebzig war und nichts zu tun hatte.«
7 Philip K. Dick, *The Man in the High Castle*, Harmondsworth: Penguin, 1965 (¹1962), S. 7. – Dt.: »Seit einer Woche hatte Mr R. Childan gespannt nach der Post Ausschau gehalten. Aber die wertvolle Sendung aus den Rocky Mountain Staaten war nicht angekommen. Als er am Freitag morgen seinen Laden öffnete, sah er neben dem Postschlitz nur Briefe auf dem Fußboden liegen. Einer meiner Kunden wird ärgerlich werden, dachte er.«
8 Vgl. S. 54.
9 Dt.: »Er bereitete sich eine Tasse Pulvertee aus dem Fünf-Cent-Automaten an der Wand, holte sich einen Besen und begann sauberzumachen; bald war die Vorderseite seines Ladens – ›Amerikanisches Kunsthandwerk‹ – für den Tag bereit und in tadellosem Zustand: die

Registrierkasse voller Kleingeld, eine Vase mit frischen Ringelblumen und aus dem Radio gedämpfte Hintergrundmusik. [...] In der Ferne fuhr eine Drahtseil-Straßenbahn vorbei; Childan hielt in seiner Arbeit inne, um sie mit Vergnügen anzuschauen. Frauen in ihren langen, bunten Seidenkleidern [...] auch sie beobachtete er.«

10 Darko Suvin, »Zur Poetik des literarischen Genres Science Fiction«, in: Barmeyer (Hrsg.), *Science Fiction: Theorie und Geschichte*, S. 86–105; hier S. 86. (Ursprünglich »On the Poetics of the Science Fiction Genre«, in: *College English* 34, 1972, S. 372–382; dort heißt es »literature of cognitive estrangement«.)

11 Ebd., S. 88.

12 Zit. in: *English Literary Criticism: Romantic and Victorian*, ed. by Daniel G. Hoffman and Samuel Hynes, London: Owen, 1966, S. 44. – Coleridge spricht hier ebenfalls von Darstellungsgegenständen, die nicht mit der normalen Erfahrung des Lesers unmittelbar übereinstimmen (»persons and characters supernatural, or at least romantic«).

13 Harlan Ellison, »›Repent, Harlequin!‹ said the Ticktockman«, in: *The Hugo Winners, Volume One, 1962–1967*, ed. by Isaac Asimov, London: Sphere, 1973 (¹1971), S. 260. – Dt.: »Das ist der Kern davon. Fangen wir sofort in der Mitte an, den Anfang erfahren wir später; das Ende wird sich von selbst ergeben.«

14 John W. Campbell, »The Science of Science Fiction Writing«, in: *Of Worlds Beyond: The Science of Science Fiction Writing*, ed. by Lloyd Arthur Eshbach, Chicago: Advent, 1964, S. 91–101; hier S. 99 f. – Dt.: »Die einleitende Szene sollte das Problem präsentieren, und zwar schnell und dramatisch genug, damit die Geschichte auch einen gleichgültigen Leser fesselt, bevor er merkt, daß er angebissen hat. [...] Aber zweifellos hat die Geschichte ihren wirklichen Anfang lange vorher.«

15 Der Terminus stammt von Eberhard Lämmert, *Bauformen des Erzählens*, Stuttgart: Metzler, ³1968 (¹1955), S. 104.

16 Damon Knight, »The Country of the Kind«, S. 497. – Dt.: »Der Wächter auf dem Parkplatz döste vor sich hin, als ich anhielt. Er war ein großer, träge wirkender Mann; seine schwarze Atlaskleidung war auf der Vorderseite kariert. Ich selbst trug Scharlachrot; es paßte zu meiner Stimmung. Ich stieg aus und trat ihm dabei fast auf die Füße. ›Parken oder einlagern?‹ fragte er automatisch und drehte sich um. Dann bemerkte er, wer ich war, und duckte sich.«

17 Frederik Pohl, »The Tunnel under the World«, S. 368.

18 John Brunner, *The Shockwave Rider*, New York: Ballantine, 1978 (¹1975), S. 3. – Dt.: »Der Mann auf dem kahlen Stahlstuhl war genauso nackt wie die weißen Wände des Raums. Sie hatten seinen Kopf und seinen Körper vollständig rasiert; nur seine Wimpern waren übrig geblieben. Auf seiner Kopfhaut waren an einem Dutzend Stellen Sensoren befestigt, die von schmalen Klebestreifen in der richtigen Lage gehalten wurden.«

19 Robert Heinlein, *Stranger in a Strange Land*, New York: Berkley, 1968 (¹1961), S. 9. – Dt.: »Es war einmal ein Marsianer mit dem Namen Valentine Michael Smith. / Die Mitglieder der ersten menschlichen Expedition zum Mars wurden nach der Theorie ausgewählt, daß die größte Gefahr für den Menschen der Mensch selbst ist.«

20 Ray Bradbury, *Fahrenheit 451*, London: Corgi, 1969 (¹1954), S. 65. – Dt.: »Ich muß jetzt gehen. Der Vortrag ist zu Ende.«

21 Brunner, *The Shockwave Rider*, S. 264 ff.

22 John Wyndham, *The Day of the Triffids*, Harmondsworth: Penguin, 1970 (¹1951), S. 246 ff.

23 Harry Harrison, *Captive Universe*, London: Sphere, 1972 (¹1969), S. 172 ff.

24 Pohl, »The Tunnel under the World«, S. 363 ff.

25 Theodore Cogswell, »The Wall around the World«, in: *Penguin Omnibus*, S. 426–452; hier S. 450 ff.

26 Porges, »The Rescuer«, S. 480. – Dt.: »die Krümmung der Raum-Zeit«.

27 Aldiss, »Poor Little Warrior!«, hier S. 74.

28 Alle genannten Beispiele stammen aus James Blish, »Common Time«, in: *Penguin Omnibus*, S. 566–587; hier S. 566.
29 Clifford Simak, »Green Thumb«, in: *Best SF Five*, ed. by Edmund Crispin, London: Faber, 1971, S. 66–87; hier S. 72. [Zit. als: *Best SF Five*.] – Dt.: »Ich erinnere mich, daß ich noch nicht bereit war, es laut auszusprechen, aber es erschien wahrscheinlich, daß mein Gast ein außerirdisches, intelligentes Wesen war.«
30 Anthony Boucher, »Balaam«, in: *Best SF Four*, ed. by Edmund Crispin, London: Faber, 1965 ([1]1960), S. 125–138; hier S. 127. [Zit. als: *Best SF Four*.] – Dt.: »Comics und derartige Literatur«. – Wie hier ist die ironische Komponente eines solchen Rekurses auf Gattungstopoi oft nicht sehr ausgeprägt, da dieser selbst bereits topischen Charakter besitzt; Entsprechendes findet sich im Detektivroman, wenn kurz vor dem Auffinden der Leiche in der Bibliothek gesagt wird, dergleichen gebe es nur in Krimis.
31 Raymond F. Jones, »Noise Level«, in: *Best SF Five*, S. 22–65; hier S. 28. – Dt.: »Es war wie Buck Rogers in voller Aktion.«
32 Clifford Simak, »Worrywart«, in: *Best SF Two*, S. 179–194; hier S. 189 ff.
33 Evelyn E. Smith, »BAXBR«, in: *Best SF Four*, S. 216–223.
34 Howard Schoenfeld, »Build Up Logically«, in: *Penguin Omnibus*, S. 292–302.
35 Cyril M. Kornbluth, »MS Found in a Chinese Fortune Cookie«, in: *Penguin Omnibus*, S. 511–522.
36 William Tenn, »The Liberation of Earth«, in: *Penguin Omnibus*, S. 303–320.
37 Beide Zitate in: *Penguin Omnibus*, S. 552.
38 Kurt Vonnegut, *The Sirens of Titan*, New York: Dell, 1973 ([1]1959).
39 Kurt Vonnegut, *Cat's Cradle*, Harmondsworth: Penguin, 1973 ([1]1963), S. 6 und 9. – Dt.: »Nichts in diesem Buch ist wahr.« – »All die Wahrheiten, die ich euch jetzt erzählen werde, sind schamlose Lügen.«
40 Pohl/Kornbluth, *The Space Merchants*, S. 19.
41 Anders urteilt Hienger, *Literarische Zukunftsphantastik*, S. 230: »Unerläßlich ist [. . .], daß diese Art von Komik maßvoll dosiert bleibt.«
42 F. Orlin Tremaine, in: *Astounding* 15,1 (März 1935) S. 153.
43 Ebd., 15,3 (Mai 1935) S. 156. – Dt.: »eine Antwort an die Leute, die behaupten, daß in den Geschichten keine lebendigen Charaktere vorkommen«.
44 Judith Merril, »What Do You Mean: Science? Fiction?«, in: Clareson (ed.), *SF: The Other Side of Realism. Essays on Modern Fantasy and Science Fiction*, S. 53–95; hier S. 79. – Dt.: »Boucher brachte dem Spezialgebiet sowohl literarische Maßstäbe als auch literarischen Rang. [. . .] Er trat sein Amt als Herausgeber mit einer revolutionären Vorstellung an: der Meinung, daß *science-fantasy* (wie er das ganze Gebiet der rational-imaginativ-spekulativen Literatur lieber bezeichnete) *gut geschrieben werden könne.* [. . .] Er war nicht bereit, eine Geschichte nur wegen ihrer Einfälle zu kaufen; der Stil mußte ihm gefallen. Und im Gegensatz zu den meisten früheren Herausgebern hatte er ein Gefühl für guten Stil.«
45 Brian W. Aldiss, *The Shape of Further Things: Speculation on Change*, London: Faber, 1970, S. 128. – Dt.: »Kurz gesagt ist die Science Fiction in diesem Land so lebendig wie nie zuvor geworden, seit Moorcock [die Zeitschrift *New Worlds*] übernahm. Moorcock war der Prophet. Ballard war sein Schutzheiliger. Als Judy Merrill aus Amerika eintraf, wurde sie zu Jehovah und erklärte die ganze Angelegenheit zur *New Wave.*«
46 J. C. Ballard, »The Assassination of John Fitzgerald Kennedy Considered as a Downhill Motor Race«, in: *The Atrocity Exhibition*, Park Street, St. Albans: Panther, 1972 ([1]1970), S. 137–139.
47 Brian W. Aldiss, *Barefoot in the Head*, London: Corgi, 1974 ([1]1969), S. 183. – Dt.: »Funken sprühend mit den bereiften Rädern Steine in die Luft schleudernd nahm die Kavalkade die Finsternis ins Schlepptau. Scheinwerfer Lichtbündel aus Granit Lichtstreifen die das ewige Nichts zerfetzen die Dunkelheit wegweisend. Die Spucknäpfe-Töchter der Finsternis

jemand sang spielen Zehe mit den Spucknäpfen des Mittags die Spucknäpfe-Töchter der Finsternis spielen Zehe mit den Spucknäpfen des Mittags die Spucknäpfe-Töchter der Finsternis spielen Zehe mit den Spucknäpfen des Mittags. Nur das eine oder andere der blinden weißen Augen der Spritztour war gelb aber jedes vollkommen weil das die Autos zertrümmern der Kampf in der Autokolonne von selbst zerfallen. Und treiben Unfug mit dem Speichel der Jahreszeit.« – Das Zitat enthält mehrere unübersetzbare Wortspiele und -neubildungen: »gravelcade« ist eine Neubildung aus *gravel*, »Kies«, »Geröll« und *cavalcade*, »Kavalkade«; »cuspidaughters« ist eine Neubildung aus *cuspidor*, »Spucknapf« und *daughters*, »Töchter«; die Lautfolge des Ausdrucks »play toe« entspricht der englischen Aussprache des Namens des Philosophen Plato; »altirely« ist eine Neubildung aus *all*, »ganz«, »jed(er, e, es)« und *entirely*, »völlig«; »autocayed« hat dieselbe Aussprache wie *autocade*, »Autokolonne« und ist außerdem eine Neubildung aus *auto-*, »selbst-« und *decayed*, »verfallen«, »verfault«; »hob with the gobs« schließlich verweist auf die Ausdrücke *hob* oder *hobgoblin*, »Kobold«, *to play hob with* bedeutet »Unfug treiben mit« und *gob* »Speichel« oder »spucken«.

48 Frank Herbert, *Dune*, London: New English Library, 1974 ([1]1965).

49 John Brunner, *Stand on Zanzibar*, New York: Ballantine, 1976 ([1]1968).

50 Samuel R. Delany, *Dhalgren*, New York: Bantam, 1975.

51 Alexei Panshin, »Science Fiction in Dimension«, in: Clareson (ed.), *SF: The Other Side of Realism*, S. 326–333; hier S. 329. – Dt.: »Meiner Ansicht nach ist die Science-Fiction Short Story eine Belanglosigkeit, die es verdient, zu verschwinden; seit fünfzehn Jahren jedoch steht fest, daß die Science Fiction die heutige Heimat der amerikanischen Short Story darstellt.«

52 Robert Bloch, »Imagination and Modern Social Criticism«, in: Davenport (ed.), *The Science Fiction Novel*, S. 97–121; hier S. 119. – Dt.: »Die Science Fiction hat auf dem Gebiet der Short Story einen weitaus größeren Spielraum gefunden, soziale und sogar antisoziale Haltungen zum Ausdruck zu bringen. Es wurden häufig ungewöhnliche Themen und Thesen vorgetragen.«

53 Bedeutende Ausnahmen sind z. B. die bekannten Romane des polnischen SF-Autors Stanislaw Lem, *Solaris* und *Der Unbesiegbare*, wo die Probleme Einzelner oder kleiner Gruppen ohne besondere gesellschaftliche Bezüge behandelt werden.

54 Vgl. *The Hugo Winners, Volume Two, 1968–1970*, ed. by Isaac Asimov, London: Sphere, 1971, S. 364 f.

55 *The Craft of Science Fiction*, ed. by Reginald Bretnor, New York: Harper & Row, 1976, S. 195–213; hier S. 198. – Dt.: »[. . .] die ideale Länge für Science Fiction ist die der langen Kurzgeschichte«.

56 Vgl. etwa Edward Hyams, »The International Symposium on the Short Story, Part Four: England«, in: *Kenyon Review* 32 (1970) S. 89–95.

57 Virginia Woolf, »Mr Bennett and Mrs Brown«, zit. bei Ursula K. Le Guin, »Science Fiction and Mrs Brown«, in: Nicholls (ed.), *Science Fiction at Large*, S. 13–33; hier S. 16. – Dt.: »Ich glaube, daß sich jeder Roman [. . .] mit Charakteren beschäftigt; ich glaube auch, daß die Form des Romans – eine schwerfällige, weitschweifige und undramatische, eine fruchtbare, elastische und lebendige Form – entwickelt worden ist, um Charaktere darzustellen, nicht um Lehren zu verkünden, Lieder zu singen oder die Herrlichkeit des britischen Weltreichs zu preisen.«

58 E. M. Forster, *Aspects of the Novel*, Harmondsworth: Penguin, 1962 ([1]1927), S. 80. – Dt.: »[. . .] wir müssen zugeben, daß die Darstellung ›flacher‹ Charaktere an sich eine weniger bedeutende Leistung ist als die Darstellung ›runder‹ Charaktere«.

59 Vgl. S. 124 (Anm. 43) und S. 122 (Anm. 34).

60 Alfred Bester, »Science Fiction and the Renaissance Man«, in: Davenport (ed.), *Science Fiction Novel*, S. 77–96; hier S. 94. – Dt.: »Science Fiction behandelt selten, wenn

überhaupt, echte menschliche Gefühle und Probleme. Ihre Wissenschaft reicht vom 20. bis zum 50. Jahrhundert. Ihre Charaktere bleiben gewöhnlich im 16. Jahrhundert zurück. Sie sind nach dem Muster der zweidimensionalen Typen der Moralitätenspiele gezeichnet, und sie stehen vor Problemen mit dem Tiefgang eines schlechten Wildwestfilms.«

61 »Science-Fiction and the Opinion of the Universe«, S. 42: »The scientist-type, then, is a different [...] human type. If a science-fiction author understandingly and accurately characterizes that human type [...] what is his reward from the standard literary critic? – ›The characters are inhuman, robot-like automata, lacking normal human motivation‹, says the critic.« – Dt.: »Der Typ des Wissenschaftlers ist folglich ein anderer [...] Menschentyp. Wenn ein Science-Fiction-Autor diesen Menschentyp klug und genau charakterisiert [...] was ist der Dank des maßgebenden Literaturkritikers? – ›Die Charaktere sind keine Menschen, sondern puppenhafte Roboter, denen eine normale menschliche Motivation fehlt‹, sagt der Kritiker.«

62 Vgl. Gordon R. Dickson, »Plausibility in Science Fiction«, in: *Science Fiction Today and Tomorrow*, ed. by Reginald Bretnor, New York: Harper & Row, 1974, S. 295–306; hier S. 297: »In a contemporary or historical story, we expect to find the characters resembling people we have known in our own lives; and the more they resemble, the more we feel they are true to life. In science fiction, on the contrary, we look for and expect to find ways in which the characters are different from anyone we have known [...].« – Dt.: »In einer Erzählung, die einen zeitgenössischen oder historischen Gegenstand behandelt, erwarten wir, Charaktere vorzufinden, die Menschen ähnlich sind, die uns selbst bekannt sind; und je größer diese Ähnlichkeit ist, desto stärker ist das Gefühl, daß diese Charaktere lebensnah sind. Im Gegensatz dazu erwarten wir in der Science Fiction, Handlungsweisen zu finden, in denen sich die Charaktere von jedermann unterscheiden, der uns bekannt ist [...].«

63 Graaf, *Homo Futurus*, S. 41.

64 Aldiss, *Billion Year Spree*, S. 253 f. – Dt.: »[...] die Autoren suchen nach einer Definition des Menschen, die vor dem erschreckenden Licht des Wissens im 20. Jahrhundert bestehen kann. [...] Und möglicherweise ist die Beharrlichkeit, mit der sie kaum charakterisierte 'Hauptfiguren darstellen, keine technische Schwäche, sondern vielmehr sozusagen ein Blankoscheck, der zu Lasten der Selbsteinschätzung des Lesers ausgestellt ist.«

65 Edward E. Smith, »The Epic of Space«, in: Eshbach (ed.), *Of Worlds Beyond*, S. 79–87; hier S. 81: »Character-drawing, however deftly or interestingly it is done, does operate to slow down the action of a story.« – Dt.: »Charakterdarstellung, so geschickt und interessant sie auch immer ausgeführt wird, bewirkt, daß die *action* einer Story verlangsamt wird.«

66 Vgl. Richard Gerber, *Utopian Fantasy: A Study of English Utopian Fiction since the End of the Nineteenth Century*, Folcroft: Library Editions, 1975 (¹1955), S. 120.

67 Le Guin, »Science Fiction and Mrs Brown«, S. 26 f. – Dt.: »[...] ist es ratsam oder wünschenswert, daß der Science-Fiction-Autor besonderen Wert auf die Darstellung der Charaktere legt? / Ich habe diese Frage bereits bejaht. Ich habe bereits eingeräumt, daß dies meiner Ansicht nach das Hauptproblem ist; daß keine andere Form der Prosa an den Roman heranreicht; daß all die herrlichen Raumschiffe mit Überlichtgeschwindigkeit, daß Ironie und Phantasie, Wissen und Erfindungsgabe umsonst sind, wenn wir nicht Mrs Brown erfassen können, und sei es nur für einen Augenblick. Wenn uns das nicht gelingt, können wir auch Traktate oder Comics schreiben, denn dann werden wir nie wirkliche Künstler.«

68 Ursula K. Le Guin, *The Dispossessed*, Frogmore, St. Albans: Panther, 1975 (¹1974), S. 218.

69 Zit. bei William Atheling, Jr., *More Issues at Hand*, ed. by James Blish, Chicago: Advent, 1970, S. 12. – Dt.: »Eine gute Science-Fiction-Geschichte ist eine Geschichte über Menschen [...].«

70 Harrison, »An Alien Agony«, S. 321. – Dt.: »Irgendwo droben, verborgen von den ewigen

Wolken des Planeten Wesker, rollte der Donner und breitete sich aus. Der Händler John Garth blieb stehen, als er ihn hörte, sodaß seine Stiefel langsam in den Schlamm einsanken. Er hielt die Hand an sein gesundes Ohr, um zu hören, wo der Schall herkam. In der dichten Atmosphäre wurde der Donner stärker, ließ nach und wurde wieder lauter.«

71 Dickson, »The Monkey Wrench«, S. 203. – Dt.: »[. . .] er war in guter Stimmung, als er an diesem grauen Winternachmittag unangemeldet bei Burke McIntyres Wetterstation landete. Die Station lag hoch in der Einöde der Lonesome Mountains, einer zerklüfteten Bergkette an der abgelegenen Küste des nördlichen Meeres der Venus.«

72 Bertram Chandler, »The Cage«, in: *Penguin Omnibus*, S. 523–535; hier S. 525. – Dt.: »Sie errichteten ihr ständiges Lager auf dem Kamm eines niedrigen Hügels. (Berge schien es nicht zu geben.) Der Hügel war weniger dicht bewaldet als die umliegende Ebene, und der Boden war nicht so morastig. Es gelang ihnen, Zweige von den farnähnlichen Bäumen abzureißen und sich einen behelfsmäßigen Unterschlupf zu bauen [. . .].« – Zur Beziehung dieser Story zu der Gattung der Robinsonade vgl. im übrigen Broich, »Robinsonade und Science Fiction«.

73 Arthur C. Clarke, »Before Eden«, in: *Penguin Omnibus*, S. 466–477; hier S. 466. – Dt.: »Das Wetter war seltsam klar, mit einer Sichtweite von fast tausend Metern. Man brauchte kein Radar, um die Klippen vor sich zu erkennen; diesmal reichte das bloße Auge. Das helle grüne Licht, das durch die Wolken drang, die seit einer Million Jahren ununterbrochen den Himmel bedeckten, verlieh der Szene den Anschein einer Unterwasserlandschaft, und die Art und Weise, in der alles, was in der Ferne lag, in einem leichten Nebel verschwamm, verstärkte diesen Eindruck noch. Manchmal konnte man sich leicht vorstellen, daß sie über einen flachen Meeresboden fuhren, und mehr als einmal hatte sich Jerry eingebildet, er hätte Fische in der Luft vorbeiziehen sehen.«

74 Walter M. Miller, »Command Performance«, in: *Penguin Omnibus*, S. 107–125; hier S. 107. – Dt.: »Die Nacht war zu ruhig. Das Licht einer entfernten Straßenlaterne spielte in den Zweigen der Ulme und warf ihren Schatten über einen anderen Flügel des Hauses. Sie beobachtete eine Zeitlang, wie der Schatten am Haus entlang wanderte. Auf der Straße surrte ein einsames Auto vorbei. In der Ferne war der rauhe Ton einer Hupe zu hören.«

75 Allgemein wird dies von Edward E. Smith, »Epic of Space«, S. 81 konstatiert: »Background material and atmosphere are usually slower still [than character-drawing].« – Dt.: »Beschreibungen des Hintergrunds und der Atmosphäre verlangsamen [die Handlung] gewöhnlich noch stärker [als Charakterdarstellung].«

76 Ursula K. Le Guin, *The Left Hand of Darkness*, New York: Ace, 1976, S. 219. – Dt.: »Hier und da erhoben sich schwarze Hügelketten aus den Gerölltälern, Klippen, Winkeln und Massen am Rande des großen Eisfeldes. Ein riesiger Block ragte aus dem Plateau heraus; er war so hoch wie die Gipfel des Felsentores, zwischen denen wir uns befanden, und aus seiner Seite quoll eine träge, meilenlange Rauchfahne. In der Ferne sah es genauso aus: Gipfel, Felsspitzen und schwarze Aschenkegel bedeckten den Gletscher. Rauch entwich aus Feuerschlünden, die sich mitten im Eis öffneten.«

77 Jack Williamson, »Short Stories«, in: Bretnor (ed.), *The Craft of Science Fiction*, S. 204. – Dt.: »Handlung [. . .] ist viel zu nützlich, als daß man auf sie verzichten könnte. Sie ist für den Roman im allgemeinen genauso unentbehrlich wie das Rückgrat für Säugetiere.«

78 Robert Heinlein, »On the Writing of Speculative Fiction«, in: Eshbach (ed.), *Of Worlds Beyond*, S. 13–19; hier S. 14. – Dt.: »Es gibt drei grundlegende Handlungstypen für eine Geschichte, die menschliche Anteilnahme erregen soll: ein Junge und ein Mädchen finden sich [›Liebe‹], Der kleine Schneider [›Erfolg‹] und ein Mensch, der einen Lernprozeß durchgemacht hat [›Erkenntnis‹].«

79 A. E. van Vogt, »Complication in the Science Fiction Story«, in: Eshbach (ed.), *Of Worlds Beyond*, S. 53–66; hier S. 60 ff.

80 Arthur C. Clarke, »The Star«, in: *Best SF Five*, S. 155–161.

81 Vgl. Franz K. Stanzel, *Typische Formen des Romans*, Göttingen: Vandenhoeck, 1964 [u. ö.], sowie Stanzel, *Theorie des Erzählens*, Göttingen: Vandenhoeck, 1979.

82 R. A. Lafferty, »Continued on Next Rock«, in: *Nebula Award Stories 6*, ed. by Clifford D. Simak, Frogmore, St. Albans: Panther, 1973 ([1]1971), S. 125–149; hier S. 127. – Dt.: »Wenn Sie sich fragen, woher Magdalen wußte, wo sich welche unsichtbaren Gegenstände befanden – das fragten sich auch die anderen Angehörigen der Gruppe jedesmal.«

83 Alfred Bester, »Hobson's Choice«, in: *Best SF Two*, S. 24–38; hier S. 24. – Dt.: »Dies ist eine Warnung an Komplizen wie Sie, mich und Addyer.«

84 Larry Niven, »Not Long before the End«, in: *Nebula Award Stories 5*, ed. by James Blish, London: Panther, 1972 ([1]1969), S. 93–104; hier S. 93. – Dt.: »Wir werden ihn den Zauberer nennen, weil sein wirklicher Name vergessen ist und ihn zudem niemand aussprechen kann. Seine Eltern hatten gewußt, was sie taten. Wer den Namen eines anderen kennt, hat Macht über ihn, aber er muß den Namen aussprechen, um diese Macht ausüben zu können.«

85 S. 320. – Dt.: »Das war vor neun Generationen; aber die Geschichte, die von den Eltern an die Kinder und Enkel weitergegeben worden ist, hat sich durch das Erzählen kaum verändert. Sie hören sie jetzt von mir fast genauso, wie ich sie selbst gehört habe.«

86 S. 523. – Dt.: »Gefangenschaft ist immer eine demütigende Erfahrung, ganz gleich, wie gelassen der Gefangene reagiert. Es ist schlimm genug, wenn man von Angehörigen der eigenen Rasse gefangengehalten wird; aber man kann wenigstens mit seinen Kerkermeistern reden, man kann seine Wünsche mitteilen; man kann sogar gelegentlich von Mensch zu Mensch an sie appellieren.«

87 S. 11 und S. 71. – Dt.: »Fünfundzwanzig Erdjahre vergingen, bevor Menschen erneut auf dem Mars landeten.« – »Auf dem dritten Planeten der Sonne gab es an diesem Tag 230 000 Menschen mehr als am Tag zuvor; bei fünf Milliarden Erdbewohnern fiel dieser Zuwachs nicht auf.«

88 S. 9. – Dt.: »Da war eine Mauer. Sie schien nicht wichtig zu sein. Sie war aus unbehauenen Steinen gebaut und nur grob mit Mörtel verbunden; ein Erwachsener konnte gut darüber hinwegblicken, und sogar ein Kind konnte hinaufklettern. Wo sie die Straße kreuzte, ging sie nicht in ein Tor, sondern in bloße Geometrie über, in eine Linie, ein Symbol für eine Grenze. Aber das Symbol war real.«

89 S. 45 und S. 51. – Dt.: »Die Sprache, die Shevek sprach, die einzige, die er kannte, hatte keine besitzanzeigenden Redewendungen für den Geschlechtsakt.«

90 J. G. Ballard, »Track 12«, in: *Penguin Omnibus*, S. 197–202.

91 Isaac Asimov, »Nightfall«, in: *Penguin Omnibus*, S. 126–155.

92 Dt.: »Claude Ford wußte genau, wie es war, wenn man einen Dinosaurier jagte.«

93 S. 77. – Dt.: »Armer kleiner Krieger, die Wissenschaft wird nie etwas erfinden, um den titanischen Tod zu unterstützen, den du in den Höhlen der Gegenwelt deines an-in-unbeholfenen, ängstlichen Bewußtseins begehrst!« – Eine ähnliche Erzähltechnik findet sich in Gene Wolfe, »The Island of Doctor Death and Other Stories«, in: Simak (ed.), *Nebula Award Stories 6*, S. 57–73.

94 Rog Phillips, »The Yellow Pill«, in: *Best SF Four*, S. 139–151. – Das Bild wird noch dadurch kompliziert, daß der andere Charakter der Erzählung die umgekehrte Entwicklung durchmacht.

95 William Atheling Jr., »First Person Singular«, in: W. A., *More Issues at Hand*, S. 51–58; hier S. 53. – Dt.: »Die Ich-Form ist die schwierigste aller Masken, die ein Autor annehmen kann, weil sie am schwersten von seiner eigenen Persönlichkeit zu trennen ist.«

96 Campbell, »Science of Science Fiction Writing«, S. 95 f. – Dt.: »Man muß das Los der Ich-Erzählung berücksichtigen. Einige dieser Erzählungen sind hervorragend, einige sind gut, aber ich bin in der Lage, der Gewißheit Ausdruck zu verleihen, daß 99 % davon *nicht* gut sind. In jedem Fall erwarten den Autor Schwierigkeiten, der sich an einer Ich-Erzählung versucht, und er ist von Anfang an benachteiligt. Der Grund dafür ist relativ einfach, aber

auch leicht zu übersehen. Die Ich-Erzählung hat eine starke Neigung zur Innenschau; man versetzt sich in den Kopf eines Menschen, achtet darauf, was er denkt. Wenn wir nun eine Rasse von Telepathen wären, wäre das normal – aber wir sind keine Telepathen, und deshalb ist es nicht normal.«

97 Brian W. Aldiss, »Psyclops«, in: *Best SF Four*, S. 173–183.

98 Harlan Ellison, »I Have no Mouth, and I Must Scream«, in: Asimov (ed.), *Hugo Winners, Volume Two*, S. 189–205.

99 Das Gesagte gilt sowohl für den Ich-Erzähler der Rahmen- als auch der Binnenhandlung.

100 John Wyndham, »Consider Her Ways«, in: *Best SF Five*, S. 162–226.

101 Katherine MacLean, »The Snowball Effect«, in: *Penguin Omnibus*, S. 156–169.

102 S. 84. – Dt.: »Ich habe seitdem darüber nachgedacht, wie sehr wir zwei verlorenen Kindern ähnlich gewesen sein müssen; Kindern, die sich fremd waren, weil sie in verschiedenen Ländern aufgewachsen sind; Kindern, die gern miteinander gespielt hätten, wenn nur eins die Regeln für die Spiele des anderen gekannt oder dessen Sprache gesprochen hätte.«

103 A. E. van Vogt, »Fulfilment«, in: *Penguin Omnibus*, S. 588–616.

104 Harlan Ellison, »A Boy and His Dog«, in: Blish (ed.), *Nebula Award Stories 5*, S. 11–51.

105 Atheling, »First Person Singular«, S. 53, Anm. – Dt.: »einen Widerspruch im Rückblick«.

106 Henry I. Hirshfield / G. M. Mateyko, »On Handling the Data«, in: *Best SF Five*, S. 13–21.

107 Christopher Anvil, »The Prisoner«, in: ebd., S. 129–154.

108 Daniel Keyes, »Flowers for Algernon«, in: *Best SF Four*, S. 97–124; als Roman: New York: Bantam, 1966.

109 Norman Spinrad, *The Iron Dream*, New York: Avon, 1972.

110 Dt.: »Zusammenhang«, »Die Welt im Verlauf«, »Verfolgung mit Großaufnahmen«.

111 Samuel R. Delany, »About Five Thousand One Hundred and Seventy-Five Words«, in: Clareson (ed.), *SF: The Other Side of Realism*, S. 130–146; hier S. 137 f. – Dt.: »Im Grunde schreiben wir Abenteuerromane. Wir schreiben sehr schnell, und wir haben keine Zeit, uns um mehr als die schwereren Fehler Gedanken zu machen. Noch bedeutender ist die Tatsache, daß Sie über Feinheiten reden, auf die es der überwiegenden Mehrheit unserer Leser überhaupt nicht ankommt, weil diese Leser weder literarisch gebildet noch kultiviert sind.«

112 Edgar R. Burroughs, *At the Earth's Core*, Chicago: McClurg, 1922. – Dt.: »Sie müssen zunächst berücksichtigen, daß ich nicht von Ihnen erwarte, daß Sie diese Geschichte glauben. Sie würden auch nicht überrascht sein, wenn Sie Zeuge eines Erlebnisses gewesen wären, das ich kürzlich hatte, als ich, gewappnet mit seliger und überwältigender Unwissenheit, anläßlich meiner letzten Reise nach London froh den Kern dieser Geschichte einem Mitglied der Königlich Geologischen Gesellschaft erzählte.« – Le Guin, *The Left Hand of Darkness.* – Dt.: »Ich werde meinen Bericht schreiben, als würde ich eine Geschichte erzählen, denn als Kind hat man mir auf meiner Heimatwelt beigebracht, daß ›Wahrheit‹ eine Sache der Einbildungskraft ist. Ob die eindeutigste Tatsache überzeugt oder nicht, hängt von der Art und Weise ab, in der sie erzählt wird: genauso leuchtet dieses einzigartige organische Juwel unserer Meere heller, wenn es von einer Frau getragen wird, und verliert seinen Glanz und zerfällt zu Staub, wenn eine andere es trägt. Tatsachen sind nicht haltbarer, klarer, runder oder wirklicher als Perlen. Aber beide sind empfindlich.«

113 S. 241–251.

114 Samuel R. Delany, *Babel 17*, Boston: Gregg, 1976 ([1]1969), S. 155. – Dt.: »[. . .] Babel 17 ist eine derartig exakte analytische Sprache, daß sie einem fast garantiert, jede erdenkliche Situation technisch meistern zu können.«

Anmerkungen zu Kapitel 6

1 Kurt Vonnegut, *God Bless You, Mr. Rosewater: Or Pearls Before Swine*, Frogmore, St. Albans: Panther, 1967 ([1]1965), S. 21 f. – Dt.: »Ich liebe euch Hundesöhne ... Ich lese nur noch euch. Ihr seid die einzigen, die über die *wirklich* ungeheuren Änderungen reden, die gerade ablaufen; die einzigen, die verrückt genug sind, um zu wissen, daß das Leben eine Reise im Weltraum ist, und nicht einmal eine kurze, sondern eine, die noch Milliarden Jahre dauert. Ihr seid die einzigen, die genug Mumm haben, um sich *wirklich* Sorgen um die Zukunft zu machen, die *wirklich* bemerken, was uns Maschinen antun, was uns Kriege antun, was uns Städte antun, was uns große einfache Ideen antun, was uns ungeheure Mißverständnisse, Fehler, Zufälle und Katastrophen antun. Ihr seid die einzigen, die töricht genug sind, um sich mit Zeit und Entfernungen ohne Grenzen herumzuquälen, mit unlösbaren Geheimnissen, mit der Tatsache, daß wir hier und heute entscheiden, ob unsere Raumfahrt während der nächsten Milliarde Jahre oder so zu einem Himmel oder zu einer Hölle wird.«

2 S. 22. – Dt.: »zartfühlend über einen unbedeutenden Teil eines einzigen Lebens zu schreiben«.

3 Vgl. insbesondere: Pehlke/Lingfeld, *Roboter und Gartenlaube*; Ronald M. Hahn, »Wissenschaft & Technik = Zukunft: Geschichte und Ideologie der SF-Hefte«, in: Barmeyer (Hrsg.), *Science Fiction: Theorie und Geschichte*, S. 219–243; Nagl, *Science Fiction in Deutschland;* »An Exchange on Marxism (And Other Things)«, in: *Science-Fiction Studies*, ed. by R. D. Mullen and Darko Suvin, Boston: Gregg, rev. ed. 1976 ([1]1975), S. 48–75; Hartmut Lück, *Fantastik, Science Fiction, Utopie: Das Realismusproblem der utopisch-fantastischen Literatur*, Gießen: Focus, 1977; Schäfer, *Science Fiction als Ideologiekritik?*; Horst Schröder, *Science Fiction Literatur in den USA: Vorstudien für eine materialistische Paraliteraturwissenschaft*, Gießen: Focus, 1978.

4 Pehlke/Lingfeld, *Roboter und Gartenlaube*, S. 144. – Die SF-Satire soll ungefähr diese Richtung andeuten.

5 Diese Beispiele nennt J. A. Sutherland, »American Science Fiction since 1960«, in: *Science Fiction: A Critical Guide*, ed. by Patrick Parrinder, London: Longman, 1979, S. 162–186; hier S. 166.

6 »A Response from a Marxist«, in: Mullen/Suvin (ed.), *Science-Fiction Studies*, S. 54–56; hier S. 55. – Dt.: »[...] einzig und allein Marx stellt die Grundlage für eine ernsthafte, intelligente, *wissenschaftliche* Science Fiction bereit.«

7 *Philosophisches Wörterbuch*, hrsg. von Georgi Schischkoff, Stuttgart: Kröner, [16]1961, s. v. Religion.

8 Stanislaw Lem, »Roboter in der Science Fiction«, in: Barmeyer (Hrsg.), *Science Fiction*, S. 163–185; hier S. 174. – Vgl. demgegenüber Borgmeier, »›Religion‹ in der Science Fiction«.

9 Philip José Farmer, »Religion and Myths«, in: Ash (ed.), *The Visual Encyclopedia of Science Fiction*, S. 222–236. – Entsprechend vgl. Tom Woodman, »Science fiction, religion and transcendence«, in: Parrinder (ed.), *Science Fiction: A Critical Guide*, S. 110–130.

10 Pseudonym für Cyril M. Kornbluth / Judith Merril.

11 S. 320. – Dt.: »Schnappt nach Luft, greift euch ein Büschel und lauscht der letzten heiligen Beobachtung unserer Geschichte!«

12 E. M. Forster, »The Machine Stops«, in: *The Best Science-Fiction Stories*, ed. by Michael Stapleton, London: Hamlyn, 1977, S. 26–52.

13 Eine sehr frühe, teilweise satirische Behandlung des Themas findet sich in H. G. Wells' »The Lord of the Dynamos« (1894).

13a S. 128. – Dt.: »[...] die Ergebnisse unserer Berechnungen sind frei von der Mystik des Kults.«

14 S. 375. – Dt.: »Du bist Gott, ich bin Gott, alles, was grokt, ist Gott.«

15 Daß er dann im letzten Kapitel als »Erzengel Michael« auf dem Mars weiterlebt, ist dabei von untergeordneter Bedeutung.

16 S. 349. – Dt.: »Das Wesen des Lebens, die Art, wie das Ich in einem Menschen verankert ist, das Problem des Ich an sich und warum jedes Ich der Mittelpunkt der Welt zu sein *scheint*, der Sinn des Lebens, der Sinn des Universums – das alles sind Fragen von größter Wichtigkeit [. . .]; sie können niemals belanglos sein. Die Wissenschaft hat sie nicht gelöst – und welches Recht habe ich, Religionen zu verhöhnen, weil sie es *versuchen*, ganz gleich wie wenig überzeugend diese Versuche meiner Ansicht nach ausfallen?«

17 S. 46. – Dt.: »[. . .] er war fast so unschuldig wie Jesus – bis auf die Rolle als Sohn Gottes [. . .].«

18 S. 109. – Dt.: »die Menschen mit immer besseren Lügen zu versorgen«.

19 S. 133. – Dt.: »»Was *ist* denn den Bokononisten heilig?‹ fragte ich nach einer Weile. / ›Nicht einmal Gott, soweit ich weiß.‹ / ›Gar nichts?‹ / ›Nur eines.‹ / Ich äußerte einige Vermutungen. ›Das Meer? Die Sonne?‹ / ›Der Mensch‹, sagte Frank. ›Sonst nichts. Nur der Mensch.‹«

20 S. 15. – Dt.: »der elementare Wissenschaftler«. – S. 17. – Dt.: »Und es ward Licht.«

21 Eric Frank Russell, »Second Genesis«, in: *New Writings in SF – 9*, ed. by J. Carnell, London: Corgi, 1967 (¹1966), S. 143–159.

22 Vgl. hierzu auch die Interpretation von Suerbaum, in: Göller/Hoffmann (Hrsg.), *Die englische Kurzgeschichte*, S. 337–348 und 397 f.

23 Dt.: »Unter den Wolken der Venus war die Schöpfungsgeschichte zu Ende.«

24 Ward Moore, »Lot«, in: *Penguin Omnibus*, S. 18–45.

25 Ray Bradbury, »The Man«, in: *The Illustrated Man*, London: Corgi, 1969 (¹1952), S. 42–53. – Diese Sehnsucht wird in ganz anderer Weise auch in Aldiss' »Poor Little Warrior!« behandelt.

26 Frogmore, St. Albans: Mayflower, 1973 (¹1969). – 1967 erschien die Short-Story-Version in *New Worlds*.

27 S. 136. – Dt.: »Sein Verstand hatte ihm gesagt, daß Gott nicht in irgendeiner körperlichen Gestalt existierte. Sein Unterbewußtsein hatte ihm gesagt, daß Glaube an die Wissenschaft nicht ausreichte. Er erinnerte sich an seine frühere Selbstverachtung und fragte sich, warum er sich verachtet hatte.«

28 So führt beispielsweise in Katherine MacLeans »Unhuman Sacrifice« (1958) der Einfluß eines fanatischen Missionars dazu, daß ein junger *alien* zu einer Pflanze wird.

29 Anthony Boucher, »The Quest for Saint Aquin«, in: *Best SF Five*, S. 88–107.

30 Harmondsworth: Penguin, 1963 (¹1958).

31 S. 331. – Dt.: »Es gibt keinen Gott.«

32 Robert Abernathy, »Pyramid«, in: *Penguin Omnibus*, S. 391–418.

33 S. 396. – Dt.: »viel intelligenter als die Wildkatze und mindestens genauso blutdürstig wie das Wiesel«.

34 S. 237. – Dt.: »Was ist der Sinn der Menschheit – wenn sie überhaupt irgendeinen Sinn hat, wenn sie nicht nur ein bloßer Zufall ist, eine ungewöhnliche Komplexität der Molekularstruktur? Ich weiß, daß Sie sich alle schon dieselbe Frage gestellt haben. Wer sind wir? Wozu sind wir bestimmt? Was ist unser Ziel? Wo sind Vernunft und Einsicht in diesen Stücken kämpfenden, zerrenden, kranken Fleisches? Wir töten, wir foltern, wir verletzen und zerstören wie keine andere Spezies. Wir adeln Mord und Unwahrheit, Heuchelei und Aberglauben; wir zerstören unseren eigenen Körper mit Drogen und vergifteter Nahrung; wir machen sowohl uns selbst als auch anderen etwas vor – und wir hassen und hassen und hassen.«

35 Sam J. Lundwall, *Science Fiction: What It's All About*, New York: Ace, 1971, S. 184. – Dt.: »Schneller als eine fliegende Kugel! Stärker als eine Lokomotive! Imstande, mit einem

einzigen Satz hohe Gebäude zu überspringen! Seht! Oben am Himmel! Es ist ein Vogel! Es ist ein Flugzeug! Es ist . . . SUPERMAN!«

36 Arthur C. Clarke, *Childhood's End*, London: Pan, 1974.

37 S. 160. – Dt.: »In wenigen Jahren wird alles vorüber sein, und die menschliche Rasse wird sich in zwei Teile geteilt haben. Es gibt keinen Weg zurück und keine Zukunft für die Welt, die ihr kennt. Alle Hoffnungen und Träume eurer Rasse sind jetzt zu Ende. Ihr habt eure Nachfolger zur Welt gebracht, und es ist tragisch für euch, daß ihr sie nie verstehen werdet – daß ihr nicht einmal in der Lage sein werdet, jemals mit ihrem Geist in Verbindung zu treten. Sie werden nicht einmal einen Geist besitzen, wie ihr ihn kennt. Sie werden eine einzige Einheit bilden, so wie ihr aus der Summe eurer zahllosen Zellen besteht. Euch werden sie nicht wie Menschen erscheinen, und ihr werdet recht damit haben.«

38 Fast, »The First Men«, S. 244. – Dt: »Wir müssen es verhindern, verstehen Sie? Wir können so etwas nicht zulassen – unsterblich, gottlos, eine Bedrohung jedes einzelnen Menschen auf der Welt.«

39 Algis Budrys, »The End of Summer«, in: *Penguin Omnibus*, S. 170–196.

40 Knight, »The Country of the Kind«, S. 502. – Dt.: »eine gleiche, vernünftige, sinnvolle und gesunde Welt«.

41 Mary Shelley, *Frankenstein, or The Modern Prometheus*, in: Fairclough (ed.), *Three Gothic Novels*, S. 257–497.

42 S. 313. – Dt.: »Laßt euch meine Unterweisungen oder wenigstens mein Beispiel eine Lehre dafür sein, wie gefährlich der Erwerb von Wissen ist, und um wieviel glücklicher der Mensch, der glaubt, daß die Welt nicht größer ist als seine Vaterstadt, als der, der danach strebt, größer zu werden, als seine Natur es zuläßt.«

43 S. 396. – Dt.: »Wie Adam war ich offenbar durch keinerlei Bande mit irgendeinem anderen Lebewesen verbunden; in jeder anderen Hinsicht jedoch war seine Lage ganz verschieden von meiner. Er war als vollkommenes Geschöpf aus Gottes Händen hervorgegangen, glücklich und unbeschwert, behütet durch die besondere Fürsorge seines Schöpfers; es war ihm erlaubt, mit höheren Wesen Umgang zu haben und sich ihr Wissen anzueignen; ich aber war unglücklich, hilflos und allein. Oft hielt ich Satan für das passendere Symbol meiner Lage, denn immer wenn ich, wie er, das Glück meiner Gönner erblickte, stiegen Bitterkeit und Neid in mir hoch.« – Ähnlich S. 364.

44 Miller, »I Made You«, S. 492. – Dt.: »[. . .] die Lage! Nicht deine Schmerzen und Leiden«. – S. 485. – Dt.: »das zerbrechliche Ding [. . .] in der Höhle«.

45 S. 490. – Dt.: »der heilige Ort«. – »Sie gürtete sich zur Schlacht.«

46 Lundwall, *Science Fiction: What It's All About*, S. 105. – Dt.: »*Heroic Fantasy* oder *Sword & Sorcery* sind gewöhnlich so absurd, daß sie niemand jemals ernst nehmen kann [. . .].«

47 Fritz Leiber, »Ill Met in Lankhmar«, in: Simak (ed.), *Nebula Award Stories 6*, S. 74–124. – Dt.: »Auf dem langen Tisch brodelten und schäumten zwei fahl siedende Zauberkürbisse, deren Köpfe einen farnen, sich windenden Strick ausstießen, der sich schneller bewegte als eine schwarze Sumpf-Kobra [. . .] um eine Barriere zu errichten zwischen ihren Schwertern und Hristomilo, der einmal mehr groß und bucklig über seinen vergilbten Zauberpergamenten stand, obwohl sein triumphierender Blick diesmal hauptsächlich auf Fafhrd und den Mouser gerichtet war und nur gelegentlich auf den Text der Zauberformel fiel, die er mit rhythmischem Tonfall intonierte.«

48 Cogswell, »The Wall Around the World«, S. 451. – Dt.: »Geist und Natur [. . .] Magie und Wissenschaft [. . .] am Ende treffen sie immer zusammen.«

49 *Penguin Omnibus*, S. 80. – Dt.: »Er zog eine der beiden Handfeuerwaffen aus dem Pistolenhalfter an seiner Hüfte. Es war seine eigene: eine Pistole mit Vanadiumgeschossen.« – S. 322. – Dt.: »[. . .] er blieb im Schutz des riesigen Farns und lockerte die Pistole in ihrem Halfter.« – S. 265. – Dt.: »Vorsichtig, mit kalter Entschlossenheit, berührte der Arzt die Schallpistole in seiner Tasche.«

50 Nourse, »Counterfeit«, S. 257. – Dt.: »[. . .] ein unbarmherziges, böses Bewußtsein. Ein fremdes/außerirdisches Bewußtsein [. . .]«.

51 Robert Heinlein, »Science Fiction: its Nature, Faults and Virtues«, in: Davenport (ed.), *The Science Fiction Novel*, S. 42. – Dt.: »›kranke‹ Literatur«.

52 *Galaxy* 3 (1951) S. 1. – Dt.: »*Galaxy* ist für Demokratie, menschlichen Anstand und Würde, Frieden, Fortschritt, wissenschaftliche Weiterentwicklung, einen höheren Lebensstandard, Erziehung, internationale und zwischenmenschliche Beziehungen sowie eine gesteigerte Bewußtheit des Individuums.«

53 Schröder, *Science Fiction Literatur*, S. 430.

54 Mullen/Suvin (ed.), *Science-Fiction Studies*, S. 52. – Dt.: »Wir [Science-Fiction-Autoren] mögen in Wirklichkeit keine geschlossenen Systeme irgendwelcher Art, und wenn wir uns ihrer bedienen, dann nur um der jeweiligen Geschichte willen.«

55 *Astounding* 23,6 (August 1939) S. 6. – Dt.: »[. . .] in der Science Fiction werden Erfindungen von Helden gemacht, die ein grundlegendes Prinzip entdecken und zwei Tage später die perfekte Anwendung vorlegen.«

56 Jack Williamson, »Short Stories and Novelettes«, in: Bretnor (ed.), *The Craft of Science Fiction*, S. 205. – Dt.: »Ich glaube, daß in der veröffentlichten Science Fiction tatsächlich eine rein zufällige pessimistische Richtung vorherrscht, weil eine Hölle einfach fesselndere, dramatischere Situationen hervorbringt als ein Paradies.«

57 Schröder, *Science Fiction Literatur*, S. 409. – Die Einsicht in die eminente Bedeutung der literarischen Gegebenheiten fördert bei Schröder dann auch im folgenden Satz die Erkenntnis zutage, es wäre »[. . .] verfehlt zu behaupten, es würde – und sei es auch nur bei den Konservativen – das ungeteilte Lob des Kapitalismus gesungen«.

58 Le Guin, *The Dispossessed*, S. 11. – Dt.: »Er [der Kapitän] tätschelte den Gegenstand, den er am Gürtel trug, einen Metallgegenstand, der aussah wie ein mißgestalteter Penis, und blickte die unbewaffnete Frau gönnerhaft an. / Sie sah den phallischen Gegenstand, der, wie sie wußte, eine Waffe war, kühl an.«

Auswahlbibliographie

Wichtige Textsammlungen

Apeman, Spaceman, ed. by Leon E. Stover and Harry Harrison, New York 1968.
Before the Golden Age, ed. by Isaac Asimov, Vol. 1–4, London 1974–76.
Best SF, ed. by Edmund Crispin, Vol. 1–7, London 1955–75.
A Century of Science Fiction, ed. by Damon Knight, London 1963.
Cities of Wonder, ed. by Damon Knight, London 1968.
England Swings SF, ed. by Judith Merril, New York 1968.
The Hugo Winners, ed. by Isaac Asimov, Vol. 1–3, Garden City (N. Y.) 1962–77.
Nebula Award Stories, ed. by Damon Knight [et al.], Vol. 1 ff., London 1967 ff.
The New S. F.: An original anthology of modern speculative fiction, ed. by Langdon Jones, London 1969.
New Worlds, ed. by Michael Moorcock [et al.], Vol. 1–10, London 1971–76.
New Writings in SF, ed. by John Carnell [et al.], Vol. 1 ff., London 1965 ff.
Nova, ed. by Harry Harrison, Vol. 1–4, London 1975/76.
The Penguin Science Fiction Omnibus, ed. by Brian W. Aldiss, Harmondsworth 1973.
Science Fiction Hall of Fame, Vol. 1, ed. by Robert Silverberg, London 1971; Vol. 2, ed. by Ben Bova, London 1973.
Tomorrow, and Tomorrow, and Tomorrow, ed. by Bonnie L. Heintz, Frank Herbert, Donald A. Joos and Jane Agorn McGee, New York 1974.
The Worlds of Science Fiction, ed. by Robert P. Mills, London 1964.

Wichtige Romane

Asimov, Isaac, *The Caves of Steel*, Garden City (N.Y.) 1954.
– *The Naked Sun*, Garden City (N. Y.) 1957.
Ballard, James G., *The Drowned World*, Harmondsworth 1962.
– *The Wind from Nowhere*, New York 1962.
Blish, James, *A Case of Conscience*, Harmondsworth 1958.
Bradbury, Ray, *Fahrenheit 451* (1953), London 1954.
Burgess, Anthony, *A Clockwork Orange*, London 1962.
Burroughs, Edgar Rice, *A Princess of Mars* (1917), New York 1963.
Clarke, Arthur C., *Childhood's End*, London 1953.
Dick, Philip K., *The Man in the High Castle*, Harmondsworth 1962.
Disch, Thomas M., *The Genocides*, London 1967.
Harrison, Harry, *Deathworld 1–3*, London 1960–68.
Heinlein, Robert A., *Farnham's Freehold*, New York 1964.
– *Stranger in a Strange Land*, New York 1961.
– *Tunnel in the Sky*, New York 1955.
Herbert, Frank, *Dune*, London 1965.
Hoyle, Fred, *The Black Cloud*, London 1957.
Huxley, Aldous, *Brave New World* (1932), Harmondsworth 1955.
Le Guin, Ursula K., *The Dispossessed*, Frogmore, St. Albans, 1974.
– *The Left Hand of Darkness*, New York 1969.
Lem, Stanislaw, *The Invincible* (1963); [engl.:] New York 1973; [dt.:] *Der Unbesiegbare*, übers. von Roswitha Dietrich, Frankfurt a. M. 1976.
– *Solaris* (1961); [engl.:] New York 1970; [dt.] *Solaris*, übers. von Irmtraud Zimmermann-Göllheim, Hamburg/Düsseldorf 1972.

Levin, Ira, *This Perfect Day*, London 1970.
Lewis, C. S., *Out of the Silent Planet*, London 1938.
– *Perelandra*, London 1943.
– *That Hideous Strength*, London 1945.
Miller, Walter M., Jr., *A Canticle for Leibowitz*, London/Philadelphia 1959.
Orwell, George, *Nineteen Eighty–Four* (1949), Harmondsworth 1954.
Pohl, Frederik / Kornbluth, Cyril M., *The Space Merchants*, Harmondsworth 1953.
Samjatin, Jewgenij, *Wir* (1924), München 1970.
Silverberg, Robert, *The World Inside*, Garden City (N. Y.) 1970, [dt.:] *Ein glücklicher Tag im Jahre 2381*, übers. von Berndt Kling, München 1976.
Stapledon, Olaf, *Star Maker*, London 1937.
Vonnegut, Kurt, Jr., *Cat's Cradle*, Harmondsworth 1963.
– *Player Piano*, New York 1976.
Wells, H. G., *The Time Machine*, New York 1895.
– *The War in the Air*, London 1908.
– *The War of the Worlds*, London 1898.
Wyndham, John, *The Day of the Triffids*, Harmondsworth 1951.
– *The Kraken Wakes* (1953), Harmondsworth 1955.

Bibliographien und Nachschlagewerke

Alpers, Hans Joachim / Fuchs, Werner / Hahn, Ronald M. / Jeschke, Wolfgang, *Lexikon der Science Fiction Literatur*, 2 Bde., München 1980.
Ash, Brian (ed.), *The Visual Encyclopaedia of Science Fiction*, London 1978. [Tabellarische historische Übersicht. Kurze Darlegung aller wesentlichen Aspekte der Gattung.]
Barron, Neil, *Anatomy of Wonder: Science Fiction*, New York 1976. [Ausführliche kommentierte Bibliographie, vor allem der Primärwerke von Thomas More bis heute sowie einiger wichtiger Anthologien. Informativer Index.]
Clareson, Thomas D., *Science Fiction Criticism: An Annotated Checklist*, Kent (Ohio) 1973 (¹1972). [Nach Anwendungsbereichen geordnete Bibliographie mit kurzen Kommentaren. Keine Literatur zu einzelnen Autoren.]
Clarke, Ian F., *The Tale of the Future: From the Beginning to the Present Day: An Annotated Bibliography*, London ²1972 (¹1961). [Chronologische Liste von Primärwerken 1644 bis 1970 mit stichwortartigen inhaltlichen Hinweisen.]
Contento, William, *Index to Science Fiction Anthologies and Collections*, Boston (Mass.) 1978. [Sehr hilfreich zum Bibliographieren von Science-Fiction Stories.]
Nicholls, Peter (ed.), *The Encyclopedia of Science Fiction: An Illustrated A to Z*, London 1979. [Informatives Nachschlagewerk über Autoren, Herausgeber, Stichworte der Science-Fiction-Terminologie sowie außerliterarische Bereiche wie Film und Comics.]
Rottensteiner, Franz, »Literatur über Science Fiction: Eine Auswahlbibliographie«, in: Eike Barmeyer (Hrsg.), *Science Fiction: Theorie und Geschichte*, München 1972, S. 365–373. [Etwa 200 Titel. Berücksichtigt Zeitschriftenaufsätze.]
Tuck, Donald H., *The Encyclopedia of Science Fiction and Fantasy Through 1968*, Vol. 1, Chicago 1974; Vol. 2, Chicago 1978. [Informationsreiches Lexikon über die Autoren und ihre Publikationen.]
Tymn, Marshall B., *Index to Stories in Thematic Anthologies of Science Fiction*, Boston 1978. [Erfaßt 181 nach thematischen Gesichtspunkten angelegte Sammlungen.]
Tymn, Marshall B. / Schlobin, R. C. / Currey, L. W. (eds.), *A Research Guide to Science Fiction Studies: An Annotated Checklist of Primary and Secondary Sources for Fantasy and Science Fiction*, New York 1977. [Umfassende, kommentierte Bibliographie auch zu einzelnen Autoren. Liste von Dissertationen im Bereich von Science Fiction und Fantasy.]

Monographien, Sammelbände und Aufsätze

Aldiss, Brian W., *Billion Year Spree: The History of Science Fiction*, London 1973. [Material-überfrachtetes Werk des bekannten Science-Fiction-Autors und -Herausgebers.]
– *The Shape of Further Things: Speculation on Change*, London 1974 ([1]1970). [Teilweise stark autobiographische Erörterung von Geschichte und Möglichkeiten der Science Fiction.]
– / Harrison, Harry (eds.), *Hell's Cartographers: Some Personal Histories of Science Fiction Writers*, London 1975. [Silverberg, Bester, Harrison, Knight, Pohl und Aldiss über ihren Werdegang und ihre Arbeiten.]
Amis, Kingsley, *New Maps of Hell: A Survey of Science Fiction*, London 1961. [Das erste bedeutende literaturkritische Werk über Science Fiction, verfaßt von dem bekannten englischen Romancier und Kritiker.]
Armytage, W. H. G., *Yesterday's Tomorrows: A Historical Survey of Future Societies*, Toronto 1968.
Ash, Brian, *Faces of the Future: The Lessons of Science Fiction*, London 1975. [Geschichte.]
Asselineau, Roger (éd.), *Du Fantastique à la science-fiction américaine*, Paris 1973.
Atheling, William, Jr. [= James Blish], *The Issue at Hand: Studies in Contemporary Magazine Science Fiction*, Chicago 1964.
– *More Issues at Hand: Critical Studies in Contemporary Science Fiction*, Chicago 1970.
Bailey, J. O., *Pilgrims Through Space and Time: Trends and Patterns in Scientific and Utopian Fiction*, Westport (Conn.) 1975 (New York [1]1947). [Wichtige erste Geschichte der Science Fiction, vor allem zu Anfang des 20. Jahrhunderts; im zweiten Teil Untersuchung thematischer und struktureller Aspekte.]
Barmeyer, Eike (Hrsg.), *Science Fiction: Theorie und Geschichte*, München 1972. [Leicht zugängliche Sammlung von (wichtigen und weniger wichtigen) theoretischen und kritischen Aufsätzen.]
Baxter, John, *Science Fiction in the Cinema*, New York [2]1974 ([1]1970). [Geschichte des Science-Fiction-Films 1895 bis 1968. Knappe Behandlung der Ästhetik des Science-Fiction-Films.]
Berger, Harold L., *Anti-Utopian Science Fiction of the Mid-Twentieth Century*, Diss. Univ. of Tennessee 1970.
Bloomfield, Paul, *Imaginary Worlds or The Evolution of Utopia*, Folcroft 1971 (London [1]1932). [Geschichte der Utopie von Plato bis Aldous Huxley.]
Borgmeier, Raimund, »›Religion‹ in der Science Fiction«, in: *Die Neueren Sprachen* 74 [N. F. 24] (1975) S. 121–135.
Bretnor, Reginald (ed.), *The Craft of Science Fiction*, New York 1976. [Praxisbezogenes Symposion über die Komposition von Science-Fiction- und Fantasy-Texten.]
– (ed.), *Science Fiction, Today and Tomorrow*, Baltimore 1975 (New York [1]1974). [»A discursive symposium« mit bekannten Science-Fiction-Autoren.]
Broich, Ulrich, *Gattungen des modernen englischen Romans*, Wiesbaden 1975. [Detektivroman, Robinsonade und Science-Fiction-Robinsonade, negative Utopie, neopikaresker Roman.]
– »Robinsonade und Science Fiction«, in: *Anglia* 94 (1976) S. 140–162.
Burger, Heinz Otto (ed.), *Studien zur Trivialliteratur*, Frankfurt a. M. 1968. [Grundsatzfragen und frühe Beispiele.]
Clareson, Thomas D. (ed.), *Many Futures, Many Worlds: Theme and Form in Science Fiction*, Kent (Ohio) 1977. [Repräsentative moderne Analysen.]
– (ed.), *SF: The Other Side of Realism: Essays on Modern Fantasy and Science Fiction*, Bowling Green (Ohio) 1971. [Überblick über Richtungen und Themen der Science-Fiction-Kritik der 60er Jahre.]
Davenport, Basil (ed.), *The Science Fiction Novel: Imagination and Social Criticism*, Chicago [3]1969 ([1]1959).
Elliott, Robert C., *The Shape of Utopia: Studies in a Literary Genre*, Chicago 1970.

[»Interpretative studies of individual literary utopias and genre studies of the utopian mode itself«.]

Eshbach, Lloyd Arthur (ed.), *Of Worlds Beyond: The Science of Science Fiction Writing*, Chicago ²1964 (¹1947). [Aufsätze von Science-Fiction-Autoren, u. a. John Campbell, Heinlein, van Vogt und de Camp, hauptsächlich über das Verfassen von Science Fiction.]

Flechtheim, Ossip K., *Futurologie: Der Kampf um die Zukunft*, Köln 1970. [Grundlegendes Werk der ›wissenschaftlichen‹ Futurologie.]

Franklin, H. Bruce, *Future Perfect: American Science Fiction of the Nineteenth Century*, New York 1978 (¹1966).

Gerber, Richard, *Utopian Fantasy: A Study of English Utopian Fiction since the End of the Nineteenth Century*, Folcroft (Pa.) 1975 (London ¹1955).

Gifford, Denis, *Science Fiction Film*, London 1971. [Thematisch geordnete, eher feuilletonistische Geschichte des Science-Fiction-Films. Index mit mehr als 500 Filmen.]

Gove, Philip B., *The Imaginary Voyage in Prose Fiction: A History of Its Criticism and a Guide for Its Study*, London ²1961 (¹1941).

Graaf, Vera, *Homo Futurus: Eine Analyse der modernen Science-fiction*, Hamburg 1971. [Einführung in das Gesamtgebiet. Schwerpunkt: Entwürfe des Zukunftsmenschen.]

Hasselblatt, Dieter, *Grüne Männchen vom Mars: Science Fiction für Leser und Macher*, Düsseldorf 1974. [Informationsreiche Einführung.]

Hienger, Jörg, *Literarische Zukunftsphantastik: Eine Studie über Science Fiction*, Göttingen 1972. [Habilitationsschrift, die ein umfangreiches Textkorpus unter dem Aspekt des Veränderungsdenkens analysiert.]

Hillegas, Mark R., *The Future as Nightmare: H. G. Wells and the Anti-Utopians*, New York 1967.

Jehmlich, Reimer, *Science Fiction*, Darmstadt 1980. [Kritischer Überblick über Science Fiction als Gegenstand literaturwissenschaftlicher Forschung.]

– / Lück, Hartmut (Hrsg.), *Die deformierte Zukunft: Untersuchungen zur Science Fiction*, München 1974. [Eine recht bunte Zusammenstellung von Informationen und Urteilen.]

Ketterer, David, *New Worlds for Old: The Apocalyptic Imagination, Science Fiction and American Literature*, New York 1974. [Illustriert den Trend der akademischen Beschäftigung mit Science Fiction in den USA, »sophisticated critical appreciation and theoretical understanding«. Betont den Zusammenhang von Science Fiction und ›hoher Literatur‹.]

Klein, Klaus-Peter, *Zukunft zwischen Trauma und Mythos: Science Fiction: Zur Wirkungsästhetik, Sozialpsychologie und Didaktik eines literarischen Massenphänomens*, Stuttgart 1976. [Schwerpunkt: Triviale Heftchen – Science Fiction.]

Knight, Damon, *In Search of Wonder: Essays on Modern Science Fiction*, Chicago ²1967 (¹1956).

Krysmanski, Hans-Jürgen, *Die utopische Methode: Eine literatur- und wissenssoziologische Untersuchung deutscher utopischer Romane des 20. Jahrhunderts*, Köln 1963.

Kyle, David, *The Illustrated Book of Science Fiction: Ideas and Dreams*, London 1977. [Reichhaltig bebilderte, thematisch gegliederte Ergänzung zu der chronologisch geordneten *Pictorial History*.]

– *A Pictorial History of Science Fiction*, London 1976. [Wohlinformiert. Schwerpunkt: Publikationsgeschichte. Reiches Bildmaterial.]

Leiner, Friedrich / Gutsch, Jürgen (Hrsg.), *Science-fiction: Materialien und Hinweise*, Frankfurt a. M. 1972. [Einführung und Textband (deutsch) für die Schule.]

Lem, Stanislaw, *Phantastik und Futurologie*, Bd. 1, Frankfurt a. M. 1977.

Lück, Hartmut, *Fantastik, Science Fiction, Utopie: Das Realismusproblem der utopisch-fantastischen Literatur*, Gießen 1977.

Lundwall, Sam J., *Science Fiction: What It's All About*, New York 1971. [Umfassende Einführung.]

Moskowitz, Sam, *Seekers of Tomorrow: Masters of Modern Science Fiction*, Westport (Conn.) 1974 (Cleveland, Ohio, [1]1966). [Porträts der wichtigsten Autoren der älteren Generation aus einer Insider-Sicht.]

Nagl, Manfred, *Science Fiction in Deutschland: Untersuchungen zur Genese, Soziographie und Ideologie der phantastischen Massenliteratur*, Tübingen 1972.

Nicholls, Peter (ed.), *Science Fiction at Large: A Collection of Essays*, London 1976. [Sammlung von Vorträgen vorwiegend jüngerer Autoren (u. a. Le Guin, Brunner, Dick, Disch).]

Nicolson, Marjorie Hope, *Voyages to the Moon*, New York 1960 ([1]1948).

Parrinder, Patrick (ed.), *Science Fiction: A Critical Guide*, London 1979. [Anspruchsvolle Sammlung von Aufsätzen zur Geschichte und zur heutigen Situation von Science Fiction.]

Pehlke, Michael / Lingfeld, Norbert, *Roboter und Gartenlaube: Ideologie und Unterhaltung in der Science-Fiction-Literatur*, München 1970. [Wichtigste deutsche Publikation der ideologiekritischen Richtung.]

Philmus, Robert M., *Into the Unknown: The Evolution of Science Fiction from Francis Godwin to H. G. Wells*, Berkeley 1970.

Pickard, Roy, *Science Fiction in the Movies: An A – Z*, London 1978. [Lexikon. Nur die grundlegendsten Informationen.]

Puschmann-Nalenz, Barbara, »Engel oder Teufel? Über die Rolle von Kindern in der modernen Science Fiction«, in: *Anglistik & Englischunterricht* 2 (Oktober 1977) S. 61–80.

Rose, Mark (ed.), *Science Fiction: A Collection of Critical Essays*, Englewood Cliffs (N. J.) 1976. [Sehr gute Auswahl wichtiger Aufsätze.]

Rottensteiner, Franz (Hrsg.), *Insel Almanach auf das Jahr 1972: Pfade ins Unendliche*, Frankfurt a. M. 1971. [Essays über Science Fiction und phantastische Literatur.]

– *The Science Fiction Book: An Illustrated History*, London 1975. [Springt kreuz und quer durch Geschichte und Gegenwart der Gattung, bietet aber gerade in seiner Buntheit einen guten Überblick über Science Fiction. Reiches Illustrationsmaterial.]

Sadoul, Jacques, *Histoire de la science-fiction moderne: 1911–1971*, Paris 1973.

Schäfer, Martin, *Science Fiction als Ideologiekritik? Utopische Spuren in der amerikanischen Science Fiction-Literatur 1940–1955*, Stuttgart 1977. [Historische Untersuchung der amerikanischen Science Fiction auf marxistischer Basis. Ausführliche Bibliographie.]

Scholes, Robert, *Structural Fabulation: An Essay on Fiction of the Future*, Notre Dame 1975. [Einflußreiche und grundlegende Studie.]

– / Rabkin, Eric S., *Science Fiction: History. Science. Vision*, London 1977. [Einführung und Analyse der Gattung; wichtiges Buch.]

Schröder, Horst, *Science Fiction Literatur in den USA: Vorstudien für eine materialistische Paraliteraturwissenschaft*, Gießen 1978. [Kenntnisreiche Untersuchung der amerikanischen Science Fiction unter literatursoziologischen und ideologischen Gesichtspunkten; marxistischer Ansatz. Umfassende Bibliographie.]

Schulte Herbrüggen, Hubertus, *Utopie und Anti-Utopie: Von der Strukturanalyse zur Strukturtypologie*, Bochum 1960.

Schwonke, Martin, *Vom Staatsroman zur Science Fiction: Eine Untersuchung über Geschichte und Funktion der naturwissenschaftlich-technischen Utopie*, Stuttgart 1957. [Geschichte der älteren deutschen Zukunftsliteratur.]

Seeber, Hans U., *Wandlungen der Form in der literarischen Utopie: Studien zur Entfaltung des utopischen Romans in England*, Göppingen 1970.

Suerbaum, Ulrich, *Science Fiction*, Tübingen 1978. [Fernstudienkurs.]

– »Brunner: ›The Windows of Heaven‹«, in: Karl Heinz Göller / Gerhard Hoffmann (Hrsg.), *Die englische Kurzgeschichte*, Düsseldorf 1973, S. 337–348.

Suvin, Darko, *Metamorphoses of Science Fiction: On the Poetics and History of a Literary Genre*, New Haven 1979. [Historische Bezüge der Science Fiction zur utopischen Tradition; Erörterung ästhetischer Probleme. Einbeziehung der osteuropäischen Science Fiction.]

Todorov, Tzvetan, *Einführung in die fantastische Literatur*, München 1972. (Frz. Orig.-Ausg. Paris 1970.) [Grundlegendes gattungstheoretisches Werk.]

Villgradter, Rudolf / Krey, Friedrich (Hrsg.), *Der utopische Roman*, Darmstadt 1973. [Neuere Aufsätze zur utopischen und antiutopischen Literatur. Umfangreiche Bibliographie.]

Waldmann, Günter, *Theorie und Didaktik der Trivialliteratur: Modellanalysen – Didaktikdiskussion – literarische Wertung*, München 1973.

Walsh, Chad, *From Utopia to Nightmare*, Westport (Conn.) ²1975 (New York ¹1962).

Wessels, Dieter, *Welt im Chaos: Struktur und Funktion des Weltkatastrophenmotivs in der neueren Science Fiction*, Frankfurt a. M. 1974. [Untersuchung zu einem zentralen Motivbereich. Ausführliche und materialreiche Definitionsdebatte.]

Wollheim, Donald A., *The Universe Makers: Science Fiction Today*, New York 1971. [Geschichte der Gattung.]

Zeitschriften

Extrapolation. [Seit 1959 publizierte Science-Fiction-Zeitschrift (mit einem Indexbändchen, das alle bis 1973 erschienenen Beiträge auflistet).]

Science-Fiction Studies. [Seit 1973 publizierte Science-Fiction-Zeitschrift.]

Nachwort

Die Verfasser haben das Buch gemeinsam geplant, aber die einzelnen Teile sind in getrennter Verantwortung geschrieben worden. Bei der vorhandenen Übereinstimmung in grundsätzlichen Positionen und Sichtweisen wurde darauf verzichtet, auch im einzelnen – etwa in Fragen der Akzentsetzung oder der Beurteilung einzelner Werke – Einheitlichkeit anzustreben.

Nach einigem Experimentieren haben wir die Frage, ob wir dem ganzen Buch ein geschlossenes Korpus von Beispieltexten zugrunde legen sollten, verneint. Die extreme Buntheit der Gattung Science Fiction erfordert ein breites und je nach dem Untersuchungsaspekt wechselndes Spektrum von Beispielen. Wir haben uns aber, um dem Leser die Orientierung innerhalb der Gattung und die kritische Nachprüfung unserer Analyse zu erleichtern, möglichst oft auf eine Kerngruppe von Texten bezogen: bei Kurzgeschichten auf den *Penguin Science Fiction Omnibus* als repräsentative und reichhaltige Sammlung, bei den Romanen auf die in der Bibliographie (S. 200f.) aufgeführten Werke.

Die Auswahlbibliographie am Ende des Buches ist als praktisches Arbeitsmittel gedacht und daher knapp gehalten. Die Liste der Science-Fiction-Romane soll kein Kanon sein, sondern eine Reihe von Vorschlägen: Werke, die nach unserer Meinung die Lektüre besonders lohnen, weil sie zugleich wichtig und interessant sind. Bei den Textsammlungen wurden vor allem solche berücksichtigt, die im ständig wechselnden Angebot des Science-Fiction-Marktes über längere Zeit hinweg erhältlich sind. Bei der Auswahl der Literatur zu Science Fiction spielten die Gesichtspunkte der Brauchbarkeit für den nicht-spezialisierten Leser und der Zugänglichkeit in deutschen Bibliotheken eine Hauptrolle.

Wir danken allen, die uns durch Rat und Mitarbeit unterstützt haben. Unser besonderer Dank gilt Dr. Peter Wenzel, Regina Dombrowa und Peter Hasenberg (Bochum), Thomas Bingger, Dr. Bernhard Schulte-Middelich und Dr. Horst Zander (München) sowie Wolfgang Ruth (Gießen), der auch die deutsche Übersetzung der englischen Zitate besorgt hat. Der Deutschen Forschungsgemeinschaft sind wir für die Gewährung eines Reisestipendiums an Raimund Borgmeier zur Arbeit in amerikanischen Bibliotheken verbunden.

Sachregister

Personen- und Titelregister

Paperbacks zur Literatur

Die amerikanische Literatur der Gegenwart. Aspekte und Tendenzen. 16 Beiträge. Hrsg. M. Bungert. 347 S.

Die deutsche Literatur der Gegenwart. Aspekte und Tendenzen. 25 Beiträge. Hrsg. M. Durzak. 512 S.

Die deutsche Exilliteratur 1933–1945. 38 Beiträge. Hrsg. M. Durzak. 624 S.

Die deutsche Literatur im Dritten Reich. Themen – Traditionen – Wirkungen. 23 Beiträge. Hrsg. H. Denkler, K. Prümm. 552 S.

Die deutsche Literatur in der Weimarer Republik. 20 Beiträge. Hrsg. W. Rothe. 486 S.

Deutsche Literatur zur Zeit der Klassik. 23 Beiträge. Hrsg. K. O. Conrady. 462 S.

Gegenwartsliteratur und Drittes Reich. Deutsche Autoren in der Auseinandersetzung mit der Vergangenheit. 14 Beiträge. Hrsg. H. Wagener. 342 S.

Geschichte der politischen Lyrik in Deutschland. 13 Beiträge. Hrsg. W. Hinderer. 375 S.

Goethes Dramen. Neue Interpretationen. 16 Beiträge. Hrsg. W. Hinderer. 367 S.

Kinder- und Jugendliteratur. Zur Typologie und Funktion einer literarischen Gattung. 18 Beiträge. Hrsg. G. Haas. 487 S.

Literatur und Leser. Theorien und Modelle zur Rezeption literarischer Werke. 14 Beiträge. Hrsg. G. Grimm. 444 S.

Die römische Lyrik. Texte, Übersetzungen, Interpretationen, Geschichte. Von K. Büchner. 391 S.

Romane und Erzählungen des Bürgerlichen Realismus. Neue Interpretationen. 23 Beiträge. Hrsg. H. Denkler. 422 S.

Schillers Dramen. Neue Interpretationen. 12 Beiträge. Hrsg. W. Hinderer. 390 S.

Zeitkritische Romane des 20. Jahrhunderts. Die Gesellschaft in der Kritik der deutschen Literatur. 16 Beiträge. Hrsg. H. Wagener. 392 S.

Philipp Reclam jun. Stuttgart